行政訴訟法

（第二版）

行政訴訟法

（第二版）

宮田三郎

信山社

2007
SHINZAN BOOKS
TOKYO

第二版はしがき

平成一六年六月に行政事件訴訟法の改正法が成立し、平成一七年四月に施行されたので、『行政訴訟法』の全篇にわたってできる限り訂正を加えたのが、この第二版である。

第二版の出版については、信山社の神山貴氏および今井守氏に大変お世話になった。心から感謝の意を表する次第である。

平成一九年一月

宮田三郎

はしがき

本書の目標は行政訴訟の基本構造を明らかにすることにある。行政訴訟および行政訴訟法は包括的かつ実効的な個人の権利保護を目的とするものでなければならない。包括的・実効的な権利保護は、主として、行政作用に対する法的なコントロール可能性とコントロール密度によって規定される。これらの点に共通する制約と限界を追究することによって行政訴訟法の基本的特質が明らかにされるであろう。

行政事件訴訟法（昭三七・法律一三九号）は、行政の個別的・具体的な命令・禁止による直接的な侵害、すなわち点的侵害に対する個人の権利保護を目的とし、したがって、行政処分訴訟中心主義をとっている。このような古典的な行政の侵害に対し、現代の行政は、行政処分以外の多様な行為形式による一般抽象的ないし間接的な侵害または第三者に対する侵害、すなわち線的・面的侵害という新しい展開を示している。したがって、このような新たな侵害にも対抗し、たたかうことのできる国民の防禦戦略が訴訟法的にも保障されなければならない。行政事件訴訟法は、現代的な権利保護制度を保障するものとして、新たな転回を遂げるべき段階に直面しているということができる。包括的かつ実効的な権利保護なき国家は、実質的に、法治国家というに値しないといえよう。

本書の出版については、信山社の神山貴氏に大変お世話になった。ここに厚く謝意を表したい。

平成一〇年二月

宮田三郎

凡　例

一　法令名

本文（ ）内の法令名は、次に掲げる略記を用いた。

意匠	意匠法
海難審判	海難審判法
関税	関税法
教育行政	教育行政の組織及び運営に関する法律
教職免許	教育職員免許法
行組	国家行政組織法
行訴	行政事件訴訟法
行手	行政手続法
警	警察法
建基	建築基準法
憲	日本国憲法
区画整理	土地区画整理法
公選	公職選挙法
地公	地方公務員法
地税	地方税法
中協	中小企業等共同組合法
道運	道路運送法
道交	道路交通法
都計	都市計画法
特許	特許法
独禁	私的独占の禁止及び公正取引の確保に関する法律
土地利用調整	鉱業等に係る土地利用の調整手続等に関する法律
電波	電波法
農委	農業委員会等に関する法律
農地	農地法

国公　国家公務員法
裁　裁判所法
裁施　裁判所法施行法
裁審　最高裁判所裁判官国民審査法
採石　採石法
収用　土地収用法
新案　実用新案法
森林　森林法
自治　地方自治法
商標　商標法
職安　職業安定法
職執規　職務執行命令等訴訟規則
不登　不動産登記法
文化財　文化財保護法
弁護　弁護士法
法務大臣権限　国の利害に関係のある訴訟についての法務大臣の権限等に関する法律
民　民法
民訴　民事訴訟法（平成八年制定）
民訴費　民事訴訟費用等に関する法律
労組　労働組合法

二　判　例

判例の引用は、次に掲げる略語を用いた。

最判　最高裁判所判決（決定）
東京高判　東京高等裁判所判決（決定）
東京地判　東京地方裁判所判決（決定）
民集　最高裁判所民事判例集

行集　行政事件裁判例集
訟月　訟務月報
高民集　高等裁判所民事判例集
下民集　下級裁判所民事裁判例集
判時　判例時報
判タ　判例タイムズ
判例自治　判例地方自治

三　引用した文献で、略記したものは次の通りである。

雄川一郎『争訟法』
　雄川一郎『行政争訟法』〔法律学全集9〕（昭和五〇・有斐閣）
塩野　宏『行政法Ⅱ』
　塩野　宏『行政法Ⅱ〔第四版〕行政救済法』（平一七・有斐閣）
芝池義一『救済法講義』
　芝池義一『行政救済法講義第三版』（平一八・有斐閣）
橋本博之『要説行訴』
　橋本博之『要説行政訴訟』（平一八・弘文堂）
杉本良吉『解説』
　杉本良吉『行政事件訴訟法の解説』（昭五六・法曹会）
田中二郎『行政法上』
　田中二郎『新版行政法上（全訂第二版）』（昭四九・弘文堂）

凡　例

柳瀬良幹『行政法教科書』
　柳瀬良幹『行政法教科書（再訂版）』（昭四四・有斐閣）
南　編『注釈』
　南　博方編『注釈行政事件訴訟法』（昭四七・有斐閣）
山村・阿部編『判例コメ』
　山村恒年・阿部泰隆編『判例コンクール行政事件訴訟法』（昭四九・三省堂）
室井編『コンメ行政法Ⅱ』
　室井力・芝池義一・浜川清編『行政事件訴訟法・国家賠償法（コンメンタール行政法Ⅱ）』（平一六・日本評論社）
南　編『条解』
　南博方編『条解行政事件訴訟法』（昭六二・弘文堂）
南・高橋編『条解』
　南博方・高橋滋編『条解行政事件訴訟法第三版』（平一八・弘文堂）
園部編『注解』
　園部逸夫編『注解行政事件訴訟法』（平元・有斐閣）
『行政法講座三巻』
　田中二郎・原　龍之助・柳瀬良幹編『行政法講座第三巻』（昭四〇・有斐閣）
『現代行政法大系4〜5』
　雄川一郎・塩野　宏・園部逸夫編『現代行政法大系4〜5』（昭五八〜五九・有斐閣）
杉村編『救済法1』
　杉村敏正編『行政救済法1』（平二・有斐閣）

渡部・園部編『体系』
　渡部吉隆・園部逸夫編『行政事件訴訟法体系』（昭六〇・西神田編集室）
実務民訴講座(8)(9)
　鈴木忠一・三ケ月　章編『実務民事訴訟法講座第八・九巻』（昭四五・日本評論社）
新・実務民訴講座(9)(10)
　鈴木忠一・三ケ月　章編『新・実務民事訴訟法講座第九・一〇巻』（昭五七・五八・日本評論社）
園部・芝池編『理論と実務』
　園部道夫・芝池義一編『行政事件訴訟法の理論と実務』（平一八・ぎょうせい）
『行政法の争点』
　成田頼明編『行政法の争点（新版）』ジュリスト増刊（平二・有斐閣）
『行政法の争点〔第三版〕』
　芝池義一・小早川光郎・宇賀克也編『行政法の争点〔第三版〕』ジュリスト増刊（平一六・有斐閣）
行政判例百選Ⅱ〔第四版〕
　塩野　宏・小早川光郎・宇賀克也編『行政判例百選Ⅱ〔第四版〕』別冊ジュリスト（平一一・有斐閣）
行政判例百選Ⅱ
　小早川光郎・宇賀克也・交告尚史編『行政判例百選Ⅱ〔第五版〕』別冊ジュリスト（平一八・有斐閣）
地方自治判例百選
　成田頼明・磯部　力編『地方自治判例百選（第二版）』別冊ジュリスト（平五・有斐閣）
街づくり・国づくり判例百選
　成田頼明編『街づくり・国づくり判例百選』別冊ジュリスト（平元・有斐閣）

目　次

第一篇　行政訴訟法序論

文献

美濃部達吉『行政裁判法』（昭四・千倉書房）、宮澤俊義『行政争訟法（新法学全集）』（昭一二・日本評論社）、田中二郎『行政争訟の法理』（昭二九・有斐閣）、雄川一郎『争訟法』、南　博方『行政裁判制度』（昭三五・有斐閣）、同『行政訴訟の制度と理論』（昭四三・有斐閣）、兼子　仁『行政争訟法（現代法学全集）』（昭四八・筑摩書房）、小早川光郎『行政訴訟の構造分析』（昭五八・東京大学出版会）、宮崎良夫『行政訴訟の法理論』（昭五九・三省堂）、渡部・園部編『体系』（昭六〇・西神田編集室）、村上順『近代行政裁判制度の研究』（昭六〇・成文堂）、雄川一郎『行政争訟の理論』（昭六一・有斐閣）、園部逸夫『現代行政と行政争訟』（昭六二・弘文堂）、田中舘照橘『行政裁判の理論』（昭六二・信山社）、杉村編『救済法1』（平元・有斐閣）、宮崎良夫『行政争訟と行政法学』（平三・弘文堂）、藤井俊夫『事件性と司法権の限界』（平四・成文堂）、山村恒年『行政過程と行政訴訟』（平七・信山社）、高木光『行政訴訟論』（平一七・有斐閣）、塩野宏『行政法Ⅱ』、芝池義一『救済法講義』、小林久起『行政事件訴訟法』（平一六・商事法務）、杉本良吉『解説』（昭三八・法曹会）、

南　編『注釈』（昭四七・有斐閣）、山村・阿部編『判例コメ』（昭五九・三省堂）、室井編『基本コメ救済法』（昭六一・日本評論社）、園部編『注解』、室井・芝池・浜川編『コンメ行政法Ⅱ』南・高橋編『条解』、園部・芝池編『理論と実務』

第一章　行政訴訟法の観念

（1）　行政訴訟法の意義

行政訴訟法とは裁判所が行政法上の法的紛争を裁判する手続法をいう。ここにいう裁判所の手続は、拘束力のある裁判によって権利、義務または法状態を形成または確認することを目的とする。裁判の任務は、独立の裁判官によって構成され、かつ、公権力から中立の機関によって、正式に、具体的場合における法および不法について判定し、法的紛争について裁断をすることである。

行政訴訟法は、第一に、行政に関する手続法ではなく、行政裁判に関する手続法である。この点で、行政訴訟法は行政手続法とは異なる。第二に、行政訴訟法は、行政庁の手続法ではなくして、裁判所の手続法である。したがって行政不服審査法とは異なる。第三に、行政訴訟法は純粋な手続法ではなく、いわゆる行政法総論とともに、行政法の核心を形成する。すなわち行政訴訟法は、憲法および行政法を具体的な決定に変換するための様式であり、ここでは、例えば取消訴訟の対象や原告適格が示すように、その内容は行政実体法の問題に密接に関連するということができる。[(1)(2)]

（2）　法的コントロールとしての行政訴訟

行政訴訟制度は法律による行政の原理の当然の結果である。法律による行政の原理は、行政作用が法律に違反してなされたときは、行政作用、とくに暫定的に有効な行政行為の効力を失わしめることを要求する。すなわち行政作用は、事後的にコントロールされ、場合によっては是正されなければならない。

行政作用のコントロールは、内部的コントロールと外部的コントロールとに分けることができる。行政内部的コントロールは行政の自浄作用としての自己コントロールである。例えば、上級行政庁による監督や国民による不服申立ての審査などを通して行われる。外部的コントロールには、議会によるコントロール、会計検査院によるコントロールおよび裁判所によるコントロールがある。またマスメディア、消費者団体、自然保護団体および一般住民によるコントロールも外部的コントロールであるが、これらのコントロールは事実上のコントロールである。法的コントロールとしては、裁判所によるコントロールが最も重要である。

法的コントロールは、違法な行政作用によって、自己の権利利益を侵害されたとする者に、これを争わしめ、裁判所がその裁断に当たるという訴訟の方式によって、実効的に行うことができる。このような裁判所による行政作用の法的コントロールの制度は、国民の権利を保護することを目的とし、法律による行政の原理を担保するための必要不可欠の制度である。

（3）　権利保護としての行政訴訟

行政訴訟は、それによって個人が行政の公権的措置に対して権利保護を要求することができる制度である。近代的な権利保護とは、①裁判所による権利保護、②法律の適用という方法による権利保護および③行政の個別的・具体的侵害に対する個人的な権利保護をいう。行政上の権利保護は、通常、行政法関係にとって典型的な個人と国または公共団体との上下関係を前提とするが、対等の公法上の法律関係に関する場合にも存在しうる。法治国家においては、権利保護に当たる審判機関について中立性と独立性が要求され、この要件を満たすのは裁判所だけである。[3]

明治憲法のもとでは、行政上の権利保護に当たる裁判所は、司法裁判所ではなく、行政権に属する特別の行政裁判所であった（旧憲六一条）。このような法制はフランスやドイツなどのヨーロッパ大陸法の主義に従うものであり、これを行政国家制（Verwaltungsrechtsstaat, régime administrative）という。しかし現行憲法は、アングロ・サクソン法の主義に倣い、行政裁判所を廃止し、行政訴訟についてもすべて司法裁判所の権限に属せしめる、司法国家制（Justizstaat）を採用した（憲七六条）。[4]

（4）　行政訴訟の機能

行政訴訟は二つの機能を果たすことができる。一つは行政の法適合性を確保することであり、客観的な法コントロールの保障である。他の一つは行政の公権的措置に対する個人の権利保護である。[5]明治憲法のもとでは、憲法も行政裁判法（明二三・六・二八法四八）も、行政訴訟の機能について明文の規定を置いていなかったが、通説は、行政訴訟の目的は行政の客観的な法適合性のコントロールと個人の権利保護の保障にあるとし、行政訴訟に二重の機能を認めていた。[6]

しかし日本国憲法のもとでは、行政訴訟の基本的機能は、個人の権利保護の保障にあることは明白であり、行政訴訟は第一次的に個人の権利保護を目的とする主観的訴訟であるということができる。したがって個人の権利保護に随伴する客観的な法コントロール機能は権利保護に伴う付随効果であるというべきであろう。いまや権利侵害は行政訴訟のための切っ掛け（Anstoß）にすぎないのではなく、行政訴訟の本来の対象でなければならない。[7]

国民の権利保護こそが行政訴訟の本質に属するというべきである。(8)

（1）　F. Hufen, Verwaltungsprozeßrecht, 5. Aufl., 2003, S. 1ff.

（2）　従来の学説は、行政法上の法的紛争を裁断する行為を争訟と観念し、そのうち、当事者に口頭弁論の権利を与え、かつ、法的紛争を裁断する機関が独立の地位を保障されているものを正式の争訟または訴訟とし、それ以外のものを略式の争訟と称して、両者を統一的にとらえ、「行政争訟法」のもとに行政事件訴訟法と行政不服審査法とを扱ってきた（美濃部達吉『日本行政法（上）』七八八頁（昭一一・有斐閣）、田中二郎『行政法上』二一三頁、柳瀬良幹『行政法教科書』一四二頁、雄川一郎『争訟法』八頁、塩野　宏『行政法II』五頁など）。

不服申立てと行政訴訟を統一的にとらえる考え方はドイツの伝統に従うものであり、不服申立（＝略式の争訟）前置主義をとる法制のもとでは、妥当性があるということができる。しかし現行の行政事件訴訟法は不服申立前置主義を原則として廃止したから（行訴八条一項）、不服申立ては行政訴訟法制から除外されたというべきであろう。すなわち、不服申立ては行政決定の事後に行われる行政手続、第二段階の行政手続として位置づけるべきである（宮田三郎『行政法教科書』一二九頁・平七・信山社）。

（3）　C.H. Ule, Verwaltungsprozeßrecht, 6. Aufl., 1975, S. 1.

（4）　柳瀬良幹・注(2)一六〇頁。

（5）　一九世紀におけるドイツの行政訴訟の在り方については、北ドイツ（プロイセン）・モデルと南ドイツ・モデルとを区別することができる。プロイセンでは、グナイスト（R.v. Gneist, 1816～1895）、O・ベール（O. Bähr, 1817～1895）、O・マイヤー（O. Mayer, 1846～1924）などの影響のもとに、行政訴訟は客観的な法適合性コントロールを目的とするという見解が支配した。これに対し南ドイツでは、ザルヴァイ（O.v. Sarwey, 1826～1900）の考え方のもとに、行政訴訟は個人の権利保護のために存在するという見解が支配的であった（南　博方『行政裁判制度』八頁以下・昭三五・有斐閣）。その後ワイマール時代において、F・フライナー（F. Fleiner, 1867～1937）やW・イリネック（W. Jellinek1885～1955）のような指導的行政法学者が南ドイツ理論に従った。

戦後のドイツでは、ドイツ連邦共和国基本法一九条四項一文が「何人も、公権力によってその権利を侵害されたときは、出訴の途が与えられる。」と規定することによって、行政訴訟の機能は個人の権利保護にあることを明確にし、その点で現在、学説・判例は完全に一致している。

（6）　美濃部達吉『行政裁判法』一一頁以下、宮沢俊義『行政争訟法』一六頁、雄川一郎『争訟法』一四頁、山村恒年『行政過程と行政争訟』一四〇頁（平七・信山社）。行政訴訟の二重の機能のうち、どの機能を重視するかによって、学説は、例えば取消訴訟の訴訟物、原告適格などの具体的問題の解釈論において、対立を示し、それが行政訴訟の不安定要因となっているということができよう。

（7）　W. Krebs, Subjektiver Rechtsschuz und objektive Rechtskontorolle, FS Menger, 1985, S. 197.

（8）　塩野　宏『行政法Ⅱ』二三九頁。しかし、抗告訴訟の機能は行政活動の適法性審査にあり、その結果として国民の救済が図られるという伝統的な見解も根強いということができる（山村恒年・注（6）一四一頁）。

第二章　行政訴訟の種類

文献　市原昌三郎「抗告訴訟の類型」『行政法講座三巻』、小早川光郎「抗告訴訟の本質と体系」『現代行政法大系４』、浜川　清「行政訴訟の諸形式とその選択基準」杉村編『救済法１』

行政訴訟は、いろいろの視点に基づいて、分類することができる。

（1）　形成訴訟・給付訴訟・確認訴訟

行政訴訟は、判決の内容の種類または原告の目標により、形成訴訟、給付訴訟および確認訴訟に分類される。この三種は訴えの基本的な類型である。

①　形成訴訟（Gestaltungsklage）は裁判所による法状態の形成を目的とする。形成訴訟により、法状態が、形成、変更あるいは破毀される。形成訴訟は、三類型のうち、最も若い訴訟形式で、およそ百年前に創られたが(1)、行政訴訟では形成訴訟としての取消訴訟が最も通常の古典的訴訟類型である。取消訴訟（Aufhebungsklage）は、行政行為の取消しを目的とするから、形成訴訟である。取消訴訟の適用領域は主として侵害行政であり、個人に対する侵害的行政行為がその対象となる。行政行為の存在が取消訴訟が許容されるための要件であり、行政措置が行政行為に当たらないときは、取消訴訟は許されない。通常、取消訴訟は行政行為が違法であって無効でない場合を対象にするが、無効の行政行為に対しても許される。

② 給付訴訟（Leistungsklage）は行政庁に対し給付を命ずることを目的とする訴訟である。行政行為の発布を求める義務付け訴訟（Verpflichtungsklage）がこれに属する。義務付け訴訟は、行政庁に対し行政行為をなすべきことを義務付ける訴訟である。義務付け判決によって、行政庁は、申請にかかる行政行為を行う義務を負い、あるいは、判決の趣旨に従って、行政決定を行うべき義務を負う。例えば、建築許可・営業許可の付与を求め、あるいは第三者に対する行政介入や権力発動を求める場合など、原告が授益的行政行為を求める場合あるいは第三者に対し侵害的行政行為の発布を求める場合などを対象とし、その適用領域は主として給付行政であるが、侵害行政の領域でも活用できる。義務付け訴訟のほかに、原告が行政行為の発布ではなく、行政行為以外の職務行為の作為、不作為を求める訴訟や公法上の請求権を主張する一般的給付訴訟がある。

③ 確認訴訟（Feststellungsklage）は法律関係の存在の確認（積極的確認訴訟）または不存在の確認（消極的確認訴訟）を求める訴訟である。確認訴訟の典型的なものに行政行為の無効確認訴訟があり、確認訴訟の特殊なものとして、不行為訴訟（Untätigkeitsklage）と規範統制訴訟（Normenkontrollverfahren）がある。不行為訴訟は、その対象が不作為の違法性であるという点で、また規範統制訴訟はその対象が法規範の有効性であるという点で、一般の確認訴訟と異なる。

（2） 抗告訴訟・当事者訴訟

行政訴訟は、公権力の行使に関連するか否かによって、抗告訴訟と当事者訴訟とに分類される[(2)]。

① 抗告訴訟（Anfechtungsklage）とは公権力の行使に関する不服の訴訟をいい、これが行政訴訟の通常の形態である。抗告訴訟には、取消訴訟、無効確認訴訟、不作為の違法確認訴訟、義務付け訴訟および差止訴訟などがある。取消訴訟と義務付け訴訟が個人の権利保護のための中心的な訴訟の種類である。

②　当事者訴訟（Parteistreitigkeit）とは、公権力の行使に関する不服を直接の目的とするのではなく、相対立する当事者間における公法上の権利関係に関する訴訟である。

（3）　被侵害者訴訟・利害関係者訴訟・民衆訴訟・団体訴訟

行政訴訟は、原告から見て、被侵害者訴訟、利害関係者訴訟、民衆訴訟および団体訴訟に分類することができる。(3) さらに名宛人訴訟と第三者訴訟という区別も可能である。

①　被侵害者訴訟（Verletztenklage）は、行政行為により自己の権利ないし法律上の利益を侵害されたとする者が、これを違法としてその取消しを求める訴訟である。取消訴訟がこれに属する。

②　利害関係者訴訟（Interessetenklage）は、行政行為の取消しを求めるにつき利益を有する者が、その取消しを求める訴訟である。利益は、経済的、政治的、文化的またはその他の事実上の利益で十分で、直接的か間接的かを問わない。利害関係者訴訟は民衆訴訟に近いが、それと同一ではなく、また被侵害者訴訟からも区別されなければならない。フランスの越権訴訟（recours pour exés de pouvoir）がこれに属する。

③　民衆訴訟（Popularklage）は、行政作用によって自己の権利または利益が侵害されたかどうかに係りなく、誰でも、出訴する資格を認められる訴訟である。立法者は民衆訴訟に対し恐怖感を抱き、例外的に法律の定める場合において法律の定める者に限り、これを認めてきた。しかし近年、環境訴訟では、民衆訴訟が有効であるという認識が高まっている。

④　団体訴訟（Verbandsklage）には、利己的団体訴訟（egoistische Verbandsklage）と利他的団体訴訟（altruistische Verbandsklage）がある。団体が団体として自己の権利を侵害されたとする、いわゆる団体の被侵害者訴訟（Verbandsverletztenklage）は本来の団体訴訟ではない。利己的団体訴訟は、団体がそのメンバーの利益を団体の名と

権利において追求する訴訟である。この場合、団体はそのメンバーに情報や財政的支援をすれば良いから、実際上団体訴訟を提起する必要性はない。利他的団体訴訟は、団体が団体のメンバーでない第三者の権利または一般的利益を主張する訴訟である。この場合、とくに環境保護団体が提起する団体訴訟は、公益の保護を目的とし環境法の客観的な法コントロールの手段となる。(4)

また、補完的団体訴訟（komplementäre Verbandsklage）と代替的団体訴訟（kompensatorisch Verbandsklage）を区別することもできる。前者は個人訴訟を補充し権利保護の拡大を図ろうとする団体訴訟であり、後者は多数の個人訴訟に代替しそれを整理誘導する団体訴訟である。(5)

⑤　名宛人訴訟（Adressatenklage）とは原告が行政行為の名宛人である訴訟をいい、第三者訴訟（Drittklage）とは原告が行政行為の名宛人以外の第三者である訴訟をいう。第三者訴訟には、建築法上の隣人訴訟、競業者訴訟、原発訴訟などがある。

（4）　主観的訴訟・客観的訴訟

原告からみて、主観的訴訟と客観的訴訟とに分けることもできる。(6)

①　主観的訴訟（contentieux subjectifs）は、主観的な個人の権利・利益の保護を目的とする訴訟である。抗告訴訟は主観的訴訟である。

②　客観的訴訟（contentieux objebtifs）は、客観的な行政の適法性の確保を目的とする訴訟で、誰でも出訴の資格が認められる民衆訴訟や行政機関が行政機関の資格において提起する機関訴訟が、客観的訴訟である。

（5）　始審的行政訴訟・覆審的行政訴訟

訴訟の構造の違いにより、始審的行政訴訟と覆審的（事後的）行政訴訟とを区別することができる。(7)

①　始審的行政訴訟（ursprüngliche Verwaltungsstreitsachen）とは、第一次的な行政の行為がすでに訴訟の形式をもって行われる場合をいう。行政の行為は原則として第一次的には訴訟の形式をとらないが、例外として、第一次の行為自体が訴訟の形式をもって行われる場合がある。当事者訴訟には始審的訴訟があり、また争訟手続による行政行為もこれに属する（例、国家公務員法九条の定める人事官の弾劾裁判、宗教法人法八一条の定める宗教法人の解散命令）。

②　覆審的（事後的）行政訴訟（nachträgliche Verwaltungsstreitsachen）とは、すでに行われた行政の行為に対し事後的に権利保護を求めて訴えを提起する者がある場合に、これを審査するために行う訴訟である。行政訴訟は、原則として覆審的訴訟であり、抗告訴訟がこれに当たる。

（1）　ドイツでは、形成訴訟ははじめ民事訴訟において展開され、やがて、行政訴訟においても給付訴訟および確認訴訟と並ぶ第三の独立の訴訟として承認されるに至った。独立の権利保護形式としての形成訴訟について初めて言及があったのは一八八九年であったらしい（R. Pietzner/M. Ronellenfitsch, Das Assessorexamen im Öffentlichen Recht, 11. Aufl., 2005, S. 101, Fn. (1)）。

（2）　一九四九年のバイエルン行政裁判権に関する法律（VGG）第二二条一項は「行政裁判所は、行政庁の処分その他の行政行為の取消請求およびその他の公法上の争訟（当事者訴訟）について、……裁判する。」、第八五条は「当事者訴訟とは対等の地位にある権利主体間の公法上の訴訟をいう。」と規定し、一九四八年の命令第百六十五号イギリス地帯における行政裁判権（VONr. 165）第二二条一項は「地方裁判所は、行政行為の取消しおよびその他の公法上の争訟（憲法争訟を除く。）について裁判する。」と規定していた。

一九六〇年の行政裁判所法（VwGO）は、取消訴訟と当事者訴訟という行政訴訟の伝統的な分類を廃止した。この点について連邦統一法草案理由書は、「ある法律関係が一方または他方のいずれに属するかに関する意見の相違が、行政裁判所による権利保護の拒否をもたらす危険性を回避するためである」といい（南博方『行政裁判制度』二〇四頁注（4）・昭三五・有斐閣）、ドイツ連邦共和国行政裁判所草案理由書は「この種の形成の訴えだけしか許されず、給付の訴えは行政裁判所の手続においては排除されているというような、反対推論の余地をなくするためにほかならない」と述べている。

（3）　W. Skouris, Verletztenklagen und Interessentenklagen im Verwaltungsprozeß, 1979, S. 7ff.; R. Wahl, Vorb §42 Abs. 2 Rn. 10, in; F. Schoch/E. Schmidt-Aßmann/R. Pietzner, Verwaltungsgerichtsordnung, Kommentar, Stand. 2004.

（4）　K. Stern, Verwaltungsprozessuale Problem in der öffeutlich-rechtlichen Arbeit, 8. Aufl., 2000, Rdn. 464f.

（5）　R. Pietzner/M. Ronellenfitsch, Fn (1), S. 180ff.

（6）　L. Duguit, Traité de droit constitutionnel, Tom 2, 2. éd. 1923. p. 324ets.

（7）　C. -F. Menger, System des Verwaltungsgerichtlichen Rechtsschutzes, 1954, S. 219ff.

第三章　行政訴訟制度の歴史

(1)　明治憲法のもとでの行政裁判制度

大日本帝国憲法六一条は、「行政官庁ノ違法処分ニ由リ権利ヲ侵害セラレタリトスルノ訴訟ニシテ別ニ法律ヲ以テ定メタル行政裁判所ノ裁判ニ属スベキモノハ司法裁判所ニ於テ受理スルノ限ニ在ラス」と規定し、行政国家制をとることを明らかにし、行政裁判所制度の内容は法律がこれを定めるものとした。そこで明治二三年に行政裁判法（法律四八号）および「行政庁ノ違法処分ニ関スル行政裁判ノ件」（法律一〇六号）が制定された。

明治憲法のもとにおける行政裁判制度の特徴は次の点にあった。

①　一審にして終審の行政裁判所が、東京に一つだけ設置されていた（行政裁判法一条）。

②　行政裁判所の権利保護の範囲は、列記主義により、法律に規定された事件についてのみ可能であった（行政裁判法一五条）。すなわち出訴事項は、

「一　海関税ヲ除ク外租税及手数料ノ賦課ニ関スル事件

二　租税滞納処分ニ関スル事件

三　営業免許ノ拒否又ハ取消ニ関スル事件

四　水利及土木ニ関スル事件

五　土地ノ官民有区分ノ査定ニ関スル事件」（「行政庁ノ違法処分ニ関スル行政裁判ノ件」明二三法一〇六）に限定されていた。

③　審理手続としては、書面主義、職権主義の原則が妥当していた。
④　原則として、訴願（＝行政上の不服申立て）前置主義が採用されていた。

このような行政裁判制度は国民の権利保護制度としては十分なものではなかった。したがって早くから行政訴訟制度の改革が試みられ、とくに昭和七年には、行政裁判法及訴願法改正委員会の答申にかかる行政裁判所法案・行政裁判法案・権限裁判所法案・訴願法案などの一連の改革案が作成された。しかし、これらの改革案はいずれも実現するに至らなかった。(1)

（2）　日本国憲法のもとにおける行政訴訟制度

日本国憲法七六条第一項は、「すべて司法権は、最高裁判所及び法律の定めるところにより設置する下級裁判所に属する。」と定め、同条第二項は、「特別裁判所は、これを設置することができない。行政機関は、終審として裁判を行うことができない。」と定めた。これは憲法が司法国家制を採用することを明らかにしたもので、したがって、新憲法の施行とともに、行政裁判法および「行政庁ノ違法処分ニ関スル行政裁判ノ件」は廃止された。しかし行政事件の裁判については、その特殊性に鑑み、民事訴訟法の特例を定めるべく準備がなされていたが、行政事件訴訟特例法案は連合国占領軍の同意を得ることができなかった。そこで応急措置として、「日本国憲法の施行に伴う民事訴訟法の応急的措置に関する法律」（昭二二法七五）を定め、そのなかに、行政処分の取消又は変更を求める訴えについて六箇月の出訴期間（除斥期間は三年）を定めた一か条の規定（八条）を置いただけで、その他は、すべて一般の民事事件と同一の取扱を認めることにした。

しかし、その後、いわゆる平野事件が発生し、(2)これを契機に連合国側の強い要請に基づき、行政訴訟の特殊性を考慮した行政事件訴訟特例法（昭二三法八一）が制定された。特例法は、訴願前置主義の採用（二条）、民事訴訟の仮処分に関する規定の不適用、行政処分の執行停止に対する内閣総理大臣の異議の制度の採用（一〇条）および事情判決の制度の採用（一一条）などを含む一二か条から成るものであった。特例法については、解釈上疑義の生じることが少なくなかったため、特例法の不備欠陥を除去し、それを全面的に改正するものとして、昭和三七年に行政事件訴訟法（昭三七法一三九）が制定された。しかし戦後の行政訴訟法の原型は、特例法のもとでの十五年間の判例・学説によって形成されたというべきであって、行政事件訴訟法は、制度の根本的な改革をしたものではなく、単に条文を整備し、訴訟法としての体裁を整えたにすぎないといえよう。

（3）　平成一六年の改正

行政事件訴訟法は、制定後約四十年間、実質的に改正されることはなかった。しかし、判例法が司法審査機能を十分に発揮し切れていないという批判が顕著になるにつれ、改正の必要性が高まってきた。そこで政府は、平成一三年一一月に司法制度改革推進本部に行政訴訟検討会を設け、同検討会は、二七回に及ぶ審議を経て、平成一六年一月に「行政事件訴訟法の見直しのための考え方」を公表した。政府は、行政訴訟検討会のまとめた考え方に基づく行政事件訴訟法改正案を平成一六年三月に閣議決定して、国会に法案を提出した。同法案は、五月八日衆議院本会議で可決され、六月二日に参議院本会議で可決成立することになり、六月九日に公布された。

平成一六年の改正後の要点は次の通りである。

⑴　救済範囲の拡大…①取消訴訟の原告適格の実質的拡大、②義務付け訴訟の法定、③差止訴訟の法定、④当事者訴訟の一類型としての確認訴訟の明記

⑵　審理の充実・促進

⑶　行政訴訟を利用しやすく分かりやすくするための仕組み…①抗告訴訟の被告適格の行政庁主義から行政主

体主義への変更、②抗告訴訟の管轄裁判所の拡大、③取消訴訟の出訴期間の延長、④教示制度の創設

⑷　仮の救済制度の拡充…①執行停止の要件の緩和、②仮の義務付け制度の創設、③仮の差止め制度の創設

（4）　現行の行政事件訴訟の類型

行政事件訴訟法は、「行政事件訴訟については、他の法律に特別の定めがある場合を除くほか、この法律の定めるところによる。」（一条）と規定し、行政事件訴訟法が行政訴訟に関する一般法であることを示している。しかし、行政事件訴訟と民事訴訟とは異なる性質の訴訟であって、行政事件訴訟法は、民事訴訟法の特別法ないし特例を定めたものではないとされ[3]、したがって「行政事件訴訟に関し、この法律に定めがない事項については民事訴訟の例による。」（七条）と規定された。

行政事件訴訟法は、行政訴訟を「行政事件訴訟」と呼び、「『行政事件訴訟』とは、抗告訴訟、当事者訴訟、民衆訴訟及び機関訴訟をいう」と定義した（二条）。

①　抗告訴訟　「抗告訴訟」とは、「行政庁の公権力の行使に関する不服の訴訟をいう」（行訴三条一項）[4]。抗告訴訟は、その内容により、形成訴訟、確認訴訟および給付訴訟に分かれ、それはさらに、処分の取消しの訴えと裁決の取消しの訴え、無効等確認の訴えと不作為の違法確認の訴えおよび義務付けの訴えと差止めの訴えとに分かれる。

ⓐ　処分の取消しの訴えは、処分、すなわち行政庁の処分および公権力の行使に当たる事実行為の取消しを求める訴訟をいう（行訴三条二項）。

ⓑ　裁決の取消しの訴えは、裁決、すなわち不服申立に対する行政庁の裁決、決定その他の行為の取消しを求める訴訟をいう（行訴三条三項）。

ⓒ　無効等確認の訴えは、処分または裁決につき、その存否またはその効力の有無の確認を求める訴訟をいう（行訴三条四項）。

ⓓ　不作為の違法確認の訴えは、法令に基づく申請に対し、相当の期間内になんらかの処分または裁決をしないことにつき、その違法の確認を求める訴訟をいう（行訴三条五項）。

ⓔ　義務付けの訴えは、一　行政庁が一定の処分をすべきであるにかかわらずこれがなされない（次の場合をのぞく。）、二　行政庁に対し、一定の処分または裁決を求める旨の法令に基づく申請または審査請求がされた場合において、当該行政庁がその処分または裁決をすべきであるにかかわらずこれがなされない、場合において、行政庁がその処分または裁決をすべき旨を命ずることを求める訴訟をいう（行訴三条六項）。前者の場合を直接型義務付け訴訟、後者の場合を申請型義務付け訴訟ということができる。さらに、申請型義務付け訴訟には、申請が拒否された場合と申請が放置されている場合があり、前者を拒否型、後者を放置型ということができる。

ⓕ　差止めの訴えは、行政庁が一定の処分または裁決をすべきでないにかかわらずこれがされようとしている場合において、行政庁がその処分または裁決をしてはならない旨を命ずることを求める訴訟をいう（行訴三条七項）。

②　無名（法定外）抗告訴訟　　無名抗告訴訟とは、法定の抗告訴訟以外の抗告訴訟をいう。無名抗告訴訟として、どのような訴訟類型が認められるかは、学説・判例の発展に委ねられている。(5)　無名抗告訴訟としては、規範統制訴訟、不利益排除訴訟などが考えられる。

③　当事者訴訟　　行政事件訴訟法は当事者訴訟を二つに分類している。一つは、「当事者間の法律関係を確認し又は形成する処分又は裁決に関する訴訟で、法令の規定により、その法律関係の当事者の一方を被告とする

もの」であり（行訴四条前段）、これを形式的当事者訴訟という（例、損失補償に関する訴訟――収用一三三条）。もう一つは、行政事件訴訟法が「公法上の法律関係に関する確認の訴えその他の公法上の法律関係に関する訴訟をいう」というもので（行訴四条後段）、これを実質的当事者訴訟という。実質的当事者訴訟は相対立する当事者間に真の意味の法律上の争訟がある場合で、その性質は民事訴訟における通常の訴訟と基本的な違いはない。行政処分を対象とする訴訟を事後的行政訴訟というのに対し、実質的当事者訴訟には始審的行政訴訟が含まれている。

④　民衆訴訟および機関訴訟　民衆訴訟および機関訴訟は、法律の定める場合において、法律の定める者に限り、提起することができる（行訴四二条）。民衆訴訟および機関訴訟として、どのようなものが認められるかは、各個別の法律の規定による（民衆訴訟の例――選挙無効および当選無効訴訟＝公選二四条一項二項、二〇四条一項、二〇七条一項、二〇八条、最高裁判所裁判官国民審査無効訴訟＝裁審三六条、住民訴訟＝自治二四二条の二および機関訴訟の例――普通地方公共団体に対する国の関与・都道府県の関与に関する訴訟＝自治二五一条の五、二五二条、普通地方公共団体の議会と長との間の権限の紛争に関する訴訟＝自治一七六条七項など）。(6)

（1）　田中二郎「行政裁判制度の改正案及び改正意見」同『行政争訟の法理』三八九頁以下（昭二九・有斐閣）。

（2）　平野事件とは、衆議院議員平野力三に対する「追放処分」について、本人の申立てにより、なされた仮の地位を定める仮処分の申請に対し、東京地裁が申請を認めて仮処分を決定したところ、連合国最高司令部は、昭和二三年二月四日、公職追放令の適用については日本の裁判所は裁判権を有しないとし、最高裁判所長官に対し仮処分の取消を求め、東京地裁が、この要求に従って仮処分決定を取消した事件をいう。

（3）　杉本良吉『解説』二八頁、雄川一郎「行政事件訴訟立法の回顧と反省」同『行政争訟の理論』一九八頁（昭六一・有斐閣）。

（4）　行政事件訴訟法による抗告訴訟の定義は、「行政上の覆審訴訟というのと同義であって、従って、その中には当然に……〔形式的――筆者注〕当事者訴訟も含まれるから、この定義は広きに過ぎ、不精確である。」（柳瀬良幹『行政法教科書』一六三頁）。そこで、「抗告訴訟とは、行政庁の公権力の行使に関する不服の訴訟のうち、法四条前半の形式的当事者訴訟を除く訴訟（狭義の覆審訴訟）と定義」すべきであるという（園部逸夫『現代行政と行政訴訟』三二頁・昭六〇・弘文堂）。

(5)　通説は、抗告訴訟の法的定義から、無名抗告訴訟も将来認められるという考え方に立っているが（田中二郎『司法権の限界』六〇頁・昭五一・弘文堂）、「訴訟は法律が認めて始めてあり得るものであるから、単に右の定義のみから、それらの四種以外の訴訟が当然に認められるとする解釈には疑があり、現行法上は抗告訴訟は右の四種に限ると解するのが寧ろ正解とすべきである。」という反対の解釈論もある（柳瀬良幹『行政法教科書』一六三頁）。

(6)　ちなみに、行政訴訟事件の地方裁判所の新受件数は、平成一七年総数一、八八二件（一〇〇％）であり、そのうち、抗告訴訟の総数が一、四四七件（七六・九％）、処分の取消しの訴えが九三八件（四九・八％）、裁決の取消しの訴えが一九八件（一〇・五％）、無効等確認の訴えが九〇件（四・八％）、不作為の違法確認の訴えが三〇件（一・六％）、その他一九一件（一〇・一％）であり、当事者訴訟九九件（五・三％）、民衆訴訟三二二件（一七・一％）、機関訴訟〇件、その他一四件（〇．七％）である。（「平成一七年度行政事件の概況」法曹時報五九巻二九六二頁）。

これに対し、ドイツ行政裁判所の新受件数は、一九六八～一九六九年には年間約四五、八〇〇件であったが、一九七五年に約九〇、〇〇〇件と倍増し、一九八一年には約二一五、〇〇〇件に達した。その後二年間で、若干の裁判所での新受件数が減少したものの、全体的な傾向には変化が見られないという（W. Brohm, Die staatliche Verwaltung als eigenständige Gewalt und Grenzen der Verwaltungsgerichsbarkeit, DVBl., 1986, S. 323.）。

第二篇　行政訴訟の開始

第一章　本案判決要件

(1)　本案判決要件の意義

訴えの提起とともに当事者および関係人と裁判所との間に訴訟法関係（Prozeßrechtsverhältnis）が成立する。裁判所は、職権により、訴えを訴訟判決により不適法として却下しなければならないか、本案（＝事件の本来の案件）について本案判決により裁判をすることができるかを調査しなければならない。本案裁判の要件は、訴訟要件（Prozeßvoraussetzungen）、本案審判要件（Sachentscheidungsvoraussetzungen）あるいは本案判決要件（Sachurteilsvoraussetzungen）などと呼ばれるが、本案裁判の要件は訴訟法関係の要件ではないし、裁判所は、判決のほか決定、命令も発することができるから、本案判決要件も精確ではない。しかし訴訟では通常判決が要求されるから、本書では、本案判決要件という表示を用いることにする。

(2)　審理順序

本案判決要件は、裁判所、当事者および関係人、または訴訟手続に応じて、三つのグループに分けられる。しかし、この三つのグループは本案判決要件の審理順序とは関係がない。

第一グループ	第二グループ	第三グループ
ⓐ日本の裁判権 ⓑ行政訴訟の許容性 ⓒ事物および土地管轄(行訴一二条) など	ⓐ当事者能力 ⓑ訴訟能力 ⓒ訴訟上の代理 ⓓ訴訟追行権（行訴一一条） ⓔ取消訴訟、無効確認訴訟、義務付け訴訟などの原告適格（行訴九条、三六条、三七条の二第三項） など	ⓐ訴えの許容性 ⓑ訴えの適法性 ⓒ出訴期間の遵守（行訴一四条） ⓓ前置手続（行訴八条但書） ⓔ権利保護の利益（行訴九条カッコ書） など

本案判決要件相互の間の審理順序について法律の規定は存在しない。また、あらゆるケースに正確に適合する体系を見いだすこともできない。一応、(1)日本の裁判権、(2)行政訴訟の許容性、(3)裁判所の管轄、(4)当事者能力、(5)訴訟能力、(6)訴えの類型、(7)訴え提起の適法性、その形式と内容、(8)原告適格、(9)出訴期間の遵守、(10)前置手続の実施、(11)権利保護の利益という審理順序が考えられる。しかし裁判所が異なる順序で審理し判決をしても、その判決が違法になるわけではないから、審理順序は実益のない問題であるといえよう。また実際のケースにおいて、本案判決要件のすべてが審理されなければならないものでもない。しかし行政訴訟の許容性、訴えの類型および原告適格などの要件は常に問題になる重要な本案判決要件であるということができる。

第二章　概括主義

文献　田中二郎「司法権の限界——特に行政権との関係——」同『司法権の限界』（昭五一・弘文堂）、園部逸夫「行政訴訟と民事訴訟との関係」同『現行行政と行政訴訟』（昭六二・弘文堂）、戸松秀典「裁判権の限界」『現代行政法大系４』、晴山一穂「司法権の限界」杉村編『救済法１』、棟居快行「行政紛争への司法の関与」『現代の法５』（平九・岩波書店）

（1）　行政訴訟の開始——権利保護の許容性

いかなる事項について行政訴訟を開始できるか、換言すれば行政訴訟による権利保護の許容性について、法律は、概括主義（Generalklausel）の方法により、あるいは列記主義（Enumerationsprinzip）の方法により、これを定めるのが通例である。[1] 概括主義は、一切の行政法上の争訟について出訴を許すという原則を立て、例外として訴訟を許さない事項を列挙する方法であり、列記主義は、訴訟を許す事項を列挙し、それ以外は訴訟を許さないとする方法である。現行の行政事件訴訟法はこの点について何らの規定も置いていない。[2] しかし、日本国憲法のもとでは、何人も裁判官の裁判を受ける権利を奪われず（憲三二条）、「一切の法律上の争訟」は裁判所の管轄に属する旨の裁判所法の規定（三条一項）の趣旨からみて、法律上の争訟に当たらない場合を除き、行政作用の行為形式、内容の如何を問わず、すべて訴訟が許されるものと解される。[3] 要するに、日本国憲法は、法治国原理に基づき、公権的行政作用に対する個人の欠缺なき権利保護システムを要請するものであり、したがって、この要請に対する当然の結果として列記主義が廃止され、裁判所法三条一項の規定に基づき、実質的に、行政法上の権利保護についての概括主義が採用されたということができよう。(4)

（2）　行政訴訟の類型と行政の行為形式への対応

日本国憲法は欠缺なき権利保護のシステムを要請していると考えられる。したがって行政訴訟法は、個人の権利保護が包括的に保障されるように、行政訴訟を類型化し体系化しなければならない。現行の行政事件訴訟法は、『行政事件訴訟』とは、抗告訴訟、当事者訴訟、民衆訴訟及び機関訴訟をいう。」と規定し（行訴二条）、抗告訴訟と当事者訴訟とを区別した。行政訴訟を抗告訴訟と当事者訴訟とに大別する考え方は、基本的にドイツの旧法の考え方を継承したものであるが、学説はこれを合理的であるとしてきた。(5)しかし権利保護一般の許容性にとって、当事者が公権力関係にあるか対等関係にあるかという実体的基準は、決定的な意味をもつものではない。

問題は、行政がいかなる行為形式で活動したとしても、行政に対して、個人が権利保護を主張することのできる訴訟類型が法定されているかどうかである。例えば、行政の最も重要な行為形式としての行政行為に対しては、侵害的行政行為を防禦するために取消訴訟が、授益的行政行為を獲得するために義務付け訴訟が対応していなければならない。取消訴訟と義務付け訴訟とは、さしあたり、行政法上の個人の権利保護のための最も重要な訴訟類型である。さらに行政規則、行政指導、行政計画などの行政行為以外の行為形式について、どのような訴訟類型をもって権利保護が与えられるか、要するに行政の行為形式と訴訟類型との間には十分な対応関係がなければならない。侵害的行政行為以外の行政作用に対する権利保護システムが十分整備されていない行政事件訴訟法は、欠缺なき権利保護を実現する上で、根本的な欠陥をもっているといえよう。(6)

（3）　抗告訴訟か民事訴訟か

権利保護についての概括主義の原則に従えば、行政上の法的紛争については、現行法上、まず、それが行政訴訟事件か民事訴訟事件かが問題となり、次に、それが行政訴訟事件であれば、抗告訴訟に当たるか当事者訴訟であるかということが問題となる。しかし通常、原告の選択基準としては、まず訴訟類型としての抗告訴訟が許容されるかどうかが問題となり、それが許容されない場合に行政上の紛争の法的性質が問題となり、それが公法関係であれば行政訴訟としての当事者訴訟、私法関係であれば民事訴訟であることになる。しかし当事者訴訟と民事訴訟との間には本質的な区別はないとされるから、結局、訴訟形式は抗告訴訟か否かに尽きるといわれている。(7)しかし原告が選択した訴訟類型が誤りであった場合、訴えは不適法として却下され、実質的には裁判が拒絶されたような結果が生じる。(8)権利保護についての概括主義は、許されない訴訟類型を選択したことを理由に、権利保護を拒絶してならないことを意味する。裁判所は、原告が誤った訴訟類型を選択したときは、適法な訴訟類型を指示すべきであろう。(9)

（4）　法律上の争訟――権利保護の排除または制限

法律上の争訟とは、「当事者間の具体的な権利義務ないし法律関係の存否に関する紛争であって、かつ、それが法令の適用により終局的に解決することができるものに限られる」と解されている。(10)すなわち、法律上の争訟とは、①法令の適用という方法による、②当事者間の具体的な権利義務に関する紛争の解決をいう。このような法律上の争訟の観念は司法権の発動要件であり、行政訴訟も「法律上の争訟」を前提とするものであるが、当事者間の具体的な権利義務に関する紛争は、行政訴訟の場合、主として行政の個別的・具体的侵害に対する個人の権利保護が中心となる。したがって通説は、行政訴訟による権利保護については、次のような制約があるとしている。[11]

①　具体的権利義務に関係なく、抽象的に法令の効力を争う訴訟は認められない。[12]

②　学術上、科学技術上の問題そのものに関する訴訟は、法律上の争訟ではない。[13]

③　宗教的価値ないし教義に関する争いは法律上の争訟ではない。[14]

④　政治的・経済的政策の当否を争うものは、法律の適用によって解決できる紛争ではないから、法律上の争訟ではない。[15]

⑤　高度の政治性のある行為は、いわゆる統治行為であって、それが法律上の争訟となり、有効無効の判断が可能である場合でも、裁判所の審査権は及ばない。[16]

⑥　特殊な部分的秩序の内部問題は法律上の争訟ではない。[17]

（1）　ドイツ行政裁判所法四〇条一項一文は、「行政訴訟は、争訟が連邦法律により他の裁判所に明示的に指定されていない限り、憲法上の争訟を除く、すべての公法上の争訟において与えられる。」と規定し、概括主義を採用した。

（2）　通説は、明治憲法のもとでの列記主義が廃止され、裁判を受ける権利が保障されたことから、明文の規定がないにもかかわらず、行政事件訴訟法は当然に概括主義を採用したものであるという（南・高橋編『条解』一四頁〔南〕）。

（3）　柳瀬良幹『行政法教科書』一六五頁。

（4）　日本国憲法のもとでは、実質的に概括主義が採用されたとみることができるが、それは、抗告訴訟に関する概括主義ではなく、「司法裁判権の対象たる訴訟事項についての概括主義」であることに注意しなければならない（小早川光郎「抗告訴訟の本質と体系」『現代行政法大系４』一四五頁注⒁）。

（5）　雄川一郎『争訟法』五一頁。

（6）　行政事件訴訟法が、抗告訴訟と（実質的）当事者訴訟を対立させた結果、「当事者訴訟は、取消訴訟をも含む包括的訴訟方法としての意義を失い、……これにより、取消訴訟を除く公法上の当事者訴訟の範囲が狭少化したばかりか、その存在意義すら疑わしめることになった」（南　博方「行政事件訴訟法の軌跡と展望」ジュリスト九二五号一〇一頁・平元）。

（7）　浜川　清「行政訴訟の諸形式とその選択基準」杉村編『救済法1』四八頁。

（8）　阿部泰隆「行政救済におけるタイミング」同『行政救済の実効性』一四六頁（昭六〇・弘文堂）。

（9）　最判昭五六・一二・一六民集三五巻一〇号一三六九頁（＝行政判例百選Ⅱ157「国営空港への供用差止め」＝大阪国際空港訴訟）は、「国営空港の特質を参酌して考えると、本件空港の管理に関する事項のうち、少なくとも航空機の離着陸の規制そのもの等、本件空港の本来の機能の達成実現に直接かかわる事項自体については、空港管理権に基づく管理と航空行政権に基づく規制とが、空港管理者としての運輸大臣と航空行政権の主宰者としての運輸大臣のそれぞれ別個の判断に基づいて分離独立的に行われ、両者の間に矛盾乖離が生じ、本件空港を国営空港とした本旨を没却し又はこれに支障を与える結果を生じることがないよう、いわば両者が不即不離、不可分一体的に行使実現されるものと解するのが相当である」。

「本件空港の離着陸のためにする供用は運輸大臣の有する空港管理権と航空行政権という二種の権限の、総合的判断に基づいて不可分一体的な行使の結果であるとみるべきであるから、右被上告人らの前記のような請求は、事理の当然として、不可避的に航空行政権の行使の取消変更ないしその発動を求める請求を包含することとなるものといわなければならない。したがって右被上告人らが行政訴訟の方法により何らかの請求をすることができるかどうかはともかくとして、上告人に対し、いわゆる通常の民事上の請求として前記のような私法上の給付請求権を有するとの主張の成立すべきいわれはないというほかない。

以上のとうりであるから、前記被上告人らの本件訴えのうち、いわゆる狭義の民事訴訟の手続により一定の時間帯につき本件空港を航空機の離着陸に使用させることの差止を求める請求にかかる部分は、不適法というべきである。」と判示した。

本判決を契機として、空港等の供用差止を求めるためには、どのような訴訟形式が最も適切であるかという問題が論議された。①民事上の差止訴訟によるのが正しい、②「行政処分」を拡大して取消訴訟を認めるべきである、③不利益状態の排除を求める無名抗告訴訟（権力的妨害排除訴訟）を許すべきである、④公法上の当事者訴訟を活用すべきである、といった方法が提示されているが、どれも決定的であるとはいえない。これらの訴訟類型に関する判例・学説の詳細かつ鋭い分析については、阿部泰隆「空港供用行為と民事差止訴訟」同注(8)七八頁以下を見よ。

最判平五・二・二五民集四七巻二号六四三頁（＝行政判例百選Ⅱ158「航空基地の供用差止め」＝厚木基地訴訟）は、「防衛庁長官は、自衛隊に課せられた我が国の防衛等の任務の遂行のため自衛隊機の運行を統括し、その航行の安全及び航行に起因する障害の防止を図るため必要な規制を行う権限を有するものとされているのであって、自衛隊機の運行は、このような防衛庁長官の権限の下において行われるものである。そして、自衛隊機の運行にはその性質上必然的に騒音等の発生を伴うものであり、防衛庁長官は、右騒音等による周辺住民への影響にも配慮して自衛隊機の運行を規制し、統括すべきものである。しかし自衛隊機の運行に伴う騒音等の影響は飛行場周辺に広く及ぶことは不可避であるから、自衛隊機の運行に関する防衛庁長官の権限の行使は、その運行に必然的に伴う騒音等について周辺住民の受忍を義務づけるものといわなければならない。そうすると、右権限の行使は、右騒音等により影響を受ける周辺住民との関係において、公権力の行使に当たる行為というべきである。

上告人ら［Xら］の本件自衛隊機の差止請求は、被上告人［Y］に対し、本件飛行場における一定時間帯（毎日午後八時から翌日午前八時まで）における自衛隊機の離着陸等の差止め及びその他の時間帯（毎日午前八時から午後八時まで）における航空騒音の規制を民事上の請求として求めるものである。しかしながら、右に説示したところに照らせば、このような請求は、必然的に防衛庁長官にゆだねられた前記のような自衛隊機の運行に関する権限の行使の取消変更ないしその発動を求める請求を包含することになるものといわねばならないから、行政訴訟としてどのような要件の下にどのような請求をすることができるかはともかくとして、右差止請求は不適法というべきである。」と判示した。

これらの判決は行政訴訟として許容される具体的な訴訟類型を明示していない。このような判決は、紛争の終局的解決ではなく、新たな紛争を惹起せしむるものであるといえよう。

(10) 最判昭五六・四・七民集三五巻三号四四三頁（＝板まんだら事件）。

(11) 「法律上の争訟性」が司法審査権の発動要件であるにかかわらず、実際には、それが実定訴訟法の設定する間口によって制約されているという批判について、棟居快行「行政紛争への司法の関与」『現代の法5』二四三頁以下（平九・岩波書店）を見よ。

(12) 最判昭二七・一〇・八民集六巻九号七八三頁（＝行政判例百選Ⅱ146「法令に対する司法審査」）は、警察予備隊の設置並びに維持に関する一切の行為（法令規則の一切を含む）の無効確認訴訟につき、「裁判所が現行の制度上与えられているのは司法権を行う権限であり、そして司法権が発動するためには具体的な争訟事件が提起されることを必要とする。我が裁判所は具体的な争訟事件が提起されないのに将来を予想して憲法及びその他の法律命令等の解釈に対し存在する疑義論争に関し抽象的な判断を下すごとき権限を行い得るものではない。」と判示した。

最判平三・四・一九民集四五巻四号五一八頁（＝行政判例百選Ⅱ147「最高裁判所規則と司法審査」）は、「（判決要旨）地方裁判所及び家庭裁判所の支部を廃止する最高裁判所規則が違憲であるとして、具体的な紛争を離れて管轄区域内に居住する国民としての立場で取消しを求める訴えは、規則の抽象的な憲法適合性の判断を求めるもので法律上の争訟にあたらない。」と判示した。

(13) 最判昭四一・二・八民集二〇巻二号一九六頁（＝行政判例百選Ⅱ149「国家試験と司法審査」）は、国家試験における合格・不合格の判定につき、「司法権の固有の内容として裁判所が審判しうる対象は、裁判所法三条にいう『法律上の争訟』に限られ、いわゆる法律上の争訟とは、『法令を適用することによって解決しうべき権利義務に関する当事者間の紛争をいう』ものと解される（昭和二九年二月一一日第一小法廷判決、民集八巻二号四一九頁参照）。従って、法令の適用によって解決するに適さない単なる政治的または経済的問題や技術上または学術上に関する争は、裁判所の裁判を受けるべき事柄ではないのである。国家試験における合格・不合格の判定も学問または技術上の知識、能力、意見等の優劣、当否の判断を内容とする行為であるから、その試験実施機関の最終判断に委せられるべきものであって、その判断の当否を審査し具体的に法令を適用して、その争を解決調整できるものとはいえない。」と判示した。

しかし、国家試験は憲法の保障する職業選択の自由と関連するから、国家試験の合否判定の問題は、試験実施機関の構成や合否判定の手続の問題を含め、法律上の争訟でないということはできない。また科学技術上の問題であっても、例えば危険・障害といった行政決定の基準となる観念やその認定の手続は、法律問題したがって訴訟の対象となりうる問題であることに注意しなければならない。

(14)　最判昭五六・四・七民集三五巻三号四四三頁（=板まんだら事件）は、「本件訴訟は、具体的な権利ないし法律関係に関する紛争の形式をとっており、その結果信仰の対象の価値又は宗教上の教義に関する判断は請求の当否を決するについての前提問題であるにとどまるものとされてはいるが、本件訴訟の帰すうを左右する必要不可欠のものと認められ、また、記録にあらわれた本件訴訟の経過に徴すると、本件訴訟の争点及び当事者の主張立証も右の判断に関するものがその核心となっていると認められることからすれば、結局本件訴訟は、その実質において法令の適用による終局的な解決の不可能なもの（である。）」と判示した。

(15)　最判昭五七・七・一五判時一〇五三号九三頁（=郵便貯金目減り訴訟）は、「上告人ら［Xら］は、本訴において、政府が経済政策を立案施行するにあたっては、物価の安定、完全雇用の維持、国際的収支の均衡及び適度な経済成長の維持の四つがその担当者において対応すべき政策目標をなすところ、内閣及び公正取引委員会は右基準特に物価の安定という政策目標の達成への対応を誤りインフレーションを促進したものであって、右はこれら機関の違法行為にあたり、被上告人［Y］はこれによる損害の賠償責任を免れない旨主張するが、右上告人ら［Xら］のいう各目標を調和的に実現するために政府においてその時々における内外の情勢のもとで具体的にいかなる措置をとるべきかは、ことの性質上専ら政府の裁量的な政策判断に委ねられている事柄とみるべきものであって、仮に政府においてその判断を誤り、ないしはその措置に適切を欠いたために右目標を達成することができず、又はこれに反する結果を招いたとしても、これについて政府の政治的責任が問われることがあるのは格別、法律上の義務違反ないし違法行為として国家賠償法上の損害賠償責任の問題を生ずるものとすることはできない。」と判示した。

この判決は経済政策目標の実現について行政裁量を認めているといえるが、経済政策の目標の実現は法律の解釈適用ではないから、厳格な意味で行政裁量を認めるかどうかの問題は生じない。そこに現れる行政政策的な「裁量」は、いわゆる「自由に形成される行政」として位置づけるべきであろう（宮田三郎『行政裁量とその統制密度』四頁・平三・信山社、同『行政法総論』二二九頁・平九・信山社）。

(16)　最判昭三五・六・八民集一四巻七号一二〇六頁（＝行政判例百選Ⅱ152「衆議院の解散と司法審査」＝苫米地事件）は、「わが憲法の三権分立の制度の下においても、司法権の行使についておのずからある限度の制約は免れないのであって、あらゆる国家行為が無制限に司法審査の対象となるものと即断すべきでない。直接国家統治の基本に関する高度に政治性のある国家行為のごときはたとえそれが法律上の争訟となり、これに対する有効無効の判断が法律上可能である場合であっても、かかる国家行為は裁判所の審査権の外にあり、その判断は主権者たる国民に対して政治的責任を負うところの政府、国会等の政治部門の判断に委され、最終的には国民の政治的判断に委ねられているものと解すべきである。」と判示した。

しかし、最判昭三四・一二・一六刑集一三巻一三号三二二五頁（＝行政判例百選Ⅱ148「条約と司法審査」）は、「本件安全保障条約は、……主権国としてのわが国の存立の基礎に極めて重大な関係をもつ高度の政治性を有するものというべきであって、その内容が違憲なりや否やの法的判断は、その条約を締結した内閣およびこれを承認した国会の高度の政治的ないし自由裁量的判断と表裏をなす点がすくなくない。それ故、右違憲なりや否やの法的判断は、純司法的機能をその使命とする司法裁判所の審査には、原則としてなじまない性質のものであり、したがって、一見極めて明白に違憲無効であると認められない限りは、裁判所の司法審査権の範囲外のものであって、それは第一次的には、右条約の締結権を有する内閣およびこれに対して承認権を有する国会の判断に従うべく、終局的には、主権を有する国民の政治的批判に委ねらるべきものであると解するを相当とする。」と判示した。この判決では、高度の政治性を有する行為については、重大なコントロール密度の制約を受けるにしても、司法審査権そのものを排除する行為とは見ていない。

(17)　最判昭五二・三・一五民集三一巻二号二三四頁（＝行政判例百選Ⅱ151「国立大学における単位授与と司法審査」）は、「一般市民社会の中にあってこれとは別個に自律的な法規範を有する特殊な部分社会における法律上の係争のごときは、それが一般市民法秩序と直接の関係を有しない内部的な問題にとどまるかぎり、その自主的、自律的な解決に委ねるのを適当とし、裁判所の司法審査の対象にはならないものと解するのが相当である（当裁判所……昭和三五年一〇月一九日大法廷判決・民集一四巻一二号二六三三頁参照）。」、「大学は、国公立であると私立であるとを問わず、学生の教育と学術の研究とを目的とする教育研究施設であって、その設置目的を達成するために必要な諸事項については、法令に格別の規定がない場合でも、学則等によりこれを規定し、実施することのできる自律的、包括的な権能を有し、一般市民社会とは異なる特殊な部分社会を形成している」、「単位の授与（認定）という行為は、……卒業の要件をなすものではあるが、当然に一般市民法秩序と直接の関係を有するものでないことは明らかである。それゆえ、単位授与（認定）行為は、他にそれが一般市民法秩序と直接の関係を有するものであることを肯認するに足りる特段の事情のない限り、純然たる大学内部の問題として大学の自主的、自律的な判断に委ねられるべきものであって、裁判所の司法審査の対象にはならないものと解するのが、相当である。」と判示した。

しかし、現代の民主的・法治国的法秩序のもとでは、司法審査権を全く排除するような「特殊な部分社会」が成立する余地はない。大学法は、法治国原理に基づき、それと調和するように改革されなければならない。

第三章　裁判所の管轄

文献　下出義明・中井利正「管轄」南　編『注釈』、細川俊彦「管轄」山村・阿部編『判例コメ』、荏原明則「管轄」南・高橋編『条解』、福岡右武「管轄」園部編『注解』
井上正明「関連請求に係る訴訟の移送」南　編『注釈』、青木　康「関連請求に係る訴訟の移送」南・高橋編『条解』、時岡　泰「関連請求に係る訴訟の移送」園部編『注解』

(1) 管　轄

行政訴訟においても、どの裁判所にいかなる事件を分担させるかという問題に関する定めが必要である。これが管轄の問題である。管轄とは同一裁判権における裁判所に対する手続の分配をいう。

行政訴訟について、憲法は行政機関が終審として裁判することを禁止しているから（憲七八条二項後段）、終審でなければ行政部内に正式の裁判機関を置いて行政訴訟を管轄せしめても憲法違反とならない。しかし現行法は、従来あった行政裁判所のような裁判機関を設けていない。したがって現在においては、事実上、裁判所が行政訴訟を管轄する唯一の機関である。

管轄として、事物管轄と土地管轄を区別することができる。事物管轄とは、訴訟物の視点による、審級（簡易裁判所、地方裁判所、高等裁判所、最高裁判所）の内部における手続の分配をいい、土地管轄とは、同一の事物管轄の裁判所に対する土地的限界による手続の分配をいう。また、例えば上訴裁判所または執行裁判所のように、裁判所の活動の種類による手続の分配を機能的管轄ということがあるが、行政訴訟では、原則として機能的管轄と事物管轄は一致する。

（2）　事物管轄

第一審裁判所を簡易裁判所、地方裁判所、高等裁判所のいずれにするかが事物管轄の問題である。行政事件訴訟、すなわち抗告訴訟、当事者訴訟、機関訴訟および民衆訴訟は、特別法で高等裁判所を第一審裁判所と定めている場合を除き、訴額すなわち訴訟物の価額の多い少ないを問わず、原則として地方裁判所が第一審管轄裁判所である（裁二四条一号・三三条一項一号）。民事事件と異なり、訴額一四〇万円以下の場合でも、簡易裁判所は管轄権を有しない（裁三三一項一号）。以上の原則に対して例外がある。

第一に、特別法で高等裁判所が第一審の裁判所と定めている場合がある。これには二つの類型がある。一つは、審理の促進を図り処分を早期に確定させるためのものであり、他の一つは、処分が裁判に準ずる慎重な手続によりなされたことを理由とするものである。

前者の例としては、①　国会議員および地方議会議員・長その他委員の選挙の効力、当選の効力に関する訴訟、総括責任者・出納責任者等の選挙犯罪による当選無効の訴訟（公選二〇三条一項・二〇四条・二〇七条一項・二〇八条一項・二一一条・二一七条・農委一一条・一四条六項）、②　都道府県の条例の制定改廃請求の署名に関する訴訟（自治七四条の二第九項・一二項）、③　直接請求による普通地方公共団体の議会の解散の投票、議員の解職の投票、長の解職の投票の効力などに関する訴訟（自治八五条）、④　最高裁判所裁判官の国民審査の効力・罷免の効力に関する訴訟（裁審三六条・三八条）がある。以上の、①のうちの参議院比例代表選出議員に関するもの（公選二一七条）と④は、東京高等裁判所が第一審裁判所となる。

後者の例としては、①公正取引委員会の審決に関する訴訟、その他独占禁止法に定められた事件（独禁八五条。これらは東京高裁で五人の裁判官の合議体が取り扱う。八七条。）、②中小企業等協同組合の組合員たる事業者の排除に関する公正取引委員会の審決にかかる訴訟（中協一〇九条。これも東京高裁で五人の裁判官の合議体が取り扱う）、③特許・実用新案登録・意匠登録・商標登録等の無効等に関する特許庁の審決または却下の決定に関する訴訟（特許一七八条一項、新案四七条一項、意匠五九条一項、商標六三条一項）、④高等海難審判庁の裁決に対する訴訟（海難審判五三条）、⑤電波法に基づく郵政大臣の処分についての異議申立てに対する決定に関する訴訟（電波九六条の二・九七条）、⑥弁護士の登録・登録換えの請求の進達についての日本弁護士連合会による審査請求の却下、棄却裁決、弁護士の懲戒、その審査請求の却下、棄却決定等に対する訴訟（弁護一六条・六二条）、⑦鉱業等に係る土地利用の調整手続等に関する法律に基づく公害等調整委員会の裁定、裁定申請却下決定に対する訴訟（土地利用調整五七条）、⑧その他、裁判所法施行の際、大審院または行政裁判所に係属していた事件（裁施二条二項、裁判所法施行令一条・四条）がある。これらの訴訟はすべて、事案の性質上、中央官庁の所在地にある東京高等裁判所が第一審裁判所となる。

第二に、特別法により第一審が地方裁判所となる場合がある。①普通地方公共団体の長等による財務会計上の違法な行為の差止め、取消し等に関する訴訟＝住民訴訟（自治二四二条の二第五項）、②市町村の条例の制定改廃請求の署名および議員・長等の解職請求の署名に関する訴訟（自治七四条の二第八項・一二項・八〇条四項・八一条二項・八六条四項）、③選挙人名簿に関する市町村の選挙管理委員会の決定に対する不服申立訴訟（公選二五条二項）がこれである。

第三に、原則として地方裁判所が第一審裁判所となるが、地方裁判所の支部は管轄権を有しない場合がある（地方裁判所および家庭裁判所支部設置規則一条二項）。これは、法律上の管轄ではなく、内部の事務分配なので、支部から本庁への移送申立てはできない（東京高決昭五八・三・一六判時一〇七六号六六頁）。地方裁判所支部が管轄権を有しない理由は、民事・刑事訴訟と異なり、行政事件訴訟が特殊専門的性格を有する点にあるとされている。

（3）　土地管轄

土地管轄は、同一の審級において、いかなる裁判所が訴訟物について裁判をするかを定める。これを裁判籍ともいう。裁判籍には、事件の種類・内容と関係なく、一般に認められる土地管轄である普通裁判籍と、一定の種類・内容の事件について、普通裁判籍と競合的または例外的に認められる特別裁判籍とがある。ここでは前者を一般管轄、後者を特別管轄という。

①　一般管轄　　取消訴訟は、被告の普通裁判籍の所在地を管轄する裁判所（国の場合は東京）または処分もしくは裁決をした行政庁の所在地を管轄する裁判所の管轄に属する（行訴一二条一項）。行政事件訴訟特例法のもとでは、抗告訴訟は被告行政庁の所在地の裁判所の専属管轄に属した（四条）。行政事件訴訟法は、昭和三七年に専属管轄の制度を廃止し、被告行政庁の合意、応訴があれば、被告行政庁の所在地以外の裁判所へも出訴できることとし、応訴管轄、合意管轄を認めた（民訴七条・一一条〜一二条・一七条、行訴七条参照）。

②　特別管轄　　次のⓐ・ⓑの二つの場合には、特別管轄が認められる（行訴一二条二項、三項・三八条）。この特別管轄は専属管轄を定めたものではない。したがって、原告は、一般管轄権を有する行政庁の所在地の裁判所と特別管轄権を有する裁判所の、いずれに出訴するかを自由に選択することができる。

ⓐ　土地の収用、鉱業権の設定その他不動産または特定の場所に係る処分または裁決についての取消訴訟は、その不動産または場所の所在地の裁判所にも、提起できる（行訴一二条二項）。

「不動産に係る処分」とは、不動産にかかる権利の設定、変更等を目的とする処分あるいは不動産に関する権利の行使の強制、制限、禁止等を命令し、または直接実現する処分をいう。(1)　具体例としては、採石権の設定または譲渡に関する処分（採石九条以下）、森林法に基づく保安林の指定または解除に関する処分（森林二五条・二六条）、建築基準法に基づく違反建築物の除去・移転などの是正命令等（建基九条以下）、農地法により知事等の農地の移転、転用等の許可または不許可処分（農地三条以下）や買収処分（農地九条）、土地区画整理法に基づく換地処分（区画整理一〇三条）などがあげられる。しかし、固定資産税、不動産取得税の賦課処分（地税七三条以下、三四一条）、不動産登記に関する登記官吏による違法な登記の抹消の処分（不登一四九条）などについて、これが不動産自体に関するものでないため「不動産に係る処分」に該当しないとする説(2)と、これも不動産に係る処分であるとする説があるが(3)、前者が妥当といえよう。

「特定の場所に係る処分」とは、特定の地点または区域において一定の行為をする権利、自由を付与する処分、あるいは特定の地域を定めて一定の行為の制限禁止をする処分等をいう。(4)　具体例としては、自動車運送事業や自動車道事業の免許（道運四条・四七条）、文化庁長官による重要文化財などの現状変更の制限禁止処分等（文化財四五条・八一条一項）、都市計画法による開発許可（都計二九条）、道路使用許可処分（道交七七条）がある。判例では、全国新幹線鉄道整備法九条一項に基づいてなされた新幹線工事実施変更認可を「特定の場所に係る処分」に該当する旨判示し（東京高決昭五五・一一・二〇行集三一巻一一号二四二九頁）、収税官吏が国税犯則取締法二条に基づいてした動産に対する差押処分は「特定の場所に係る処分に当らない」とする（神戸地決昭五九・一〇・一七行集三五巻一〇号一六四九頁）」。

ⓑ　取消訴訟は、当該処分または裁決に関し事案の処理に当たった下級行政機関の所在地の裁判所にも、提起できる。（行訴一二条三項）。

「事案の処理に当たった」とは、単に処分庁の依頼によって資料の収集を補助した程度ではなく、その処分の成立に関与したことをいい、その関与の根拠が法令によると内規によるとを問わない。(5) 最高裁判例によると、下級庁が処分の成立に実質的に関与し、これに影響を与えた場合をいう。(6)

判例は、次の例が「事案の処理に当たった行政機関」に該当するとする。建設省地方建設局長がその下級行政機関である工事事務所に所属する職員に対してした依願免職処分について、辞職申出行為の存否、申出に係る意思表示の瑕疵の有無等について調査をして意見具申を行った同工事事務所（名古屋高裁金沢支決昭四九・一・一八行集二五巻一＝二号二一頁）、総理府恩給局長が恩給法八〇条に基づいて行った公務扶助受給権を失わせる旨の処分について、たんに上級庁の調査の嘱託等を受けて資料の一部を収集したにとどまらず、独自の判断に基づいて処分の基礎となる資料を収集し、積極的に本件処分に関与して重要な影響を与えた知事（大分地決昭五九・一〇・八行集三六巻一号三頁）などがある。

否定例としては、地方郵政局長がストライキ参加を理由とする懲戒処分を行う際、その調査要請に基づき対象職員の上司として、当日勤務予定となっていたものの氏名・担務内容・欠勤状況・業務運行状況を調査、報告したが、積極的な資料収集や意見具申をしていない特定郵便局長（千葉地決昭五二・五・二四行集二八巻五号五四一頁）、社会保険庁長官がした厚生年金保険遺族年金不支給処分につき、請求者に定型の請求書を交付し、必要事項の記載の有無および形式的な正確性、必要添付書類の有無を点検確認して同長官に審査のため送付した社会保険事務所（仙台地決昭五四・一二・一四行集三〇巻一二号二〇一七頁）などがある。

ⓒ　国または独立行政法人通則法第二条第一項に規定する独立行政法人もしくは別表に掲げる法人を被告とする取消訴訟は、原告の普通裁判籍の所在地を管轄する高等裁判所の所在地を管轄する地方裁判所（これを特定管轄裁判所という。）にも提起することができる（行訴一二条四項）。

「管轄する高等裁判所」は、東京高等裁判所、大阪高等裁判所、名古屋高等裁判所、広島高等裁判所、福岡高等裁判所、仙台高等裁判所、札幌高等裁判所、高松高等裁判所の八裁判所であり、「高等裁判所の所在地を管轄する地方裁判所」とは東京地裁・大阪地裁・名古屋地裁・広島地裁・福岡地裁・仙台地裁・札幌地裁・高松地裁の八裁判所である。

③　特定管轄裁判所　特定管轄裁判所に取消訴訟が提起された場合に、他の裁判所に事実上および法律上同一の原因に基づいてされた処分または裁決に係る抗告訴訟が係属している場合には、当該特定管轄裁判所は、当事者の住所または所在地、尋問を受けるべき証人の住所、争点または証拠の共通性その他の事情を考慮して、相当と認めるときは、申立てによりまたは職権で、訴訟の全部または一部について、当該他の裁判所または第一項から第三項までに定める裁判所に移送することができる（行訴一二条五項）。これは、訴訟の遅延・判断の不統一を避けるための移送についての特例規定である。なお、行政事件訴訟は専門性が高いことなどから、行政事件が比較的多いところでは、これを専門的または集中的に処理する部が設けられている。現在、専門部として東京地裁に三箇部、集中部として大阪地裁に二箇部、横浜、さいたま、千葉、京都、神戸、名古屋各地裁に一箇部が設けられている。

（4）　取消訴訟以外の行政訴訟の管轄

無効等確認の訴え、不作為の違法確認の訴え、民衆訴訟または機関訴訟で処分または裁決の取消しまたは無効確認を求める訴えについては、すべて取消訴訟に関する管轄の規定が準用される（行訴三八条、四三条）。

行政処分の執行停止またはその取消申立事件の管轄裁判所は、本案の係属する裁判所であり（行訴二八条）、裁決に対する執行停止についても同じである（行訴二九条）。

（5）　管轄違いによる訴訟の移送

管轄は職権によりこれを調査しなければならない。訴訟を受理した裁判所が管轄権を有しない場合は、民訴法一六条に基づき、申立てによりまたは職権で、管轄裁判所に訴訟を移送しなければならない。管轄に関する規定は、特別の定めのある場合を除き、専属管轄を定めたものではないから、管轄権を有しない場合でも、被告が応訴したときは応訴管轄（民訴一二条）、合意したときは合意管轄（民訴一一条）が生じる。

（6）　関連請求に係る訴訟の移送

取消訴訟と関連請求に係る訴訟とが各別の裁判所に係属する場合において、相当と認めるときは、関連請求に係る訴訟の係属する裁判所は、申立てによりまたは職権で、その訴訟を取消訴訟の係属する裁判所に移送することができる。ただし、取消訴訟または関連請求に係る訴訟の係属する裁判所が高等裁判所であるときは、この限りでない（行訴一三条）。

関連請求に係る訴訟とは、次の一に該当する請求をいう（行訴一三条一号～六号）。

一　当該処分または裁決に関連する原状回復または損害賠償の請求　例えば、処分または裁決の結果として、国、公共団体その他の第三者の取得した財産の返還、登記の抹消、あるいは受けた損害の賠償の請求がこれに当たる。
二　当該処分とともに一個の手続を構成する他の処分の取消しの請求　同一農地の買収計画取消請求に対する買収処分取消請求などがこれに当たる。
三　当該処分に係る裁決の取消しの請求
四　当該裁決に係る処分の取消しの請求
五　当該処分または裁決の取消しを求める他の請求　一つの処分・裁決（建築物除却命令）によって権利利益を侵害される者が複数ある場合（当該建築物の所有者と占有者）、その一人（所有者）が提起した取消請求に対する他の者（占有者）の取消請求などがこれに当たる。
六　その他当該処分または裁決の取消しの請求と関連する請求　右の各場合に準じ、相互に密接な関連を有し、一括処理が適当とされるような請求がこれにあたるが、その範囲は明確でない。(7)
取消訴訟の関連請求については、移送および併合が認められる。取消訴訟とこれに関連する請求は、なるべく同一の裁判所において審理することにより、訴訟経済と裁判の低触の防止を図ろうという趣旨である。しかし、取消訴訟を関連請求訴訟の管轄裁判所に逆に移送（逆併合）することは許されない。(8)

（1）　杉本良吉『解説』四八頁。
（2）　杉本良吉『解説』四九頁、仲江利政「管轄第12条」南　編『注釈』一四四頁。
（3）　山田二郎「取消訴訟の管轄」渡部・園部編『体系』六四頁。
（4）　杉本良吉『解説』四八頁以下。
（5）　杉本良吉『解説』四九頁。

（6）　最判平一三・二・二七民集五五巻一号四九頁は、「『事案の処理に当たった下級行政機関』とは、当該処分に関し事実の処理そのものに実質的に関与した下級行政機関をいい、下級行政機関において自ら積極的に事案の調査を行い当該処分の成立に必要な資料を収集した上意見を付してこれを処分庁に送付ないし報告し、これに基づいて処分庁が最終的判断をしたような場合はもとより、当該下級行政機関において処分庁に対する意見具申をしていないときであっても、処分要件該当性が一義的に明確であるような場合などは、下級行政機関の関与の具体的態様、態度等によっては、これに該当する。」と判示した。

（7）　判例上、関連請求と認めた事例として、厚生大臣に対する皇居外苑使用不許可処分取消請求と国に対する皇居外苑使用権確認請求（東京地判昭二九・四・二七行集五巻四号九二二頁）、滞納者の債務者の税務署長に対する債権差押処分取消請求と滞納者に対する債権不存在確認請求（宇都宮地判昭三〇・八・三一行集六巻八号一九八七頁）、国立大学の学内試験受験申請の拒否処分の取消請求と拒否処分前に提起された不作為の違法確認の訴え（名古屋高金沢支判昭四六・九・二九判時六四六号一二頁）、などがあり、認めなかった事例としては、農地買収計画取消請求と第三者による当該農地が自己の所有に属することの確認請求（福岡地判昭二五・八・二九行集一巻九号一二八五頁）などがある。

（8）　大阪高決昭四八・七・一七行集二四巻六＝七号六一七頁は、「（決定要旨）関連請求の管轄裁判所に、当該裁判所が管轄権を有しない取消訴訟が併合提起された場合、民事訴訟法第二一条［現七条］を準用することは許されない。」と判示した。

第四章　当事者および関係人

第一節　当　事　者

（1）　当　事　者

当事者とは、原告として権利保護を求め、あるいは被告として権利保護を求められる者をいう。裁判所は当事者に対して裁判を行う。当事者については三つの問題がある。①誰が係属している手続の当事者であるか。②この当事者は当事者能力を有するか。③この当事者は正当な当事者であるか。①の問題は、訴えを提起した者が原告であり被告とされた者が被告となるから、通常問題がない。②の当事者能力は、誰が訴訟法関係の主体たりうるか、すなわち原告または被告として訴訟に参加することができるかという問題に関する。裁判所は、当事者能力のある者に対してのみ、本案について裁判をすることができる。③の問題は、訴訟追行権（Prozeßführungsbefugnis）の問題である。原告適格は訴訟追行権と機能的に一致する。

（2）　行政庁の当事者能力――被告適格

当事者能力について、権利義務主体（国または公共団体）主義をとるか行政庁主義をとるかは立法政策の問題である(1)。わが国では、旧行政裁判法以来、行政庁主義をとってきた。行政庁が当事者能力を有するとしても、行政庁は、固有の権利・義務を有せず、それが属する国または公共団体の代わりに、他人の権利を自己の名において、いわゆる訴訟当事者たる地位（Prozeßstandschaft）において、行動していることになる。

行政事件訴訟法一一条は処分の取消しの訴えおよび裁決の取消しの訴えにおける正当な被告に関する規定である。行政事件訴訟法は、平成一六年の改正により、権利義務主体主義を採用した。これは、原告の負担を軽減し、取消訴訟から当事者訴訟等への訴えの変更や併合などの手続を容易にするものである。すなわち、処分の取消しの訴えの場合は当該処分をした行政庁の帰属する国または公共団体を、裁決の取消しの訴えの場合は当該裁決をした行政庁の帰属する国または公共団体を被告として提起しなければならない。ただし、処分または裁決があった後に、当該行政庁の権限が他の行政庁に承継されたときは、当該他の行政庁を被告としなければならない（同一項）。

さらに、当該事務の廃止等の理由により、被告とすべき国もしくは公共団体または行政庁がない場合には、当該処分または裁決に係る事務の帰属する国または公共団体を被告としなければならない（同二項）。この規定は、取消訴訟以外の抗告訴訟に準用される（行訴三八条一項）。なお、取消訴訟において、原告が故意または重大な過失によらないで被告とすべき者を誤ったときは、裁判所は、原告の申立てにより、決定をもって、被告を変更することを許すことができる（行訴一五条）。これは出訴期間の定めがある当事者訴訟に準用される（行訴四〇条二項）。

また、処分または裁決をした行政庁が国または公共団体に所属しない場合は、取消訴訟は、当該行政庁を被告としなければならない（同二項）。例えば、弁護士会が弁護士または弁護士法人に対して懲戒を行う場合（弁護五六条）、計量法一〇六条の定める指定検査機関が検査を行う場合（同一六条二項）などである。

（3）　被告に関する特例

個別法では、いわゆる行政審判につき、処分庁を被告とする特例が定められている。特許庁長官を被告とする特許等の審決に対する訴え（特許一七九条）、高等海難審判庁長官を被告とする海難審判に対する訴え（海難審判五三条）、公正取引委員会を被告とする公正取引委員会の審決に対する訴え（独禁七八条）などがある。

また、処分または裁決をした行政庁は、当該処分または裁決に係る国または公共団体を被告とする訴訟について、裁判上の一切の行為をする権限を有する（同六項）。

なお、普通地方公共団体の議会または議長の処分または裁決に係る普通地方公共団体を被告とする訴訟については、議長が当該団体を代表し（自治一〇五条の二）、普通地方公共団体の執行機関の処分または裁決に係る普通地方公共団体を被告とする訴訟については、当該執行機関が普通地方公共団体を代表する（自治一九二条、一一九条の三、労組二七条の二、漁業一三五条の三、地税四三四条の二、地公八条の二、農委三二条、収用五八条の二、警八〇条、教育行政五六条）。これらは、地方公共団体が取消訴訟の被告となる場合に、独立した訴訟遂行をする必要性が高いと判断される機関につき、当該団体を代表する機関を法定したものである。

（4）　訴訟能力——被告の代理人

訴訟能力とは、自らまたは代理人によって、有効な訴訟行為をなす権能をいう。訴訟能力は訴訟上の行為能力である。行政庁のためには指定代理人が行為をする。

行政庁が当事者となる訴訟については、「国の利害に関係のある訴訟についての法務大臣の権限等に関する法律」（いわゆる法務大臣権限法）により、当該行政庁は、所部の職員でその指定する者に訴訟を行わせることができ（五条一項）、これがいわゆる指定代理人である。また、法務大臣は所部の職員でその指定する者に訴訟を行わせることができ（六条二項）、いわゆる訟務部付検事、訟務専門職事務官等がこの指定代理人に選任され、訴訟を担当する。実務上、当該行政庁の指定代理人と法務大臣の指定した指定代理人の双方によって訴訟追行が行われることが多い。法務大臣および行政庁は、弁護士を選任して訴訟代理人とすることもできるし、（法務大臣権限六条二項・五条三項）、地方公共団体の長は、その権限に属する事務の一部を委任して、当該地方公共団体の吏員を指定代理人に選任して訴訟を行わせることができる。（自治一五三条一項。大阪高判昭二四・一一・三〇訟月二四号四六八頁）。

（5）　動植物の当事者能力

自然環境の破壊に対抗するものとして、湖・河川あるいは動植物の固有の権利主体性が主張されている。しかし、現在の法秩序は人間中心的な秩序であって、動・植物などの自然の固有の権利が成立する余地はないといえよう。

（1）　雄川一郎『争訟法』一六七頁注（一）。

第二節　参　加　人

文献　上原洋充「第三者の訴訟参加」「行政庁の訴訟参加」南　編『注釈』、高林克巳「訴訟参加」『実務民訴講座8』、濱　秀和「審理に関する特則」渡部・園部編『体系』、新山一雄「第三者の訴訟参加」「行政庁の訴訟参加」南・高橋編『条解』

（1）　参加の意義と目的

行政訴訟には参加という制度がある。参加とは、当事者以外の第三者の法的利益が裁判により影響を受ける場合に、当該第三者が係属している訴訟に関与することをいう。参加できる者は訴訟の結果によりその法的利益に影響を受ける第三者および当事者以外の行政庁である。

参加には次の目的がある。①参加は参加人の権利保護に資する。それは、参加なしに参加人の権利について裁判がなされることを防ぎ、同時に手続における適切な関与を可能にするからである。②それは訴訟経済に資する。参加は、事案の包括的な解明と第三者に対し判決の効力を及ぼすことを可能にするからである。③それは法的安定性にも資する。何となれば、同一の事案について矛盾した裁判を妨げるからである。(1)

（2）　第三者の訴訟参加

裁判所は、訴訟の結果により権利を害される第三者があるときは、当事者もしくはその第三者の申立てによりまたは職権で、決定をもって、その第三者を訴訟に参加させることができる（行訴二二条一項）。第三者の訴訟参加は、主として、取消訴訟の効力が第三者にも及ぶことから（行訴三二条）、訴訟の結果により権利を害される第三者を訴訟に参加させて、攻撃防禦の機会を与え、その者の法律上の利益を保護し、また適正な審理裁判を行うという趣旨による。

第三者の訴訟参加は、法律上の補助参加（Nebenintervention）の一形式で、いわゆる共同訴訟的補助参加に類するものと解されている。(2)すなわち、訴訟参加をした第三者の訴訟行為については、民訴法四〇条第一項から第三項までの規定が準用されるから（行訴二二条四項）、参加人には必要的共同訴訟の共同訴訟人に準じる地位が与えられ、その訴訟行為は、被参加人の利益に関してのみ効力を生じる。したがって、訴訟参加により参加した第三者は共同訴訟的補助参加人と同一の地位にあると解されるのである。共同訴訟的補助参加は、判決の効力が当事者適格を有しない第三者たる補助参加人にも及ぶ場合、かかる補助参加人に共同訴訟人に準じた訴訟追行権を与えその利益を保護しようとするものである。補助参加人の訴訟行為には民訴法四五条第三項および第四項が準用される（同五項）。

①　要　件　　訴訟参加できる者は「訴訟の結果により権利を害される第三者」である。

「第三者」とは、被告の敗訴の結果、その判決の形成力や拘束力によって、自己の権利や法律上の利益が直接侵害されることとなる者をいい、第三者の再審の訴え（行訴三四条）の原告と同一であるとされている。(3) 法律上の利益が侵害されることが必要で、単なる理念的、経済的または行政的利益は十分でない。第三者の例としては、収用委員会の裁決に対し土地所有者が取消訴訟を提起した場合の起業者、鉱業権の許可の取消訴訟における鉱業権者、公売処分取消訴訟における買受人、河川使用許可処分に対し第三者からの取消訴訟における許可権者、選挙訴訟における当選人等があげられているが、労働組合の申立てに係る救済命令の取消訴訟における救済の申立てをしなかった労働者、独禁法二六条一項所定の審決の取消訴訟における同法二五条の被害者等は「第三者」に当らないとされている。

また、建築確認または原発許可等第三者効を有する行政行為（いわゆる複効的行政行為）に対す取消訴訟の場合にも、裁判所は、受益者を訴訟に参加させるべきであろう。

②　手　続　　参加は当事者または第三者の申立てに基づき、または職権により行われ、それは原則として裁判所の裁量にあるが（行訴二二条一項後段）、その場合、あらかじめ当事者および第三者の意見を聞かなければならない（二項）。参加を申立てた第三者は、その申立てを却下する決定に対しては即時抗告をすることができる

(三項)。しかし、参加の決定に対し、当事者が不服申立てを認められるかどうかについては、見解の対立がある。一つは、裁判所の職権参加が基調であって、当事者の申立ては単に職権発動を求める意味をもつにすぎないから、不服申立てを許す必要がないというものであり[4]、他は、職権参加を基調とする考え方を疑問とし、民訴四四条を準用して当事者も参加の決定については不服申立てが許されるという[5]。

③　訴訟参加人に対する判決の効力　訴訟参加人は取消判決の効力(形成力)を受けることとなる。また、訴訟参加人としての地位を取得した第三者は、その判決の確定後、再審の訴えを提起することができないと解される[6]。

(3)　行政庁の訴訟参加

裁判所は、処分または裁決をした行政庁以外の行政庁を訴訟に参加させることが必要であると認めるときは、当事者もしくはその行政庁の申立てによりまたは職権で、決定をもって、その行政庁を訴訟に参加させることができる(行訴二三条一項)。この規定は、行政庁に一般的に当事者適格もしくは補助参加をなしうる地位、能力を認めたものではなく[7]、例えば、裁決取消訴訟における処分庁のように、係争の処分に関係があるが、直接の当事者としては訴訟に現れない他の行政庁を訴訟に参加せしめることにより、攻撃防禦の機会を与え、訴訟資料を十分なものにし、適正な審理を実現することを目的としたものである。したがって、参加行政庁には民訴四五条第二項および第三項の規定が準用され、訴訟追行上、補助参加人に準ずる地位が与えられる。

①　要　件　訴訟参加できる行政庁は「訴訟に参加させることが必要であると認められる他の行政庁」である。「訴訟に参加させることが必要」である場合とは、訴訟の勝敗につき法律上の利害関係のある場合よりも広く考えるべきであるとされている[8]。また訴訟当事者以外の「他の行政庁」には、係争の処分または裁決に関しこ

れを指導、監督した行政庁、これを審査、承認あるいは同意した行政庁などが該当する(9)。

②　手　続　行政庁の訴訟参加は、当事者またはその行政庁の申立てに基づき、または職権により行われ、それは原則として裁判所の裁量にあるが（行訴二三条一項後段）、その場合、あらかじめ当事者および第三者の意見を聞かなければならない（二項）。

③　訴訟参加人の地位　参加行政庁は、被参加人の訴訟に不利益な訴訟行為や被参加人の訴訟行為と抵触する行為はできないが、（民訴四五条二項）、訴訟につき攻撃防禦の方法の提出、異議申立て、上訴の提起その他一切の訴訟行為をすることができる（同一項）。また、判決の参加行政庁に対する効力としては、参加的効力（民訴四六条）しか及ばないが、参加行政庁が行訴法三三条一項の関係行政庁である場合には、取消訴訟の拘束力を受ける(10)。

（1）　F. Hufen, Verwaltungsprozeßrecht, 5. Aufl., 2003, S. 201f.

（2）　杉本良吉『解説』七八頁、上原洋允「第三者の訴訟参加」南　編『注釈』二〇〇頁。

最判昭四〇・六・二四民集一九巻四号一〇〇一頁（＝行政判例百選Ⅱ「第三者の訴訟参加」）は、「本訴は訴願棄却裁決の取消を求める訴訟であり、公権力の行使に関する法律関係を対象とするものであって、右法律関係は画一的に規制する必要があるものであるから、その取消判決は、第三者に対しても効力を有するものと解すべきである。従って、かかる訴訟に参加した利害関係人は、民訴法六九条二項（現、四五条三項）の適用を受けることなく、あたかも共同訴訟人のごとく訴訟行為をなし得べき地位を有するものであり、被参加人と参加人との間には同法六二条（現、四〇条）の規定が準用され、いわゆる共同的補助参加人と解するのが相当である。それ故、被参加人だけで控訴を取り下げたにしても、これによって同控訴が当然効力を失うものではない。」と判示した。

（3）　杉本良吉『解説』七九頁、濱　秀和「審理に関する特則―訴訟参加」渡部・園部編『体系』三五八頁。

（4）杉本良吉『解説』八〇頁。
（5）上原洋允「第三者の訴訟参加」南　編『注釈』二〇五頁以下、松沢　智「第三者の訴訟参加」南　編『条解』五八三頁。
（6）杉本良吉『解説』八〇頁、上原洋允・注(5)二〇七頁。
（7）杉本良吉『解説』八一頁。
（8）上原洋允・注(5)二〇九頁。
（9）千葉勇夫「訴訟参加」南・原田・田村編『新版行政法（2）』一七九頁（昭六一・有斐閣）。
（10）上原洋允・注(5)二一〇頁。

第五章　行政訴訟の提起

第一節　訴状の方式と内容

（1）訴　状

訴えは原告または代理人により書面（訴状）により提起しなければならない（民訴一三三条一項）。訴状には、当事者、法定代理人ならびに請求の趣旨および原因を記載する（民訴一三三条二項）。

なお、国または公共団体を被告として取消訴訟を提起する場合には、処分の取消訴訟の場合は当該処分をした行政庁、裁決の取消訴訟の場合は当該裁決をした行政庁を記載するものとする（行訴一一条四項）。この場合、被告は、遅滞なく、裁判所に対し、記載すべき行政庁を明らかにしなければならない（同五項）。

（2）訴状の方式

訴状には、原告またはその代理人が署名捺印し、所定の収入印紙を貼りつけ（民訴費三条一項・八条）、被告に送達するために被告の数だけの謄本（副本）を添え、かつ、必要な送達費用の概算等（通常は郵便切手で）を予納しなければならない（民訴費一一～一三条）。訴状は裁判所に提出するが、郵便またはファックスでも良い(1)。

（3）訴状の内容

訴状の内容として、必要的記載事項と任意的記載事項を区別することができる。必要的記載事項は訴状に必ず記載しなければならない事項であって、当事者およびその法定代理人を表示し、請求の趣旨・原因を記載して、請求を特定しなければならない（民訴一三三条二項）。請求の趣旨は、原告が訴えによっていかなる内容の判決を要求するかを簡潔かつ明確に記載する。例えば、「○○の許可処分を取消す。」というように記載する。請求の原因とは、訴えによる請求（訴訟物）を、特定の権利主張ないし法的主張として構成するのに必要な事実をいい、権利者、義務者、権利の内容、権利の発生原因などがそれに当たる。また、任意的記載事項とは、訴状に原告側の最初の準備書面としての機能をもたさせるために、記載が許されている事項をいう。例えば、本案判決要件の存在、請求を理由づけるための個々の攻撃方法や証拠方法等である。

第二節　訴えの併合

文献　矢野邦雄「訴えの併合および変更」『行政法講座三巻』、上原洋允「請求の客観的併合」「共同訴訟」「第三者による請求の追加的併合」「原告による請求の追加的併合」南　編『注釈』、市村陽典「請求の客観的併合」「共同訴訟」「第三者による請求の追加的併合」「原告による請求の追加的併合」南・高橋編『条解』、近藤崇晴「請求の客観的併合」「第三者による請求の追加的併合」「原告によ請求の追加的併合」園部編『注解』、青柳　馨「共同訴訟」園部編『注解』

訴えの併合とは同一の手続において数個の請求が並存する場合をいう。訴えの併合には客観的併合と主観的併合がある。

（1）　訴えの客観的併合

訴えの客観的併合とは、同一の原告が同一の被告に対し同一の手続において数個の請求をする場合をいう。すなわち複数の請求の結合であり、請求結合ともいう。取消訴訟には関連請求訴訟を併合することができる（行訴一六条一項）。

①　要　件　　客観的併合の要件として、数個の請求が同種の訴訟手続によって審判されること（民訴一三六条）および受訴裁判所に管轄権があること（民訴七条）を要し、数個の請求の間には、法的並びに事実的な関連がなければならない（行訴一三条）。基本となる取消訴訟および関連請求訴訟はいずれも適法でなければならない。ただし、取消訴訟の第一審裁判所が高等裁判所であるときは、関連請求訴訟の被告の同意を得なければならない。被告が異議を述べないで、本案について弁論をし、または弁論手続において申述したときは、同意したものとみなされる（行訴一六条二項）。

②　関連請求　　取消訴訟の関連請求については、すでに述べた（本書四〇頁以下を見よ。）。

（2）　訴えの主観的併合

訴えの主観的併合とは、原告・被告の一方ないし双方に複数の人が共同訴訟人として参加する場合をいう。訴えの主観的併合は共同訴訟ともいわれる。

①　訴えの併合が認められるためには、取消訴訟が適法でなければならない。取消訴訟が不適法の場合は、関連請求も不適法として却下すべきではなく、弁論を分離し、別個に独立の訴えとして、審理すべきであるというのが通説である。(2)

②　併合提起する請求は、関連請求の要件（行訴一三条）を具備していなければならない。

③　共同訴訟　数人は、その数人の請求またはその数人に対する請求が処分または裁決の取消しの請求と関連請求とである場合に限り、共同訴訟人として訴え、または訴えられることができる（行訴一七条一項）。相手方の同意については、客観的併合の場合と同様である（同条二項）。

（3）　訴えの追加的併合

追加的併合は訴えの変更の一形態である。

①　第三者による請求の追加的併合　第三者は、取消訴訟の口頭弁論の終結に至るまで、その訴訟の当事者の一方を被告として、関連請求に係る訴えを併合して提起することができる。この場合、当該取消訴訟が高等裁判所に係属しているときは、その相手方の同意を得なければならない（行訴一八条）。

②　原告による請求の追加的併合　原告は、取消訴訟の口頭弁論の終結に至るまで、関連請求訴訟をこれに併合して提起することができる（行訴一九条一項前段）。この場合、当該取消訴訟が高等裁判所に係属しているときは相手方の同意を要するが（同条一項後段）、処分の取消訴訟を、その処分についての審理請求を棄却した裁決の取消訴訟に併合して提起する場合には、処分取消訴訟の被告の同意を要せず（行訴二〇条前段）、また出訴期間の遵守については、追加される処分取消訴訟ははじめの裁決取消訴訟を提起したときに提起されたものとみなされる（行訴二〇条後段）。

第三節　訴えの変更

（1）意　義

訴えの変更とは、原告が訴訟係属中に請求の趣旨または請求原因を変更し、同一被告に対する審判事項の同一性の範囲に変更を加えることである。すなわち訴えの変更は訴訟物の変更である。

（2）要　件

訴えの変更については、次の要件が必要である（民訴一四三条）。

① 請求の基礎に変更がないこと。被告が同意した場合にも、この要件の充足を必要とするかについて、見解が分かれているが、通説・判例は、この要件の充足を必要としないとしている(3)。

② 著しく訴訟手続を遅滞させないこと。

③ 事実審の口頭弁論終結時前であること。

（3）当事者の変更――国または公共団体に対する訴えへの変更

当事者変更（Parteiwechsel）は本来の訴えの変更に含まれないが、行政事件訴訟法は、民事訴訟法の認めない当事者の変更による訴えの変更を認めた。次の要件が必要である（行訴二一条一項）。

① 口頭弁論の終結に至るまでに原告の申立てがあること。

② 取消訴訟の目的たる請求を当該処分または裁決に係る事務の帰属する国または公共団体を被告とする損害賠償その他の請求に変更すること。

③　請求の基礎に変更がないこと。
④　裁判所が相当であると認めた場合であること。
また、手続としては、裁判所は、訴え変更の許可決定をする前に、当事者および新被告の意見を聞かなければならない。（行訴二一条三項）。

（1）ファックスの場合、原告の捺印や印紙の貼付は、後に補正させればよいから、訴えの提起の効果を否認すべきではない（中野・松浦・鈴木編『民事訴訟法講義〔第三版〕』五二頁注⒁・平九・有斐閣）。
（2）斉藤秀夫編『注釈民事訴訟法⑴』一三三頁（昭四三・第一法規）、宍戸達徳・金子順一「請求の客観的併合」南　編『条解』五二一頁。
（3）兼子一『新修民事訴訟法体系（増訂版）』一三三頁（昭四〇・酒井書店）。
最判昭二九・六・八民集八巻六号一〇三七頁は、「控訴審における請求の拡張は、たとえ請求の基礎に変更があっても、相手方が異議なく応訴した場合は、これを許すべきである。」と判示した。
（4）東京高判昭六〇・六・二五判時一一七二号三〇頁は、（判決要旨）起業者に対する損害補償の訴えの収用委員会に対する収用裁決の取消しの訴えへの変更は、本条が予定しているものではない。」と判示した。

第六章　行政訴訟の手続原則

文献　春日偉知郎「この法律に定めのない事項―Ⅳ審理過程」園部編『注解』C.H. Ule, Verwaltungsprozeßrecht, 6. Aufl., 1975, S. 104ff.; W. Berg, Grundsätze des verwaltungsgerchtlichen Verfahrens, Festschrift für C.F. Menger, 1985, S. 537ff.; Schmitt Glaeser, Verwaltungsprozeßrecht, 13. Aufl., 1994, S. 305ff.

第一節　処分権主義

(1)　意　義

処分権主義（Verfügungsgrundsatz, Dispositionsgrundsatz）は訴訟物に関連する。それは、審判の対象となる権利関係に対する当事者の処分権を基礎として、訴訟物に関し、したがって同時に、訴訟の開始、訴訟の範囲、訴訟の終了を特定する決定権を当事者に委ねる原則をいう。これに対して、訴訟の開始、訴訟の範囲および訴訟の終了について、裁判所またはその他の国家機関がそれを特定する原則を職権主義（Offizialprinzip）という。刑事訴訟では職権主義が基準となるが、民事訴訟および行政訴訟は原則として処分権主義が妥当する。とくに、権利を要求し、それを訴訟で貫徹しようとするかどうかは原告に委ねられ、原告は訴えを変更し、訴えを取り下げることもできる。しかし、行政訴訟において民事訴訟の原則がそのまま妥当するかどうか、その限界は必ずしも明確ではない。例えば、抗告訴訟において和解・認諾が認められるかどうかについては、見解が分かれている（後述――第五篇第一章第二節）。

（2）弁論主義

弁論主義（Verhandlungsgrundsatz）は事実関係に関連する。それは、裁判所が裁判をするに当たって、当事者が、裁判所に対し事件にとって重要な事実関係を呈示し、事実や証拠の収集を行う原則をいう。弁論主義に対立するものとして、職権探知主義（Untersuchungsgrundsatz, Inquisitionsgrundsatz）がある。職権探知主義は、裁判所が職権により事実関係を調査し、関係人の主張および証拠の申出に拘束されない原則をいう。民事訴訟では弁論主義が支配するが、行政訴訟でも原則として弁論主義が妥当する。ただ、取消訴訟においては職権探知主義的な要素を加味するものとして職権証拠調べ（行訴二四条）が認められている（後述――第四編第一章第一節）。

（3）処分権主義と職権探知主義の機能

処分権主義のもとでは、国民が原告として、行政決定を裁判にかけることができるかどうか、いかなる範囲でできるかは、原告が自己の権利を侵害されたかどうか、いかなる範囲で侵害されたか、に係っている。憲法および行政訴訟法は、行政決定の包括的な審査を保障するものではなく、ただ権利侵害に関して裁判所の審査を保障するにすぎない。処分権主義は、国民が行政訴訟で権利保護を求められるかどうか、いかなる範囲で求められるかについて自己責任もって決定すべき国民の権能を示すものである。したがって、処分権主義は国民の権利保護を目的とする。しかし行政訴訟の機能は個人の権利保護の保障に限定されず、同時に行政の法律適合性のコントロールを可能にする。この場合、行政訴訟はその審判が客観的な真実の事実に基づいてなされるべきことを要請する。したがって、事実関係の調査は職権探知主義によって実施されなければならない。職権探知主義は実質的に法律による行政の原理を実現させる機能を有する。しかし弁論主義によれば、客観的法コントロールは、原告の請求によって定められる範囲においてのみ考慮され、個人の権利保護に随伴する付随効果として現れるにすぎないといえよう。

第二節　職権進行主義および集中主義

訴訟の進行についての主導権が当事者の手にあるか裁判所の手にあるかに応じて、当事者進行主義と職権進行主義を区別することができる。民事訴訟法は職権進行主義を採用している。訴訟進行における裁判所の主宰権能は訴訟指揮権と呼ばれる。訴訟指揮権の内容は、期日の指定および変更（民訴九三条）、裁判長の訴訟指揮権（民訴一四八条）、釈明権の行使（民訴一四九条）などである。職権進行主義は行政訴訟にも当然妥当する。

集中主義は訴訟ができるかぎり一回の口頭弁論で完結すべきことを目標とする（ドイツ行政裁判所法八七条参照）。集中主義は、裁判の長期化に歯止めをかけ、権利保護の実効性を実現するための重要な方法である。そのために、釈明権の行使および「争点及び証拠の整理手続」（民訴一六四条以下）が重要であり、とくに新民事訴訟法による争点および証拠の的確な整理とこれに続く集中審理という目標は行政訴訟においても実現されなければならない。

また平成一六年の改正では、釈明処分による資料等の提出の制度が定められた（行訴二三条の二）。

第三節　口頭主義、直接主義および公開主義

（1）口頭主義

口頭主義（Mündlichkeitgrundsatz）とは、弁論や証拠調べを期日において口頭で行い、その結果を裁判の基礎とすべき原則をいう（民訴八七条一項）。口頭主義は行政訴訟にも妥当する。したがって裁判所は原則として口頭弁論に基づいて裁判をしなければならない。ただし、決定で完結すべき事件については、裁判所が口頭弁論をすべきか否かを定める（同条一項ただし書）。ただし書の規定により口頭弁論をしない場合には、裁判所は、当事者を審尋することができる（同条二項）。

口頭主義は、今日では全く形骸化しており、準備書面（民訴一六一条以下）などの書面が極めて重要な機能を果たしている。

（2）直接主義

直接主義（Grundsatz der Unmittelbarkeit des Verfahren）は、口頭主義と密接な関係にあり、当事者の弁論と証拠調べを受訴裁判所の面前で実施し、受訴裁判所が直接証拠評価および心証形成を行うべきものとする（民訴二四九条一項）。直接主義は行政訴訟にも妥当する。

（3）公開主義

憲法八二条は裁判の対審および判決について公開を保障する（一項）。公開の原則（Öffentlichkeitsgrundsatz）は、裁判を国民に公開し、秘密裁判を排除して、その手続の公正さ・客観性を確保しようとするものである。この場

合、「対審」とは訴訟の当事者が主張を述べることをいい、行政訴訟では口頭弁論がそれに当たる。ただし、裁判官の全員一致で、公序良俗を害する虞があると決した場合には、対審は公開しないで行うことができる（同条二項）。

第三篇　行政訴訟における訴えの適法性

第一章　取消訴訟の許容性

第一節　取消訴訟の意義

（1）性　質

取消訴訟は侵害的行政行為の取消しを求める訴訟である。取消訴訟は行政行為の効力を除去する形成訴訟であり、取消訴訟の認容判決は消極的な形成判決である。[(1)] すなわち行政行為に対する取消訴訟が認容されたときは、破毀判決の既判力をもって行政行為が直接に取り消され、したがって本案についての執行は必要がない。同様のことは棄却判決についても妥当する。この場合、判決の既判力をもって行政行為が適法であることが確定する。

取消訴訟の典型的なものは侵害的行政行為の名宛人が提起する訴訟であり、これを被侵害者訴訟(Verletztenklage)という。しかし第三者が自己にとって侵害的で名宛人にとって授益的な行政行為（いわゆる第三者効を有する行政行為）の取消しを求めて提起する取消訴訟もある（例えば、建築許可に対する隣人訴訟、原発の設置許可に対する周辺住民が提起する取消訴訟）。これを第三者（取消）訴訟（Drittanfechtungsklage）ということができる。

（2）訴　訟　物

訴訟物とは、何が訴訟の対象（目的）であるかという問題である。取消訴訟の訴訟物については、大別して三つの見解を区別することができる。

第一の見解は、訴訟物は取消を求められた行政行為の違法性であるとする。(2)

第二は、行政行為の取消しを求める原告の訴訟上の請求権であるとする。(3)

第三の見解は、取消訴訟の訴訟物を、行政行為が違法で、それによって自己の権利ないし法律上の利益が侵害されたという原告の法的主張である、とする。(4)

わが国の通説は、行政処分の違法性一般を取消訴訟の訴訟物とする。(5) このような考え方は国民の権利保護よりも行政行為の客観的法コントロールを重視する傾向を示すものであるといえよう。(6) 客観的法コントロールの場合は、行政が行政の法律適合性の原則に違反していないかどうか、要するに違法性一般が問題であり、いかなる法規範に違反したかは重要でない。しかし取消訴訟は、違法な侵害的行政処分により国民の権利ないし法律上の利益が侵害されたという場合に、国民の権利ないし法律上の利益を保護することを目的とするものである。この場合には、行政処分の違法性一般ではなしに、個人の権利保護を目的にする法規範に違反したことが重要であり、したがって、権利（＝法律上の利益）侵害に関係のない違法性一般の主張は制限される（行訴一〇条一項）。違法な侵害的行政処分がなされた場合、国民は行政庁に対し行政処分の取消し、すなわち一種の給付を求めており、取消訴訟について原告は、裁判による違法な侵害的行政処分の除去を求める請求権を追求している。したがって本来は、義務づけ訴訟が認められなければならなかった。しかし訴訟経済的理由から、この給付の要求については、形成訴訟すなわち取消訴訟が用いられ、裁判所は求められた給付を、行政処分の取消し（破毀）によって、執行を必要とすることなく、自ら実現できる方法がとられたのである。(7) 裁判所による取消しは、権利保護の最も単純で効果的でかつ迅速な方法である。実体法的な給付請求権を追求する訴訟形式としての取消訴訟の発見は極めて意義深いといえよう。

したがって取消訴訟の訴訟物は、行政処分が違法で、それによって自己の権利ないし法律上の利益が侵害されたという法的主張であると解すべきである。それは、結局、行政処分は違法であるという確認を含む原告の行政処分の取消請求権であり、取消訴訟によって、原告は、行政庁の違法な侵害的行政処分の排除を求める実体的請求権を主張している。国民の権利保護を目的とする取消訴訟の訴訟物から、権利侵害の要素を消し去り、行政処分の違法性が単独で取消訴訟の訴訟物を構成するという考え方は、妥当でないといえよう。

違法な行政処分の除去請求権は、行政処分の違法性とそれによる権利侵害という二要件によって成立する。しかしそれは、通常、法律には規定されておらず、行政の一般的な行為規範において前提されている。除去請求権の法的根拠は、究局的には、憲法の保障する基本的人権に求めなければならないといえよう。(8)

（1） 取消訴訟の性質については、基本的に、形成訴訟説と確認訴訟説との対立があり、さらに取消訴訟を「救済の訴え」であるとする見解もある。

形成訴訟説は、取消訴訟においては原告の形成権ないし形成要件の存否が争われていると見る（滝川叡一「行政訴訟の請求原因、立証責任及び判決の効力」『民訴法講座五巻』一四三二頁、宮崎良夫「取消訴訟の訴訟物」『行政争訟と行政法学』一九四頁・平三・弘文堂)。これが行特法以来の通説である。これに対し、私人には実体法上行政行為の取消権(形成権)は与えられず、私人に認められるのは、国家に対し違法な行政処分の取消を求めることにすぎない、という批判がある(雄川一郎『争訟法』五九頁)。しかし、まさに取消訴訟は直接裁判所による法状態の形成(行政行為の効力の除去)を求める訴訟であり、原告は、取消訴訟をもって、行政庁による違法な法状態の形成または具体化において存在する自己の法律上の利益の侵害を除去することを求める実体的請求権を主張しているというべきである。

それに対して、確認訴訟説は、取消訴訟を具体的処分権限の存否を確定する確認訴訟あるいは処分時における行政行為の違法性の確認を求める訴訟であるという(白石健三「公法関係の特質と抗告訴訟の対象」岩松還暦記念『訴訟と裁判』四三八頁以下・昭三一・有斐閣、町田　顕「抗告訴訟の性質」判タ一五七号二二頁・昭三九、原野翹「行訴法七条」室井編『基本コメ救済法』二二二頁、市原昌三郎『行政法講義』三二一頁・昭六三・法学書院)。確認的要素はあらゆる訴訟類型の判決に共通して含まれており、したがって取消訴訟を確認訴訟と見ることも理論的に可能であるが、取消訴訟において原告は、「確認」を求めているのではなく、直截に行政行為の効力の除去を求めているとみるべきであろう。

さらに取消訴訟を特殊な「救済の訴え」とみる見解もある(三ケ月　章「執行に関する救済」『民訴法講座四巻』一一一五頁、渡部吉隆「行政訴訟における被告適格、被告の変更」『実務民訴講座8』五〇頁)。この見解は、抗告訴訟のもつ違法性の確定という確認訴訟的性質と公定力の排除という形成訴訟的性質に着目し、両者の複合したものとして取消訴訟を把握する。「救済の訴え」説は少数説にとどまっている。

(2)　取消訴訟の訴訟物を行政行為の違法性とする考え方は、W・ニーゼの主張に代表される。ニーゼによれば、「行政裁判の主たる関心事は、とりわけ取消訴訟においては、法治国自身の福祉と繁栄のために、公的な一般利益において、行政の法律適合性、すなわち適法な高権力行使を高権力行使そのものとして保障することにある。」、原告適格については「原告は、民事訴訟における形成権者のように、彼に属する……実体的形成権を対等の当事者に対して主張するのではなく、自己の個人的法的地位を高権的な干渉により侵害されたことを理由に、かつその場合に、行政の法律適合性における一般的公益を訴えの方法で追求する権限を、法律により与えられているのである。」、したがって取消訴訟の訴訟物および原告適格は、次のように規定される、「(1) 取消訴訟により、行政行為が違法であるという主張をもって行政行為の取消しが求められる。(2) 行政行為により自己の権利を侵害された者のみが、訴えを提起することができる。(3) (2)の要件がなくても、法律がとくに認める場合には、訴えを提起することができる。」(W. Niese, Über den Streitgegenstand der Anfechtungs- und Vornahmeklagen im Verwaltungsprozeß, JZ, 1952, S. 355ff.)。

このような考え方は、W・マイスの評によれば、「権威主義的ないし全体主義的」であり(W. Meiß, Zum Verhältnis von Zivilprozeß und Verwaltungsprozeß, ZZP, Bd. 67, 1954, S. 175.)、それは行政訴訟に内在する個人の権利保護機能を無視するものであるという。しかしわが国においては、このような立憲的なドグマが通説として承認され、法解釈論としても立法論としても、大きな影響力をもっている点に注意する必要がある。

(3)　ベッターマンやデターベックによれば、取消判決の内容は行政行為の取消であり、原告は行政行為の違法性の確定ではなしに行政行為の取消を求めているのであり、それ故に取消訴訟の訴訟物は行政行為の取消を求める原告の訴訟上の取消請求権であるとする(K.A. Bettermann, Wesen und Streitgegenstand der verwaltungsgerichtlichen Anfechtungsklagen, DVBl, 1953, S. 163ff.; F.O. Kopp, Verwaltungsgerichtsordnung, 9. Aufl., 1992, §90. Rdn. 8; S. Detterbeck, Streitgegenstand und Entscheidungswirkungen im Öffentlichen Recht, 1995, S. 153ff)。しかしこのような考え方によれば、取消判決の既判力は、取消請求権の存在または不存在の確定にのみ及び、行政行為の違法性および権利侵害の問題には既判力が及ばず、それは単なる前提問題となるという点で、適切でないといえよう。

(4)　これがドイツの通説である(C.F. Menger, System des verwaltungsgerichtlichen Rechtschutzes, 1954, S. 168ff.; C.H. Ule, Verwaltungsprozeßrecht, 6. Aufl., §35, II3; E. Eyermann/L. Fröhler, Verwaltungsgerichtsordnung, 9. Aufl., 1988, §121, Rdn. 10ff.; F. Hufen, Verwaltungsprozeßrecht, 5. Aufl., 2003, S. 153ff.)。この場合、訴訟物は違法性と権利

侵害という二つの要素によって構成されている。行政行為の違法の結果としての権利侵害を強調する通説は、取消請求権を前面に出し実体法の問題を既判力の効果に含ませる第二の見解との間に、本質的な違いはないという見方もある（B. Clausing, {121, 61. in: F. Schoch/E. Schmidt-Aßmann/R. Pietzner, Verwaltungsgerichtsordnung, stand, 1996)。通説が最も妥当な見解であるということができよう。

(5)　わが国の通説の内部には、論者により、その見解にニュアンスの違いがある。第一の見解は、抗告訴訟の訴訟物は、原告の形成権ないし形成要件の存否であり、取消訴訟では行政処分の違法そのものが形成要件であるから、行政処分の違法性一般が訴訟物であって、個々の違法原因がそれぞれ別個の訴訟物となるのではないとする（滝川叡一・注(1)一四三九頁、兼子　一『新修民事訴訟法体系（増訂版）』一六五頁・昭四〇・酒井書店、緒方節郎「課税処分取消訴訟の訴訟物」『実務民訴講座九巻』七頁）。

第二の見解によれば、行政上の法律関係においては、その形成権限が行政に一方的に委ねられており、行政実体法では国民に形成権が存在しない、したがって原告の形成権ないし形成要件を媒介せずに、行政行為の違法性一般を訴訟物とすべきであるという（雄川一郎『争訟法』六一頁、近藤昭三「判決の効力」『行政法講座三巻』三三二頁）。

第三の見解は、訴訟物は処分当時の行政庁の具体的権限の存否であるという（白石健三・注(1)四一七頁）。これは訴訟物を行政処分の違法性とする見解の変形ということができる。

第四の見解は、抗告訴訟の訴訟物は行政庁の第一次的判断を媒介として生じた違法状態の排除であるという（田中二郎『行政法上』二九三頁）。これを行政処分から生じる法的効果という上位概念を訴訟物とするものであると位置づける説もあるが（岡野民雄「取消判決等の効力」南　編『条解』七三八頁）、違法状態排除の概念も広い意味での違法性を意味するから、結局、第二の見解と同様であるとする整理（村井　正「訴訟物」南　編『注釈』二九五頁）が正しい。

通説に対しては二つの見解が対立している。一つは、形成を求める法的地位にあるという原告の（手続的）権利主張が訴訟物であるとする見解（三ケ月　章『民事訴訟法』一一四頁・昭三四・有斐閣、新堂幸司『民事訴訟法第二版』二〇七頁・昭五六・筑摩書房、岡野民雄・注⑸七四〇頁）および原告により一定の事実関係に基づいて申し立てられた裁判の要求が訴訟物であるとする見解（岡田正則「行政訴訟における取消訴訟の訴訟物」新井古稀・平一三）である。これらの見解は、原告の公法上の手続的権利の存否を訴訟物として構成する点に特色がある。もう一つの見解は、形成訴訟の訴訟物は実体法の定める要件に結びつけられた国家に対する形成要求権であり、抗告訴訟の訴訟物は、私法的性格の形成権ではなく、裁判所に対する行政行為の取消要求権であるとする（木川統一郎・石川　明「行政訴訟における訴訟物」訟務月報二二巻一四四七頁・昭五一［木川氏の見解］）。この見解は行政行為の取消しを求める原告の実体的請求権を訴訟物とするものである。

（6）　通説については、「違法性一般が訴訟物であるとすると、取消宣言が何故なされるのか明らかでなくなる。……一応有効な行政行為を事後的に失効させるのが取消判決であるという以上、違法性一般（現実には個別具体的な違法事由）が確定されても、そのことから当然に取消宣言は生じない。」という基本的で、正当な批判がある（岡野民雄・注⑸七三九頁）。

（7）　J. Schwabe, Verwaltungsprozeßrecht, 1980, S. 9f.

（8）　取消訴訟を実体的請求権の貫徹手段と見る考え方の詳しい分析については、小早川光郎『行政訴訟の構造分析』二一頁以下、とくに一一五頁および一九八頁（昭五八・東京大学出版会）を見よ。

第二節　取消訴訟の対象

文献　南　博方「取消訴訟の対象」『実務民訴講座8』、広木重喜「事実行為に対する行政訴訟」『実務民訴講座8』、原田尚彦「行政行為の『権力

性』について」同『訴えの利益』（昭四八・弘文堂）、室井　力「行政行為の観念について」同『現代行政法の原理』（昭四八・勁草書房）、室井　力「形式的行政処分について」同『現代行政法の展開』（昭五二・有斐閣）、越山安久「抗告訴訟の対象」『新実務民訴講座9』、塩野　宏「行政における権力性」『基本法学6』（昭五八・岩波書店）、阿部泰隆「取消訴訟の対象」『現代行政法大系四巻』、高橋　滋「抗告訴訟1項・2項」南・高橋編『条解』、高木　光『事実行為と行政訴訟』（昭六三・有斐閣）、芝池義一「公共工事と行政訴訟」［行政事件訴訟法判例展望］ジュリスト九二五号（平元）、山田　洋「抗告訴訟」園部編『注解』、金子正史「抗告訴訟の対象となる行政処分の範囲」『行政法の争点』、池田敏雄「形式的行政行為」『行政法の争点』、浜川　清「行政訴訟の諸形式とその選択基準」杉村編『救済法1』、山村恒年「行政処分概念の再検討」同『行政過程と行政訴訟』（平七・信山社）、室井敬司「抗告訴訟の対象となる行政処分の範囲」『行政法の争点』（第3版）

（1）　行政処分の存在

取消訴訟の対象は処分と裁決の二種で、処分は行政行為と公権力の行使たる事実行為を含む。行政事件訴訟法三条二項は、「行政庁の処分その他公権力の行使に当たる行為（……これを「処分」という。）」と規定している。行政庁の処分の概念は行政実体法における行政行為概念を前提にするものであって[1]、行政処分の定義は、行政実体法と行政訴訟法の交差する場である。

行政処分の概念は訴訟的―機能的に解釈され、行政処分概念が拡大化する傾向にある。行政処分を訴訟法的に構成するのは、行政裁判による権利保護の承認が、憲法による欠缺なき権利保護の要請にかかわらず、行政処分が存在するかどうかに決定的に依存しているという実態に基づいている。行政行為なければ権利保護なしという原則が妥当するところでは、行政行為概念は訴訟法上拡大されなければならない。(2) そのための代価は行政処分概念の稀薄化・空洞化である。(3)

しかし行政法上の権利保護は、行政処分に対する権利保護に限定されてはならない。権利利益の侵害あるところ、それが行政処分に起因するか否かにかかわらず、権利保護が与えられなければならない。公権力的行政作用に処分性が認められない場合には、行政処分の取消訴訟以外の訴訟類型――例えば一般的な取消訴訟、給付訴訟または確認訴訟――による権利保護が保障されなければならない。したがって行政処分の取消訴訟の不適法性から行政訴訟一般の不許容性を推論してはならないのである。

（２）「その他公権力の行使に当たる行為」

通説の理解によれば、公権力の行使にあたる事実行為はもともと処分のうちに含まれないのであるが、「公権力の行使にあたる行為は、単純な事実行為と異なり、むしろ処分と同様、一方的に相手方の受忍を強要する公定力またはこれに相当する効力を生ずるものと考えられるので、その公権力性（公定力）を排除し、相手方の受忍義務を解除するための措置として、取消しの訴えの形態を認めたもの」(4) である。取消訴訟の対象としての「行政処分」を問題にする場合に、学説・判例は、処分性と公権力性を同置し、問題になっている行政庁の措置が「処分ないし処分に準ずるもの」に当たるかどうかを検討してきた。その場合、「その他公権力の行使に当たる行為」とは何かをめぐる学説の処分性拡大論と判例理論との攻防は、「その他公権力の行使に当たる行為」の取消訴訟を、解釈上、行政処分の取消訴訟と並ぶ独立の訴訟類型として承認するという方向には展開されず、「公権力の行使に当たる行為」は行政庁の「処分」に含まれることとなった。結局、「立法者が想定していた『公権力の行使に当たる事実行為』というカテゴリーを否定する必要がある」(5)というのが、現在の学説・判例の一つの到達点を示しているということができよう(6)。

(3)　行政処分と他の行政作用との区別

ある行政作用を行政処分と認めるためには、行政庁、公権力の行使(一方的=権力的行為)、規律、外部的効果および具体的ケースという行政処分の概念メルクマールが存在しなければならない(7)。行政処分性の問題は、もともと行政訴訟の許容性にとって必要不可欠の問題であったが、今日では、理論的にはそれは重要でないということができる。すなわち権利保護について概括主義が妥当している場合には、権利保護は行政処分の存在に依存しない。しかし取消訴訟が権利保護体系の中心的地位を占めている場合には、行政処分性の問題は極めて重要である。したがって行政処分と類似の現象との区別が必要となるのである。

①　行政処分は行政庁の行為である。国会や裁判所の機関の行為あるいは私人の行為は原則として行政処分ではない。また行政機関であっても、行政庁以外の機関(例えば各省庁の次官・課長・事務官など行政庁の補助機関)による行為も、原則として行政処分ではない。

②　行政処分は公権力の行使に当たる行為である。公権力の行使は行政庁の措置が公法に基づく場合に存在する。行政庁が公法により公法に基づいて行動していることが重要である。このメルクマールは行政処分を行政の私法上の行為から区別する(8)。この点について、とくに給付行政の責務が履行され経済政策的な国家措置によって公益ないし公共性が追求されている場合には、そのような国家措置の法的性質については、公法上の行政作用で

あるという推定が働く。また、相手方の同意を要する行為と公法契約との区別も問題となる。相手方が行政による規律に服するだけでなく規律の内容に影響を及ぼすことができる場合は、契約であるということになろう。

③　行政処分は規律を目的とする行為である。すなわち行政処分は直接一定の固有の法的効果を生じ拘束力のある決定であり、換言すれば、権利・義務を設定、変更または消滅せしめる行為である。規律は、行政処分に法的行為たる性質を与え、したがって行政処分の最も重要なメルクマールである。(9) 規律としては、禁止、命令、権利・許認可などの承認、権利・許認可などの拒否、具体的法的地位の変更、法律関係の確認、物や資格の規定またはその利用の規則など七種類がある。行政処分は規律を含まない事実行為から区別される。

事実行為には、例えば、行政強制における実力行使、警察のパトロール、工事、庁舎の冷暖房のように法的効果のない単純な事実行為と報告、通知、勧告、情報、調査などのように、事実上の結果の実現を目的とし間接的な法的効果を伴うことのある事実行為がある。間接的な法的効果を伴う事実行為と行政行為との区別は必ずしも明確でない。(10) 例えば、公衆に対し特定の食品、製品または現象について警告を発する行政庁の声明または談話は全く拘束力がないとはいえない。ある行政措置が権利侵害となるとしても、それが単なる事実上の権利侵害である場合は、その行政措置は行政処分ではない（警察官のピストルの暴発による被害があった場合、重大な権利侵害であるが、ピストルの暴発行為は行政処分ではない）。

④　規律は外部効果を有するものでなければならない。すなわち国民に対する規律でなければならない。外部効果は、事実上認められるだけでなく、規律によって意図されたものでなければならない。外部効果によって行政処分は内部的行為から区別される。内部的行為は、それが規律を含むものであっても、行政処分ではない。行政内部における行政機関相互間の行為、例えば通達、同意、行政規則などは、行政処分ではない。いわゆる特別

権力関係における措置は、原則として行政処分ではないが、特別権力関係から排除する行為ないし市民の個人的・私的な法律上の地位に影響を及ぼすものは行政処分と見なされる[11]。

⑤　行政処分は具体的ケースについての規律である。外部効果を有する規律には、一般的規律と具体的ケースについての規律がある。前者が法規命令ないし条例で後者が行政処分である。行政処分は具体的個別的性格を有する。したがって一般的・抽象的な行政立法や条例などは特定範囲の人を対象とする場合でも行政処分ではないし、具体的事実の規律が問題である限り、不特定多数の人を対象とする一般処分（道路通行の禁止、道路の公用開始・廃止など）も行政処分である。

（6）　行政処分の訴訟的側面

①　取消しを求められた行政処分は事実上客観的に存在しなければならない。行政処分の存在とはその客観的な法的効果の存在という意味である。行政処分が存在するという原告の単なる見解または主張は十分でない。取消しを求められた行政措置が行政処分でないときは、取消訴訟は不適法として許容されず、別の訴訟類型を求めなければならない。行政処分は事実上存在しなければならないが、それは行政庁が行政処分を発布する権限を有していたかどうかにかかわらず、したがって違法な行政処分も行政処分である。

②　行政処分の概念はその内容によって定まる。しかし一般的には、行政作用の外形的形式が重要である。その場合、行政庁は、外形的な形式の選択によって行政作用の法的性質を自ら規定し、その結果特定の権利保護を容認し、あるいは排除することは許されない。しかし、法律の規定により形式的に行政処分として構成されている、いわゆる形式的行政処分も行政処分である。法定の形式的行政処分とは、具体的場合の行政庁の規律が私法的法律関係に関するものであっても、訴訟手続上、それを行政処分と見なすものをいう（例、生活保護六九条）[12]。

③　無効の行政処分も取消訴訟の対象となりうる。無効の行政処分は何らの法的効果も生じないから、その取消しには形成的効果がない。しかし無効の行政処分も外見的な拘束力を生じ、行政処分に付着している瑕疵が無効原因となる瑕疵であるか取消原因となる瑕疵であるかを判断することが困難な場合があるから、行政処分の相手方には、裁判所の明確な判断を求める可能性を与えなければならない。行政事件訴訟法は、無効の行政処分について無効等確認訴訟を用意しているが、行政処分に不可争力が発生するリスクを避けるため、なお取消訴訟を認める必要がある。裁判所は、行政処分が無効であると判断した場合は、訴訟類型が取消訴訟であっても、無効の確認判決をすべきである。

④　取消訴訟は行政処分の一部取消しに限定される場合もある。一部取消しの要件は、行政処分の内容が客観的に分離できること、すなわち裁判所が一部取消しをした場合に、残った部分がなお独自の意味をもち、その規律内容に変化を生じないということである。通常、行政処分の附款のうち、負担は本体から分離可能であるが、期限、条件および撤回権の留保については分離を認める余地は少ない。また、いわゆる修正負担の場合はこれを行政処分の内容的制限と解すべきで、附款だけの取消訴訟は否定される。[13]

（7）　処分性に関する主な最高裁判例は、次の通りである。

①　私法上の行為は「公権力の行使」の対立概念である。[14]したがって、普通財産の払い下げ、[15]ごみ焼却場設置行為、[16]農地法八〇条による旧地主への買収農地の売払い（不服申立て方法が認められていないことも一つの理由として）、日本国有鉄道三一条に基づく懲戒処分などが、[17]それぞれ私法上の行為であるとして処分性が否定されている。

他方、供託物取戻請求に対する供託官の却下には行政上の不服申立ての方法が認められていることを論拠にして処分性を認めている(18)。しかし争訟手続に関する法律の規定から、当該行為の実体的性質を推論する方法論には疑問が残るといえよう。また、現業国家公務員に対する不利益処分についてはその勤務関係は基本的に公法上の関係であり、不利益処分は行政処分であるとし(19)、さらに、国税通則法五七条に基づく国税局長等の充当については法規の定めやその趣旨から充当の処分性を認めた(20)。

なお、歩道橋設置行為の公権力性については一審と控訴審の見解が対立している(21)。

② 規律（法的効果）の対立概念は事実行為である。

労働者災害補償保険法二三条（現二九条）に基づいて労働基準監督署長が行う労災就学援助費の支給に関する決定はそれによって被害労働者またはその遺族が具体的な権利を取得し(22)、関税定率法二一条三項に基づく税関長の通知は観念の通知であるが法律上の効果が及ぶとし(23)、食品衛生法一六条に基づく検疫所長の通知は法的効果を有するとし、登録免許税法三一条による通知は法的効果を有するとして、行政庁の処分に当たるとし、登記官が不動産登記簿の表題部に所有者を記載する行為について処分性が認められている(24)。

また医療法に基づく病院開設中止勧告についても処分性を認めている(25)。

しかし、海難審判庁の裁決のうちの原因解明裁決(26)、保険医に対する戒告(27)、公務員の採用内定取消の通知(28)、関税法一三八条による通告処分(29)、道交法一二七条による反則金納付通告(30)、土地区画整理法二〇条による意見書の不採択通知(31)、都市計画法三二条に基づく開発許可に係る公共施設管理者の同意を拒否する行為(32)、「中学校生徒心得」の定め(33)、市町村による住民票への続柄記載行為など(34)については、それぞれ処分性が否定されている。

③ 外部的効果の対概念は内部的行為である。

公立大学学生の退学処分については処分性が認められたが(35)、墓地・埋葬等に関する通達(36)、消防法に基づく消防長の同意、[37]全国新幹線鉄道整備法に基づく工事実施計画の認定[38]については、いずれも処分性が否定されている。

④　具体的ケース（事件性）の対概念は一般的―抽象的規律（紛争の成熟性を欠く場合）である。

土地区画整理事業計画、[39]用途地域指定、[40]地区計画の決定・告示、[41]道路に関する都市計画変更決定、[42]禁猟区の設定、[43]NO_2環境基準告示、[44]古都保存協力税条例[45]について、それぞれ処分性が否定され、土地区画整理組合設立認可、[46]市町村営土地改良事業施行認可、[47]健康保険医療費値上げの告示、[48]第二種市街地再開発事業計画、[49]建築基準法四二条二項に定めるみなし道路の一括指定[50]については処分性が認められている。

⑤　拒否処分　申請に対する行政庁の拒否処分は、申請前の法状態が継続するだけで、それによって申請人の実体的な権利関係に変動が生じないから、行政処分に当たらないという考え方がある。拒否処分には、手続上の申請権を拒否（却下）する処分と行政処分の実体的請求権は存在しないという拘束的な確認を含む拒否処分がある。行政処分の申請を拒否する処分は、両者とも、行政処分と見るべきである。

地方公務員法四六条の措置要求の申立てに対する棄却決定および労災就学援助費に関する不支給の決定は行政庁の処分であるとされたが、[51]独禁法四五条に基づく措置要求を不問にする公正取引委員会の決定、[52]国土調査法一七条二項に基づく申出に対する回答など[53]のように、行政庁に申請に対する応答義務がない場合には、拒否処分は行政処分に当たらないとされている。

申請型義務付け訴訟が法定されたことによって、原告が自己の目標、すなわち授益的行政処分を取得しようとする目標は、申請型義務付け訴訟の義務付け判決によって達成される。この場合、通常、拒否処分の取消しを求める単独の取消訴訟には訴えの利益がないというべきである。ただ行政事件訴訟法は、申請型義務付け訴訟を単独で提起することを許さず、拒否処分の取消訴訟または無効確認訴訟を併合して提起しなければならない旨を規定している（行訴三七条の三第三項）。申請型義務付け訴訟の認容判決は、当然、申請拒否処分の違法性の確定を含んでいるから、義務付け訴訟と取消訴訟または無効確認訴訟との併合は通常考える必要がない。ただ例外的に、原告が拒否処分の取消しにつき正当な利益を有する場合には拒否のみを攻撃することは妨げられないというべきである。原告が正当な利益を有する場合とは、授益を求める請求権が成立しないことが確定せず、さしあたり拒否の効果だけを除去したい場合である。

（7）　原処分主義

①　意　義　行政事件訴訟法は、処分の取消しの訴えと裁決の取消しの訴えを区別し（行訴三条二項・三項）、原告が処分に不服がある場合には処分の取消しの訴えを提起すべきであって、処分に関する審査請求に対する裁決の取消しの訴えを提起すべきではなく、原処分の違法は原処分の取消訴訟においてのみ主張できるとし、裁決の取消しの訴えでは原処分の違法は主張できないとした（行訴一〇条二項）。これを原処分主義という。したがって、原処分を正当として審査請求を棄却した裁決の取消訴訟では、裁決固有の違法事由のみを主張することができることになる。

②　裁決固有の瑕疵　裁決の態様としては、全部棄却の裁決、一部取消しの裁決、変更裁決、修正裁決、原処分承認の裁決など多様であり、原処分主義が適用される。「審査請求を棄却した裁決」について、行政事件訴訟法はとくに定めを置いていないため、審査請求を棄却した裁決とは何か、裁決固有の瑕疵とは何かについて解釈上問題が生じる。

審査請求が不適法として却下された場合は、審査請求を棄却した裁決に入らない。

全部棄却裁決は当然審査請求を棄却した裁決に当たる。

一部取消し、残余について審査請求を棄却した場合、一部取消し後の原処分は存続しているから、この違法を理由として裁決の取消しを求めることはできない。

修正裁決については、それが実質的に原処分の一部取消しとなる場合（地公法五〇条三項）は、一部取消し後の原処分を争うべきである。これに反し、処分庁の上級庁である裁決庁が自己の権限に基づいて原処分を全部取消したうえ、新たな処分をした場合には、原処分は消滅しているから、行訴法一〇条二項の制限はなく、当該裁決に付着する瑕疵は裁決固有の瑕疵であるとして裁決取消訴訟において主張すべきであるとするのが学説の大勢であった(54)。しかし最高裁判決によって(55)、裁決固有の瑕疵は、裁決の主体、形式に関する瑕疵を含め、純粋に裁決の手続的瑕疵（例えば、審査請求の裁決における理由付記の不備など）に限定されることになったといえよう(56)。

そこで、原処分の取消訴訟を提起すべきところ誤って裁決の取消訴訟を提起し、その結果、原処分主義に伴う主張制限により不測の不利益を被る者があることが予想される。行政事件訴訟法二〇条は、このような者の救済策として、「処分の取消しの訴えをその処分についての審査請求を棄却した裁決の取消しの訴えに併合して提起する場合には……処分の取消しの訴えの被告の同意を得ることを要せず、また、その提起があったときは、出訴期間の遵守については、処分の取消しの訴えは、裁決の取消しの訴えを提起した時に提起されたものとみなす。」と規定している。

なお、裁決に固有の瑕疵があっても、原処分が適法である場合には、裁決庁が審査やり直しの結果原処分を取消す余地がないから、裁決の取消しを求める利益はないという判例がある(57)。しかし改めて審査が行われる場合には、別個の判断がなされる可能性があるから、裁決の取消しを求める利益があるといえよう(58)。

③　原処分主義の訴訟法的取扱　　行政事件訴訟法一〇条二項の制限に反した場合、裁判所は、棄却判決をす

べきか却下判決をすべきか。一〇条二項の制限は、原処分取消訴訟と裁決取消訴訟が併存しているときでも課せられる制限であり、原処分主義は二重起訴や判断の抵触を避けるためのもので、違法事由についての主張制限にすぎないから、裁決取消訴訟において原処分の違法しか主張しないときは、請求に理由なしとして棄却すべきものと解される。(59)

④　裁決主義　特別法で原処分について出訴を許さず、裁決についてのみ出訴を認めている場合がある（電波九六条の二、船舶安全一一条、土地改良八七条一〇項、地税四三四条等）。これを裁決主義という。この場合は原処分の違法も裁決の取消訴訟でのみ争うことができる。裁決が違法として取消された場合には、同時に原処分も取消されることになろう。裁決主義をとる場合には審査請求前置の例外を定める行政事件訴訟法八条二項の適用はない。

（1）　最判昭三九・一〇・二九民集一八巻八号一八〇九頁（＝行政判例百選Ⅱ156「ごみ焼却場の設置」）は、「行政事件訴訟特例法一条にいう行政庁の処分とは……行政庁の法令に基づく行為のすべてを意味するものではなく、公権力の主体たる国または公共団体が行う行為のうち、その行為によって、直接国民の権利義務を形成しまたはその範囲を確定することが法律上認められているものをいうものであることは、当裁判所の判例とするところである。かかる行政庁の行為は、公共の福祉の維持、増進のために、法の内容を実現することを目的とし、正当の権限ある行政庁により、法に準拠してなされるもので、社会公共の福祉に極めて関係の深い事柄であるから……仮りに違法なものであっても、それが正当な権限を有する機関により取り消されるまでは、一応適法性の推定を受け有効として取り扱われるものであることを認め、これによって権利、利益を侵害された者の救済については、通常の民事訴訟の方法によることなく、特別の規定によるべきこととしたのである。」と判示した。

ただし、「適法性の推定を受け」という部分は、通説の公定力理論に従ったとしても適切な理解であるということとはできない。

(2) 取消訴訟は行政法上の権利保護の代表的な訴訟類型である。したがって学説の努力は、権利保護のために、行政処分概念の拡大に向けられた。しかし、このような処分性拡大論は、判例にはほとんど反映されておらず、前途に光明を見いだすこともできない状況にある。欠缺なき権利保護システムの保障という憲法の要請のもとにおいては、行政訴訟の開始はもはや行政処分の存在に依存しない。権利保護はあらゆる高権的行政作用に対して認められなければならない。したがって行政処分はその特殊な権利保護の機能を失ったというべきである。

(3) 鈴木庸夫「当事者訴訟」『現代行政法大系五巻』八二頁。

(4) 田中二郎『行政法上』三〇五頁注(1)。このような公権的な事実行為の例としては、精神病院への強制入院、伝染病患者の強制隔離、退去強制前の外国人の収容、税関による国内持込品の留置など、いわゆる即時強制に当たる行為があげられる。

(5) 高木　光「第三条（抗告訴訟）1項・2項」南　編『条解』七二頁。

(6) 行訴法三条二項の立案審議の経過は次の通りであった。

すなわち、行政事件訴訟特例法の改正につき、法制審議会行政訴訟部会および同小委員会では、事実行為が取消訴訟の対象となるかどうかが論議され、違法な事実行為に対する救済手続を設ける必要性があるものとされた。そこで当初、「行政庁の違法な公共用営造物の工事その他行政権の行使にあたる行為の差止めまたは原状回復を求める訴訟（以下この訴えを公共工事等の訴えという）」という提案があり、これに対して小委員会第二次案として、「行政庁の公権力の行使にあたる事実上の行為によって生じた違法状態の排除を求める訴訟（以下この訴えを事実行為の訴えという）」という案が出された。さらに第三次案は、「事実行為の取消しの訴え　行政庁の公権力の行使にあたる事実上の行為（以下単に事実行為という）の取消を求める訴訟をいう」として、処分の取消しの訴えおよび裁決の取消しの訴えと並んで、事実行為の取消しの訴えを、抗告訴訟の一類型とした。第三次案については、「事実行為の違法宣言の訴え　行政庁の公権力の行使にあたる事実上の行為（以下事実行為という）の違法宣言を求める訴訟をいう」という対案も示された。

しかし最終段階において、行政行為と事実行為との限界は明瞭でなく、またそれを区別する実益もないから、事実行為の取消しの訴えを独立した訴えの一類型として規定しようという案は退けられた。事実行為の取消しの訴えは、処分の取消しの訴えの中に吸収され、「処分」の次に、「その他公権力の行使に当たる行為」を加え、この両者をあわせて、「(以下単に処分という)」ということになったのである。

(7) 宮田三郎『行政法総論』二一六頁以下(平九・信山社)。

(8) 公法・私法の区別の基準については、権力説、利益説および新主体説が重要である。しかし学説は単独であらゆる場合について明確な解決をもたらすものとはいえない。疑わしい場合には複数の学説を組み合わせて公法・私法の区別を考慮しなければならない。学説では、いまや公法・私法の区別は不要であるという見解が定着しているが、行政事件訴訟法は、公法・私法の区別を前提にしていると見るべきであろう(詳しくは、宮田三郎・注(7)二七頁以下を見よ。)。

(9) 例えば、「行政行為とは、取消訴訟の排他的管轄に服する行政庁の行為をいう」(山内一夫『行政法』四二頁・昭六一・第一法規)、「行政処分とは、行政庁が、第一次判断権の主体として、行政の執行としてする一方的意思活動、および事実行為であり、……適法か違法かの判断の可能な行為であればよい」(山村恒年『行政過程と行政訴訟』一四四頁・平七・信山社)という定義は訴訟法的な概念規定であるということができる。これらの概念規定の特色は、行政行為の最も重要なメルクマールとされている「規律＝法的効果」を「行政処分」概念から排除する点にある。したがってここでは、行政処分の法的効果の取消しを目的とする主観訴訟は一方的意思活動および事実行為の適法・違法を確認する客観訴訟に変身する、あるいは、取消訴訟の本質を行政作用の適法・違法の確認訴訟と見る考え方に傾斜する傾向があるといえよう。

(10) 事実行為の取消訴訟については議論があった。すなわち、事実行為には法的効果がないから、形成訴訟としての取消訴訟の対象となり得ず、「事実行為の取消訴訟は行政庁に対して人を保護するためのものとしては全く意味のないもの」という見解（柳瀬良幹「事実行為の取消訴訟」同『自治法と土地法』二〇三頁・昭四四・有信堂）、事実行為の取消訴訟判決をその違法宣言判決とみて、確認訴訟と同置する考え方（今村成和「事実行為の取消訴訟」同『現代の行政と行政法の理論』二三三頁・昭四七・有斐閣）、事実行為には行政庁による受忍下命が含まれている場合があり、その場合、事実行為の取消は受忍下命の公定力を排除するものであるとみて、このような事実行為と行政処分を同置する考え方（広岡隆『行政強制の仮の救済』一三八頁・昭五二・有斐閣）がある。

(11)　従来の通説・判例は、特別権力関係における権利保護について、係争の行政措置が外部関係に関するものか内部関係に関するものかという区別を基準とした。この区別は権利保護にとって有効な基準ではない（宮田三郎・注(7)一八八頁）。

(12)　法定の形式的行政処分が、立法政策上、認められる根拠は、①事案の統一的処理の必要性、②事案にかかる行政法関係の早期の安定の必要性、③行政庁の行為の相手方の救済効果の充実を図る必要性などにあるとされている（室井　力「形式的行政処分について」同『現代行政法の展開』三三頁以下・昭五三・有斐閣）。

これに対して、内容的に行政処分に当たらないものを、解釈上、行政処分と見なす形式的行政処分論も主張されている（原田尚彦「抗告訴訟の対象について」同『訴えの利益』一四五頁・昭四八・弘文堂、兼子　仁『行政法総論』二二九頁・昭五八・筑摩書房）。このような解釈上の形式的行政処分とされるものには、次の二つの場合がある。①取消訴訟や行政不服審査の対象となる旨の法律の規定はないが、解釈上、形式的行政処分とされる場合、例えば、補助金等適正化法の適用を受ける補助金等の交付決定（同法六条）、②国民の権利利益の救済の便宜上、解釈論的に、処分性を認められる行政庁の行為、例えば、公共施設の設置行為（池田敏雄「形式的行政行為」『行政法の争点』六二頁）。

解釈上の形式的行政処分論は国民の権利救済という視点から行政処分性の拡大を主張するものであるが、権利救済の見地からは、むしろ行政処分を命令・強制等の一方的行為に限定的に解すべきであるという見解（阿部泰隆「取消訴訟の対象」『現代行政法大系４』）があることに注意しなければならない。形式的行政処分論の批判については、なお、室井　力・注⑿五〇頁以下、塩野　宏『行政法Ⅱ』一一二頁注⑷、浜川　清「行政訴訟の諸形式とその選択基準」杉村編『救済法1』九七頁以下を見よ。

(13)　宮田三郎・注⑺二八七頁以下。

(14)　最判昭三五・七・一二民集一四巻九号一七四四頁（＝行政判例百選Ⅱ154「普通財産の売払い」）は、「論旨は要するに、物納土地の払下は行政処分である旨を主張するものであるが、国有普通財産の払下を私法上の売買と解すべきことは原判決の説明する通りであって、右払下が売買申請書の提出、これに対する払下許可の形式をとっているからといって、右払下行為の法律上の性質に影響を及ぼすものではない。」と判示した。

(15)　最判昭三九・一〇・二九民集一八巻八号一八〇九頁（＝行政判例百選Ⅱ156「ごみ焼却場の設置」）は、「本件ごみ焼却場は、上告人都がさきに私人から買収した都所有の土地の上に、私人との間に締結した私法上の契約により設置されたものであるというのであり、原判決が被上告人都において本件ごみ焼却場の設置を計画し、その計画案を都議会に提出した行為は被上告人都自身の内部的手続行為に止まると解するのが相当であるとした判断は、是認できる。

それ故、仮りに右設置行為によって上告人らが所論のごとき不利益を被ることがあるとしても、右設置行為は、被上告人都が公権力の行使により直接上告人らの権利義務を形成し、またはその範囲を確定することを法律上認められている場合に該当するものということを得（ない）」と判示した。

(16)　最判昭四六・一・二〇民集二五巻一号一頁（＝行政判例百選Ⅰ［初版］70「農地法八〇条に基づく農地売払の法的性質」）は、買収農地の売払の法的性質について、「農地法八〇条による買収農地の旧所有者に対する売払いは、すでに、当該土地につき自作農の創設等の用に供するという公共的目的が消滅しているわけであるから、一般国有財産の払下げと同様、私法上の行為というべきである。」、「なお、法八〇条に基づく農林大臣の認定、あるいは同条に基づく農林大臣の売払いを行政処分と見る見解があるが、右認定は、その申立て、審査等対外的の手続につき特別の定めはなく、同条の定める要件を充足する事実が生じたときにはかならず行うべき羈束された内部的な行為にとどまるものであるから、これを独立の行政処分とみる余地はないし、また、昭和三七年法律第一六一号による改正前の法八五条が法三九条一項所定の農地等の売渡通知書の交付に関しては、訴願による不服申立方法を認めていたのにかかわらず、法八〇条の土地売り払いに関してはそのような不服申立方法を認めていなかったこと、および法三九条一項の売渡通知書による売渡の対価の徴収には農地対価徴収令の定めがあり、その不払いには国税徴収の例により処分がなされるが（法四三条）、右売払いの対価にはそのような定めがないことから考えても、売払いを行政処分とみることはできない。」と判示した。

(17)　最判昭四九・二・二八民集二八巻一号六六頁（＝行政判例百選Ⅰ〔初版〕1「国鉄職員の法律関係――公法と私法(1)」は、日本国有鉄道法三一条一項に基づく「懲戒処分は、公法的規律に服する行政処分たる性格を有するものとは認められず、結局、私法上の行為たる性格を有するものと考えるほかない。」と判示した。

(18)　最判昭四五・七・一五民集二四巻七号七七一頁（＝行政判例百選Ⅱ155「供託金取戻請求の却下」）は、「多数意見＝弁済供託における供託金取戻請求が供託官により却下された場合には、供託官を被告として却下処分の取消しの訴えを提起することができる。

入江、長部、大隅、松本裁判官の反対意見＝供託および供託官のする行為の本質は、専ら私法上の法律関係と考えるのが相当であり、従って、供託金の行為を不服とする場合の訴訟は、専ら民事訴訟によるべきものと解すべきであると考える。

松田、岩田裁判官の反対意見＝供託官の処分の不服申立につき、形式面の不服については審査請求ないし抗告訴訟により、実質面の不服については、民事訴訟によるべしと解する。」と判示した。

(19)　最判昭四九・七・一九民集二八巻五号八九七頁は、「(判決要旨)　現業国家公務員に対する国家公務員法八九条一項所定の処分は、抗告訴訟の対象となる行政処分である。」と判示した。

(20)　最判平六・九・一三判時一五一三号九四頁は、国税通則法五七条による「充当は、国税局長等が、行政機関としての立場から法定の要件の下に一方的に行う行為であって、それによって国民の法律上の地位に直接影響を及ぼすものというべきであり、抗告訴訟の対象となる行政処分に当たるものと解するのが相当である。」と判示した。

(21)　東京地決昭四五・一〇・一四行集二一巻一〇号一一八七頁（＝国立歩道橋事件）は、「本件申立は、横断歩道橋架設工事の施行の停止を求めるものであるが、横断歩道橋の設置は、……具体的には、予算の裏付けのもとに建設事務所長がその専決処分として行う起工の決定、都道府県知事の業者との工事請負契約の締結および業者による工事の施行という一連の行為によって完成されるものである。

したがって、横断歩道橋の設置自体は、もとより、地元住民を名宛人としてなされる行為ではなく、これを構成する個々の行為もまた、行政庁の内部的な手続上の行為および行政庁が私人との間に対等の立場にたって締結する私法上の行為ないし私人の右契約の履行行為にほかならず、いずれの点からみても、行政庁の住民に対するいわゆる高権的権力行為に当たる行為といえないことは明らかである。しかし、横断歩道橋の設置行為は、もともと、道路の安全な交通の確保という地方公共団体に課せられた本来的行政目的を達成するため、地元住民に対し当該施設による利益を供与する行為であって、前記私法上の行為も、右の行政目的達成の手段たる意味を有するものであるから、利益の供与を受ける国民との関係においては、前記起工決定と私法行為との複合した一体的行為として観念することが可能である。……行政庁の行う行為であって、しかも、地元住民の日常生活に広い係り合いを持つものである以上、これを個々の行為に分解して行政庁の自律や私法法規の規律にゆだねるよりも、前述のごとくこれを行政庁の一体的行為と把握して、公法的規制に服せしめるとともに、権利救済の面においても、行政事件訴訟法三条にいう『公権力の行使に当たる行為』と解してこれに抗告訴訟や執行停止の途を開くのが、高度に成長・複雑化した現代社会の実情に即して法治主義の要請を貫く所以であるのはもとより、同法が抗告訴訟なる特別の訴訟類型ないし抗告訴訟を前提とする執行停止という特殊の制度を設けた法意に適合するものというべきである。それ故、横断歩道橋の架設工事の施工の停止を求める本件申立は、まず、その対象の点において、適法たるを失わないと認めることができる。」と判示した。

しかし本案訴訟については、第一審の東京地判昭四八・五・三一行集二四巻四＝五号四七一頁は、Ｘが原告適格を欠くとして訴えを却下した。

東京高判昭四九・四・三〇高民集二七巻二号一三六頁（＝公害・環境判例百選85「横断歩道橋事件——公共工事を争う訴訟形式」）は、「右歩道橋設置の法律的性質は公物たる道路（都道）の管理行為に属し、昭和四五年四月二八日にした歩道橋の設置決定はYの内部的意思を確定する手続行為であり、YとN株式会社との間の契約は公益的色彩が強いとはいえ民法上の請負契約と異なるものではなく、工事そのものは右契約の履行としての事実行為であって、本件歩道橋の設置に関する右一連の行為を全体として評価しても、行政事件訴訟法第三条の規定する行政庁の処分その他公権力の行使に該当しないものと解するのが相当である。」と判示した。

(22)　最判平一五・九・四判時一八四一号八九頁（＝行政判例百選Ⅱ166「労災就学援護費の支給に関する決定」）は、「〔判決要旨〕労働者災害補償保険法二三条（現二九条）に基づいて労働基準監督署長が行う労災就学援護費の支給に関する決定は、それによって初めて被災労働者又はその遺族が具体的な支給請求権を取得するものであるから、抗告訴訟の対象となる行政処分にあたる。」と判示した。

(23)　最判昭五四・一二・二五民集三三巻七号七五三頁（＝行政判例百選Ⅱ165「輸入禁制品該当の通知」＝ポルノ税関長通知事件）は、関税定率法による通知等は、その法律上の性質において被上告人〔Y〕の判断の結果の表明、すなわち観念の通知であるというものの、もともと法律の規定に準拠してなされたものであり、かつ、これにより上告人〔X〕に対し申告にかかる本件貨物を適法に輸入することができなくなるという法律上の効果を及ぼすものというべきであるから、行政事件訴訟法三条にいう『行政庁の処分その他公権力の行使に当たる行為』に該当するもの、と解するのが相当である。」と判示した。

しかし本件では、事実上の効果から処分性を認定している嫌いがある。

最判平一六・四・二六民集五八巻四号九八九頁は、「〔判決要旨〕食品衛生法一六条（現二七条）に基づき食品等の輸入の届出をした物に対して検疫所長が行う当該食品等が同法六条（現一〇条）に違反する旨の通知は、それにより当該食品等について輸入の許可を受けられなくなるという法的効果を有するから、取消訴訟の対象となる。」

と判示した。

最判平一七・四・一四民集五九巻三号四九一頁は、「(判決要旨) 過誤納金の還付に関する通知請求につき規定する登録免許税法三一条二項は、還付請求について専らこの手続によるという手続の排他性を規定するものではないが、登記を受けた者に、簡易迅速に還付を受ける手続を利用することができる地位を保障しているものと解されるので、当該通知を拒否する通知は、手続上の地位を否定する法的効果を有する行政処分である。」と判示した。

(24) 最判平九・三・一一判時一五九九号四八頁は、「登記官が不動産登記簿の表題部に所有者を記載する行為は、所有者と記載された特定の個人に不動産登記法一〇〇条一項一号に基づき所有権保存登記申請をすることができる地位を与えるという法的効果を有するから抗告訴訟の対象となる行政処分に当たる。」と判示した。

(25) 最判平一七・一〇・二五民集五九・六号一六六一頁(=行政判例百選Ⅱ167「病院開設中止勧告」)は、「医療法(平成一二年法律第一四一号による改正前のもの)三〇条の七の規定に基づく病院開設中止の勧告は医療法上は当該勧告を受けた者が任意にこれに従うことを期待してされる行政指導として定められてはいるけれども、当該勧告を受けた者に対し、これに従わない場合には、相当程度の確実さをもって、病院を開設しても保健医療機関の指定を受けることができなくなるという結果をもたらすということができる。」「いわゆる国民皆保険制度が採用されているわが国においては、健康保険、国民健康保険等を利用しないで病院で受診する者はほとんどなく、保健医療機関の指定を受けずに診療行為を行う病院がほとんど存在しないことは公知の事実であるから、保健医療機関の指定を受けることができない場合には、事実上病院の開設自体断念せざるを得ないことになる。」「このような医療法三〇条の七の規定に基づく病院開設中止の勧告の保険医療機関の指定に及ぼす効果及び病院経営における医療機関の指定の持つ意義を併せ考えると、この勧告は、行政事件訴訟法三条二項にいう『行政庁の処分その他公権力の行使に当たる行為』に当たると解するのが相当である。」「後に保健医療機関の指定拒否処分の効力を抗告訴訟によって争うことができるとしても、そのことは上記の結論を左右するものではない。」と判示した。

裁判官藤田宙晴の補足意見あり。

また、最判昭五九・一二・一二民集三八巻一二号一三〇八頁は、「（判決要旨）関税定率法二一条三項に基づく税関長の通知は、輸入申告に対する行政庁側の最終的な拒否の態度を表明するものであり、実質的な拒否処分として機能しているから、抗告訴訟の対象となる行政庁の処分に当たる。」と判示した。

(26)　最判昭三六・三・一五民集一五巻三号四六七頁（＝行政判例百選Ⅱ164「海難原因解明裁決」）は、「海難審判庁の裁決……の中懲戒裁決は受審人の権利関係を形成する裁決であって行政処分に該当することは疑いがないけれども、その他の裁決が右［行政事件訴訟］特例法にいう行政処分にあたるかどうかは、これらの裁決が……国民の権利義務に直接に関係する効力を有するかどうかによって判断されなければならないわけである。本件裁決……は、……海難の原因を明らかにする裁決であって、被告人［H社］に何等かの義務を課しもしくはその権利行使を妨げるものでないことは、法律の規定及び裁決自体によって明らかであり、被上告人の過失を確定する効力もない……。そうだとすれば、本件裁決は被上告人の権利義務に直接関係のない裁決であって、これを行政処分と解することはできず、被上告人から出訴することは許されない」と判示した。

(27)　最判昭三八・六・四民集一七巻五号六七〇頁は、「本件戒告は、保険医の監督機関たる上告人知事が『社会保険医療担当者監査要綱』（昭和二八年六月一〇日保発四六号厚生省保険局長の都道府県知事あて通達参照）に基づき保険医たる被上告人に対してした行政上の措置であることは、原判決によって明らかである。ところで、保険医に適用さるべき健康保険法（昭和三二年法律四二号による改正前のもの）には、かかる行政措置につき出訴を認める旨の特段の規定はなく、その法的効果を推認し得るに足る規定も存しない。また、前示監査要綱によれば、監査後の措置として、事案の軽重により、指定取消、戒告および注意指導の三種類が予定されており、指定取消は、『故意に不正又は不当な診療、報酬請求を行ったもの』のほか、戒告の事由たる『重大なる過失により不正又は不当な診療、報酬請求』を『しばしば行ったもの』に対して行われることとなっているので、戒告理由がたび重なることによって一層不利益な指定取消（それが行政処分であることは疑問の余地がない。）を受ける虞のあることは首肯し得るとしても、戒告を受けたこと自体が指定取消の事由とはなっていない。いいかえれば、戒告を受けた者は将来指定を取り消される虞はあるにしても、それは、戒告の事由がたび重なることによるものであって、戒告という行政上の措置を受けたこととは直接の関係はない。したがって、本件戒告は、所詮、被上告人に対し何等かの義務を課するとか権利行使を妨げる等法的効果を生ずるものではないといわなければならない。最も、本件戒告は、前叙のごとく行政上の指導監督措置であって、制裁を目的とするものではないといえ、それによって被上告人の名誉、信用等を害することは、否定し得ないところである。しかし、行政事件訴訟特例法上の行政処分といい得るためには、当該処分がそれ自体において直接の法的効果を生ずるものでなければならないことは、当裁判所の判例とするところである。それ故、本件戒告は、仮りに違法でありこれに対する損害賠償の請求が可能であるとしても、行政事件訴訟特例法によってその取消を求めることは許されないもの、といわなければならない。」と判示した。

(28)　最判昭五七・五・二七民集三六巻五号七七七頁（＝公務員判例百選6「公務員の採用内定」）は、「本件採用内定の通知は、単に採用発令の手続を支障なく行うための準備手続としてされる事実上の行為にすぎず、……東京都とXとの間で、Xを採用し、東京都職員としての地位を取得させることを目的とする確定的な意思表示ないし始期付又は条件付採用行為と目すべきものではなく、したがって、右採用内定通知によっては、Xが、直ちに又は昭和四六年四月一日から……職員たる地位を取得するものではなく、また、……知事においてXを職員として採用すべき法律上の義務を負うものでもない……。」、右採用通知が取消されても、それは「採用内定を受けた者の法律上の地位ないし権利関係に影響を及ぼすものではないから、……右採用内定者においてその取消を訴求することはできない……。」と判示した。

(29)　最判昭四七・四・二〇民集二六巻三号五〇七頁は、関税法一三八条による通告処分について、「関税犯則事件の調査手続は行政手続であり、通告処分は行政庁のなす行政行為ではあるが、通告処分を受けた犯則者は、通告処分の旨を履行するかどうかをその自由意思により決することができ、いかなる場合にも通告に定める納付を強制されることはないのであり、ただ、任意に履行したときは公訴は提起されず、履行しないときは、税関長の告発および検察官の公訴の提起をまって刑事手続に移行し、通告の対象となった犯則事実の有無については刑事手続において争いうることとしたのである……。そして以上の諸点その他行政不服審査法四条一項七号の規定等を勘案すれば、関税法においては、犯則者が通告処分の旨を任意に履行する場合のほかは、通告処分の対象となった犯則事案についての刑事手続において争わせ、右手続によって最終的に決すべきものとし、通告処分については、それ自体を争わしめることなく、右処分はこれを行政事件訴訟の対象から除外することとしているものと解するのが相当である。したがって、通告処分の取消訴訟は許されないものというべく、原判断は結局正当である。」と判示した。

(30)　最判昭五七・七・一五民集三六巻六号一一六九頁（＝行政判例百選Ⅱ168「反則金の通告」）は、「反則金の納付の通告（……）があっても、これにより通告を受けた者において通告に係る反則金を納付すべき法律上の義務が生ずるわけではなく、ただその者が任意に右反則金を納付したときは公訴が提起されないというにとどまり、納付しないときは、検察官の公訴の提起によって刑事手続が開始され、その手続において通告の理由となった反則行為となるべき事実の有無等が審判されることとなるものとされている……してみると、道路交通法は、通告を受けた者が、その自由意思により、通告に係る反則金を納付し、これによる事案の終結の途を選んだときは、もはや当該通告の理由となった反則行為の不成立等を主張して通告自体の適否を争い、これに対する抗告訴訟によってその効果の覆滅を図ることはこれを許さず、右のような主張をしようとするのであれば、反則金を納付せず、後に公訴が提起されたときにこれによって開始された刑事手続の中でこれを争い、これについて裁判所の審判を求める途を選ぶべきであるとしているものと解するのが相当である。」

「もしそうでなく、右のような抗告訴訟が許されるものとすると、本来刑事手続における審判対象として予定されている事項を行政訴訟手続で審判することとなり、また、刑事手続と行政訴訟手続との関係について複雑困難な問題を生ずるのであって、同法がこのような結果を予想し、これを容認しているものとは到底考えられない。」と判示した。

(31)　最判昭五二・一二・二三判時八七四号三四頁は、土地区画整理法二〇条三項による意見書の不採択の通知について、「右通知は、利害関係者の法的地位になんら影響を及ぼすものではないから、［行訴法］三条二項にいう『行政庁の処分その他公権力の行使に当たる行為』にもあたらないというべきである。したがって、右通知を取消訴訟によって争うことは許されないというべきであ（る）」と判示した。

（32）　最判平七・三・二三民集四九巻三号一〇〇六頁（＝行政判例百選Ⅱ162「開発許可に係る公益施設管理者の同意」）は、国若しくは公共団体又はその機関（以下『行政機関等という。』が「公共施設の管理権限を有する場合には、行政機関等が［都市計画］法三二条の同意を求める相手方となり、行政機関等が右の同意を拒否する行為は、公共施設の適正な管理上当該開発行為を行うことは相当でない旨の公法上の判断を表示する行為ということができる。この同意を得られなければ、公共施設に影響を与える開発行為を適法に行うことはできないが、これは、法が前記のような要件を満たす場合に限ってこのような開発行為を行うことを認めた結果にほかならないのであって、右の同意を拒否する行為自体は、開発行為を禁止又は制限する効果をもつものとはいえない。したがって、開発行為を行おうとする者が、右の同意を得ることができず、開発行為を行うことができなくなったとしても、その権利ないし法的地位が侵害されたものとはいえないから、右の同意を拒否する行為が、国民の権利ないし法律上の地位に直接影響を及ぼすものであると解することはできない。」

「そうしてみると、公共施設の管理者である行政機関等が法三二条所定の同意を拒否する行為は、抗告訴訟の対象となる処分には当たらないものというべく、……上告人が法三二条所定の同意を拒否した行為の取消しを求める被上告人の訴えは、不適法として却下されなければならない。」と判示した。

（33）　最判平八・二・二二判時一五六〇号七二頁は、頭髪の丸刈りや学校外での制服着用を定めた「中学校生徒心得」の定めについて、「生徒の守るべき一般的な心得を示すにとどまり、それ以上に、個々の生徒に対する具体的な権利義務を形成するなどの法的効果を生ずるものではない」と判示した。

（34）　最判平一一・一・二一判時一六七五号四八頁（＝行政判例百選Ⅰ60「住民票への記載」）は、「市町村長が住民票に世帯主との続柄を記載する行為は、抗告訴訟の対象となる行政処分には当たらない。」と判示した。

（35）　最判昭二九・七・三〇民集八巻七号一五〇一頁（＝行政判例百選Ⅰ24「学生処分と裁量権」）は、公立大学の学

生の放学処分は行政処分に当たる、と判示した。

(36)　最判昭四三・一二・二四民集二二巻一三号三一四七頁（＝行政判例百選Ⅰ52「墓地・埋葬等に関する通達」）は、「現行法上行政訴訟において取消の訴の対象となりうるものは、国民の権利義務、法律上の地位に直接具体的に法律上の影響を及ぼすような行政処分等でなければならないのであるから、本件通達……の取消を求める本件訴は許されないものとして却下すべきものである。」と判示した。

(37)　最判昭三四・一・二九民集一三巻一号三二頁（＝行政判例百選Ⅰ23「建築許可と消防長の同意」）は、「本件消防庁の同意は、知事に対する行政機関相互間の行為であって、これにより対国民との直接の関係においてその権利義務を形成し又はその範囲を確定する行為とは認められないから、……これを訴訟の対象となる行政処分ということはできない。それ故、本件においては、知事のなした建築出願不許可処分に対し、その違法を理由として行政訴訟を提起し、その訴訟において、右不許可処分の前提となった消防長の同意拒絶乃至同意取消の違法を主張しうることは格別、知事に対する消防長の本件同意拒絶乃至同意取消の違法を主張して消防長を被告としてその取消乃至無効確認を求める訴は、不適法たるを免れず、これと同趣旨に出でた原判決は正当である」と判示した。

(38)　最判昭五三・一二・八民集三二巻九号一六一七頁（＝行政判例百選Ⅰ2「日本鉄道建設公団の地位」）は、「本件認可は、いわば上級行政機関としての運輸大臣が下級行政機関としての日本鉄道建設公団に対しその作成した本件工事実施計画の整備計画との整合性等を審査してなす監督手段としての承認の性質を有するもので、行政機関相互の行為と同視すべきものであり、行政機関として外部に対する効力を有するものではなく、また、これによって直接国民の権利義務を形成し、又はその範囲を確定する効果を伴うものではないから、抗告訴訟の対象となる行政処分にあたらないとした原審の判断は、正当として是認することができ（る）。」と判示した。

(39)　最判昭四一・二・二三民集二〇巻二号二七一頁（＝行政判例百選Ⅱ159「土地区画整理事業計画」＝高円寺青写真判決）は、「土地区画整理事業計画……は、もともと、土地区画整理事業に関する一連の手続の一環をなすものであって……長期的見通しのもとに、健全な市街地の造成を目的とする高度の行政的・技術的裁量によって、一般的・抽象的に決定するものである。従って、事業計画は、その計画書に添付される設計図面に各宅地の地番、形状等が表示されることになっているとはいえ、特定個人に向けられた具体的な処分とは著しく趣を異にし、事業計画自体ではその遂行によって利害関係者の権利にどのような変動を及ぼすかが、必ずしも具体的に確定されているわけではなく、いわば当該土地区画整理事業の青写真たる性質を有するにすぎないと解すべきである。……もっとも、当該事業計画が法律の定めるところにより公告されると、爾後、施行地域内において宅地、建物等を所有する者は、土地の形質の変更、建物の新築、改築、増築等につき一定の制限を受け……ることとなっている。しかし、これは、当該事業計画の円滑な遂行に対する障害を除去するための必要に基づき、法律が特に付与した公告に伴う付随的な効果にとどまるものであって、事業計画の決定ないし公告そのものの効果として発生する権利制限とはいえない。それ故、事業計画は、それが公告された段階においても、直接、特定個人に向けられた具体的処分ではなく、また、宅地・建物の所有者又は賃借人等の有する権利に対し、具体的な変動を与える行政処分ではない、といわなければならない。」

「もっとも、事業計画は、一連の土地区画整理事業手続の根幹をなすものであり、その後の手続の進展に伴って、仮換地の指定処分、建物の移転・除去命令等の具体的処分が行われ、これらの処分によって具体的な権利侵害を生ずることはありうる。しかし、……そもそも、土地区画整理事業のように、一連の手続を経て行われる行政作用について、どの段階で、これに対する訴えの提起を認めるべきかは、立法政策の問題ともいいうるのであって、一連の手続のあらゆる段階で訴えの提起を認めなければ、裁判を受ける権利を奪うことになるものとはいえない。……事業計画の決定ないし公告の段階で訴えの提起が許されないからといって、土地区画整理事業によって生じた権利侵害に対する救済手段が一切閉ざされてしまうわけではない。すなわち、土地区画整理事業の施行に対する障害を排除するために、当該行政庁が、当該土地の所有者等に対し、原状回復を命じ、又は当該建築物等の移転若しくは除去を命じた場合において、それらの違法を主張する者は、その取消（又は無効確認）を訴求することができ、また、当該行政庁が換地計画の実施の一環として、仮換地の指定又は換地処分を行った場合において、その違法を主張する者は、これらの具体的処分の取消（又は無効確認）を訴求することができ……具体的な権利侵害に対する救済の目的は、十分に達成することができるのである。土地区画整理法の趣旨とするところも、このような具体的処分の行われた段階で、前叙のような救済手段を認めるだけで足り、直接それに基づく具体的な権利変動の生じない事業計画の決定ないし公告の段階では、理論上からいっても、訴訟事件としてとりあげるに足るだけの事件の成熟性を欠くのみならず、実際上からいっても、その段階で、訴えの提起を認めることは妥当でなく、また、その必要もないとしたものと解するのが相当である。」と判示した。

また、最判平四・一〇・六判時一四三九号一一六頁は、土地区画整理事業計画の決定について、「本件訴えを不適法とした原審の判断は、正当として是認することができ、原判決に所論の違法はない。」と判示しているが、次の補足意見がある。

「裁判官園部逸夫の補足意見は、次のとおりである。

私は、原判決が、最高裁判所……昭和四一年二月二三日大法廷判決（民集二〇巻二号二七一頁）に従い、土地区画整理事業計画決定を抗告訴訟の対象とすることができないとの理由により、本件訴えを不適法とした点については、異存はなく、したがって、右判断を正当として是認した法廷意見に賛成するものであるが、右大法廷判決が、『事業計画の決定ないし公告の段階では、理論上からいっても、訴訟事件としてとりあげるに足るだけの事件の成熟性を欠くのみならず、実際上からいっても、その段階で、訴えの提起を認めることは妥当ではなく、また、その必要もないとしたものと解するのが相当である。』と説示している部分に、この種の行政計画一般について、処分性を認めないことが、理論上も実際上も妥当であるという含意があり、また、そのように理解すべきものであるとすれば、その点については、私は、かねて疑問を抱いているので、補足的に私の見解を述べておきたい。

事件の成熟性ということは、理論上は、理解しやすいが、具体的にどのような基準で成熟性を判断するかは、必ずしも明確とはいえない。また、事業計画の段階で訴えの提起を認めることは妥当ではなく、また、その必要もないという立論については、なぜそうなるのか、右大法廷判決の多数意見からは、その理由づけを明確に読み取ることは困難である。私は、右のような理由のみでは、この種の行政計画について訴えの提起そのものを否定することはできないと考える。

私は、本件事業計画のような事業の青写真（設計図）たる性格を有する計画であっても、立法政策としては、不服申立てや訴えの提起など、救済手続を設けることによって、その行政処分としての性格を明確にすることは可能であると考える。当該計画の行政処分性については、理論上はともかく、立法上は、当該計画についてどのような救済手続を設けるのが、国民の権利利益の保護に資するかという観点から、当該計画を位置づけるのが妥当であり、それらの手続規定の存在によって、当該計画の行政処分性をここに判断すべきである。

もっとも、行政計画について、救済手続を計画の段階に置くか、あるいは、更に後続の行為の段階に譲るかは、計画の段階に置かなければ、救済の実効性を欠くことになるなど特段の事情がない限り、立法政策にゆだねられているものと解する。最高裁判所……昭和六一年二月一三日第一小法廷判決（民集四〇巻一号一頁）は、市町村営土地改良事業の施行の認可について行政処分性を認める前提として、土地改良法に定められている事業計画段階の救済手続の存在を根拠にして土地改良事業計画決定の行政処分性を認めている。私も、右の手法を是とするものであり、土地区画整理事業計画決定の行政処分性については、立法政策上、事業計画段階に救済手続を置いていないこと、また右救済手続を置いていないことが、利害関係人を救済する機会を全く剥奪するものでないことに着目して、本件事業計画決定には行政処分性を認めなければならない必要性がないと判断するのである。」

(40)　最判昭五七・四・二二民集三六巻四号七〇五頁（＝行政判例百選Ⅱ161「用途地域の指定」）は、「都市計画区域内において工業地域を指定する決定は、都市計画法八条一項一号に基づき都市計画決定の一つとしてなされるものであり、右決定が告示され効力を生ずると、当該地域内においては、建築物の用途、容積率、建ぺい率等につき従前と異なる基準が適用され（建築基準法四八条七項、五二条一項三号、五三条一項二号等）、これらの基準に適合しない建築物については、建築確認を受けることができず、ひいてその建築等をなすことができないことになるから（同法六条四項、五項）、右決定が、当該地域内の土地所有者等に建築基準法上新たな制約を課し、その限度で一定の法状態の変動を生ぜしめるものであることは否定できないが、かかる効果は、あたかも新たに右のような制約を課する法令が制定された場合におけると同様の当該地域内の不特定多数の者に対する一般的抽象的なそれにすぎず、このような効果を生ずるということだけから直ちに右区域内の個人に対する具体的な権利侵害を伴う処分があったものとして、これに対する抗告訴訟を肯定することはできない。もっとも、右のような法状態の変動に伴い将来における土地の利用計画が事実上制約されたり、地価や土地環境に影響が生ずる等の事態の発生も予想されるが、これらの事由は未だ右の結論を左右するにたるものではない。なお、右地域内の土地上に現実に前記のような建築の制限を超える建物の建築をしようとしてそれが妨げられている者が存する場合には、その者は現実に自己の土地利用上の権利を侵害されているということができるが、この場合右の者は右建築の実現を阻止する行政庁の具体的処分をとらえ、前記の地域指定が違法であることを主張して右処分の取消を求めることにより権利救済の目的を達する途が残されていると解されるから、前記のような解釈をとっても格別の不都合は生じないというべきである。

右の次第で、本件工業地域指定の決定は、抗告訴訟の対象となる処分には当たらないと解するのが相当である。」と、判示した。

(41)　最判平六・四・二二判時一四九九号六三頁は、「都市計画法（平成二年法律第六一号による改正前のもの）一二条の四第一項一号の規定に基づく地区計画の決定、告示は、区域内の個人の権利義務に対して具体的な変動を与えるという法律上の効果を伴うものではなく、抗告訴訟の対象となる処分には当たらないと解すべきである。」と判示した。

(42)　最判昭六二・九・二二判時一二八五号二五頁は、「本件都市計画変更決定が抗告訴訟の対象となる行政処分に当たらないとした原審の判断は、正当として是認することができ、原判決に所論の違法はない。」と判示した。

(43)　最判昭四〇・一一・一九判時四三〇号二四五頁は、「禁猟区設定行為が行政事件訴訟法三条にいう行政庁の処分にあたらないとした原審の判断は、相当であって所謂法令違背の違法はなく、違憲の論旨もその前提を欠くに帰し、論旨は排斥を免れない。」と判示した。

(44)　東京地判昭五六・九・一七行集三二巻九号一五八一頁は、「環境基準は、政府が公害防止行政を総合的かつ計画的に推進していくうえでの政策上の達成目標ないし指針を示すものであって、これを国民に対する法的拘束力ある規範と解することはできないから、本来的に処分性を有するものではないといわねばならない。したがった、本件告示による二酸化炭素に係る環境基準の改定は右政府の公害防止行政上の政策目標ないし指針を変更したものにすぎないのであるから、これが原告らの権利義務ないしその法的地位に変動をもたらすものと認める……ことはできない。また仮に、環境基準の改定によって、公害防止、公害健康被害補償等に関する施策の内容に何らかの影響が及ぶことがあるとしても、……それによって環境基準の改定それ自体が処分性を持つことになるということはないのであって、改定により具体的な施策の変更がされた段階でこれに関する行政処分等を争うのは格別、それ以前において環境基準の改定それ自体を処分として争うことは許されないものといわねばならない。」と判示した。

(45)　大阪高判昭六〇・一一・二九行集三六巻一一＝一二号一九一〇頁（＝京都古都保存協力税事件）は、「地方公共団体の制定する条例は、通常その規定内容が一般的・抽象的であるため、その条例自体の有効、無効は法律上の争訟に該当しないので無効確認を求める訴えの対象となりえないのであるが、例外として、規定自体の内容が特定的、具体的で特定個人の権利義務、法的利益に直接かつ具体的な影響を及ぼす可能性の存することは否定できないけれども、右はあくまで可能性であるに止まるのであって、これをもって、本件条例が、特定社寺等の権利義務、法的利益に直接影響を及ぼす処分にあたるということはできない。

換言すると、本件条例によっては、控訴人ら［Xら］は、何ら特別の義務を負担するわけではなく、本件条例七条及び八条に基づき被控訴人市長［Y］により控訴人ら［Xら］が特別徴収義務者に指定された後において始めて控訴人ら［Xら］の権利義務、法的利益に関し直接的影響を受けることになるにすぎない。」と判示した。

(46)　最判昭六〇・一二・一七民集三九巻八号一八二一頁（＝街づくり・国づくり判例百選23「土地区画整理組合の設立認可と抗告訴訟」）は、「土地区画整理法……一四条一項、二一条一項……による土地区画整理組合の設立の認可は、単に設立認可申請に係る組合の事業計画を確定させる（法二〇条、二一条三項）だけのものではなく、その組合の施行地域内の宅地の所有権又は借地権を有する者をすべて強制的にその組合員とする公法上の法人たる土地区画整理組合を成立せしめ（法二一条四項、二二条、二五条一項）、これに土地区画整理事業を施行する権限を付与する効力を有するものである（法三条二項、一四条二項）から、抗告訴訟の対象となる行政処分であると解するのが相当である。」と判示した。

(47)　最判昭六一・二・一三民集四〇巻一号一頁（＝街づくり・国づくり判例百選95「市町村土地改良事業の施行の認可と取消訴訟の対象」）は、「土地改良事業は、国営又は都道府県営であるか市町村営であるかによって特別その性格を異にするものではないところ、市町村営の土地改良事業において、右に述べた国営又は都道府県営の土地改良事業における事業計画の決定に対応するものは、当該市町村の申請に基づき都道府県知事が行う事業施行の認可である。右事業施行の認可も、当該事業施行地域内の土地につき土地改良事業を施行することを認可するもので、公告すべきものとされ（土地改良法九六条の二第七項）、右公告があった後における土地の形質の変更等については工事の損失は原則として補償しなくてもよいとされており（同法一二二条二項）、右事業施行の認可があったときは工事が着手される運びとなるのであって、右の事業計画の決定と事業施行の認可とは、土地改良事業の一連の手続の中で占める位置・役割を同じくするのである。そうすると、右事業施行の認可も、行政処分としての性格を有し、取消訴訟の対象となるものといわざるを得ず、……国営又は都道府県営の土地改良事業における事業計画の決定が本来取消訴訟の対象となり得るものであることを当然の前提とした規定を置く土地改良法は、市町村営の土地改良事業における事業の認可についても、それが取消訴訟の対象となることを認めているものを解せざるを得ない。」と判示した。

(48)　東京地決昭四〇・四・二二行集一六巻四号七〇八頁は、「行政庁の行為が、一面において一般的、抽象的な定めを内容として将来の不特定多数の人をも適用対象とするための法規制定行為＝立法行為の性質を有するものとみられるものであっても、他面において右行為が、これに基づく行政庁の他の処分を待つことなく、直接に国民の具体的な権利義務ないし法律上の利益に法律的な変動をひき起こす場合には、当該行政庁の行為も、その限りにおいては、特定人の具体的権利義務ないし法律上の利益に直接関係するにすぎない行政行為と何ら異なるところはないのであるから、取消訴訟の対象となりうるものと解するのが相当である。」と判示した。

この決定は執行停止の申立を認めたものであるが、抗告審の東京高決昭四〇・五・三一行集一六巻六号一〇九九頁は、本決定を取消した。

(49)　最判平四・一一・二六民集四六巻八号二六八五頁（＝行政判例百選Ⅱ166「大阪阿倍野市街地再開発事件」）は、「都市再開発法五一条一項、五四条一項は、市町村が、第二種市街地再開発事業を施行しようとするときは、設計の概要について都道府県知事の認可を受けて事業計画（以下『再開発事業計画』という。）を決定し、これを公告しなければならないものとしている。そして、第二種市街地再開発事業については、土地収用法三条各号の一に規定する事業に該当するものとみなして同法の規定を適用するものとし（都市再開発法六条一項、都市計画法六九条）、都道府県知事がする設計の概要の認可をもって土地収用法二〇条の規定による事業の認定に代えるものとするとともに、再開発事業計画の決定の公告をもって同法二六条一項の規定による事業認定の告示とみなすものとしている（都市再開発法六条四項、同法施行令一条の六、都市計画法七〇条一項）。したがって、再開発事業計画の決定は、その公告の日から、土地収用法上の事業の認定と同一の法律効果を生ずるものであるから（同法二六条四項）、市町村は、右決定の公告により、同法に基づく収用権限を取得するとともに、その結果として、施行地域内の土地の所有者等は、特段の事情のない限り、自己の所有地等が収用されるべき地域に立たされることとなる。しかも、この場合、都市再開発法上、施行地区内の宅地の所有者等は、契約又は収用により施行者（市町村）に取得される当該宅地等につき、公告があった日から起算して三〇日以内に、その対償の払渡しを受けることとするか又はこれに代えて建築施設の部分の譲受け希望の申出をするかの選択を余儀なくされるのである（同法一一八条の二第一項一号）。

そうであるとすると、公告された再開発事業計画の決定は、施行地区内の土地の所有者等の法的地位に直接的な影響を及ぼすものであって、抗告訴訟の対象となる行政処分に当たると解するのが相当である。」と判示した。

(50)　最判平一四・一・一七民集五六巻一号一頁（＝行政判例百選Ⅱ163「建築基準法四二条二項の道路指定」）は、「特定行政庁による二項道路の指定は、それが一括指定の方法でされた場合であっても、個別の道路についてその本来的な効果として具体的な私権制限を発生させるものであり、個人の権利義務に対して直接影響を与えるものであるということができる。

したがって、本件告示のような一括指定の方法による二項道路の指定も、抗告訴訟の対象となる行政処分に当たると解すべきである。」と判示した。

(51)　最判昭三六・三・二八民集一五巻三号五九五頁（＝公務員判例百選44「勤務条件に対する措置の要件③」）は、「地方公務員法四六条は、職員の措置要求に対し、適法な手続で、かつ、内容的にも、裁量権の範囲内における適法な判定を与うべきことを職員の権利乃至法的利益として保障する趣旨の規定と解すべきものであり、違法な手続でなされた棄却決定は、同条により認められた職員の権利を否定するものとして、職員の具体的権利に影響を及ぼすわけであるから、右棄却決定が取消訴訟の対象とする行政処分に当たるものと解すべきことは、原判決のとおりである。」と判示した。

最判平一五・九・四判時一八四一号八九頁（＝行政判例百選Ⅱ166「労災就学援護費の支給に関する決定」）は、労働者災害補償保険法二三条（現二九条）に基づく労災就学援護費の支給に関する決定について、「……それによって初めて被災労働者又はその遺族が具体的な支給請求権を取得するものであるから、労働基準監督署長の行う労災就学援護費の支給又は不支給の決定は、法を根拠とする優越的地位に基づいて一方的に行う公権力の行使であり、被災労働者又はその遺族の上記権利に直接影響を及ぼす法的効果を有するものであるから、抗告訴訟の対象となる行政処分に当たるものと解するのが相当である。」と判示した。

(52)　最判昭四七・一一・一六民集二六巻九号一五七三頁（＝行政判例百選Ⅱ127「独禁法による報告・措置の要求」＝エビス食品事件）は、「［独占禁止法］四五条一項は、Ｙの審査手続開始の職権発動を促す端緒に関する規定であるにとどまり、報告者に対して、Ｙに適当な措置をとることを要求する具体的請求権を付与したものであるとは解されない。……独占禁止法二五条にいう被害者に該当するからといって、審決を求める特段の権利・利益を保障されたものと解することはできない。これを要するに、Ｙは、独占禁止法四五条一項に基づく報告、措置要求に対して応答義務を負うものではなく、また、これを不問に付したからといって、被害者の具体的権利・利益を侵害するものとはいえないのである。したがって、Ｘがした報告、措置要求についての不問に付する決定は取消訴訟の対象となる行政処分に該当せず、その不存在確認を求める訴えを不適法とした原審の判断は、正当である。」と判示した。

(53)　最判平三・三・一九判時一四〇一号四〇頁は、「国土調査法一七条二項に基づく申出は、国土調査を行った者に対し職権の発動を促すものにすぎず、国土調査を行った者は何らかの応答をする法令上の義務を負うものではないから、申立てをいれない旨の回答は法令に根拠のない事実上の応答にすぎず、抗告訴訟の対象となる行政処分に当たらない。」と判示した。

(54)　市原昌三郎「抗告訴訟の類型」『行政法講座三巻』一五〇頁、南　博方「取消訴訟の対象」『実務民訴講座８』二五頁、小高　剛「取消し理由の制限」南編『注釈』一二七頁。

(55)　最判昭六二・四・二一民集四一巻三号三〇九頁（＝行政判例百選Ⅱ143「懲戒処分と人事院の修正裁決」）は、「懲戒処分につき人事院の修正裁決があった場合に、それにより懲戒権者の行った懲戒処分（以下『原処分』という。）が一体として取り消されて消滅し、人事院において新たな内容の懲戒処分をしたものと解するのは相当ではなく、修正裁決は、原処分を行った懲戒権者の懲戒権の発動に関する意思決定を承認し、これに基づく原処分の存在を前提としたうえで、原処分の法律効果の内容を一定の限度のものに変更する効果を生ぜしめるにすぎないものであり、これにより、原処分は、当初から修正裁決による修正どおりの法律効果を伴う懲戒処分として存在していたものとみなされることになるものと解すべきである。」

「してみると、本件修正裁決により、本件懲戒処分は、……被上告人の懲戒権の発動に基づく懲戒処分としてなお存在するものであるから、被処分者たる上告人は、処分事由の不存在等本件懲戒処分の違法を理由としてその取消を求める訴えの利益を失わないものといわなければならない。」と判示した。

(56)　濱　秀和「原処分主義と裁決主義」『行政法の争点』（新版）二一三頁。

大阪地判昭四四・六・二六行集二〇巻五＝六号七六九頁は、審査庁が審査請求人から弁明書副本の送付の請求を受けながら、処分庁に対し弁明書の提出を求めず、ひいて審査請求人に対しその副本を送付しないまま、審査請求を棄却する旨の裁決をした場合において、その審査手続に存する行政不服審査法第二二条違反の瑕疵は、裁決の取消事由に当たらないと判示した。

最判昭四七・三・三一民集二六巻二号三一九頁は、理由附記の不備のため法人税青色申告についてした再更正処分および再調査請求棄却決定は違法であるとし、裁決の理由付記の違法は裁決固有の瑕疵となる旨の判示をした。

青森地判平四・九・二九判タ八二二号一七二頁は、「行政事件訴訟法は、審査請求による権利救済と裁判による権利救済の調整として、審査請求前置主義をとる処分についても、審査請求があった日から三か月を経過しても裁決がないときは、裁決を経ないで処分の取消の訴えを提起することができ（同法八条二項一号）、また、審査庁を相手方として裁決をしないことを理由に不作為の違法確認の訴えを提起することができる（同法三条五項）と規定していることからすると、裁決が遅滞したこと自体は、裁決固有の違法事由とはならないというべきである」と判示した。

(57)　最判昭三七・一二・二六民集一六巻一二号二五五七頁（＝行政判例百選Ⅱ144「審査決定と理由附記」）は、「本件の場合は、上告人は芝税務署長がした原処分の取消をも訴求しており、その理由がないことは、原判示のとおりであり、……審査請求も、結局は、上告人に対する青色申告書提出承認の取消処分の取消を求める趣旨である以上、上述のような理由附記の不備を理由に、本件審査決定を取り消すことは全く意味がない……。けだし、本件決定を取り消し、東京国税局長が、あらためて理由を附記した決定をしても、すでに青色申告承認の原取消処分の違法でないことが本判決で確定している以上、決定の取消を求める訴えにおいても、裁判所はこれと異なる判断をすることはできないからである」。以上の理由により原判決は結論において正当である。

これに対して、奥野、山田両裁判官の「本件審査決定が取り消され、被上告人東京国税局長が改めて審査決定をする場合に本件青色申告提出承認の取消処分も不当又は違法として取り消される可能性が全然ないとは断定できないのであるから、本件審査決定を取り消す意味が全くないとはいえない。」とする少数意見が付されている。多数意見を正当とする意見もあるが（筧　康生「取消しの理由の制限」南　編『条解』四三四頁）、少数意見が正当であろう（塩野　宏『行政法Ⅱ』八八頁注⑵）。

(57)　最判昭四九・七・一九民集二八巻五号七五九頁は、税務署長がした処分につき、「原処分を維持して審査請求を棄却する裁決があり、これに適法な理由附記があったとしても、これによって、異議申立人が異議決定における理由附記の不備の瑕疵を主張してその取消しを求める訴えの利益は失われるものではないというべきである。」と判示した。

(58)　中平健吉「裁決取消しの訴えにおける違法事由」『実務民訴講座8』二一四頁、筧　康生・注(53)四三三頁。

第三節　原　告　適　格

文献　遠藤博也「取消訴訟の原告適格」『実務民訴講座8』、原田尚彦『訴えの利益』（昭四八・弘文堂）、小高　剛「原告適格」南　編『注釈』、橋本公亘「行政訴訟の原告適格」田中古稀『公法の理論中』（昭五一・有斐閣）、園部逸夫「『当事者適格と公益』論序説」田中古稀『公法の理論下Ⅱ』（昭五二・有斐閣）、原田尚彦「行政事件訴訟における訴えの利益」同『環境権と裁判』（昭五二・弘文堂）、雄川一郎「原告適格」『行政法の争点

(旧版)』(昭五五)、千葉勇夫「公権と反射的利益『行政法の争点(旧版)』、泉　徳治「取消訴訟の原告適格・訴えの利益」『新実務民訴講座9』、小早川光郎「取消訴訟の実体法の観念」同『行政争訟の構造分析』(昭五八・東京大学出版会)、安念潤司「取消訴訟における原告適格の構造(一)」国家学会雑誌九八巻五＝六号(昭六〇)、秋山義昭「行政訴訟へのアクセス」公法研究四十八号(昭六一)、前田順司「第九条(原告適格)」南　編『条解』、田中館照橋「行政救済制度における原告適格の問題の所在」同『行政裁判の理論』(昭六二・信山社)、泉　徳治「原告適格」園部編『注解』、古城　誠「競業者訴訟の原告適格」雄川献呈『行政法の諸問題下』(平二・有斐閣)、安達和志「公権と反射的利益」『行政法の争点』、岡村周一「取消訴訟の原告適格」杉村編『救済法Ⅰ』、宮崎良夫「取消訴訟の原告適格」同『行政争訟と行政法学』(平三・弘文堂)、高橋　滋「行政訴訟の原告適格」『行政法の争点(第3版)』、小早川光郎「抗告訴訟と法律上の利益・覚え書き」成田古稀(平一〇)、芝池義一「取消訴訟の原告適格判断の理論的枠組み」京大法学部百年記念論文集第二巻(平一一)、蒔田宙晴「許可処分と第三者の『法律上保護された利益』」塩野古稀下(平一三)、神橋一彦『行政訴訟と権利論』(平一五・信山社)、稲葉　馨「取消訴訟の原告適格」園部・芝池編『理論と実務』

(1) 意　義

取消訴訟の原告適格とは行政処分の取消しを求めて出訴することのできる資格をいう。原告適格は、訴えの入口についての問題、すなわち訴えの許容要件であり、これを欠くときは訴えは不適法として却下される。原告適格は実体法と訴訟法を繋ぐ蝶番である。行政事件訴訟法は、取消訴訟の原告適格について、取消訴訟は「当該処分又は裁決の取消しを求めるにつき法律上の利益を有する者……に限り、提起することができる。」と規定した（九条）。それは、⑴　権利（法律上の利益）があること、⑵　その権利（法律上の利益）が原告に帰属すること、および⑶　権利（法律上の利益）の侵害または侵害の必然性があることが主張されていること、という原告適格の三要素に関する規定である。⑴⑵は原告適格の実体法的側面、⑶は原告適格の訴訟法的側面である。前者は、民衆訴訟および利害関係者訴訟を排除することを意味し、後者は、権利（法律上の利益）の侵害について原告がその具体化責任（Substantiierungslast）を負うことを意味する。原告適格の問題は、行政訴訟法の最も困難な問題の一つであるということができる。

明治憲法のもとでの取消訴訟の原告適格については、行政庁ノ違法処分ニ関スル件（明二三法一〇六）において、「……行政庁ノ違法処分ニ由リ権利ヲ毀損セラレタリトスル者ハ行政裁判所ニ出訴スルコトヲ得」と規定され、原告による権利毀損の主張という要件が必要であるとされた。これに対し日本国憲法のもとにおける行政事件訴訟法では、原告適格を有する者は「法律上の利益を有する者」に限定された(1)。すなわち、第一に、現行憲法のもとにおいては「権利」概念が拡大されて「法律上の利益」となり、原告適格の実体法的側面が拡大された。第二に、権利を毀損「セラレタリトスル者」（＝権利毀損を主張する者）が、現行法では法律上の利益を「有する者」となり、原告適格の訴訟法的側面は縮小されたのである。

（2）　原告適格の機能

被侵害者訴訟における原告適格の機能は、濫訴を排除し裁判所の負担を軽減することにあるとされている。要するに原告適格には民衆訴訟と利害関係者訴訟を排除するフィルター機能が求められている。しかし原告にとっては、訴えが不適法として却下されるか理由なしとして棄却されるかは重要でない。重要なのは、訴えが勝訴の見込みがあるかどうかである。原告は原告適格の要件によって訴え提起を阻止されないし、原告適格の要件によって裁判所の負担は軽減しない。

原告適格は訴えの許容性（Zulässigkeit）に関する問題であり、訴訟物は訴えの理由の有無（Begründetheit）に属する問題である。原告適格がフィルター機能を果たすために、実際には、許容性の要件を審理する段階において、すでに理由の有無の要素である実体法の問題が先取りされる。行政事件訴訟法九条は、訴えの入口の段階において、権利（法律上の利益）の侵害の主張だけでなく、現実に権利（法律上の利益）の侵害が存在することを要求することによって、そのような先取りを最も強力に行っているといえよう。

（3）　原告の主張（具体化責任）

行政事件訴訟法九条のように、原告適格について「法律上の利益を有する者」と規定している場合には、権利（法律上の利益）の侵害が訴えの許容要件に属し、行政処分の違法性の主張は訴えの理由の有無に属するように見える。しかし、取消しを求められた行政処分の違法性を論じることなしに、自己の権利（法律上の利益）侵害を主張することはできない。すなわち、権利侵害は、必然的に、取消を求められた行政処分の違法を前提とする。(2)したがって取消訴訟の入口の段階で、原告は、「法律上の利益」（＝行政行為の違法性とそれによる自己の権利侵害）について、どの程度の主張をすべきかという問題が生じる。この問題は理論的に重要な問題である。(3)すなわち、訴えの許容要件として現実の権利侵害の存在を要求するときは、訴えの理由の有無の段階で審査すべき主要な法的問題が、訴えの入口の段階でほとんど審理されてしまうからである。違法な権利侵害の存在が現実に立証された場合に、行政処分の違法性を審査することができるという通説の理論構成は矛盾といえよう。[4]

結局、取消訴訟の原告適格を有する者は、違法な行政処分による「自己の法律上の利益」の侵害を主張する者である、と解すべきである。[5] この場合、「主張」は単なる主張では十分でないことに注意しなければならない。

（４）「法律上の利益」の侵害

我が国の通説・判例は、「法律上の利益を有する者」を「当該処分により自己の権利若しくは法律上保護された利益を侵害され又は必然的に侵害されるおそれのある者をいう」と解し、[6] 原告適格には、前述のように、三要素があることを示している。この場合、通説・判例は、「侵害」または「侵害の必然性」という要件は当然必要な前提であるとし、関心を、専ら原告適格の実体法的側面、すなわち「法律上の利益」の探究およびその解釈（認定）基準の問題に集中させた。学説のいう原告適格拡大論は「権利」概念の拡大を追求するものであり、[7] したがって、「侵害または侵害の必然性」に関する問題は、訴訟法的には重要な問題であるにかかわらず、看過される傾向にあった。

取消訴訟の原告適格は、侵害的行政処分の名宛人が取消訴訟を提起する場合は問題がない。名宛人は、自己の権利が侵害されたという具体的主張をする必要がなく、侵害的行政処分を受けたという名宛人たる地位から当然に原告適格を有することが肯定される（名宛人理論 Adressatentheorie）。原告適格性が問題になるのは、第三者取消訴訟の場合、すなわち行政処分の名宛人でない第三者が行政処分により間接的な影響を受ける場合であり、このような場合に、いかなる基準に基づいて、第三者の「法律上の利益」が承認され、「法律上の利益」の侵害が認定されるかが問題となるのである。

（5）「法律上の利益」――法の反射的利益

「法律上の利益」を承認できるためには、強行法規が、立法者の客観的意思により、公益の保護だけでなく、個人の利益の保護をも目的としている場合でなければならない（＝保護規範説 Schutznormlehre）。行政が単に公益または一般的利益の保護のために義務づけられている場合は、法の反射的利益が生じるにすぎない[8]。法的に保護されない純粋に経済的、政治的、文化的またはその他の事実上の利益は十分でない[9]。法的に保護され、したがって権利にまで強化された利益でなければならない[10]。

最高裁の確立した判例によれば、「法律上の利益」とは、「自己の権利若しくは法律上保護された利益」をいうのであるが、「当該処分を定めた行政法規が、不特定多数者の具体的利益をもっぱら一般的公益の中に吸収解消させるにとどめず、それが帰属する個々人の個別的利益としてもこれを保護すべきものとする趣旨を含むと解される場合には、かかる利益も右にいう法律上保護された利益に当た」る[11]。

（6）法律上保護された利益説

「法律上の利益」の認定はいわゆる三面関係の場合に困難である。すなわち、行政処分の直接の名宛人に対して授益的行政処分が発せられ、この行政処分が同時に第三者に対して侵害的効果を与える場合である。これがいわゆる第三者効を有する行政処分（または複効的行政行為）である。建築法上の隣人訴訟が第三者効を有する行政処分に対する典型的な訴訟であるが、一般消費者や環境の利益を享受する周辺住民の提起する取消訴訟も同様である。このような場合、「法律上の利益」が存在するかどうかの判断は、判例・通説によれば、行政処分の根拠法規が第三者の法律上の利益の保護も目的としているかどうか（＝保護規範）に求められる。これを法律上保護された利益説といい、現在の判例・通説である[12]。

原告適格は、誰が「法律上の利益」の侵害を受けるかという法律の解釈の問題である。取消訴訟の主たる機能は個人の権利利益の保護にあるから、法律上の利益の判断基準を実体法に求める法律上保護された利益説が最も妥当な考え方であるといえよう。その場合、保護規範をどのように構成するかは原則として立法者の裁量にあり、したがって法律上保護された利益説は、実体法上の列記主義の機能を果たしている、あるいは、原告適格について法律の留保が生じているということに注意しなければならない[13]。

法律上保護された利益説によれば、個人的利益の保護を目的とする保護規範は権利として訴訟が可能となるが、一般的利益の保護を目的とする法規範は、高い価値があり、結局、集積された個人的利益の保護を目的としているにもかかわらず、その違反を訴訟で主張することができない。このような矛盾を解決するためには、さしあたり、当該関係を規律する実体法規および関連法規の趣旨・目的の拡大解釈を必要とするといえよう[14]。最高裁判例も、「法律上保護された利益」の判断については、行政処分の根拠法規の保護目的のみならず、「当該行政法規及びそれと目的を共通する関連法規の関係規定によって形成される法体系の中において、当該処分の根拠規定が、当該処分を通して右のような個々人の個別的利益をも保護するものとして位置付けられているとみることができるかどうかによって決すべきである」という[15]。ここに、法律上保護された利益説は新たな展開を見せたということができるが、その趣旨は行政事件訴訟法九条二項として実定法化された。

（7）　法律上保護に値する利益説

有力学説は、「法律上の利益」を裁判上保護に値する具体的個人的利益と解し、行政処分により直接かつ重大な損害を蒙った場合には、それが事実上の不利益であっても、取消訴訟の原告適格を認めるべきであるという。これを法律上保護に値する利益説という[16]。取消訴訟の目的を行政の法律適合性を担保することに求めると、原告適格は、誰に行政の客観的適法性を追求させるべきか、すなわち、誰に訴訟追行の資格を与えるべきかという法政策の問題となるということができる。最近の最高裁は、このような学説の影響を受けて、「航空機の騒音によって社会通念上著しい障害を受けるもの」（＝注(6)の新潟空港訴訟に関する判例）、原発事故により「直接的かつ重大な被害を受けることが想定される範囲の住民」[17]に原告適格を認めて、関連法規の第三者保護性についての法解釈だけでなく、原告の受ける具体的な侵害の種類と強度も、権利性を根拠づける要素であることを承認する傾向を示している。

しかし権利は法律から生ずるのであって、事実上の利益の損害は権利を根拠づけるものではない。事実性または純粋に事実としての侵害性は権利を創らない。行政処分の根拠たる実体法規および関連法規から「権利」を認定できなければ、基本的人権侵害を考慮しなければならない。基本的人権の侵害は具体的権利性を根拠づける。行政処分により著しくかつ耐え難い不利益が生ずる場合には、生命・身体・健康の不可侵を求める基本的人権（憲法一三条後段）あるいは所有権保障（憲二九条）に基づいて、権利侵害性を承認すべきであろう。憲法に根拠を有する原告適格性は、法律によってこれを排除することはできない。事実上の不利益は、憲法に関連させなければ、独自の法的意義をもちえないのである。[18]

（8）　解釈基準（行訴九条二項）

「法律上の利益」に関する解決は、周知の解釈原則に従って、行われるべきである。それは、行政処分の根拠規定の意義・内容だけでなく、その目的・趣旨さらに関連する法律の諸規定および全法秩序、とくに基本的人権を考慮しなければならない。とりわけ、法律違反の場合の侵害の強度および重大性等が重要である。解釈は創造的認識である。ドイツの新保護規範説は、旧保護規範説のように立法者の意思の探求だけでなく、客観的解釈理論（文理解釈を含む合目的的解釈）を考慮し、基本権の強化のための立法者の義務を強調し、基本権にマッチした解釈という方向性を示したことが重要である。その場合、保護されている利益（=法律上の利益）の内容・性質・侵害の種類および保護されている人の範囲が十分明らかにされ、確定されることが必要である。これが保護規範説の現在の到達点であるということができる。行訴法九条二項は、右と同趣旨の解釈規定であり、判例の実定法化であるということができる。

行訴法九条二項は、立法者意思によれば、原告適格の実質的拡充を図ったものである。それは、①行政処分の根拠法令の趣旨・目的を考慮すること、②当該処分において考慮されるべき利益の内容および性質を考慮すること、③当該法令と目的を共通にする関係法令の趣旨・目的を参酌すること、④違法処分により害されることとなる利益の内容および性質ならびにこれが害される態様および程度を勘案すること、以上四つが必要的考慮事項であるとされている（行訴九条二項）。これにより原告適格の拡充が期待されている。しかし、④の考慮事項は、むしろ事実上の利益への配慮を規定したもので、根拠法令の意義および目的から離れた視点を含むものであるということができよう。

（9）主　張

原告適格の範囲は、それが民衆訴訟・利害関係者訴訟とならないところまで拡大すべきである。したがって、判例理論の「侵害又は侵害の必然性」から「侵害又は侵害の蓋然性」へ、さらに「侵害又は侵害の可能性」へと方向付けられなければならない。しかし学説は、最近、複雑で難解なものに理論化される傾向にあり[19]、むしろ訴権を制限するものとして機能することが懸念される。原告適格論は、単純明快で分かり易いものでなければならない、複雑で難解であるから高度な理論であるとは限らない、というべきである。

また、行訴法が必要的考慮事項を規定しただけで原告適格の拡充が保障されたかという点については、若干問題があるといえよう。第一に、例えば、基本的人権の具体化ないし強化といった解釈指針の方向付けがない。判例法ないし解釈方法の方向性が具体的に示されたわけではない。第二に関連法規の趣旨・目的および法益・侵害の性質・程度などは、原告適格を承認するためにも否認するためにも考慮されることができる。権利を侵害されるおそれがあっても、理論的には、直接かつ重大な損害を被っていないとして、原告適格が否認されることもあり得る。第三に、解釈指針は法律解釈の方法論の問題であるから、解釈基準の定立は学説・判例に委ねるべきで、立法者が介入すべき問題ではないといえよう。一般に、原告適格については柔軟な解釈が求められているようであるが、柔軟であればよいというものではない。それが融通無碍な解釈になるようでは解釈論としても問題である。明確な解釈でなければならない。

(10) 判例理論の総括

主婦連ジュース訴訟の判例は、法律上保護された利益説に立っている。これは通説と同じ立場である。

新潟空港訴訟および小田急高架訴訟の判例は、「著しい障害を受けることとなる者」、「著しい被害を直接的に受けるおそれのある者」に原告適格を認めるという点で、法律上保護された利益説と法律上保護に値する利益説との折衷説ないしは総合説である。

もんじゅ原発訴訟および川崎開発許可訴訟の判例は、法律上保護に値する利益説の立場である。わが国では、非核三原則（＝核兵器を「造らず・持たず・持ち込ませず」という原則）が強調されるが、原発の設置許可の根拠規定はもちろん、原子力等規制法および関連法令には、原子力等の危険に対して、国民の生命、健康および財産を保護することを目的とする趣旨の規定は置かれていない。憲法にも、そのような明文の規定は置かれていない。

また川崎開発許可訴訟の判例のように、都市計画法三三条一項七号の規定を個人の権利保護を含む趣旨と解するのは率直に言って無理がある。個人の権利保護を明確に規定すべきである。都市計画法一条の目的規定について、それが個々人の権利保護を目的とする趣旨を含むと解するのは、勝手読みであるというべきである。

総じて判例理論は、法律上保護された利益説から、法律上保護された利益説と法律上保護に値する利益説との総合説にシフトしたということができる。したがって、判例理論では取消訴訟を被侵害者訴訟としてではなく、利害関係者訴訟として理論構成する方向を目指しているということができるのであって、これは極めて重要な判例理論の変遷であり、そういう意味で原告適格は拡大したということができよう。

(11)　原告適格廃止論

行訴法九条は廃止すべきである。原告適格という「関所」は必要がない。

第一に、原告適格という訴訟要件は、民衆訴訟を排除する目的ないし機能を果たすことができない。民衆訴訟の排除は原告適格の本来の目的である。誰でも提起できるはずの民衆訴訟は「……法律に定めた者に限り、提起することができる。」（行訴四二条）。しかし一定の資格を有する者だけが提起できる取消訴訟は、訴状の最小限の内容（＝訴状の必要的記載事項）を記載すれば、それで成立する。原告は誰でも適法な訴状さえ提出できれば、実際には、取消訴訟を提起することができるという皮肉な結果になっている。原告適格という訴訟要件によって訴え提起を阻止することはできないし、濫訴を排除し、裁判所の負担を軽減することにはならない。わが国では濫訴は問題にならない。

第二は、原告適格を廃止すれば、個人的権利の侵害の有無は本案の問題となり、取消訴訟の個人の権利保護機能が明確になるということである。取消訴訟について適法性維持機能を重視し、権利保護機能を軽視する危険を防止しなければならない。権利（法律上の利益）の侵害が訴訟要件から本案勝訴要件（＝請求の理由の有無の問題）に移行しても、原告の不利益にはならない。原告にとっては、訴えが不適法として却下されるか、請求に理由なしとして棄却されるかは、どうでもよいのであって、要するに勝訴できなかったということである。

第三に、原告適格についての行訴法九条の規定は、裁判を受ける権利（憲三二条）、すなわち個人の権利保護を求める個人的人権の法律による具体化である。裁判を受ける権利は実効的権利保護を要請する。国民は原則として全面的な裁判所のコントロールを求める権利を有する。したがって国民には、権利侵害について本案の局面において全面的な審理を求める請求権があるというべきである。権利侵害は取消訴訟の訴訟物を構成する要素でなければならない。取消訴訟の訴訟物は行政処分の違法性であるという理論構成には賛成できない。権利侵害を主張しているのに、裁判所の門前払いを食うのは心外である。

第四に、権利侵害は、必然的に、行政処分の違法を前提とし、それを含意している。原告適格は、本案について二段階（訴訟要件と本案訴訟要件）における二重の審査を要求していることになる。違法な権利侵害のおそれがあることが立証された場合に、行政処分の違法性を審査することができるという理論構成は矛盾であるといえよう。

第五に、民事訴訟は原告適格を知らない、あるいは問題にならない。民事訴訟では、原告が自己の名で自己の権利を主張すれば、その訴えは直ちに許容される。民事訴訟では常に原告の権利ないし請求権が争われている。訴えの理由の有無＝本案ではじめて法的根拠が問われる。しかし行政訴訟では、原告は自己の権利（法律上の利益）を主張しているが、これが実際には、一般的利益または原告が属していない範囲の人の権利（法律上の利益）を主張している場合がある。自己の権利（法律上の利益）ないし原告が属している範囲の人の権利（法律上の利益）か、あるいは一般的利益ないし公益にすぎないかの問題は、まさに本案において決すべき問題なのである。行政と原告との法的紛争は本案判決によって実質的に解決されるべきである。原告適格論は、実際には、裁判所のコントロールから行政を防御するための理論として機能している[20]。

（12）　団体の原告適格

団体が団体として自己の権利を主張する訴訟は、いわゆる利己的団体訴訟（egoistische Verbandsklage）である。利己的団体訴訟が許容されることについては問題がない。問題は、団体が団体のメンバーでない第三者の権利または一般的利益を主張する場合で、これがいわゆる利他的または理念的団体訴訟である（altruistische oder idelle Verbandsklage）である。

団体訴訟を認めるメリットとして、①訴訟を一本化した方が訴訟費用も安上りで訴訟経済にも役立つ、②多数人にかかる紛争を一挙に解決できて合理的である、③団体を通して集約した形で訴訟に臨めば泣き寝入りを防ぐことができるなどの点が挙げられる[21]。

しかし利他的団体訴訟は原則として許されない[22]。利他的団体訴訟が許容されるためには、明示の法律の根拠が必要である。したがって例えば、自然保護団体が訴訟を追行するため、あるいは環境破壊を訴訟によって阻止するためには、例えば環境保護地域の土地を取得するなど、原告適格のための法的根拠を創るほかないであろう。団体訴訟の導入は、環境保護のための重要な法政策的要請として主張されてきたが、わが国では、団体訴訟は立法化されていない[23]。ただ例外として、いわゆる代替的団体訴訟は許容されるべきであろう。

（13）　原告適格に関する主要なケース

①　取消訴訟の原告適格を認めた主要なケース。

既存の公衆浴場業者が第三者への新規許可を争った事件(24)
保安林指定解除処分を争った長沼ナイキ基地事件(25)
第三者に対する放送局開設予備免許を競願関係にある者が争った東京12チャンネル事件(26)
空港周辺住民が定期航空運送事業免許を争った新潟空港事件(27)
原子炉設置許可を周辺住民が争ったもんじゅ原発事件(28)——原発訴訟は、「法律上の利益」の侵害を要件としない地域的に限定された民衆訴訟として機能する訴訟であると見るべきである。
都市計画法の開発許可について開発区域周辺住民が争った川崎開発許可事件(29)
風俗営業の地域的制限の根拠となる診療所等の施設を設置する者が風俗営業の許可の取消を求めて争った事件(30)
林地開発許可に基づく開発行政を居住者が争った事件(31)
総合設計許可を居住者または所有者が争った事件(32)
第1種市街地開発事業の施行区域内の宅地の所有者が借地権者に対する処分を争った事件(33)
都市計画事業認可を小田急沿線住民が争った小田急高架訴訟事件(34)

② 取消訴訟の原告適格を否認した主なケース。

既存の質屋が第三者に対する営業許可を争った事件(35)
町名変更決定を区域住民が争った事件(36)
果汁製造業者に対する競争規約の認可を消費者団体が争ったジュース事件(37)
公有水面埋立免許を周辺住民が争った伊達火力発電所事件(38)
鉄道の料金改定の認可処分を鉄道利用者が争った近鉄特急事件(39)

史跡指定解除処分を文化財の学術研究者が争った伊場遺跡保存訴訟事件(40)
墓地経営の許可を周辺住民が争った事件(41)
海上自衛隊庁舎の建築工事に関する文書の公開決定で国が争った事件(42)
ボーリング場の建築確認処分を自治会等が争った事件(43)
小中学校の分校廃止処分を分校存置対策委員会が争った事件(44)

（1）　美濃部博士は、行政訴訟の原告たるべき者について、「処分ニ由リ違法ニ権利ヲ毀損セラレタリト主張スルモノナルコトヲ要ス。……明治二十三年法律第百六號ニハ『行政廳ノ違法處分ニ因リ権利ヲ毀損セラレタリトスル者』ナルコトヲ訴訟提起ノ要件トシテ明言セリ」と説明し（美濃部達吉『行政法撮要上巻』第四版・五九六頁・昭九・有斐閣）、田中博士は、「旧憲法の下においては、……行政処分により違法に権利を侵害されたことを理由とする抗告訴訟のみが認められ、行政訴訟を提起しうるのは、行政処分により違法に権利を侵害されたことを主張する者に限られた。しかし現行法の下においては、……この場合の原告は、自己の権利を毀損された者（である）」と説明している（田中二郎『行政争訟の法理』七三頁・昭二九・有斐閣）。

（2）　美濃部博士も、「権利ヲ毀損セラレタリトスルコトハ必然ニ違法ナリトスルコトノ主張ヲ包含ス」という（美濃部達吉・注(1)五九七頁）。Vgl. F. Weyreuther, Die Rechtswidrigkeit eines Verwaltungsaktes und die ›dadurch‹ bewirkte Verletzung ›in……Rechten‹, FS Menger, 1985, S. 688.

（3）　訴えの許容要件および訴えの理由の有無について何をどの程度要求されるかという問題は、勝訴できない原告にとっては、訴えが却下されるか棄却されるかの違いにすぎず、主として理論的な問題であるということができる。しかし訴えの審理の重点が訴えの許容要件に集中し、原告が門前払いの判決を受けることが多く、裁判所が本案判決から逃避することができる訴訟審理には根本的な欠陥があるといえよう。とくに第三者取消訴訟の場合、原告適格の審理の段階において複雑な法規範の第三者保護的性格に関する実体審理を行うのは適切でない。もちろん民衆訴訟および利害関係者訴訟の排除を、訴えの許容性または訴の理由の有無のいずれの段階で行うかは、法政策的問題であるということもできよう。

　従来の通説は、本案判決がなされる前に訴訟要件の存否が明確になされなければならないとしてきた（兼子　一『新修民事訴訟法体系』一五〇頁・昭四〇・酒井書店、三ケ月　章『民事訴訟法第三版』三四二頁・平四・弘文堂など）。しかし実務では、訴えの許容要件の審理と訴えの理由の有無についての審理は並行して同時に進められており、最近の学説も、これを承認する傾向にある（片野三郎「訴訟要件の審理順序」『民事訴訟法の争点』一七二頁・昭六三）。

（4）　ドイツ行政裁判所法四二条二項は、取消訴訟および義務づけ訴訟について、「訴えは、法律に別段の定めがないかぎり、原告が、行政行為またはその拒否もしくはその放置により、その権利を侵害されたと主張する場合にのみ、許容される」と規定している。ドイツでも、「権利」概念が拡大されて、法律上の利益ないし法律の保護する利益も「権利」に含まれるという点で、学説・判例は一致している。原告適格の訴訟的側面、すなわち権利（法律上の利益）侵害の主張の具体化責任については、大別して、説得性理論（Schlüssigkeitstheorie）と可能性理論（Möglichkeitstheorie）とが対立している。

　説得性理論は、原告が自己の権利を侵害されたことを説得力をもって、あるいは十分な根拠をもって主張しなければならないとする。可能性理論によれば、原告の主張により権利侵害が可能であると思われる事実を主張することが必要で、かつ、それで十分である。これを消極的に言換えれば、明らかに一義的に、いかなる考察方法によっても、原告が主張する権利が存在せず、または、原告に帰属しない場合にのみ、原告適格なしということである。説得性理論から可能性理論への移行が、ドイツでは原告適格の拡大といわれる法現象であり、現在、可能性理論が通説になっている。

　わが国の通説は、権利侵害について、「疎明」では足りず、厳格な「証明」が必要であるという（泉　徳治「取消訴訟の原告適格・訴えの利益」『新実務民訴講座9』六一頁注(8)、前田順司「原告適格」南　編『条解』四〇三頁)。これに対し、原告適格を基礎づける権利利益の侵害については、疎明で足りるとし、権利利益の侵害が現実に存在するかどうかは本案の問題であるという見解があるが(阿部泰隆「原発訴訟をめぐる法律上の論点」ジュリスト六六八号一七頁、山村恒年「主張責任・立証責任」現代行政法大系5』一二九頁)、疎明で足りるとする見解は、本文で述べた論理的な訴訟構造の難点を回避するために、原告適格の要件を証拠法の段階で緩和するものであると見ることができよう。

(5)　遠藤博也「取消訴訟の原告適格」『実務民訴講座8』七〇頁。

(6)　最判平元・二・一七民集四三巻二号五六頁(=行政判例百選Ⅱ190「定期航空運送事業免許取消訴訟と第三者」=新潟空港訴訟)は、(一)「取消訴訟の原告適格について規定する行政事件訴訟法九条にいう当該処分の取消しを求めるにつき『法律上の利益を有する者』とは、当該処分により自己の権利若しくは法律上保護された利益を侵害されまたは必然的に侵害されるおそれのある者をいうのであるが、当該処分を定めた行政法規が、不特定多数者の具体的利益をもっぱら一般的公益の中に吸収解消させるにとどめず、それが帰属する個々人の個別的利益としてもこれを保護すべきものとする趣旨を含むと解される場合には、かかる利益も右にいう法律上保護された利益に当たり、当該処分によりこれを侵害または必然的に侵害されるおそれのある者は、当該処分の取消訴訟における原告適格を有するということができる。」

(二)　右の判断は、「当該行政法規及びそれと目的を共通する関連法規の関係規定によって形成される法体系の中において、当該処分の根拠規定が、当該処分を通して右のような個々人の個別的利益をも保護すべきものとして位置付けられているとみることができるかどうかによって決すべきである。」

(三)　航空法一条の目的規定は、「航空機の航行に起因する障害の防止を図る」と定めるが、「この目的は航空機騒音基準適合証明制度導入に伴って昭和五〇年に追加されたものである。また、関連法規である公共用飛行場周辺における航空機騒音防止等に関する法律は、運輸大臣に騒音を防止するための各種措置を講ずる権限を与えているのだから、航空運送事業免許の審査においては、その趣旨を踏まえる必要がある。したがって、運輸大臣は、航空運送事業免許の審査に当たって、申請事業計画を騒音障害の有無及び程度の点からも評価すべきであり、この点の判断を誤った場合、免許処分には裁量の逸脱があると判断される場合がありうる」のである。「飛行場周辺に居住する者は、ある程度の航空機騒音については、不可避のものとしてこれを甘受すべきであるといわざるをえず、その騒音による障害が著しい程度に至った時に初めて、その防止・軽減を求めるための法的手続に訴えることを許容し得るような利益侵害が生じたものとせざるをえないのである。」、したがって新規路線免許により生じる「航空機騒音によって、社会通念上著しい障害を受けることとなる者は、当該免許の取消を求めるにつき法律上の利益を有する者として、その取消訴訟における原告適格を有すると解するのが相当である。」と判示した。

しかし本判決では、「上告人の右違法事由の主張がいずれも自己の法律上の利益に関係のない違法をいうものであることは明らかである」から、「上告人が本件各免許の取消を訴求する原告適格を有するとしても、行政事件訴訟法一〇条一項によりその主張自体失当として棄却を免れないことになるが」、「原判決を上告人に不利益に変更することは許されないので、当裁判所は原判決の結論を維持して上告を棄却するにとどめるほかな（い）」と判示している。

なお、これに先行する最高裁判例として、主婦連ジュース訴訟および長沼ナイキ基地訴訟の最高裁判例がある。

最判昭五三・三・一四民集三二巻二号二一一頁（＝行政判例百選II 138「不服申立人適格」＝主婦連ジュース訴訟）は、景表法「一〇条一項によりYがした公正競争規約の認定に対する行政上の不服申立は……行政上の不服申立の一種にほかならないのであるから」、景表法一〇条六項「にいう『第一項……の規定による公正取引委員会の処分について不服があるもの』とは、一般の行政処分についての不服申立の場合と同様に、当該処分について不服申立をする法律上の利益がある者、すなわち、当該処分により自己の権利若しくは法律上保護された利益を侵害され又は必然的に侵害されるおそれのある者をいう、と解すべきである。」

「右にいう法律上保護された利益とは、行政法規が私人等権利主体の個人的利益を保護することを目的として行政権の行使に制約を課していることにより保障されている利益であって、それは、行政法規が他の目的、特に公益の実現を目的として行政権の行使に制約を課している結果たまたま一定の者が受けることとなる反射的利益とは区別されるべきものである。」「景表法の目的とするところは公益の実現にあり、同法一条に言う一般消費者の利益の保護もそれが直接的な目的であるか間接的な目的であるかは別として、公益保護の一環としてのそれであるというべきである。してみると、同法の規定にいう一般消費者も国民を消費者としての側面からとらえたものというべきであり、景表法の規定により一般消費者が受ける利益は、Ｙによる同法の適正な運用によって実現されるべき公益の保護を通じ国民一般が共通してもつにいたる抽象的、平均的、一般的な利益、換言すれば、同法の規定の目的である公益の保護の結果として生ずる反射的な利益ないし事実上の利益であって、本来私人等権利主体の個人的な利益を保護することを目的とする法規により保障される法律上保護された利益とはいえないものである。もとより、一般消費者といっても、個々の消費者を離れて存在するものではないが、景表法上かかる個々の消費者の利益は、同法の規定が目的とする公益の保護を通じその結果として保護さるべきもの、換言すれば、公益に完全に包摂されるような性質のものにすぎないと解すべきである。したがって、仮に、Ｙによる公正競争規約の認定が正当になされなかったとしても、一般消費者としては、景表法の規定の適正な運用によって得られるべき反射的利益ないし事実上の利益が得られなかったにとどまり、その本来有する法律上の地位には、なんら消長はないといわなければならない。そこで、単に一般消費者であるというだけでは、Ｙによる公正競争規約の認定につき景表法一〇条六項による不服申立をする法律上の利益をもつ者であるということはできない。」と判示した。

最判昭五七・九・九民集三六巻九号一六七九頁（＝行政判例百選Ⅱ180「保安林指定解除と訴えの利益」＝長沼ナイキ基地訴訟）は、森林法の保安林指定処分は一般的公益の保護を目的とする処分であるが、「法は他方において、利害関係を有する地方公共団体の長のほか、保安林の指定に『直接の利害関係を有する者』において、森林を保安林として指定すべき旨を農林水産大臣に申請することができるものとし（法二七条一項）、また、農林水産大臣が保安林の指定を解除しようとする場合に、右の『直接の利害関係を有する者』がこれに異議があるときは、意見書を提出し、公開の聴聞手続に参加することができるものとしており（法二九条、三〇条、三二条）、これらの規定と、旧森林法（明治四〇年法律第四三号）二四条においては『直接ノ利害関係ヲ有スル者』に対して保安林の指定及び解除の処分に対する訴願及び行政訴訟の提起が認められていた沿革をあわせ考えると、法は、森林の存続によって不特定多数者の受ける生活利益のうち一定範囲のものを公益と並んで保護すべき個人の個別的利益としてとらえ、かかる利益の帰属者に対し保安林の指定につき『直接の利害関係を有する者』としてその利益主張をすることができる地位を法律上付与しているものと解するのが相当である。そうすると、かかる『直接の利害関係を有する者』は、保安林の指定が違法に解除され、それによって自己の利益を害された場合には、右解除処分に対する取消しの訴えを提起する原告適格を有する者ということができる」と判示した。

ただし、同判決は、「いわゆる代替施設の設置によって右の洪水や渇水の危険が解消され、その防止上からは本件保安林の存続の必要性がなくなったと認められるに至ったときは、もはや［Xらに］右指定解除処分の取消しを求める訴えの利益は失われるに至（る）」と判示している。

（7）　いわゆる原告適格に関する四分類説は、取消訴訟の目的・機能についての従来の学説・判例の態度を、⑴権利享受回復説、⑵法律上保護されている利益救済説、⑶保護に値する利益救済説および⑷処分の適法性保障説の四つの類型に分け、原告適格は取消訴訟の目的及び機能をどうみるかによって規定されるとする。すなわち、⑴説では、狭い意義の「権利」の侵害の主張が必要である、⑵説では、個人的利益の保護を目的とする強行法規違反がある場合に当該保護利益を主張する者、および法規の主たる目的が公益にある場合でもあわせて従たる保護法益として個人的利益が認められる場合に、当該法規違反を主張する者に原告適格が認められる、⑶説では、個々の実定法規の保護法益如何を探究するのではなく、直接生じている不利益・損失が司法的救済に値するかどうかによって、原告適格の有無を判断する、⑷説では、取消訴訟を個人の権利利益の保護を目的とする主観的訴訟としてよりも、処分の適法性を保障する客観的訴訟として把握し、単に民衆訴訟を排除する見地から、処分を争うのに最も適した一定範囲の者に原告適格を認める、というように類型化する見解である（原田尚彦『訴えの利益』四頁以下・昭四八・弘文堂、遠藤博也・注⑸七三頁）。この四分類説は、公権論ないし原告適格の実体法的側面に焦点をあてたもので、実質は公権論であるが、その後の原告適格に関する学説に極めて大きな影響を与えた。

（8）　法の反射的利益とは、法が公益目的のために命令・制限・禁止等の定めをしている反射として、ある人が受ける事実上の利益をいう。しかし権利と法の反射的利益の区別は流動的で明瞭でない場合が多い。かつて法の反射的利益とされたものが、法の保護を受ける法律上の利益（＝権利）として承認されることがある。

最判昭三七・一・一九民集一六巻一号五七頁（＝行政判例百選Ⅰ18「公衆浴場経営者の地位」）は、「公衆浴場法が許可制を採用し……たのは、主として『国民保健及び環境衛生』という公共の福祉の見地から出たものであることはむろんであるが、他面、同時に、無用の競争により経営が不合理化することのないように濫立を防止することが公共の福祉のため必要であるとの見地から、被許可者を濫立による経営の不合理化から守ろうとする意図をも有するものであることは否定し得ないところであって、適正な許可制度の運用によって保護せらるべき業者の営業上の利益は、単なる事実上の反射的利益というにとどまらず公衆浴場法によって保護せられる法的利益と解するを相当とする。」と判示した。

なお、右の多数意見に対して、池田裁判官の補足意見および奥野裁判官の反対意見がある。

池田　克補足意見　「営業許可は……禁止を解除しその自由を回復せしめるにとどまり、新たに独占的な財産権を付与するものではな」く、「単なる反射的利益に過ぎない」が、「しかし、かように既設業者のうける利益が事実上の利益に過ぎないからといって、新規業者に対して違法に与えられた営業許可により既設業者が甚大な損害を蒙ることがあっても、これが是正のための法的救済を拒否し、違法な行政処分をそのまま放置しておくことは、新憲法が行政庁の違法な処分に対し広く出訴の途を開いた趣旨を全うする所以でない……むしろ、『違法処分ニ由リ権利ヲ傷害セラレタ』者に限り出訴することを許した旧憲法のような規定のない現行行政訴訟制度の下においては、違法な行政処分に対し出訴し得る者は、必ずしも法的権利ないし利益を有する者に限られることなく、事実上の利益を有するに過ぎない者であっても、その利益が一般抽象的なものではなくして具体的な個人的利益であり、しかも当該違法処分により直接且つ重大な傷害を蒙った場合には、その者に対し同処分の取消または無効確認を訴求する原告適格を認めるのを相当とする。」

奥野健一反対意見　「元来公衆浴場営業は何人も自由になしうるものであるが、公衆浴場法は公衆衛生の維持、向上の目的から公衆浴場営業を一般的に禁止し、公衆衛生上支障がないと認められる場合に特定人に対してその禁止を解除し、営業の自由を回復せしめることにしている。しかして、このような制限はもっぱら公衆衛生上の見地からなされるものであって、既設公衆浴場営業者の保護を目的とするものではない」。もっとも許可制によって、「競業者の出現が事実上ある程度の抑制を受け、その結果既設業者が営業上の利益を受けることがあっても、それはいわゆる反射的利益に過ぎないのであって、決して許可を受けた既設業者に一種の独占的利益を与え」たものではない。「そして、公衆浴場法二条二項は『都道府県知事は、……その設置の場所が配置の適正を欠くと認めるときは前項の許可を与えないことができる。……』と定めているが、これも専ら公衆衛生の維持、向上を目的とする規定であって、既設業者の営業上の利益の保護を目的とするものではない」として、原告適格を否認した。

(9)　最判平元・六・二〇判時一三三四号二〇一頁（=行政判例百選Ⅱ72「史跡指定解除処分と第三者の原告適格」=伊場遺跡訴訟）は、「これらの規定［〈事実の概要〉に引用のもの］並びに本件条例及び法の他の規定中に、県民あるいは国民が史跡等の文化財の保存・活用から受ける利益をそれら個々人の個別的利益として保護すべきものとする趣旨を明記しているものはなく、また、右各規定の合理的解釈によっても、そのような趣旨を導くことはできない。そうすると、本件条例及び法は、文化財の保存・活用から個々の県民あるいは国民が受ける利益については、本来本件条例及び法がその目的としている公益の中に吸収解消させ、その保護は、もっぱら右公益の実現を通じて図ることとしているものと解される。そして、本件条例及び法において、文化財の学術研究者の学問研究上の利益の保護について特段の配慮をしていると解しうる規定を見出すことはできないから、そこに、学術研究者の右利益について、一般の県民あるいは国民が文化財の保護・活用からうける利益を超えてその保護を図ろうとする趣旨を認めることはできない。……

したがって、上告人らは、本件遺跡を研究の対象としてきた学術研究者であるとしても、本件史跡指定解除処分の取消しを求めるにつき法律上の利益を有せず、本件訴訟における原告適格を有しないといわざるをえない。」と判示した。

(10) 行政に対する国民の法的地位に関する実体的法規範は、次の四つに分類することができる。
① 行政に対し一定の行為を求める請求権を与える法規範（狭義の権利または請求権）
② 行政に対し裁量の瑕疵なき決定を求める請求権を認める法規範
③ サンクションのない、または裁判により請求することのできない権利（例えば、環境権、サクセス権）
④ 権利を成立させず、単に事実上の利益、見込みまたはチャンスを与えるにすぎない法規範（法の反射的利益）

(11) 注(6)の新潟空港訴訟に関する判例を見よ。

(12) わが国における法律上保護された利益説に対する批判としては、取消訴訟の原告適格という視角から、次のような点が指摘されている（宮崎良夫「原告適格」『行政法の争点』二〇八頁）。
① ドイツ公権論に由来する理論的枠組みにとらわれすぎており、現代の行政訴訟制度に適合的でない。
② 現代行政をめぐる利益対立ないし紛争状況を解決するにふさわしい機能を果たすことができない。
③ 行政の民主的統制という要請に適合していない。
ドイツにおける保護規範説（Schutznormlehre）に対する批判は、次のように整理することができる。
① 法社会学的または法政策的批判　保護規範説は自然破壊または景観の浪費の原因となっている。
② 法歴史的批判　ビューラーの保護規範説は国民による訴訟の拡大のための理論であったが、今日では保護規範説はむしろ訴権を制限するものとして機能する傾向がある。保護規範説はもう時代遅れである。
③ 憲法上の批判　現行憲法のもとにおいては個人の法的地位が強化された。しかし第三者の権利保護の問題は保護規範説によれば常に立法者が第三者の権利性を認めたかどうかにかかっている。第三者の権利保護の問題は基本的人権を考慮する必要がある。

④　方法論的批判　　保護規範説の基礎にある公益と個人的利益の区別および対立は可能でないし根拠もない。公益とは個人の利益を束ねフィルターをかけたものであるからである。また個人的利益の保護を目的とする法規範は権利を根拠づけ、公益の保護を目的とする法規範は単なる法の反射的利益を与えるにすぎないというのは矛盾である。

⑤　法解釈における批判　　行政処分の根拠規範の解釈によるだけで、権利性判定の合理的基準を定めることはできない。

(13)　棟居快行『基本権訴訟』の可否」同『人権論の新構成』二八八頁（平四・信山社）。

(14)　E・シュミット・アスマンは、今日の新保護規範説を総括し、次の三点が重要であるという（E. Schmidt-Aßmann, Art. 19 Abs. 4 GG, in; Maunz/Herzog/Scholz, Grundgesetz, Kommentar, Stand 1985, Rdn. 127f., 136, 138.）。

①　規範の保護目的は、もっぱら、かつ、優先的に、規範制定者の証明可能な意思から、引き出してはならない。この歴史的解釈トポスの放棄が今日の保護規範説を古くて狭い見解から区別する。

②　規範の保護目的は、しばしばその規範からだけではなく、その周辺に存在する規範構造およびその制度的な枠条件から、探究される。この状況は、一方では権利を根拠づけるが、他方では権利の成立を妨げることもある。

③　保護目的を探究する際に、基本権は、規範内部的な作用の仕方において、価値明確化、体系化の役割を演じる。

なお、E・シュミット・アスマンの保護規範説については、大西有二「ドイツ公法上の隣人訴訟に関する一考察」北大論集四一巻（平三）二六四七頁、神橋一彦「公権論に於ける基本権の位置づけ（三・完）」法学五八巻（平七）一二四七頁以下を見よ。

(15)　注(6)の新潟空港訴訟に関する判例を見よ。

(16)　原田尚彦・注(7)三三七頁、広岡　隆『新版行政法総論・四版』二四六頁（平一二・ミネルヴァ書房）、兼子仁『行政争訟法』二九七頁（昭四八・筑摩書房）。法律上保護に値する利益説のいう「保護に値する利益」は、曖味な概念であり、かつ、保護に値するかどうかは、事実または結果の帰属についての評価を必要とし必然的に法政策的に流れるから、規範的評価なしに事実性だけで納得のゆく法的解答を得ることは、極めて難しいといえよう。権利の認定は法解釈学の課題であって、これを事実上の侵害の確認をもって代えることはできない。

(17)　ドイツ連邦行政裁判所は、特別に隣人を保護する法律の規定がない場合に、建築許可が隣人に、「重大かつ耐えがたい侵害」を与える場合には、隣人の利益は保護され、直接基本法一四条から隣人訴訟が認められるという(BVerwGE 32, 173, 178f., st. Rspr.)。

(18)　古典的な基本的人権の侵害は国家の命令・禁止による侵害である。これは命令をもって指図し強制をもって貫徹できる法行為による直接的な侵害である。これに対し事実行為による間接的な基本的人権の侵害または第三者に対する損害を区別することができ、これを事実上の基本的人権侵害ということができる。例えば、国家による消費者に対する情報提供が消費者の購買態度を変え生産者に著しい所得損失をもたらすことがある。この場合、基本的人権の侵害があるというための根拠として、損害の強度が重要である。とくに第三者損害の場合に強度の問題が重要で、第三者の損害が重大かつ耐えがたい場合に基本的人権の侵害となる。損害が軽微であるときは、単に迷惑を被った、または不愉快であるということになろう(I. Richter/G.F. Schuppert, Casebook Verfassungsrecht, 3. Aufl., 1996, S. 12f)。

(19)　藤田最高裁判事によれば、許認可処分に対する第三者の法的立場は、次の三つのタイプに整理することができる。第一は、許認可処分により、第三者が、処分の名宛人の処分に基づく行動に対する受忍義務を負う場合であり、第二は、行政庁が当該処分に基づく処分の名宛人の行動によって第三者の利益が一定の危険に曝されることのないよう、第三者を保護する義務(リスク回避義務)を負う場合(この場合、第三者にはリスクからの保護義務に対応する保護を求める権利が与えられる)であり、第三者は、行政庁が処分を行うにあたり第三者の利益を考慮する(手続法上の)義務を負うというものである。これらの三つのタイプのうち、原告適格において最も問題になるのは第二のタイプである(藤田宙靖『行政法Ⅰ総論〈第四版〉』四一八頁・平一七)。

第二のタイプの「リスクからの保護義務」ないし「リスクを回避する義務」の内容は、「私人の生命、身体、健康及び〈単なる経済的利益にとどまらない〉財産などの諸利益」であり、それらをリスクから保護すべき義務は、「一種の憲法規範ないし自然法的な規範、あるいは一つの行政法の一般原則」である〈神橋一彦「取消訴訟における原告適格判断の枠組みについて」立教法学第七一号・二〇〇六・二六頁〉。このような行政法の一般原則の実定法上の根拠をどこに求めるかという問題はさておき、「リスクからの保護義務」説も、結局、問題の規範が第三者保護的性格を有するか否か、それは地域的な状況にもとづく、個別的リスクか一般的な住民リスクか、保護すべきリスクの範囲はどのような基準で画定できるか、という問題、したがって、いわゆる保護規範説が直面した原告適格の範囲の問題と同一の問題の解決を迫られることに帰着するのではないか、と考えられる。

(20)　宮田三郎『行政法の基礎知識(5)―行政事件訴訟法を学ぶ―』一〇七頁以下（平一八・信山社）。
　Vgl., A. Hipp/U. Hufeld, Grundfälle zur Klagebefugnis im Verwaltungsprozeß, Jus 1998, S. 898ff.

(21)　塩野　宏『行政法Ⅱ』一二三頁。

(22)　東京地判昭四八・一一・六行裁例集二四巻一一＝一二号一一九一頁は、ボーリング場の建築確認につき近隣住民の結成する自治会等の提起した取消訴訟につき、「団体である原告らは、本件処分によって他に原告らの固有の権利または法的に保護された利益が侵害されることを主張・立証しないから、右原告らは、いずれも、本件訴えにつき原告適格を有しないというべきである。」と判示した。
　仙台高判昭四六・三・二行裁例集二二巻三号二九七頁は、分校存置対策委員会の提起した分校廃止処分不存在確認訴訟につき、「控訴人委員会は、本件処分の不存在、無効の確認もしくはその取消を求めるにつき団体固有の法律上の利益を有しないものであり、従って本件訴について原告適格を欠くものといわなければならない。」と判示した。

(23)　ドイツでは、例えばベルリン、ブランデンブルグ、ブレーメン、ハンブルク、ヒッセン、ニーダーザクセン、ザールラントなどのラントの自然保護法が、連邦自然保護法により承認された自然保護団体に一定の環境計画に対する原告適格を認め、連邦行政裁判所の判例もこれを承認している。ただ、この訴訟はラント行政庁の処分に対して認められ、連邦行政庁の処分については提起できない。しかし通説は、自己の名における他人の権利の主張は、個人保護の原則に反するとして、団体訴訟には批判的である。

(24)　注(8)の判例を見よ。

(25)　注(6)の長沼ナイキ基地訴訟に関する判例を見よ。

(26)　最判昭四三・一二・二四民集二二巻一三号三二五四頁（＝行政判例百選Ⅱ178「放送免許拒否処分と訴えの利益」）は、「AとXとは、係争の同一周波をめぐって競願関係にあり、……Xに対する拒否処分とAに対する免許付与とは、表裏の関係にあるものである」。そして、右拒否処分に対するXの異議申立てを棄却する決定が違法として取り消された場合には、「Yは、右決定前の白紙の状態に立ち返り、あらためて審議会に対し、Xの申請とAの申請とを比較して、はたしていずれを可とすべきか、その優劣についての判定（決定案についての議決）を求め、これに基づいて異議申立てに対する決定をなすべきである。すなわち、……免許処分の取消を訴求する場合はもとより、拒否処分のみの取消を訴求する場合にも、Yによる再審査の結果によっては、Aに対する免許を取り消し、Xに対する免許を付与するということもありうるのである。

したがって、……本件棄却決定の取消しが当然にAに対する免許の取消を招来するものでないことを理由に、本件訴えの利益を否定するのは早計であって、採用できない。」と判示した。

(27)　注(6)の新潟空港訴訟に関する判例を見よ。

(28)　最判平四・九・二二民集四六巻六号五七一頁（＝行政判例百選Ⅱ173「原子炉設置許可と第三者の原告適格」）は、高速増殖炉「もんじゅ」に係る原子炉設置許可処分の無効確認訴訟における原告適格について、処分の無効確認を求める「法律上の利益を有する者」が取消訴訟の場合と同意義であるとし、規制法（核原料物資、核燃料物資及び原子炉の規制に関する法律）が「単に公衆の生命、身体の安全、環境上の利益を一般的公益として保護しようとするにとどまらず、原子炉施設周辺に居住し、右事故等がもたらす災害により直接的かつ重大な被害を受けることが想定される範囲の住民の生命、身体の安全等を個々人の個別的利益としても保護すべきものとする趣旨を含む」と判示した。

また、最判平四・一〇・二九民集四六巻七号一一七四頁（＝行政判例百選Ⅰ74「専門技術的判断と裁判所の審査」）は、原子炉設置許可処分の取消訴訟の原告適格について、それが認められることを前提としており、原告適格について直接判断を示していない。原発訴訟は「法律上の利益」の侵害を要件としない地域的に限定された民衆訴訟として機能する訴訟であると見るべきである。

(29)　最判平九・一・二八民集五一巻一号二五〇頁（＝川崎開発許可訴訟事件）は、都市計画法三三条一項七号は「開発許可を通して保護しようとしている利益の内容・性質等にかんがみれば、同号は、がけ崩れ等のおそれのない良好な都市環境の保持・形成を図るとともに、がけ崩れ等による被害が直接に及ぶことが想定される開発区域内外の一定範囲の地域の住民の生命、身体の安全等を、個々人の個別的利益としても保護すべきものとする趣旨を含むものと解すべきである。そうすると、開発区域内の土地が同号にいうがけ崩れのおそれが多い土地等に当たる場合には、がけ崩れ等による直接的な被害を受けることが予想される範囲の地域に居住する者は、開発許可の取消しを求めるにつき法律上の利益を有する者として、その取消訴訟における原告適格を有すると解するのが相当である。」と判示した。

(30)　最判平六・九・二七判時一五一八号一〇頁は、「風俗営業等の規制および業務の適正化に関する法律四条二項二号、風俗営業等の規制および業務の適正化に関する法律施行令六条二号およびこれを受けて制定された風俗営業等の規制および業務の適正化に関する法律施行条例三条一項三号は、同号所定の診療所等の施設につき善良で静穏な環境の下で円滑に業務を運営するという利益をも保護していると解すべきである。したがって、一般に、当該施設の設置者は、同号所定の風俗営業制限地域内に風俗営業が許可された場合には、右の利益を害されたことを理由として右許可処分の取消しを求める訴えを提起するにつき原告適格を有するというべきである。

ところで、……元町セブンは司城医院の敷地から三〇・三九ないし三二・二〇メートルの距離にあり、その周囲三〇メートル以内には所在せず、右風俗営業制限地域内において風俗営業が許可された場合には該当しないというのであるから、結果としては、上告人は本訴につき原告適格を有しないかにみえる。しかしながら、……元町セブンは、それが制限地域内に所在しているか否かは実体審理をしなければ判明しない程度の至近距離内にあるのであるから、原審としては、上告人の原告適格を審理するに当たっては、処分の適否という本案についてと同一の審理をせざるを得ず、それなくして直ちに原告適格の有無を判断することはできない関係にある。したがって、そのような場合には、たとい審理の結果当該施設が制限区域内に所在しないことが明らかになったとしても、審理は既に本案の判断をするに熟しているのであるから、単に右訴訟における原告適格を否定して訴え却下の訴訟判決をするのではなく、本案につき請求棄却の判決をするのが、訴訟の実際にかなうゆえんである。」と判示した。

裁判官園部逸夫の補足意見　「本件において、被上告人が有限会社平成企画に対してした風俗営業許可処分に対し、第三者の地位にある上告人が右許可処分の取消しを求めたところ、原審は、制限地域内に診療所を設置している者であるか否かは本案の問題であるから、上告人は、診療所を開業する医師として、本件営業許可処分が、制限地域内の営業所に対してされた違法ものであることを理由として、右許可処分の取消を求める原告適格を有するとしたのである。原審の判断は、本件処分の相手方でない第三者であっても、法の定める制限地域内にある場合には、一般的公益の中に吸収解消されない個々人の個別的利益を判断し、これを法律上保護された利益として、右利益を『必然的に侵害されるおそれのある者』については、原告適格を認めることができるという見解に立っているものと解することができる。

問題は、右の『必然的に侵害されるおそれのある者』という判断を訴訟上どのように審理判断すべきであるかということである。私は、『診療所の経営者で、所定の距離制限の要件を満たしていないとして営業許可処分の違法を主張する者は、その取消を求める原告適格を有する』とした原審の解釈を妥当とするものである……右診療所等と許可処分の対象となっている風俗営業所との距離が制限距離以内である場合はもちろん、制限距離以内にあることが訴え提起時に明確でない場合でも、制限距離内であると主張できる程度の範囲内にあることが認められる場合には、原告適格を有すると解するのが妥当であり、本件は、後者の場合に当たるのである。」

（31）　最判平一三・三・一三民集五五巻二号二八三頁（＝行政判例百選Ⅱ174「林地開発許可と第三者の原則適格」）は、森林法一〇条の二第二項一号および同項一号の二は、「土砂の流出又は崩壊、水害等の災害防止機能という森林の有する公益的機能の確保を図るとともに、土砂の流出又は崩壊、水害等の災害時の災害による被害が直接的に及ぶことが想定される開発区域に近接する一定範囲の地域に居住する住民の生命、身体の安全等を個々人の個別的利益としても保護すべきものとする趣旨を含むものと解すべきである。」、本件開発区域は、過去に二回水害が発生している河川の上流に位置し、その水源になっていること、同川流域では本件ゴルフ場を含む合計六箇所のゴルフ場建設が予定されていること、X_1・X_2は、同川に臨む山の斜面に位置する本件開発区域の下方で、同川に近接した高低差の小さい地点に所在する住居に居住していることから、X_1・X_2は、「土砂の流出又は崩壊、水害時の災害による直接的な被害を受けることが予想される範囲の地域に居住するものと認めるのが相当である」。「しかし、森林法一〇条の二第二項及び同項一号の二の規定から、周辺住民の生命身体の安全等の保護に加え周辺土地の所有者等の財産権までを個々人の個別的利益として保護すべきものとする趣旨を読み取ることは困難である。」また同項二号と同項三号は、「周辺住民等の個々人の個別的利益を保護する趣旨を含むものと解することはできない」。したがって、本件開発区域又はその周辺に所在する土地上に立木を所有するX_3～X_6、及び同川から取水して営農しているX_7は、原告適格を有しない、と判示した。

（32）　最判平一四・一・二二民集五六巻一号四六頁（＝行政判例百選Ⅱ177「総合設計許可と第三者の原則適格」）は、建築基準法五九条の二第一項に基づく総合設計許可について、当該総合設計許可に係る「当該建築物の倒壊、炎上等による被害が直接的に及ぶことが想定される周辺の一定範囲の地域に存する他の建築物についてその居住者の生命、身体の安全等及び財産としてのその建築物を、個々人の個別的利益としても保護すべきものとする趣旨を含むものと解すべきである。そうすると、総合設計許可に係る建築物の倒壊、炎上等により直接的な被害を受けることが予想される範囲の地域に存する建築物に居住し又はこれを所有する者は、総合設計許可の取消しを求めるにつき法律上の利益を有する者として、その取消訴訟における原告適格を有すると解するのが相当である。」と判示した。

(33)　最判平五・一二・一七・民集四七巻一〇号五五三〇頁（＝行政判例百選Ⅱ205「借地権者に対する処分の取消しと所有者への効果」）は、「第一種市街地再開発事業……施行地域内の宅地の所有者が当該宅地上の借地権の存在を争っている場合に、右借地権が存在することを前提として当該宅地の所有者及び借地権者に対してされた処分が当該借地権が存在していないものとして取り消された場合には、施行は、宅地の所有者に対する処分についても、これを取り消した上、改めてその上に借地権が存在しないことを前提とする処分をすべき関係にある（行政事件訴訟法三三条一項）。その意味で、この場合の借地権者に対する権利変換に関する処分は、宅地の所有者の権利に対しても影響を及ぼすものといわなければならない。そうすると、宅地の所有者は、自己に対する処分の取消しを訴求するほか、借地権者に対する処分の取消しを訴求する原告適格を有するものと解するのが相当である。」と判示した。

(34)　最判平一七・一二・七・判時一九二〇号一三頁（＝行政判例百選Ⅱ176「都市計画事業認可と第三者の原則適格」＝小田急高架訴訟）は、「都市計画事業の認可に関する都市計画法の規定の趣旨及び目的、これらの規定が都市計画事業の認可の制度を通じて、都市の健全な発展と秩序ある整備を図るなどの公益的見地から都市計画施設の整備に関する事業を規制するとともに、騒音、振動等によって健康又は生活環境に係る著しい被害を直接的に受けるおそれのある個々の住民に対して、そのような被害を受けないという利益を個々人の利益としても保護すべきものとする趣旨を含むと解するのが相当である。したがって、都市計画事業の事業地の周辺に居住する住民のうち当該事業が実施されることにより騒音、振動等による健康又は生活環境に係る著しい被害を直接的に受けるおそれのある者は、当該事業の認可の取消しを求めるにつき法律上の利益を有する者として、その取消訴訟における原告適格を有するものといわなければならない。」と判示した。

(35)　最判昭三四・八・一八民集一三巻一〇号一二八六頁は、「論旨は、新憲法よりすれば、広く行政庁の違法処分を排除すべきものであって、原判決が原告適格を狭く解しているのは正当でないと主張する。しかし訴えを提起するには、これにつき法律上の利益あることを必要とするは、訴訟法上の原則であって、行政庁の違法処分の取消を求める訴えについても、これと別個に考うべき理由はない。」と判示した。

(36)　最判昭四八・一・一九民集二七巻一号一頁は、「(判決要旨) 町名変更にかかる区域内の住民は、単に住民であるというだけでは、当該町名変更の決定および右変更に関する告示の取消を求める訴えの利益を有せず、町名変更によりその通知費用の支出等の失費を余儀なくされる場合においても、同様である。」と判示した。

(37)　注(6)の主婦連ジュース訴訟に関する判例を見よ。

(38)　最判昭六〇・一二・一七判時一一七九号五六頁 (行政判例百選Ⅱ169「公有水面埋立免許と第三者の原則適格」=伊達火力訴訟) は、「行政処分の取消訴訟は、その取消判決の効力によって処分の法的効果を遡及的に失わしめ、処分の法的効果として個人に生じている権利利益の侵害状態を解消させ、右権利利益の回復を図ることをその目的とするものであり、行政事件訴訟法九条が処分の取消を求めるについての法律上の利益といっているのも、このような権利利益の回復を指すものである。したがって、処分の法的効果として自己の権利利益を侵害され又は必然的に侵害されるおそれのある者に限って、行政処分の取消訴訟の原告適格を有するものというべきであるが、処分の法律上の影響を受ける権利利益は、処分がその本来的効果として制限を加える権利利益に限られるものではなく、行政法規が個人の権利利益を保護することを目的として行政権の行使に制約を課していることにより保障されている権利利益もこれに当たり、右の制約に違反して処分が行われ行政法規による権利利益の保護を無視されたとする者も、当該処分の取消しを訴求することができると解すべきである。そして、右にいう行政法規による行政権の行使の制約とは、明文の規定による制約に限られるものではなく、直接明文の規定はなくとも、法律の合理的解釈により当然に導かれる制約を含むものである。」、「本件上告人らは、本件公有水面に関し権利利益を有する者とはいえ(ず)、……本件公有水面において漁業を営む権利を有するにすぎない者というべきであるが、本件埋立免許及び本件竣工認可が右の権利に対し直接の法律上の影響を与えるものでないことは明らかである。そして、旧埋立法には、当該公有水面の周辺の水面において漁業を営む者の権利を保護することを目的として埋立免許権又は竣工認可権の行使に制約を課している明文の規定はなく、また、同法の解釈からかかる制約を導くことも困難である。」、「以上のとうりであるから、上告人らは、本件埋立免許又は本件竣工認可の法的効果として自己の権利利益を侵害され又は必然的に侵害されるおそれのある者ということができず、その取消しを訴求する原告適格を有しないといわざるをえない。」と判示した。

(39)　最判平元・四・一三判時一三一三号一二一頁（＝行政判例百選Ⅱ171「特急料金認可と第三者の原則適格」）は、「地方鉄道法（大正八年法律第五二号）二一条は、地方鉄道における運賃、料金の定め、変更につき監督官庁の認可を受けさせることとしているが、同条に基づく認可処分そのものは、本来、当該地方鉄道の利用者の契約上の地位に直接影響を及ぼすものではなく、このことは、その利用形態のいかんにより差異を生ずるものではない。また、同条の趣旨は、もっぱら公共の利益を確保することにあるのであって、当該地方鉄道の利用者の個別的な権利利益を保護することにあるのではなく、他に同条が当該地方鉄道の利用者の個別的な権利利益を保護することを目的として認可権の行使に制約を課していると解すべき根拠はない。そうすると、たとえ上告人ら［Xら］が近畿日本鉄道株式会社の路線の周辺に居住する者であって通勤定期券を購入するなどしたうえ、日常同社が運行している特別急行旅客列車を利用しているとしても、上告人ら［Xら］は、本件特別急行料金の改定（変更）の認可処分によって自己の権利利益を侵害され又は必然的に侵害されるおそれのある者に当たるということができず、右認可処分の取消しを求める原告適格を有しないというべきである。」と判示した。

(40)　注(9)の伊場遺跡訴訟に関する判例を見よ。

(41)　最判平一二・三・一七判時一七〇八号六二頁は、「(判決要旨) 墓地、埋葬等に関する法律一〇条に基づく墓地経営の許可について、当該墓地等の周辺に居住する者は、取消しを求める原告適格を有しない」と判示した。

(42)　最判平一三・七・一三判例自治二二三号二二頁、自治百選（三版）九六頁は、「那覇市情報公開条例に基づく海上自衛隊庁舎の建築工事に関する文書の公開決定につき、国は取消しを求める法律上の利益を有しない」と判示した。

(43) 注(22)の判例を見よ。
(44) 注(22)の判例を見よ。

第四節　その他の許容要件

第一款　訴えの利益

文献　市原昌三郎「行政事件訴訟法第九条かっこ書きの意味」公法研究二十六号（昭三九）、園部逸夫「制裁的行政処分における回復すべき『法律上の利益』」同『現代行政と行政訴訟』（昭六二・弘文堂）、広岡　隆「処分後の事情変更と訴えの利益」杉村編『救済法1』、古城　誠「訴えの利益――九条カッコがきを中心に」ジュリ九二五号、金子正史「開発許可取消訴訟における訴えの利益」塩野古稀下

(1)　訴えの利益

行政訴訟制度の利用が認められるためには、それを利用する正当な利益ないし必要性がなければならない。この訴えの正当な利益ないし必要性を広義の訴えの利益という。広義の訴えの利益は権利保護の資格、権利保護の利益ないし必要、当事者適格などの形で現れるが、狭義の訴えの利益というときは権利保護の利益を指す。権利保護の利益は一般的権利保護の利益と特別の権利保護の利益とに区別することができる。特別の権利保護の利益

は個々の訴えの類型について法律により規定されるが、一般的権利保護の利益については一般に規定されていない。あらゆる訴訟類型にとって、原告には権利保護要求についての一般的な権利保護の利益ないし必要がなければならない。一般的権利保護の必要は原告適格に非常に近い。しかし原告適格の場合はもっぱら原告の権利侵害ないしその可能性という原告の主観的側面が重要であるが、一般的権利保護の必要の場合には具体的場合における訴えの提起が権利保護を必要とするか否かという客観的側面の審理が行われる。次の場合には、通常、権利保護の必要がある。

① 取消訴訟については、原告が、行政処分によって不利益を受け、その取消しを求めていること。

② 義務付け訴訟については、原告が、法律上請求権があると信じている行政行為の発布を、行政庁に義務付けることを求めていること。

③ 給付訴訟については、訴求した請求権の履行を求めることができること。

④ 確認訴訟については、原告が、法状態または法律関係の存否について確認を求める正当な利益があること。

⑤ 執行停止を求める場合には執行停止を求める権利保護の必要があること。

しかし次の場合には、権利保護の利益ないし権利保護の必要はないことになろう。

① 原告が訴訟の目標をより容易な方法で達成することができる場合（効果のない権利保護）。例えば、民事訴訟か行政訴訟かという問題がこれに当たる。

② 原告が勝訴した場合にもその法的地位を改善できない場合（無益な権利保護）。

③ 専ら相手方に損害を与え、または裁判所に嫌がらせをすることだけが重要である場合（訴権の濫用）。

④ 訴えが時機尚早である場合（時機尚早な権利保護[1]）。

（2）　狭義の訴えの利益

行政庁の行為が処分性を有し、原告適格が認められる場合でも、当該行政処分を取消す必要、すなわち権利保護の必要がなければ訴えは却下される。行政処分が消滅・失効した場合は、通常、訴えの利益を失い訴訟を続ける意味がなくなり、無益の権利保護となる。しかし処分の取消しを求めなければ回復できない権利・利益が残存する限り、訴えの利益は失われないと解することができる。これを処分性、原告適格を除いた狭義の訴えの利益という。

行政事件訴訟法九条は、本文の「処分又は裁決の取消しを求めるにつき法律上の利益を有する者」に続けて、カッコ書きで（処分又は裁決の効果が期間の経過その他の理由によりなくなった後においてもなお処分又は裁決の取消しによって回復すべき法律上の利益を有する者を含む）と規定している。以下に、狭義の訴えの利益に関する主な具体例をあげておこう。

①　退職・任期満了・死亡等による地位の喪失・剥奪等　　公務員が免職処分の取消訴訟中、市会議員に立候補した場合、免職処分が取消されても公務員たる地位は回復しない。しかし、給料請求権を回復するために、免職処分の取消しを求める訴えの利益は認められる。(2)

②　法令等の改廃　　保険医指定取消処分の取消しを求める訴訟の係属中に、保険医指定制度が廃止された場合には訴えの利益は失われる。(3)

学習指導要領が改正された場合、改正前の要領の下でなされた改定検定申請につき新たに審査することは許されないので、右不合格処分の取消しを求める訴えの利益は消滅する。(4)

③　一定の期間の経過　　自動車運転免許取消処分の取消訴訟の係争中に、免許証の有効期間が満了した場合

でも、免許取消処分が取り消されれば更新手続をとりうるから、訴えの利益は失われない(5)。

④　競願関係にある場合、自己に対する免許拒否処分と他人に対する免許処分を争えば問題がないが、自己に対する免許拒否処分のみを争った場合でも訴えの利益が認められ、また免許期間が満了しても再免許が実質的には免許期間の更新なので、訴えの利益がある(6)。

⑤　土地改良事業施行認可処分の取消しを求める訴訟の係属中に、事業計画に係る工事および換地処分が完了しても、認可処分の取消しを求める法律上の利益は消滅しない(7)。

⑥　処分の撤回　行政処分の撤回等の事情でその効力を失ったときは、当該処分の取消訴訟の訴えの利益は消滅する(8)。

⑦　運転免許の効力停止処分を受けた者は、停止期間を経過し、かつ右処分の日から無違反・無処分で一年を経過したときは、もはや右処分を理由とする法律上の不利益を受けるものでないから、運転免許停止処分の取消しによって回復すべき法律上の利益を有しない(9)。

⑧　特定日または特定期日の経過　特定日に予定された集団示威運動・公会堂使用・皇居外苑使用の不許可処分、国際会議出席のための旅券の発給拒否処分の取消訴訟中に、右特定日が経過したときは、訴えの利益は失われる(10)。

宅地建物取引業者の業務停止処分の期間経過後における取消訴訟の訴えの利益はない(11)。

⑨　利益侵害の解消　保安林指定解除処分取消訴訟中、洪水防止や飲料水確保のための代替施設等が完備して保安林の存続の必要がなくなった場合には、訴えの利益は失われる(12)。

⑩　工事の完了　建築確認に対する取消訴訟の係属中に、建物が完成した後は建築確認の取消しを求める利

益は失われる。[13]

都市計画法二九条による許可を受けた開発行為に関する工事が完了し、当該工事の検査済証の交付がなされた後においては、この許可の取消しを求める訴えの利益は失われる。[14]

⑪　再入国許可を受けないまま帰国した場合には、右不許可処分の取消しによって回復すべき法律上の利益を失う。[15]

⑫　国家賠償請求訴訟では、あらかじめ処分の取消判決・無効確認判決を得ていなくとも、処分の違法を判断できる。したがって国家賠償請求の前提として、取消訴訟・無効確認訴訟を提起する利益はない。[16]

（1）　**K. Stern, Verwaltungsprossesuale Problem in der öffentlich-rechtlichen Arbeit, 8. Aufl., 2000, S. 81ff.**

（2）　最判昭四〇・四・二八民集一九巻三号七二一頁（＝行政判例百選Ⅱ171［初版］「（判決要旨）処分後の事情変更と訴えの利益⑴」）は、「本件免職処分が取り消されたとしても、上告人は市議会議員に立候補したことにより郵政省の職員たる地位を回復するに由ないこと、まさに、原判決（および第一審判決）説示のとおりである。しかし、公務員免職の行政処分は、それが取り消されない限り、免職処分の効力を保有し、当該公務員は、違法な免職処分さえなければ公務員として有するはずであった給料請求権その他の権利、利益につき裁判所に救済を求めることができなくなるのであるから、本件免職処分の効力を排除する判決を求めることは、右権利、利益を回復するための必要な手段であると認められる。そして、新法［行政事件訴訟法］九条が、たとえ注意的にもしろ、括弧内において前記のような規定を設けたことに思いを致せば、同法の下においては、広く訴の利益を認めるべきであって、上告人が郵政省の職員たる地位を回復するに由なくなった現在においても、特段の事情の認められない本件において、上告人の叙上のごとき権利、利益が害されたままになっているという不利益状態の存在する余地がある以上、上告人は、なおかつ、本件訴訟を追行する利益を有するものと認めるのが相当である。」と判示した。

（3）　最判昭四一・一一・一五民集二〇巻九号一七二九頁は、「保険医指定取消処分の取消しを求める訴えは、保険医指定制度廃止後においては、右取消処分を受けたことにより当該医師の申請する保険医療機関の指定が拒否されるおそれがあるとしても、訴訟追行の利益を失うものと解すべきである。」と判示した。

(4)　最判昭五七・四・八民集三六巻四号五九四頁は、「(判決要旨) 学習指導要領の改正により新たな学習指導要領が全面的に実施された場合には、原則として、改正前の学習指導要領のもとでされた教科用図書検定規則 (昭和二三年文部省令第四号、昭和五二年文部省令第三二号による改正前のもの) 一〇条、一一条による改訂検定不合格処分の取消しの訴えの利益は失われる。」と判示した。

最判昭六〇・六・六判例自治一六号六〇頁は、「旅館建築の同意制度を定めた条件が廃止された場合、旅館建築の同意の申請に対する不同意処分の取消しを求める利益は消滅する。」と判示した。

(5)　最判昭四〇・八・二民集一九巻六号一三九三頁は、「(判決要旨) 自動車等運転免許の取消処分の取消しを求める訴訟の係属中当該運転免許証の有効期間が経過した場合でもその訴の利益は失われない。」と判示した。

(6)　最判昭四三・一二・二四民集二二巻一三号三二五四頁 (=行政判例百選Ⅱ178「放送局免許拒否処分と訴えの利益」) は、Aに付与された予備免許 (後に本免許) の二回にわたる更新は、「いずれも再免許であって、形式上単なる期間の更新にすぎないものとは異なるが、……なお、本件の予備免許および本免許を前提とするものであって、当初の免許期間の満了とともに免許の効力が完全に喪失され、再免許において、従前とまったく別個無関係に、新たな免許が発効し、まったく新たな免許期間が開始するものと解するのは相当でない。そして、……競願者に対する免許処分 (異議申立て棄却決定) の取消訴訟において、……期間満了後再免許が付与されず、免許が完全に失効した場合は格別として、期間満了後ただちに再免許が与えられ、継続して事業が維持されている場合に、これを……免許失効の場合と同視して、訴えの利益を否定することは相当でない。けだし、訴えの利益の有無という観点からすれば、競願者に対する免許処分の取消しを訴求する場合はもちろん、自己に対する拒否処分の取消しを訴求する場合においても、当初の免許期間の満了と再免許は、単なる形式にすぎず、免許期間の更新とその実質において異なるところはないと認められるからである。」と判示した。

(7)　最判平四・一・二四民集四六巻一号五四頁（＝行政判例百選Ⅱ182「土地改良事業と訴えの利益」・八鹿町土地改良事業事件）は、「本件認可処分は、本件事業の施行者である八鹿町に対し、本件事業施行地域内の土地につき土地改良事業を施行することを認可するもの、すなわち、土地改良事業施行権を付与するものであり、本件事業において、本件認可処分後に行われる換地処分等の一連の手続及び処分は、本件認可処分が有効に存在することを前提とするものであるから、本件訴訟において本件認可処分が取り消されるとすれば、これにより右換地処分等の法的効力が影響を受けることは明らかである。そして、本件訴訟において、本件認可処分が取り消された場合に、本件事業施行地域を本件事業施行以前の原状に回復することが、本件訴訟係属中の本件事業計画に係る工事及び換地処分がすべて完了したため、社会的、経済的損失の観点から見て、社会通念上、不可能であるとしても、右のような事情は、行政事件訴訟法三一条の適用に関して考慮されるべき事柄であって、本件認可処分の取消しを求める上告人の法律上の利益を消滅させるものではないと解するのが相当である。」と判示した。

(8)　最判昭五五・一一・二〇判時一〇〇一号三一頁は、「本件更正処分がなされたのちこれを増額する再更正処分がされたことにより、当初の更正処分の取消しを求める訴の利益が失われたとしてこれを却下すべきものとした原審の判断は正当であり、論旨は理由がない。」と判示した。

最判昭五六・四・二四民集三五巻三号六七二頁は、「減額する再更正処分の場合、当初の更正処分の取消しを求める訴えの利益は消滅しない。」と判示した。

(9)　最判昭五五・一一・二五民集三四巻六号七八一頁（＝行政判例百選Ⅱ179「運転免許停止処分と訴えの利益」）は、「本件処分の効果は右処分の日一日の期間の経過によりなくなったものであり、また、本件原処分の日から一年を経過した日の翌日以降、被上告人が本件原処分を理由に道路交通法上不利益を受ける虞がなくなったことはもとより、他に本件原処分を理由に被上告人を不利益に取り扱いうることを認めた法令の規定はないから、行政事件訴訟法九条の規定の適用上、被上告人は、本件原処分及び本件裁決の取消によって回復すべき法律上の利益を有しないというべきである。この点に関して、原審は、被上告人は、本件原処分の記載のある免許証を所持することにより警察官に本件原処分の存した事実を覚知され、名誉、感情、信用等を損なう可能性が常時継続して存在すると し、その排除は法の保護に値する被上告人の利益であると解して本件裁決取消の訴を適法とした。しかしながら、このような可能性の存在が認められるとしても、それは本件原処分がもたらす事実上の効果にすぎないものであり、これをもって被上告人が本件裁決取消の訴によって回復すべき法律上の利益を有することの根拠とするのは相当でない。」と判示した。

(10)　最判昭二八・一二・二三民集七巻一三号一五六一頁（＝行政判例百選Ⅰ63「皇居外苑の使用許可」）は、「上告人の本訴請求は、同日［昭和二七年五月一日］の経過により判決を求める法律上の利益を喪失したものといわなければならない」と判示した。

最判昭四五・一〇・一六民集二四巻一一号一五一二頁は、「（判決要旨）朝鮮民主主義人民共和国創建二〇周年祝賀行事に参加することを目的とする再入国許可申請に対してされた不許可処分の取消を求める訴は、参加を予定した右行事のすべてが終了した後約一か月を経過した時点においては、すでに判決を求める法律上の利益を喪失したものというべきである。」と判示した。

(11)　最判昭五五・一一・二五判時一〇〇八号一三六頁は、本件上告理由が「法律上の利益」について、「広く法律生活上の利益を含み、違法な行政処分によってあらゆる法律上の制約不利益をその処分を取消すことによって直ちに救済するべき意味において可能な限りその行政処分の取消を求め得る法律上の利益と解すべきである。」と主張した点について、「所論の『法律生活上の利益』が行政事件訴訟法九条括弧書にいう『処分の取消によって回復すべき法律上の利益』にあたらないとした原審の判断は、原判決の説示に照らし、正当として是認することができ、原判決に所論の違法はない。」と判示した。

同旨、最判平五・九・一〇民集四七巻七号四九五五頁、最判平七・一一・九判時一五五一号六四頁。

(12)　最判昭五七・九・九民集三六巻九号一六七九頁（＝行政判例百選Ⅱ180「保安林指定解除と訴えの利益」）は、Xらの「原告適格の基礎は、本件保安林指定解除処分に基づく立木竹の伐採に伴う理水機能の低下の影響を直接受ける点において右保安林の存在による洪水や渇水の防止上の利益を侵害されているところにあるのであるから、本件におけるいわゆる代替施設の設置によって右の洪水や渇水の危険が解消され、その防止上からは本件保安林の存続の必要性がなくなったと認められるに至ったときは、もはや［Xらに］右指定解除処分の取消しを求める訴えの利益は失われるに至」る、と判示した。

(13) 最判昭五九・一〇・二六民集三八巻一〇号一一六九頁（＝行政判例百選Ⅱ181「建築確認と訴えの利益」）は、「建築確認は、それを受けなければ適法に右工事をすることができないという法的効果を付与されているにすぎないものというべきであるから、当該工事が完了した場合においては、建築確認の取消しを求める訴えの利益は失われるものといわざるを得ない。」と判示した。

(14) 最判平五・九・一〇民集四七巻七号四九五五頁は、「（判決要旨）都市計画法二九条による許可を受けた開発行為に関する工事が完了し、当該工事の検査済証の交付がなされた後においては、右許可の取消しを求める訴えの利益は失われる。」と判示した。

(15) 最判平一〇・四・一〇民集五二巻三号六七七頁（＝行政判例百選Ⅱ183「再入国不許可と訴えの利益」）は、「本邦に在留する外国人が再入国の許可を受けないまま本邦から出国した場合には、同人がそれまで有していた在留資格は消滅するところ、出入国管理及び難民認定法二六条一項に基づく再入国の許可は、本邦に在留する外国人に対し、新たな在留資格を付与するものではなく、同人が有していた在留資格を出国にもかかわらず存続させ、右在留資格のまま本邦に再び入国することを認める処分であると解される。そうすると、再入国の許可の申請に対する不許可の処分を受けた者が再入国の許可を受けないまま本邦から出国した場合には、同人がそれまでに有していた在留資格が消滅することにより、右不許可処分が取り消されても、同人に対して右在留資格のままで再入国することを認める余地はなくなるから、同人は右不許可処分の取消しによって回復すべき法律上の利益を失うに至るものと解すべきである。」と判示した。

(16) 最判昭三六・四・二一民集一五巻四号八五〇頁（＝行政判例百選Ⅱ233「賠償請求の前提としての無効確認請求

と訴えの利益」）は、「行政処分が違法であることを理由として国家賠償の請求をするについては、あらかじめ右行政処分につき取消又は無効確認の判決を得なければならないものではないから、本訴がY委員会の不法行為による国家賠償を求める目的に出たものであるということだけでは、本件買収計画の取消後においても、なおその無効確認を求めるにつき法律上の利益を有するということの理由とするに足りない。」と判示した。

第二款　審査請求手続前置

文献　田中真次「行政不服審査と訴訟との関係」『行政法講座三巻』、畠山武道「処分の取消しの訴えと審査請求との関係」南・高橋編『条解』、渋谷秀樹「処分の取消しの訴えと審査請求との関係」園部編『注解』、村井正「行政上の不服申立」、杉村編『救済法1』、見上崇洋「処分の取消しの訴えと審査請求との関係」、室井・芝池・浜川編『コンメ行政法II』、大西有二「審査請求と取消訴訟の関係」『行政法の争点（第3版）』

(1)　原　則

明治憲法のもとでの行政裁判所法および日本憲法のもとでの行政事件訴訟特例法も、訴願前置主義をとっていた。すなわち、行政処分に対し、まず訴願（行政上の不服申立て）を提起させ、これに対する裁決を経なければ、行政事件訴訟の提起を認めなかった。これに対し現行法は、自由選択主義を採用した。「処分の取消しの訴えは、当該処分につき法令の規定により審査請求をすることができる場合においても、直ちに提起することを妨げない」（行訴八条一項）。したがって、審査請求と取消訴訟とが同時に提起される可能性があるが、その場合には、裁判所は、裁決のあるまで、または審査請求から三か月内に裁決がないときはその期間の間、訴訟手続を中止することができる（行訴八条三項）。

（２）例　外

自由選択主義の例外として、法律に審査請求に対する裁決を経た後でなければ取消訴訟を提起できない旨の定めがある場合は、審査請求を経ることが必要である（行訴八条一項但書）。

審査請求手続前置を採用しているのは、次の場合である。

①　大量に行われる処分で、不服審査により行政の統一、裁判所の負担軽減を図る必要のあるもの（例、税通一一五条、地税一九条の二、健保八三条など）

②　専門技術的処分で、専門家による事実関係、争点を明確にする必要があるもの（例、外為法五七条）

③　行政委員会等準司法的行政機関が設置され、不服申立に対する裁決が第三者機関によって行われる処分（例、関税九三条、国公九二条の二、地公五一条の二）などである。

ただし、審査請求前置をとっている場合でも、審査請求の日から三月内に裁決がないとき[1]、処分・その執行または手続の続行による著しい損害を避けるため緊急の必要があるとき、その他正当な理由があるときは[2]、審査請求を経ることなく、直ちに訴訟を提起することができる（行訴八条一項但書、二項）。

審査請求手続前置のもとで、審査請求が不適法で却下された場合には、審査請求前置の要件を満たしたことにならない[3]。適法な審査請求が誤って却下された場合には、審査の決定を経たものとして、不服申立前置の要件は満たされたことになる[4]。

(1)　最判平七・七・六民集四九巻七号一八三三頁＝平成八年の労働者災害補償保険法の改正前の事件は、「(判決要旨)保険給付に関する決定に不服のある者は、労働者災害補償保険審査官に対して審査請求をした日から三箇月を経過しても決定(行訴八条二項一号の「裁決」に当たる。)がないときは、審査請求に対する決定及び再審査請求の手続を経ないで処分の取消しの訴えを提起することができる。」と判示した。

(2)　佐賀地判昭五〇・四・二五行集一五巻七号一九六六頁は、「(判例要旨)更正処分の出訴期間内に、かつ、その出訴前に再更正処分がなされたとき、更正処分に対する不服申立手続を経由していれば、再更正処分については、不服申立てを経ずに取消訴訟を提起し得る。」(行訴八条二項三号該当)と判示した。

最判昭五九・六・二八民集三八巻八号一〇二九頁は、「(判決要旨)欠損金額を減額する更正処分について不服申立手続を経由したのみでは、当該欠損金の繰戻しによる法人税の還付請求を理由がないとする通知処分につき不服審査を経ない正当な理由があるとはいえない」と判示した。

(3)　最判昭三〇・一・二八民集九巻一号六〇頁は、「保険給付に関する決定に対する訴を提起するについては、保険審査会の審査決定を経なければならないことは、労働者災害補償保険法三五条の規定上明白であるが、原判決は右のような却下の審査決定でも同条の審査決定を経た場合に該当するものとし、本訴を適法なものとして上告人等の決定の当否について審理し、その決定を違法として取り消したのである。しかし、このような却下の審査決定を経たからといって、本訴が同条にいう審査決定を経た適法な訴ということは到底できない。けだし、審査請求の期間を経過した後は、宥恕すべき事由の認められる場合のほか、決定に不服のある者ももはや原決定の当否について争うことはゆるされないものと解すべきであるからである。本件においては、被上告人は右審査会の決定の適否については争わず、また審査決定を違法とすべき何等の事由もないのであるから、かかる審査決定を経て提起された本件訴は不適法な訴といわなければならない。若し原判決のように解するならば原決定後数ケ年を経過して後においても審査請求をし(この場合、審査会は宥恕すべき事由を認めない以上却下するよりほかないのであるが)さらに訴をもって原判決の当否までも争い得ることになり、審査請求について期間を限った法律の趣旨は全く没却されることとなりその不合理であることは極めて明白である。」と判示した。

（4） 田中真次「行政不服審査と訴訟との関係」『行政法講座三巻』二四八頁。

最判昭三六・七・二一民集一五巻七号一九六六頁（＝行政判例百選Ⅱ189「不服審査前置の意義」）は、「本訴のXの請求は更正処分の取消であるから同法［所得税］五一条により原則として再調査決定、審査決定を経なければ提起できないのであるが、国税庁長官又は国税局長が誤ってこれを不適法として却下した場合には本来行政庁は処分について再審理の機会が与えられていたのであるから、却下の決定があってもこれを前記規定にいう審査の決定にあたると解すべきことは原判示のとおりである。」と判示した。

第三款　出訴期間

文献　舘　忠彦「出訴期間」南　編『注釈』、細川俊彦「出訴期間」山村・阿部編『判例コメ』、廣木重喜「取消訴訟その他の要件」渡部・園部編『体系』、時岡　泰「出訴期間」南　編『条解』、山本和敏「出訴期間」園部編『注解』

取消訴訟は一定の出訴期間内に提起しなければならない。出訴期間の制限は憲法違反ではない(1)。出訴期間を経過すれば、処分は、無効でない限り、不可争力を生じる。取消訴訟の対象は行政処分であり、行政処分を長く未確定の状態におくことは好ましくないという行政上の便宜のため、訴訟によって争うことのできる期間が限られている。行政事件訴訟法によれば、出訴期間は、原則として処分または裁決があったことを知った日から六か月以内で、かつ、原告の知・不知にかかわらず、処分または裁決の日から一年以内である（行訴一四条一項・二項）。

初日は算入しない（民一四条）。ただし前者は、訴えを提起する者の責めに帰すことのできない事由（天災による通信・交通の途絶など）によってこの期間を遵守することができなかったときにのみ、追完が許され（民訴一九五条）、後者は、正当の理由あるときは適用がなく、また適法な審査請求をした場合または誤った教示に基づき審査請求をしたときは、出訴期間は審査請求に対する裁決があったことを知った日または裁決の日から起算する（行訴一四条三項）。適法な審査請求をしたのち裁決があるまでは、出訴期間は進行しない。[2]

「処分のあったことを知った日」とは、当事者が書類の交付、口頭の告知その他の方法により、処分の存在を現実に知った日を指す。処分書が当事者の住所に送達されるなど社会通念上処分があったことを当事者が知り得べき状態に置かれたときは、処分のあったことを知ったものと推定することができ、当事者が不在であった場合には処分があったことを知らなかったことになる。[3]

（1）　最判昭二四・五・一八民集三巻六号一九九頁（＝行政判例百選Ⅱ（第四版）205「出訴期間と憲法」）は、「民事法規については憲法は法律がその効果を遡及せしめることを禁じてはいないのである。従て民事訴訟上の救済方法の如き公共の福祉が要請する限り従前の例によらず遡及してこれを変更することができると解すべきである。出訴期間も民事訴訟上の救済方法に関するものであるから、新法を以て遡及して短縮しうるものと解すべきであって、改正前の法律による出訴期間が既得権として当事者の権利となるものではない。そして新法を以て出訴期間を短縮することができる以上は、その期間が著しく不合理で実質上裁判の拒否と認められるような場合でない限り憲法三二条に違反するということはできない。」と判示した。

（2）　最判昭五二・二・一七民集三一巻一号五〇頁（＝行政判例百選Ⅱ（第四版）206「出訴期間の計算」）は、「行政事件訴訟法一四条四項を適用して取消訴訟の出訴期間を計算する場合には、裁決があったことを知った日又は裁決があった日を初日とし、これを期間に算入して計算すべきものと解するのが相当であり、これと同旨の原審の判断は正当である。」と判示した。

（3）　最判昭二七・一一・二〇民集六巻一〇号一〇三八頁（＝行政判例百選Ⅱ186「出訴期間の起算日」）は、自作農創設特別措置法四七条の二にいう『処分のあったことを知った日』とは、当事者が書類の交付、口頭の告知その他の方法により処分の存在を現実に知った日を指すものであって、抽象的な知り得べかりし日を意味するものでないと解するを相当とする。尤も処分を記載した書類が当事者の住所に送達される等のことがあって、社会通念上処分のあったことが当事者の知り得べき状態に置かれたときは、反証のない限り、その処分のあったことを知ったものと推定することはできる……。しかし、原判決は本件については……上告人である原告がその主張する期間不在であったことを認定したのであるから、その不在の期間本件裁決のあったことを原告自身は……現実に知らなかったことを認定した趣旨であるとしなければならない。しかるに、第一審判決は、前述のごとく法文上処分のあったことを現実に知ったか否かを問わないものと解し、その法律解釈の下に、本案に入ることなく、本訴の提起は一カ月の出訴期間を経過し不適法なものとして原告の請求を却下し、原判決も同一見解の下にその控訴を棄却したのは、法令の重要な解釈を誤った違法があって、本論旨は、その理由があるものといわねばならない。」と判示した。

最判昭五一・五・六民集三〇巻四号五四一頁は、「(判決要旨) 課税処分に対する異議申立てについて税務署長がした決定の取消しを求める訴えは、『裁決の取消しの訴え』に該当し、国税不服審判所長に対する審査請求は原処分についてのものであるから、その出訴期間には本条四項（現三項）の適用はなく、一項により決定を知った日又は決定の日から起算すべきである（平成一六法八四による改正前の事件）」と判示した。

最判昭五六・二・二四民集三五巻一号九八頁（＝行政判例百選Ⅱ（第四版）208「不利益処分についての再審の請求と出訴期間」）は、「地方公務員法八条七項の規定に基づく昭和二六年名古屋市人事委員会規則第七号『不利益処分についての不服申立てに関する規則』一五条の定める再審の請求は、行政事件訴訟法一四条四項にいう『審査請求』にあたる」、「したがって、不利益処分についての審査請求又は異議申立てに対する同市人事委員会の判定に対して再審の請求があったときは、当該不利益処分についてその請求人から提起する取消訴訟の出訴期間は、右再審の請求に対する同人事委員会の決定があったことを知った日から起算すべきものである。」、「しかしながら、再審の請求自体が不適法であって、再審事由の存否についての実体的判断がされることなく再審の請求が却下されたときは、行政事件訴訟法一四条四項（現三項）の規定を適用する余地はないのであって、この場合には当該不利益処分の取消訴訟の出訴期間は右処分についての審査請求又は異議申立てに対する同人事委員会の判定があったことを知った日から起算すべきものと解する（平一六法八四による改正前の事件）。」と判示した。

最判昭六一・二・二四民集四〇巻一号六九頁（＝行政判例百選Ⅱ188「訴えの変更と出訴期間」）は、「訴えの変更は、変更後の新請求については新たな訴えの提起にほかならないから、右訴えにつき出訴期間の制限がある場合には、……右出訴期間の遵守の有無は、変更前後の請求の間に訴訟物の同一性が認められるとき、又は両者の間に存する関係から、変更後の新請求に係る訴えを当初の訴えの提起の時に提起されたものと同視し、出訴期間の遵守において欠けるところがないと解すべき特段の事情があるときを除き、右訴えの変更の時を基準としてこれを決しなければならない。」、「本件一時利用地指定処分も、正規の換地計画以前のものではあるが、……純然たる工事のための処分ではなく、右に述べた換地予定地的な一時利用地の指定処分であって、本件土地を将来本件従前地の換地とすることを予定し、実質上本件換地処分がなされたと同様の使用収益関係を本件土地上に設定した処分である。……本件一時利用地指定処分の取消しの訴えは、単に本件一時利用地指定処分自体に対する不服の表明にとどまるものではなく、本件土地を換地として将来行われるべき本件換地処分に対する不服の表明としての性格を有するものといわざるを得ないから、本件換地処分取消しの訴えは、出訴期間の関係においては、本件一時利用地指定処分の取消しの訴えの提起の時から既に提起されていたものと同様に取り扱うのが相当であり、出訴期間の遵守に欠けるところがないものと解すべきである。」と判示した。

第四款　教　示

取消訴訟の訴訟要件の存否は、国民にとって、明確であるとはいい難い。そこで、行政事件訴訟法は、国民の権利利益の救済の機会を確保するために、取消訴訟にも教示制度を導入した。

教示の目的は、国民が法的救済の可能性または法的救済の期間を知らないことで、法的救済を求める可能性を失うことを阻止することである。しかし現行の教示制度は、この目的を達成するために、十分なものとはいえない。次のような場合に教示が必要である。

(1)　行政庁は、取消訴訟を提起することができる処分又は裁決をする場合には、当該処分または裁決の相手方に対し、①取消訴訟の被告とすべき者、②取消訴訟の出訴期間、③審査請求前置手続が定められている場合はその旨を、書面で教示しなければならない（行訴四六条一項）。ただし、当該処分を口頭でする場合には教示義務は生じない（同項但し書）。処分または裁決の相手方以外の第三者に対しても教示義務は課せられない。

(2)　処分に対する審査請求の裁決に対してのみ取消訴訟を提起することができる旨の定めがある場合には、行政庁は、処分の相手方に対して、その旨を書面で教示しなければならない（行訴四六条二項）。この場合も、当該処分が口頭で行われる場合には教示義務は生じない（同項但し書）。

(3)　処分または裁決につき形式的当事者訴訟を提起することができる場合には、行政庁は、当該処分または裁決の相手方に対して、①当該訴訟の被告とすべき者、②当該訴訟の出訴期間につき、書面で教示しなければならない（行訴四六条三項）。この場合も、当該処分または裁決が口頭でなされる場合には教示義務が生じないし（同項但し書）、処分または裁決の相手方以外の第三者に対する教示義務もない。

行政庁が教示義務を果たさない場合あるいは誤った教示をした場合について、訴訟手続上の救済規定は置かれていない。しかし、出訴期間に関する教示に誤りがあった場合には、「正当な理由がある」として出訴期間経過後の取消訴訟の提起を認めるべきであると解されている[(1)]。

（1）　小林久起『行政事件訴訟法』三一七頁（平一六・商事法務）、塩野　宏『行政法Ⅱ』一三二頁、芝池義一『行政救済法講義』六七頁。

第二章　確認訴訟の許容性

行政事件訴訟法は、抗告訴訟として、無効等確認の訴えと不作為の違法確認の訴えを定め、当事者訴訟として、公法上の法律関係に関する確認の訴えを定めている。確認訴訟には出訴期間の制限がない（三八条）。本章では、抗告訴訟としての確認訴訟を扱う。

第一節　無効等確認の訴え

文献　増田幸次郎「無効確認の訴えの原告適格」南　編『注釈』、濱　秀和「行政処分の取消訴訟と無効確認訴訟の関係」田中古稀『公法の理論中』（昭五一・有斐閣）、南　博方「無効確認訴訟の訴えの利益」『新・実務民訴講座9』、村上敬一「無効等確認の訴え」『現代行政法大系4』、塩野　宏「無効確認訴訟における訴えの利益」同『行政過程とその統制』（昭六一・有斐閣）、高橋利文「無効確認訴訟の原告適格」園部・時岡編『裁判実務体系1』、雄川一郎「行政行為の無効確認訴訟に関する若干の問題」同『行政争訟の理論』（昭六一・有斐閣）、村上義弘「無効等確認の訴えの原告適格」園部編『注解』、新山一雄「無効確認訴訟」『行政法の争点』、芝池義一「無効確認訴訟」杉村編『救済法1』、森田

寛二「行政事件訴訟法の『法律関係』、そして同法三六条の趣旨（上）（下）」自治研究七八巻九号、一一号（平一四）、満田明彦「争点訴訟の諸問題」『新・実務民訴講座⑽』

（1）性　質

無効等確認の訴えとは、「処分若しくは裁決の存否又はその効力の有無の確認を求める訴訟」（行訴三条四項）をいう。無効確認訴訟には、処分または裁決の存在確認訴訟と不存在確認訴訟および処分または裁決の有効確認訴訟と無効・失効確認訴訟があるが、実際上最も問題になるのは行政処分の無効確認訴訟である。行政処分の存在・不存在確認訴訟および行政処分の有効確認訴訟は、あまり意味はないし必要でもない。行政処分の無効確認訴訟では、行政処分の効力が争われるから、一般的な確認訴訟よりは取消訴訟に近い。すなわち無効確認訴訟はその対象が行政処分であるが、論理的に、形成訴訟をもって攻撃できる法的効力がなく、いわばゼロであるから、裁判所の無効確認は宣言的性質を持つということができる。しかし実際には、無効確認訴訟も相当な程度において法的安定性の確保に資する。何となれば、無効はしばしば明白ではなく、無効かどうかについて見解が分れる場合があるからである。結局、無効確認訴訟の目的は無効の行政処分がもつ外見的な有効性（Rechtsschein）を排除することである。したがって行政事件訴訟法は、無効確認訴訟を、取消訴訟とともに、抗告訴訟の一類型として位置づけており（行訴三条四項）、取消訴訟の出訴期間内に無効確認訴訟が提起された場合は、取消訴訟として処理される。[1]

行政実体法の理論によれば、無効の行政処分については何時でも誰でもその無効を主張することができる。しかし、いかなる要件のもとに行政処分の無効を、訴訟の方法で主張することができるかという問題は、また別の問題であるということができよう。

（2） 訴　訟　物

無効確認訴訟の訴訟物は、取消訴訟の場合と同様に、無効の行政処分またはこれから生じる外見的有効性によって自己の権利（＝法律上の利益）が侵害されたという原告の法的主張である。

（3） 原　告　適　格

原告適格については次の点に注意しなければならない。

(1)　行政事件訴訟法九条によれば、取消訴訟は、原告が違法の行政行為により自己の法律上の利益を侵害されたと主張する場合に、許容される。この点は無効確認訴訟の場合も同様である。[2] すなわち、無効確認訴訟は、原告が無効の確認につき正当な利益を有するときに許容されるが、行政事件訴訟法は、さらに、行政処分の無効等確認訴訟を提起できるためには、①当該処分または裁決に続く処分により損害を受けるおそれのある者、②その他当該処分または裁決の無効等の確認を求めるにつき法律上の利益を有する者（＝積極要件）で、現在の法律関係に関する訴えによって目的を達することができないもの（＝消極要件）でなければならないと規定し（行訴三六条）、行政処分の無効確認訴訟の訴えの利益を著しく制限した。

行政事件訴訟法三六条の解釈については対立がある。問題は、積極要件の①に該当する者は、それだけで無効確認訴訟を提起する原告適格を有するか、あるいはさらに消極要件の限定も受けるか、という点にある。行訴法の立案関係者は、無効等確認訴訟には後続・執行処分の予防的な訴訟としての無効確認訴訟（積極要件の①にあたるもの）と補充的な訴訟として認められる無効確認訴訟（積極要件の②と消極要件によって限定されるもの）という二つの類型があるとし、積極要件の①に該当する者はそれだけで原告適格を有する（二元説）という。[3] しかし行訴法三六条の読み方としては、積極要件の①に該当する者もさらに消極要件の限定を受けるというように読むのが（一元説）文理的に正しいといえよう。

(2)「現在の法律関係に関する訴え」とは公法上の当事者訴訟または民事訴訟（争点訴訟）を指す。

(3)「目的を達することができない」の意味については、現在の法律関係に還元ないし引き直しできない場合を指すという説（還元不能説）(4)と現在の法律関係に還元できても原告の権利救済の目的につながらない場合には目的を達成できない場合に含まれるという説（目的達成不能説）がある。還元不能説では、無効確認訴訟の許容範囲を公法上の当事者訴訟または民事訴訟が提起できない場合に限定する。例えば、公務員の免職処分の無効確認訴訟では、免職処分の無効を前提（理由）として、公務員たる地位ないし身分の確認訴訟が可能であり、また土地収用裁決の無効を前提として収用土地についての所有権確認・登記抹消請求等の訴えが可能であるから、それぞれの免職処分・土地収用裁決自体の無効確認訴訟は許されない。したがって、行政処分の無効を前提とする現在の法律関係に関する訴えに還元ないし引き直しすることができない場合に限って、補充的にのみ、無効確認訴訟が認められることになる。

これに対して、目的達成不能説は、「目的」を「権利保護の目的」を意味すると解し、これを拡大して、予防訴訟的機能をそれに含める考え方があり、(5)さらに仮の救済の手段が十分でない場合(6)や判決の拘束力の点で争点について行政庁に対する拘束力が認められない場合(7)も、「目的を達成」することができない場合であるとする考え方もある。

最高裁判例は、現在の法律関係に関する訴えに還元できる場合であっても、無効確認訴訟の方がより「直截的で適切な争訟形態」である場合には、無効確認訴訟の原告適格を認めている。(8)このような機能的な理解（機能説）は行政訴訟の権利保護機能に最もよく適合するものといえよう(9)。

無効確認訴訟には、審査請求前置を定めた行政事件訴訟法八条の規定や第三者に対する判決の効力に関する行政事件訴訟法三二条一項の規定は、その適用が排除される。

（4）立法論

行政処分の無効確認訴訟は、取消訴訟の出訴期間を徒過した者または行政処分を正当に無視することができる者を保護し、救済しようとする訴訟である。したがって、早期の法的安定性の維持という理由に反しない限り、無効確認訴訟を広く認めるべきである。このような視点からすれば、行政処分に重大かつ明白な違法性が付着している場合には、無効確認訴訟を認めて行政処分の無効を認定しても、法的安定性の要請に反することにはならない。行政事件訴訟法三六条の無効確認訴訟の訴えの利益に関する制限規定は、これを廃止すべきであるといえよう。無効確認訴訟の許容要件としては、行政処分が客観的に存在していること、および行政処分により自己の権利ないし法律上の利益が侵害され、または侵害されるおそれがあるという法的主張で十分である。行政処分が無効かどうかは、訴訟要件ではなくて訴えの理由に属するというべきである。

（5）争点訴訟

処分または裁決の効力等を争点とする私法上の法律関係に関する訴訟を争点訴訟という（行訴四五条）。例えば、農地買収処分の無効を理由に売渡処分の相手方を被告とする所有権確認訴訟やその登記抹消請求訴訟、公売処分の無効を前提に現所有者を被告とする所有権確認訴訟、土地収用裁決の無効を前提として従前の土地所有者が起業者に対して行う所有権確認訴訟などが考えられるが、現在、争点訴訟の利用は極めて少ない。

争点訴訟は、私法上の法律関係を訴訟物としながら行政処分の効力等を争点とするという二重の構造をもっており、処分の無効を前提とする民事訴訟であるが、実質的には無効確認訴訟に準じる訴訟である。したがって争点に限って行政事件に準じて行政庁の訴訟参加等が認められるが（行訴四五条一項、四項）、他方、行政事件でないから執行停止の規定は適用されず、仮処分も制限される（行訴四四条）。

（1）　無効確認訴訟は、取消訴訟の「出訴期間経過後に提起される取消訴訟」（雄川一郎『行政争訟の理論』二一八頁・昭六一・有斐閣）あるいは「時機に後れた取消訴訟・定期のバスに乗り遅れた取消訴訟」（塩野宏『行政法II』一九九・三〇二頁）とも呼ばれている。

（2）　最判平四・九・二二民集四六巻六号五七一・一〇九〇頁（＝公害・環境判例百選82「もんじゅ事件――原子炉設置許可無効確認訴訟の原告適格」）は、「本条にいう『法律上の利益を有する者』の意義は、取消訴訟の原告適格の場合と同様に、当該処分により自己の権利若しくは法律上保護された利益を侵害され又は必然的に侵害されるおそれのある者をいうと解するのが相当である。」と判示した。

（3）　杉本良吉『解説』一二〇頁、田中二郎『行政法上』一七六頁。

最判昭五一・四・二七民集三〇巻三号三八四頁（＝行政判例百選II［第二版］181「無効確認訴訟の訴えの利益」）は、「納税者が、課税処分を受け、当該課税処分にかかる税金をいまだ納付していないため滞納処分を受けるおそれがある場合において、右課税処分の無効を主張してこれを争おうとするときは、納税者は、行政事件訴訟法三六条により、右課税処分の無効確認を求める訴えを提起することができるものと解するのが、相当である。……そこで、右の見解に立って本件をみるに、原判決によれば、Xは本件課税処分にかかる所得税及び入場税をいまだ納付していないことがうかがえるというのであるから、Xは、右課税処分に続く滞納処分を受けるおそれがあるものというべく、したがって、本件課税処分無効確認の訴えは適法である」と判示した。

（4）　杉本良吉『解説』一二一頁、田中二郎『行政法上』三三八頁、市原昌三郎「抗告訴訟の類型」『行政法講座三巻』一五二頁。

最判昭四五・一一・六民集二四巻一二号一七二一頁は、「行政事件訴訟法三六条によれば、当該処分の無効確認を求めるにつき法律上の利益を有する者で、当該処分の無効を前提とする現在の法律関係に関する訴えによって目的を達することができないものに限り、提起することができるのであって、それ以外のものは、現在の法律関係に関する訴えを提起することができるにとどまる。当該処分の無効を前提とする現在の法律関係に関する訴えによって目的を達することができないとは、処分に基づいて生ずる法律関係に関し、処分の無効を前提とする当事者訴訟または民事訴訟によっては、本来、その処分のために被っている不利益を排除することができないことをいうのである。したがって法律上そのような訴訟の形態をとることができるかどうかだけが問題になるにとどまり、そのような訴えの提起が法律上可能である以上、具体的に勝訴の見込みがないかどうかは関係がない。」と判示した。

(5)　塩野　宏「無効確認訴訟における訴えの利益」同『行政過程とその統制』三六六頁（平元・有斐閣）、増田幸次郎「無効等確認訴訟の訴えの原告適格」南　編『注釈』三四一頁。

東京地判昭三九・六・二四行集一五巻六号九七六頁は、「（判決要旨）行政事件訴訟法第三六条にいう『現在の法律関係に関する訴えによって目的を達することができない』場合とは、被買収地の売渡処分がなされる以前にこれを阻止する必要がある場合等、行政処分無効確認の訴えによってのみ目的を達し得る特別の事情のある場合をさし、現在の法律関係に関する訴えを提起することが法律上可能ではあるが、これによるときは、時効等ほんらいの請求原因以外の要因によって敗訴することが見込まれているような場合は含まれないものと解すべきである。」と判示した。

(6)　兼子　仁『行政争訟法』二一七頁（昭四八・筑摩書房）。

甲府地判昭三八・一一・二八行集一四巻一一号二〇七七頁は、「（判決要旨）行政処分の執行停止が行政権の作用を阻止し制限する仮処分が許されないためにこれに代わるべきものとして設定された制度であることにかんがみ、公法上の当事者訴訟につき仮処分が許されない場合は、執行停止の可能性を与えるため、行政事件訴訟法第三六条後段にいう『現在の法律関係に関する訴えによって目的を達することができないもの』に当たると解すべきである。」と判示した。

(7)　濱　秀和「行政事件訴訟法施行後における行政裁判例の傾向(4)」判例評論一一七号（昭四三）一一六頁。

浦和地判昭四三・二・二八行集一九巻一＝二号三四七頁は、「行政処分の効力の有無を前提として生ずる紛争は、多くの場合、行政処分の効力の有無につき現在の法律関係の前提問題として判断を示しそれより結論を導き出せば、右の法律関係に関する訴えによって十分その目的が達せられるのであって、行政事件訴訟法第三六条は、そのような場合には、処分行政庁を被告とし行政処分の効力の有無自体を裁判の対象とする無効確認の訴えは提起することが許されないとしているのである。したがって、現在の法律関係に関する訴えによって、たとえその前提となる行政処分の効力の有無についての判断を得ても、その判断が処分行政庁およびその他の関係行政庁を拘束する効力がなく、右訴えによっては目的を達することができないときは、すべからく行政事件訴訟法第三六条による訴えによるべきであって、現在の法律関係に関する訴えによるべきでないことはもとより当然である。」と判示した。

(8)　最判昭六二・四・一七民集四一巻三号二八六頁（＝行政判例百選Ⅱ184「換地処分無効確認訴訟の訴えの利益」）は、「土地改良事業の施行に伴い土地改良区から換地処分を受けた者が、右換地処分は照応の原則に違反し無効であると主張してこれを争おうとするときは、行政事件訴訟法三六条により右換地処分の無効確認を求める訴えを提起することができるものと解するのが相当である。けだし、［土地改良］法五四条に基づく換地処分は、土地改良事業の性質上必要があるときに当該土地改良事業の施行に係る地域につき換地計画を定めて行われるものであり、右施行地域内の土地所有者等多数の権利者に対して行われる換地処分は通常相互に連鎖し関連し合っているとみられるものであるから、このような換地処分の効力をめぐる紛争を私人間の法律関係に関する個別の訴えによって解決しなければならないとするのは右処分の性質に照らして必ずしも適当とはいいがたく、また、換地処分を受けた者が照応の原則に違反することを主張してこれを争う場合には、自己に対してより有利な換地が交付されるべきことを主張していることにほかならないのであって、換地処分がされる前の従前の土地に関する所有権等の権利の保全確保を目的とするものではないのであるから、このような紛争の実態にかんがみると、当該換地処分の無効を前提とする従前の土地の所有権確認訴訟等の現在の法律関係に関する訴えは右紛争を解決するための争訟形態として適切なものとはいえず、むしろ当該換地処分の無効確認を求める訴えのほうがより直截的で適切な争訟形態というべきであり、結局、右のような場合には、当該換地処分の無効を前提とする現在の法律関係に関する訴えによってはその目的を達することができないものとして、行政事件訴訟法三六条所定の無効確認の訴えの原告適格を肯認すべき場合に当たると解されるからである。」と判示した。

最判平四・九・二二民集四六巻六号一〇九〇頁（＝もんじゅ原発訴訟）は、「処分の無効確認訴訟を提起し得るための要件の一つである、……当該処分の効力の有無を前提とする現在の法律関係に関する訴えによって目的を達することができない場合とは、当該処分に基づいて生ずる法律関係に関し、処分の無効を前提とする当事者訴訟又は民事訴訟によっては、その処分のため被っている不利益を排除することができない場合はもとより、当該処分に起因する紛争を解決するための争訟形態として、当該処分の無効を前提とする当事者訴訟又は民事訴訟との比較において、当該処分の無効確認を求める訴えのほうがより直截的で適切な争訟形態であるとみるべき場合をも意味するものと解するのが相当である……。

本件についてこれをみるに、被上告人ら［Xら］は……人格権等に基づき本件原子炉の建設ないし運転の差止を求める民事訴訟を提起しているが、右民事訴訟は、行政事件訴訟法三六条にいう当該処分の効力の有無を前提とする現在の法律関係に関する訴えに該当するものとみることはできず、また、本件無効確認訴訟と比較して、本件設置許可処分に起因する本件紛争を解決するための争訟形態としてより直截的で適切なものであるともいえないから、被上告人ら［Xら］において右民事訴訟の提起が可能であって現にこれを提起していることは、本件無効確認訴訟が同条所定の前記要件を欠くことの根拠とはなり得ない。」と判示した。

（9）　塩野　宏『行政法Ⅱ』二〇〇頁。

第二節　不作為の違法確認の訴え

文献　加藤泰守「行政庁の不作為に対する救済」『行政法講座三巻』、山田二郎「不作為の違法確認の訴えにおける原告適格及び訴えの利益」『実務民訴講座8』、小高　剛「不作為の違法確認の訴えの原告適格」南　編『注釈』、石川　正「不作為の違法確認の訴え」『新実務民訴講座9』、富田善範「第三条5項」南　編『条解』、宮田三郎「不作為の違法確認訴訟」ジュリスト九二五号（平元）、原野　翹「行政権限の不行使と行政救済」、杉村編『行政救済法2』

（1）　意義と機能

不作為の違法確認の訴えとは、「行政庁が法令に基づく申請に対し、相当の期間内に何らかの処分又は裁決をすべきであるにかかわらず、これをしないことについての違法の確認を求める訴訟」（行訴三条五項）をいう。法治国家においては、国民が法令に基づき行政庁に対し許認可等の申請をした場合、権限ある行政庁は、直ちに申請を処理し審査する手続を開始し、遅滞なく相当の期間内に、申請について何らかの決定をなすべき義務を負う（行手七条参照）。問題は、行政庁がこのような応答義務を尽くさず、不作為のままに手続を放置している場合に、どのような救済手段が認められるかという点にある。(1)

不作為の違法確認の訴えは、行政庁の不作為の違法性を確認するにすぎず、不作為の違法が判決によって確定すると、行政庁は、なんらかの処分をしなければならない拘束を受ける（行訴三三条、三八条一項参照）。したがって、特定の行政処分を求めてこれを申請した者が、この訴訟を提起して勝訴したとしても、当然に、申請した行政処分を獲得できることにはならない。行政庁が拒否処分をすれば、今度は拒否処分の取消訴訟を提起するか、申請型義務付け訴訟を提起しなければならない。したがって、この訴訟は、権利救済制度としては不十分である、中途半端なヌエ的な制度である、迂遠な方法である、行政事務の促進を図り、いわば行政のシリをたたく訴訟であるにすぎない、などといわれている。

権利保護の問題については、つねに意見の対立が生じ、とくに行政権と司法権との関係にかかわるときは、それが著しい。不作為の違法確認の訴えの位置づけについても、基本的な対立があった。一つは、本訴えを取消訴訟の補充的性質の訴訟であるとし、いわば取消訴訟の前段階の訴訟であるとみる見解であり、(2)もう一つは、義務付け訴訟の変形と見て、その代替的機能を期待する見解である。(3)不作為の違法確認の訴えを義務付け訴訟的に理論構成する考え方は制度の目的に適合しないというべきであろう。(4)

（2）訴訟物

不作為の違法確認の訴えの訴訟物は、行政庁の不作為の違法確認、すなわち行政庁の違法な不作為によって自己の法律上の利益（＝申請権）が侵害されたという原告の法的主張である。

（3）原告適格

不作為訴訟の原告適格は行政処分の不作為により自己の法律上の利益を侵害されたと主張する者にある。行政事件訴訟法は、この点について、「不作為の違法確認の訴えは、処分または裁決についての申請をした者に限り、提起することができる」と規定している（行訴三七条）。「申請した者」とは申請権があることを主張した者という意味である。原告適格を認められるべき者は、法令に基づく申請権を有する者に限定されず、申請権の有無に関係なく、現実に申請した者であれば良いというのが通説である[5]。これに対し、申請権の有無は行政庁の不作為が違法となるか否かの前提であり、申請権のない者がこの訴えを提起しても不作為の成立する余地がないから、結局、申請権を有しない者は原告適格を有しないとする有力な反対説がある[6]。判例では、申請権の有無を、原告適格の問題であるか否かを明示せずに、本案前の訴訟要件としているものが多い[7]。不作為の違法＝申請権の侵害は本案の問題であるというべきであろう。

（4）申請の適法性

①　処分性　申請は行政処分を求めるものであることを要し、請願、陳情もしくは職権発動を促すにすぎない場合は、訴えは不適法として却下される[8]。不作為の違法確認の訴えにおける処分性も取消訴訟における処分性と同意義に解されるべきであろう。

②　申請の適法性　不作為の違法確認の訴えの目的は、申請に対する不作為状態を解消することにあり、申請者が行政庁の判断を求めて不適法な申請をしても、行政庁は、手続上不適式という理由で申請の受理を拒否できない[9]。不作為の違法確認の訴えは行政手続と行政訴訟手続の交差する場である。

（5）運　用

不作為の違法確認の訴えの目標は、原告の行政処分についての形式的申請権自体ではなく、授益的行政処分の実体的請求権であることが多い。それを本来の適用領域とする訴訟類型は申請型義務付け訴訟である。申請型義務付け訴訟が法定化された現在、弱められた義務付け訴訟としての機能を期待されてきた「不作為の違法確認の訴え」はもはや必要がない。却下処分や拒否処分を引き出すための「不作為の違法確認の訴え」もその存在理由を失ったというべきで、「不作為の違法確認の訴え」の歴史的役割は終わったといえよう。不作為の違法確認訴訟は申請型義務付け訴訟への併合提起が定められている（行訴三七条の三第三項一号）。

（1）　行政事件訴訟法の立案過程では、行政庁に対し作為または不作為を命ずること、あるいはその義務を確認することを求める訴訟の許容性について、積極説・消極説が激しく対立した。さらに、「不作為の違法確認の訴を法定することに対して、それがかえって『特定の処分の給付又は義務確認を求める訴』が許されないと反対解釈されるおそれがあるという反対意見」があった。しかし結局のところ、「積極消極両論の妥協として不作為の違法確認の訴えまでの訴訟類型を明示し、それから先の義務づけ訴訟等の許容性については、積極消極いずれにも割切ることなく将来の学説判例に委ねることとなった」のである（雄川一郎「行政事件訴訟法立法の回顧と反省」同『行政争訟の理論』一九〇頁・昭六一・有斐閣）。

（2）　杉本良吉『解説』一七頁、南　博方「抗告訴訟」南　編『注釈』五二頁。

（3）　兼子　仁『行政争訟法』三四四頁（昭四八・筑摩書房）、原田尚彦『訴えの利益』七九頁（昭和四八・弘文堂）。

（4）　石川　正「不作為の違法確認の訴え」『新実務民訴講座9』一〇九頁、富田善範「第三条5項」南　編『条解』一〇八頁。

（5）　杉本良吉『解説』一二一頁、田中二郎『行政法上』三五七頁、原田尚彦・注(3)二四頁、山田二郎「不作為の違法確認の訴えにおける原告適格及び訴えの利益」『実務民訴講座8』一三二頁、南　博方・注(2)五三頁。
金沢地判昭四六・三・一〇行集二二巻三号二〇四頁は、「『申請をした者』とは、申請権の有無にかかわらず、現実に申請した者であり、申請権の有無は本案の問題である。」と判示した。

（6）　加藤泰守「行政庁の不作為に対する救済」『行政法講座三巻』一三五頁、濱　秀和「行政事件訴訟法施行後における行政裁判例の傾向（5・完）」判評一二〇号（昭四四）三二頁、小高　剛「不作為の違法確認の訴えの原告適格」南編『注釈』三四二頁、石川　正・注(4)九二頁。

（7）　塩野　宏『行政法Ⅱ』二一一頁、芝池義一『救済法講義』一二〇頁注(2)。

最判昭四七・一一・一六民集二六巻九号一五七三頁（＝行政判例百選Ⅱ127「独禁法による報告・措置要求」）は、「［独占禁止法］四五条一項は、Ｙの審査手続開始の職権発動を促す端緒に関する規定であるにとどまり、報告者に対して、Ｙの適当な措置をとることを要求する具体的請求権を付与したものであるとは解されない。……独占禁止法二五条にいう報告者に該当するからといって、審決を求める特段の権利・利益を保障されたものと解することはできない。これを要するに、Ｙは、独占禁止法四五条一項に基づく報告、措置要求に対して応答義務を負うものではなく、また、これを不問に付したからといって、被害者の具体的権利・利益を侵害するものとはいえないのである。したがって、……独占禁止法四五条一項に基づく報告、措置要求は法令に基づく申請権の行使であるとはいえないのであるから、本件異議申立てに対する不作為の違法確認の訴えを不適法とした原審の判断も、結局正当である。」と判示した。

本判決については、訴訟要件説をとったといえないとする見解もある（富沢　達・最判解説民事編昭四七年度五九二頁）。

（８）　石川　正・注⑷九四頁、富田善範・注⑷一〇八頁。

（９）　東京地判昭四八・九・一〇行集二四巻八＝九号九一六頁は、「不作為の違法確認の訴えの要件としての法令に基づく申請とは必ずしも適式な申請に限ると解すべきではなく、不適式な申請であっても、それが法令によって認められた申請権の行使にあたると解することができる場合には、不作為の違法確認の訴えの要件としての法令に基づく申請があったと解するのが相当である。けだし不適式な申請であっても、それが法令によって認められた申請権の行使にあたると解することができる以上、行政庁としては、不適式を理由にただちにこれを却下することができるかどうかはともかくとして、何らかの応答をすべきであり、相当の期間内に何らの応答もしない場合にはこれを抑制する必要があり、これを抑制することも不作為の違法確認の訴えを認めた制度の趣旨に合うからである。」と判示した。

第三章　義務付け訴訟の許容性

第一節　義務付け訴訟

文献　原田尚彦「行政上の予防訴訟と義務づけ訴訟」同『訴えの利益』（昭四八・弘文堂）、田中二郎「司法権の限界」同『司法権の限界』（昭五一・弘文堂）、阿部泰隆「義務づけ訴訟論」、「義務づけ訴訟論再考」同『行政訴訟改革論』（平五・有斐閣）、川上宏二郎「無名抗告訴訟（義務づけ訴訟も含めて）」『行政法の争点〔旧版〕』、塩野　宏「無名抗告訴訟の問題点」同『行政過程とその統制』（平元・有斐閣）、千葉勇夫「無名抗告訴訟」杉村編『救済法1』、濱　秀和「無名抗告（法定外抗告）訴訟」ジュリスト九二五号（平元）、常岡孝好「無名抗告訴訟」『行政法の争点』、山下隆司「法定外抗告訴訟」法教二六三号（平一四）、大貫裕之「義務づけ訴訟・予防訴訟」『行政法の争点（第3版）』

(1)　意　義

義務付け訴訟とは、一定の行政処分をなすべき旨の判決を求める訴訟をいう。義務付け訴訟は行政処分の発布の義務付けを求める給付訴訟であり、その本来の適用領域は、侵害行政ではなく、給付行政および行政介入を要請する環境行政である。現代的な給付国家においては、個人が一定の活動を行うために許・認可等を必要とする場合、要するに営業法、建築法、社会扶助・社会保障法などの領域において、あるいは、個人が自己の健康、生命、良好な住環境を維持するために行政の規制権限の発動を必要とする環境行政法の領域において、個人の権利保護のためにストレートに機能する義務付け訴訟は不可欠の訴訟類型であるということができる。行政事件訴訟は、「義務付けの訴えとは、……行政庁がその処分又は裁決をすべき旨を命ずることを求める訴訟をいう。」と規定している（行政三条六項）(1)。

（2）性　質

義務付け訴訟をもって、一定の行政処分の着手を求める請求権が追求される。したがって義務付け訴訟は給付訴訟の特別の形式である(2)。取消訴訟と違って、裁判所は、訴えの理由がある場合、単に行政庁に対し一定の行政処分をなすべき旨の義務付けの判決を下すだけで、自ら行政処分をなすのではないし、原告と被告との間に新たに義務を創設するものでもない。義務付け訴訟の対象は、一定の行政処分の発布を求める請求権であるとともに、行政行為の拒否または不作為の違法性の確認である(3)。

（3）訴　訟　物

義務付け訴訟の訴訟物は、申請した行政処分の違法な拒否または放置によって、自己の法律上の利益が侵害されたとする原告の法的主張である。そのほか、学説としては、一般給付訴訟の場合と同様に、一定の行政処分の発布を求める実体法上の給付請求権である(3)、義務付けの訴えの形成要件、すなわち一定の行政処分をしないことの違法性一般である(4)、あるいは、行政庁が、裁判所の法的見解を尊重して、裁量により行政処分をなすべきことを求め、または、行政処分をしないことが違法であるとの裁判所による確認を求める請求権であるとする見解もある。(5)裁判所は、訴えに理由がある場合、判決によって自ら行政処分を行うのではなく、行政庁に対し義務付け判決または再決定指令判決（Bescheidungsurteil）を下す。

（4）種　類

義務付け訴訟は取消訴訟とともに行政処分訴訟である。訴えの目標は、例えば、建築確認、営業許可、補助金や生活扶助の給付決定など授益的行政処分の発布であり、あるいは、違反建築物の除去命令、有害薬品の製造承認の撤回、公共施設に対する不許可処分など第三者に侵害的で原告に授益的な行政処分の発布である。行政庁が申請した行政処分を拒否しまたは放置している場合に義務づけ訴訟が問題となる。

義務づけ訴訟には二種の態様がある。一つは、「行政庁が一定の処分をすべきであるにかかわらずこれがなされないとき」（同三条六項一号）の義務付けの訴えであり、もう一つが、「行政庁に対し、一定の処分又は裁決を求める旨の法令に基づく申請又は審査請求がされた場合において、当該行政庁がその処分又は裁決をすべきであるにかかわらずこれがなされないとき」（同三条六項二号）の義務付けの訴えである。前者は、義務付け訴訟による救済を求めようとする者が、法令上の申請権を認められていない場合で、これを直接型義務付け訴訟ということができる。これに対し後者は、法令上の申請権や審査請求をする権利が認められ、それが行使されている場合で、これを申請型義務付け訴訟ということができる。この二つは申請権の有無によって区別される。(6)

申請型義務付け訴訟は典型的な義務付け訴訟であるが、これはさらに、許・認可等の申請が拒否された場合の拒否型と申請に対して何らかの処分もなされず放置されている場合の不作為型とに分けることができる。

（5）　義務付け訴訟の訴訟要件

民事訴訟法では、給付訴訟についての訴訟要件に関する規定はない。したがって、誰でも給付訴訟を提起することができ、原告が被告に対して給付請求権を有するかどうかが争われる。これに対して、行訴法では、義務付け訴訟の訴訟要件や本案勝訴要件が規定されている。これは、立法関係者によると、従来極めて限定的に扱われてきた義務付け訴訟を合理的に運用するために、訴訟要件と本案勝訴要件を法定したもので、立法政策的な規定であり、それは立法裁量の範囲内にあるというように説明されている。(7)

しかし、権利や給付請求権を実体法上どういう要件のもとにどの程度承認するかは、憲法に違反しない限り、立法者の立法裁量に属すると考えることができるとしても、権利実現のための訴訟要件を制限する規定を定めることは、立法者の訴訟に対する不当な介入であると見ることもできよう。この場合、立法者は実効的な権利実現のための国家義務を負うというべきである。

(1)　直接型義務付け訴訟の訴訟要件

法律は、訴訟要件として、損害の重大性、補充性および原告適格の三つをあげ、本案勝訴要件として処分の羈束性をあげている（三七条の二第三項）。以下には損害の重大性と補充性について検討する。

行訴法は、直接型義務付け訴訟による救済の必要性に関する要件について、「一定の処分がなされないことにより重大な損害を生ずるおそれがあり、かつ、この損害を避けるため他に適当な方法がないときに限り提起することができる。」（三七条の二第一項）と規定している。この点についての一般的理解は、直接型義務付け訴訟は処分についての申請権を有しない原告が自分以外の第三者に対して規制権限ないし不利益処分の発動を求める場合であるから、原告の被っている不利益が一定程度のレベルにあり、救済の必要が相当高い場合でなければならないという趣旨である、としている。これは、差止訴訟（三七条の四）や執行停止などの要件と同様の発想に基づいていると思われる。

①損害の重大性の要件

「重大な損害」とは、どの程度の損害か、重大かどうかについて客観的基準はあるのか、そもそも義務付け訴訟の許容要件として、なぜ「損害の重大性」という要件が必要なのか。義務付け訴訟の法的性質上、給付請求権の侵害という要件だけで十分なのではないか。損害ないし損害の重大性だけでは行政処分をなすことを求める請求権が成立する要件にはなり得ないのではないか。重大でない損害の場合は、権利侵害があっても、救済の必要性がないとして切り捨てられるのか。総じて、行政事件訴訟法は救済の必要性について、事実上の損害を重要視し、権利の侵害を軽視する姿勢を示している。これらの点について、どのような運用がなされてゆくのか、行訴法の将来に係わる重大な問題である。

行訴法は、「裁判所は、前項に規定する重大な損害を生ずるか否かを判断するに当たっては、損害の回復の困難な程度を考慮するものとし、損害の性質及び程度並びに処分の内容及び性質をも勘案するものとする。」（三七条の二第二項）と規定し、解釈指針を示している。

②補充性の要件

直接型義務付け訴訟は、「損害を避けるため、他に適当な方法がないときに限り」提起することができる。「他に適当な方法がないとき」の典型的事例は、第三者に対する裁判を求めることができないような場合ではなく、特別の救済ルート、たとえば、過大な納税申告の是正を求めるには、減額更正の義務付け訴訟ではなく、更正の請求の制度（国税通則二三条、地税二〇条の九の三）によるべしというように義務付け訴訟に代替する救済手続が法定されているような場合であり、第三者に対して民事上の請求をすることによって、ある程度の権利救済が可能である場合でも、それだけでは一般的に「他に適当な方法」があるとして義務付け訴訟が排除されることにはならない、と解されている。また、例えば、課税処分について一部取消しを請求する取消訴訟と同じ目的で義務付け訴訟を提起する場合、あるいは、取消訴訟の出訴期間経過後に処分の違法を理由に職権取消しを求める義務付け訴訟を提起する場合は、義務付け訴訟は「他に適当な方法がないとき」という要件を充たさない。義務付け訴訟は取消訴訟に代替できる救済手段ではない。これらの場合、違法な行政処分の取消訴訟で十分な権利救済方法が認められているといえよう(8)。

③権利保護の必要

直接型義務付け訴訟と申請型義務付け訴訟とは当該処分についての申請権ないし申請手続の有無を基準にした区別である。したがって、直接型義務付け訴訟は、行政庁に対して規制権限の行使について申請、願出、要請、陳情といった事前の折衝もなしに、いきなり訴訟の提起が認められる場合を想定していることになる。そうだとすると、裁判所が、行政庁の規制権限ないし行政処分の発動のための窓口になっているような感じを受ける。原告となる当事者は、行政庁との事前折衝をして、その成果が得られない場合に初めて訴訟＝裁判所の助けを求める権利保護の必要があることになるのが普通であろう。要するに、直接型義務付け訴訟も一般的な訴訟要件として権利保護の必要がなければならない。権利保護の必要がないのに直接訴訟を提起する場合は、結局、訴えは却下されることになろう。

④本案勝訴要件

行訴法三七条の二第五項は、本案訴訟要件として、当該処分が羈束処分であること、および裁量処分の場合にはそれが裁量権行使の濫用に当たる場合であることを規定している。すなわち、「行政庁がその処分をすべきであることがその処分の根拠となる法令の規定から明らかであると認められる」こと、または「行政庁がその処分をしないことがその裁量権の範囲を超え若しくはその濫用となると認められる」ことである。

裁量処分の場合にも、直接型義務付け訴訟が成立するとしたことの意味は重要である。どのように運用されてゆくか、極めて興味深い問題であるといえよう。

(2)　申請型義務付け訴訟の訴訟要件

法律の規定は次の通りである。

「……次の各号に掲げる要件のいずれかに該当するときに限り、提起することができる。一　当該法令に基づく申請又は審査請求に対し相当の期間内に何らかの処分又は裁決がされないこと。二　当該法令に基づく申請又は審査請求を却下し又は棄却する旨の処分又は裁決がされた場合において、当該処分又は裁決が取り消されるべきものであり、又は無効若しくは不存在であること。」(行訴三七条の三第一項)。前者は放置型の、後者は不作為型の義務付け訴訟についての規定である。

「前項の義務付け訴訟の訴えは、同項各号に規定する法令に基づく申請又は審査請求をした者に限り、提起することができる。」(同二項)。第一項の規定は客観的要件、第二項は主観的要件についての規定である。

また、申請型義務付け訴訟は単独では提起することができず、不作為型の場合は不作為の違法確認の訴えと、拒否型の場合は取消訴訟または無効確認訴訟と併合して提起しなければならない旨が規定されている(同三項)。

本案勝訴要件は、直接型義務付け訴訟の場合と同様である(同五項)。

ⓐ併合提起される訴えの「請求に理由があると認められ」、かつ、ⓑ当該行政庁が当該処分を「すべきである

ことがその処分若しくは裁決の根拠となる法令の規定から明らかであると認められ、又は……その処分若しくは裁決をしないことがその裁量権の範囲を超え若しくはその濫用となると認められる」ことが必要である。ⓑの要件が認められない場合には、併合されている取消訴訟・無効確認訴訟・不作為の違法確認訴訟だけが勝訴することがある。

（6）　義務付け訴訟と取消訴訟の関係〈単独の取消訴訟〉

義務付け訴訟と取消訴訟は、ともに抗告訴訟であるが、前者は給付訴訟で後者は形成訴訟であるという性質をもっている。

許・認可等の申請に対し拒否処分がされた場合に、許・認可等または新たな行政決定を得るためには、義務付け訴訟を提起しなければならない（行訴三条六項）。拒否処分の取消しという目標をもった単独の取消訴訟では、拒否処分が判決により取り消されても、直ちに許可・認可等の行政処分がなされるとは限らない。行政庁は、改めて申請に対する処分をしなければならないだけである（行訴三三条二項）。その場合、別の理由で拒否処分がなされる危険をさけるためには、義務付け訴訟を提起しなければならない。申請の拒否に対する単独の取消訴訟および申請の放置に対する単独の不作為の違法確認訴訟は、弱められた義務付け訴訟であるというように位置づけられてきたが、義務付け訴訟が法定されている現行法のもとでは、権利保護の必要あるいは訴えの利益を失い、その歴史的役割は終わったということができよう。

しかし行訴法は、拒否処分の取消訴訟および申請についての不作為の違法確認訴訟が許容されることを前提にしている。申請型義務付け訴訟を単独で提起することを認めず、当該処分に係る取消訴訟・無効確認訴訟・不作為の違法確認訴訟と併合しなければならないとしている（行訴三七条の三第三項）。申請型義務付け訴訟を単独で提起した場合は訴えは不適法として却下される。

申請型義務付け訴訟と取消訴訟と併合するということは、取消訴訟が適法に提起されていなければならないから、申請型義務付け訴訟も、間接的に、出訴期間の制約を受けることになる。

申請型義務付け訴訟の原告は、申請をもって「授益」、すなわち初めの状況と比較してより改善された状況を求めている。したがって、申請に対する拒否処分の取消訴訟および不作為の違法確認訴訟は、「授益」を求める訴訟ではないから、理論的には、訴えの利益がない、あるいは機能する余地がないということができる。しかし法律は、拒否処分に対する取消訴訟も不作為の違法確認訴訟も認めている。これは例外的な場合である。拒否処分や不作為が違法であって、それによって原告の権利ないし法律上の利益が侵害され、拒否処分の取消しまたは不作為の違法確認につき正当な利益を有する場合にのみ、訴えが許容される。特別の権利保護の必要がない限り、拒否処分の取消訴訟および不作為の違法確認訴訟は許容されないというべきであろう。

正当な利益がある場合とは、原告が授益を利用しようとする意思はないが、拒否処分の結果、授益を求める請求権が成立しないことが確定されるため、拒否の効果を除去しなければならず、したがって訴えの目標が拒否処分の除去に限られる場合である。このような場合に、授益を求める義務付け訴訟と併合することなく、拒否処分に対する単独の取消訴訟が許容されるといえよう。

(7)　原 告 適 格

義務付け訴訟の原告適格を有する者は、取消訴訟の場合と同様に、行政処分の拒否または放置により自己の権利（法律上の利益）を侵害されたと主張する者である。行政事件訴訟法は「……行政庁が一定の処分をすべき旨を命ずることを求めるにつき法律上の利益を有する者に限り、提起することができる。」と規定している（行訴三七条の二第三項）。自己の権利（法律上の利益）が侵害されたという可能性が重要である。原告が行政処分を求める請求権を説得力をもって主張したときは、行政処分の拒否または放置は常に権利侵害の可能性を含むといえよう(9)。

　申請型義務付け訴訟の場合、原告が行政手続または行政不服申立手続において現実に行政処分の発布を求める申請または申立てをしたことが、義務付け訴訟の当然の許容要件である。行政処分を申請または申立てなかった者については訴訟の方法で行政処分を獲得させる権利保護の必要は認められない。直接型義務付け訴訟の場合にも、非公式にせよ、申請・要求・陳情などを前提とすると解すべきである。

（7）　平成一六年改正前の義務付け訴訟の許容性に関する判例(10)

（1）　義務付け訴訟については、阿部泰隆「義務づけ訴訟論」、「義務づけ訴訟論再考」同『行政訴訟改革論』（平五・有斐閣）が最も詳しい。

（2）　義務付け訴訟を形成訴訟であると解する見解もある。その理由としては、義務付け訴訟は義務のないところに行政庁が一定の処分をすべき法的義務を創設・形成する形成訴訟である（山本和彦「民事訴訟法理論から見た行政訴訟改革論議」法時七六項一号一〇八頁）、実体法上国民に実体法上の請求権が認められていると解することができない、手続法にすぎない行訴法の改正で請求権が新たに創設されたと考えることもできない（水谷典雄「改正行政事件訴訟法の実務上の諸問題」法律のひろば・二〇〇六・五・四〇頁）ということがあげられている。

（3）　塩野　宏『行政法Ⅱ』二一六頁。

（4）　水谷典雄・注(1)四一頁。

（5）　F. o. Kopp/W-R. Schenke, VwGO, 13 Aufl, (2003), {90,9

（6）　塩野　宏『行政法Ⅱ』二一四頁。

（7）　塩野　宏『行政法Ⅱ』二一七頁。
（8）　橋本博之『要説行政訴訟』一一四頁（平一八・弘文堂）。
（9）　F. Hufen, Verwaltungsprozeßrecht,5. Aufl. 2003, S. 311ff.
（10）　最判昭三〇・一〇・二八民集九巻一一号一七二七頁（＝行政判例百選Ⅱ207「行政処分を求める訴え」）は、「替地または替地予定地の指定は、［関係法案］に従い、従前の土地の地目、地積、等位等を標準として、整理施行者が決定すべきものであって、若し指定が右法条の趣旨に適合しない場合には、土地所有者及び関係者は、場合によってその取消を求めて争訟を提起することができるけれども、土地所有者または関係者は、特定の土地を指してその指定を請求する権利を有するものではない。ことに……Xは特別都市計画法施行令四五条による賃借権の届出もしてないのであるから抽象的な替地指定の請求権も有しないものといわなければならない……しからば、裁判所が行政庁を被告とする訴訟の判決で行政庁に対し一定の行政処分をすることを命ずることができるかどうかを論ずるまでもなく、Xの請求は本来失当であ（る）」と判示した。

最判昭三三・二・二五民集一二巻二号三四八頁（＝行政判例百選Ⅱ（第四版）215「行政処分の変更を求める訴え」）は、「漁業法二一条一項によれば、定置漁業権の存続期間は五年であるが、同条五項は『都道府県知事は、漁業調整のため必要な限度において』右の期間より短い期間を定めることができる旨を規定しているのである。五年より短い期間を定めるべきか、その期間をいかほどに定めるべきかについては、都道府県知事が漁業調整に関係のある諸般の事情を勘案して決定すべきであって、この点について知事は裁量権を行使する余地があるものと解するを相当とする。もとより、定置漁業の目的を達することが事実上不可能なような極端に短い期間を定めた場合は、裁量権の限界を超えた違法な行為ということも出来るであろうが、そのような場合でも、Xらの本訴請求のように、存続期間を一定期間に変更することを求めるのは、裁判所に、行政庁に委された裁量権の範囲に立ち入ることを求めたものであって、許されないものといわなければならない。所論恩給法上の訴訟は、裁定金額について行政機関に裁量の余地のない場合であって、本件と異にする。原判決の理由とするところは、これと異なるけれども、本訴を不適法としたのは結局正当であ」る、と判示した。

大阪高判昭五〇・一一・一〇行集二六巻一〇・一一号一二六八頁（＝堀木訴訟）は、「拒否処分の取消訴訟に合わせて義務づけ訴訟を提起しているような場合においても、行政庁に対する義務づけ訴訟は、三権分立の立場から、なお原則的には不適法として許されない。」、「しかしながら、例外的に、拒否処分の取消判決の違法とした理由以外の理由をもって再び同一の拒否処分をなす余地がなく、申請に応じた処分をなすべき行政庁の行為義務の存在が一義的に明白であり、且つ事前の司法審査によらなければ、当事者の権利救済が得られず、回復しがたい損害を及ぼすような緊急の必要性があると認められる場合には、行政庁に対する義務づけ訴訟も許される。」と判示した。

東京高判昭五六・一一・三〇判時一〇三〇号二五頁は、行政庁の換地処分をなすべき義務の確認を求める訴えについて、「右訴えは、本件土地について、被控訴人に換地処分をなすべき義務のあることの確認を求めるというのであって、特定の行政処分をなすべき義務の確認を求める趣旨であるところ、行政庁に対し、特定の行政処分をなすことを求める訴えもその義務の確認を求める訴えも、行政庁に与えられた第一次的判断権を奪うものであるから、原則として許されないものと解すべきであり、唯、当該行政処分をなすべきこと、又はなすべからざることが法律上羈束されていて、行政庁に裁量の余地が存しない場合であって、他に救済の手段がなく、しかも、行政庁の処分が全く期待できないか、その処分を待つときには損害が大きいなどの事情があるときに限りこれを認めることができると解するのが相当である。」と判示した。

東京地判平一三・一二・四判事一七九一号三頁（＝国立市マンション除却命令義務付け訴訟）は、建築指導事務所長が「是正命令権限を行使するとした場合、誰に対し、どのような内容の是正命令を発令するか、いつ是正命令を発令するか、どのような手段を経て是正命令を発令するか等を決した上で、行使されるものであり、上記のような各判断は、特定行政庁の裁量に委ねられていると解される。」「しかしながら、このような行政庁に裁量が委ねられた行為についても、具体的事情の下において、当該権限が付与された趣旨・目的に照らし、当該権限の行使しないことが著しく不合理であり、裁量権の濫用・逸脱と認められるような特段の事情がある場合には、当該権限を行使すべき一義的に明白な義務があるというべきであり、この場合には、もはや行政庁の第一次的判断権を尊重することは重要でないというべきである。」「被告建築指導事務所長が、本件建物について、建築基準法六八条の二、本件建築条令七条に違反する部分を是正するためには、建築基準法九条一項に基づく是正命令権限を行使しないことが違法であることに確認を求める請求は、理由があると認められる。」と判示した。

本件の控訴審判決（東京高判平一四・六・七判時一八一五号七五頁）は、被告が是正命令を発すべきことが一義的に明白であるとはいえないとして、訴えを却下した。

第二節　差止訴訟

文献　田中二郎「司法権の限界」同『司法権の限界』（昭五一・弘文堂）、雄川一郎「行政行為の予防的訴訟」同『行政争訟の理論』（昭六一・有斐閣）、阿部泰隆「公権力の行使に対する差止訴訟」同『行政訴訟改革論』（平五・有斐閣）

(1)　意　義

行政事件訴訟法では事後的権利保護が中心的地位を占めている。しかし公法の領域においても予防的権利保護は極めて重要であり、予防的不作為（差止）訴訟と予防的確認訴訟がそれに属する。

行政処分の差止めを求める訴えは消極的な義務付け訴訟であり、行政庁に対し、差し迫った行政処分を差止める義務づけ判決を得ることを目的とする。

「差止めの訴え」とは、「行政庁が一定の処分又は裁決をすべきでないにかかわらずこれがされようとしている場合において、行政庁がその処分又は裁決をしてはならない旨を命ずることを求める訴訟」をいう（行訴三条七項）。行政処分の差止めを求める訴訟は消極的な給付訴訟であり、将来の行政処分を差止める予防的不作為訴訟である。

義務付け訴訟は一定の行政処分の発布を積極的に義務付けるが、差止訴訟は一定の行政処分の発布を初めから阻止することを目標にしている。差止訴訟は行政庁の権限ないし自己責任の領域を侵害する。[1] しかしわが国では、現状の悪化を未然に防止するという差止訴訟の消極的機能が重視され、市民的法治国原理のもとでは実効的権利保護の必要からむしろ受容され易いとされている。

通常、行政処分に対しては取消訴訟で権利保護は十分である。行政処分の事実上の効果に対しても、差止訴訟ではなく取消訴訟と執行停止で対応できる。したがって行政処分に対する予防的差止訴訟は、事後的な取消訴訟・執行停止では権利保護が十分でない特別の例外的場合に——「重大な損害を生ずるおそれある場合に限り」（行訴三七条の四第一項）——これを提起することができる。

（２）種　類

差止訴訟には二種類を区別することができる。一つは行政庁が違法な行政処分によって既に侵害を行っている場合で、この場合には違法な侵害の繰り返しの差止訴訟である。他の一つは将来の差し迫っている違法な侵害の予防的差止訴訟である。[2]

（３）訴訟要件

差止訴訟の訴訟要件は、直接型義務付け訴訟の場合と同様である（行訴三七条の四）。すなわち、積極的な要件として損害の重大性の要件と消極的要件として補充性の要件が必要である。差止訴訟の定義から、行政処分がなされることの蓋然性も差止訴訟の訴訟要件となると同時に、後の取消訴訟では、法律上または事実上の理由から救済にならない場合に許容されるということができる。ただ、補充性の要件は、義務付け訴訟の場合と異なり、但書（行訴三七条の四第一項ただし書）として規定され、例外的に要求されるものであるという点に注意する必要がある。

本案勝訴要件についても、義務付け訴訟の場合と基本的に同様である（行訴三七条の四第五項）。

（3）原告適格

差止（予防的不作為）訴訟の原告適格を有する者は、差止めを求めている行政処分により自己の法律上の利益が侵害され、または侵害の蓋然性があることを主張する者である。差止めようとする行政処分が権利侵害とならない場合は、差止訴訟の原告適格を有しない。差止訴訟は差し迫った行政作用の防禦を求める訴訟であるから行政処分の発布後に取消訴訟の原告適格を有する者だけが提起できる。

（1） Tschira/S. Glaeser, Grundriß des Verwaltungsprozeßrechts, 1970, S. 136.; H.J. Wolff, Verwaltungsrecht III, 2. Aufl., 1967, S. 398.

（2） 東京高判昭五五・六・二六行集三一巻六号一四〇〇頁は、運輸大臣に対して空港に離着陸する航空機の機種を従来のものより大型にする事業計画変更の申請を認可してはならない旨を求める空港付近住民の訴えを、右認可により右住民の生命、身体等に緊急、切迫した危険が生ずるものとは認められないとして、不適法とした。

東京地判昭五六・一一・二七行集三二巻一一号二一九六頁は、厚生大臣および都知事から毒物および現金物取締法の輸入業または販売業の各登録の取消し等の不利益処分を受ける地位にない旨の確認を求める訴えを、将来における不利益処分の防止を目的とする無名抗告訴訟であるとすれば事前救済を認めないことを著しく不相当とする特段の事情が認められないとして、不適法とした。

東京地判昭三八・七・二九八行集一四巻七号一三一六頁は、受刑者の頭髪の強制的な翦剃（いわゆる丸坊主刈りにすること。）について、「（判決要旨）行政行為の実行が、基本的人権の保障に関する憲法の規定に違反するかどうかというような問題は、本来、ほんらい裁判所が第一次的に判断すべきことがらで、行政庁の第一次的判断権を重視するに値せず、あるいは、過去に行政行為がなされ、将来もこれを継続することが明らかで、これにつきあらためて行政庁の判断を経由するまでもなく、その第一次判断権がすでに行使されたに等しい状況にあり、他面、いったん実施されれば原状に回復することが不可能で、事前の差止めを認めないことによる損害が回復すべからざるものであり、かつ現行法上他に適切な救済方法も存在しない場合には、行政庁に対する行政行為の差止請求が許されるものと解する。」と判示した。

第三節　予防的確認訴訟

（1）許容性

予防的確認訴訟は行政庁が行政作用、とくに行政処分の発布の権限を有しないことの確認を目的とする訴訟である。予防的確認訴訟の目的は予防的不作為（差止）訴訟の場合と本質的に異ならない。原告は、予防的不作為（差止）訴訟を提起するか予防的確認訴訟を提起するかについて、原則として選択権を有する。予防的確認訴訟は、差止訴訟の場合と同様の要件のもとに、許容される。

⑴　確認される法律関係は十分具体化されていなければならない。将来において初めて具体化される法律関係について、その違法性を確認できるかどうかが問題である。

⑵　将来の法律関係の確認の利益は、予防的権利保護を要求する特別の権利保護の必要が存在する場合にのみ

肯定される。その点で、差止訴訟の場合と同一の基準が妥当する。要するに、予防的確認訴訟のための確認の利益は、事後的権利保護を待つことが期待できず、法的不利益が差し迫っている場合または回復しがたい損害が差し迫っている場合に、肯定される。(1)

(2)　原告適格

予防的確認訴訟の場合、原告適格を有する者は、行政処分によって自己の法律上の利益が侵害されるかもしれないことを予防的に主張する者である。

(1)　最判昭四七・一一・三〇民集二六巻九号七四六頁（＝行政判例百選Ⅱ208「義務不存在確認を求める訴え」＝長野勤評訴訟）は、「具体的・現実的な争訟の解決を目的とする現行訴訟制度のもとにおいては、義務違反の結果として将来なんらかの不利益処分を受けるおそれがあるというだけで、その処分の発動を差し止めるため、事前に右義務の存否の確定を求めることが当然許されるわけではなく、当該義務の履行によって侵害を受ける権利の性質およびその侵害の程度、違反に対する制裁としての不利益処分の確実性およびその内容または性質等に照らし、右処分を受けてからこれに関する訴訟のなかで事後的に義務の存否を争ったのでは回復しがたい重大な損害を被るおそれがある等、事前の救済を認めないことを著しく不相当とする特段の事情がある場合は格別、そうでないかぎり、あらかじめ右のような義務の存否の確定を求める法律上の利益を認めることはできないものと解すべきである。」と判示した。

最判平元・七・四判時一三三六号八六頁（＝横川川河川区域盛土事件）は、「上告人［X］が、河川法七五条に基づく監督処分その他の不利益処分をまって、これに関する争訟等において事後的に本件河川法にいう河川区域に属するかどうかを争ったのでは、回復しがたい重大な損害を被るおそれがある等特段の事情があるということはできないから、上告人［X］は、あらかじめ河川管理者たる被上告人［Y］が河川法上の処分をしてはならないことの確認（第二次的訴え）及びこれらと同趣旨の本件土地が河川法にいう河川区域でないことの確認（第三次的訴え）を求める法律上の利益を有するということはできない」と判示した。

第四章　その他の訴訟の許容性

第一節　当事者訴訟

第一款　形式的当事者訴訟

文献　豊水道祐「当事者訴訟」『行政法講座三巻』、園部逸夫・藤原淳一郎「当事者訴訟」南　編『注釈』、山田　洋「当事者訴訟」南・高橋編『条解』、村上敬一「損失補償関係訴訟の諸問題」『新・実務民訴講座10』、塩野　宏「損失補償請求の性質」塩野・原田『演習行政法』（平元・有斐閣）、加藤幸嗣「当事者訴訟」園部編『注解』、山岸敬子「土地収用法上の当事者訴訟」木村弘之亮編『行政法演習II』（平七・成文堂）岡本博志「当事者訴訟」『行政法の争点（第三版）』、高木　光「抗告訴訟システムとそれ以外の訴訟形成の関係」『行政法の争点（第三版）』

（1）意　義

行政事件訴訟法は当事者訴訟を形式的当事者訴訟と実質的当事者訴訟との二つに分類している。形式的当事者訴訟とは、「当事者間の法律関係を確認し又は形成する処分又は裁決に関する訴訟で法令の規定によりその法律関係の当事者の一方を被告とするもの」をいう（行訴四条前段）。例えば、自衛隊法一〇五条、土地収用法一三三条、特許法一八三、一八四条に基づく損失補償に関する訴訟や特許法一七九条ただし書きに基づく特許無効審判に関する訴訟などがあるが、土地収用法一三三条の損失補償に関する訴訟が典型的な例である。

（2）性　質

形式的当事者訴訟の性質については、土地収用法上の当事者訴訟をめぐって形成訴訟説と給付訴訟説との対立がある。形成訴訟説は、収用委員会の補償裁決は行政処分であり、損失補償請求訴訟は行政処分の変更を求める抗告訴訟、すなわち形成訴訟であるとする。したがって、原告は収用委員会の補償裁決の変更（増額または変更）を求め、その勝訴判決を得て、改めて差額等の給付請求をすべきである。これに対し、給付訴訟説によれば、原告は端的に収用委員会の補償裁決との差額等の給付を求める給付訴訟を提起すれば良いとする。この点について、下級審の判例は別れており、[1] 最高裁の判断はまだ示されていない。

損失補償請求訴訟は、正当な損失補償額の終局的解決を求めるものであるという視点からすれば、給付訴訟とみるのが正当であるといえよう。[2]

（3）損失補償額の認定

土地収用法上の損失補償額は客観的に定まっている。その認定について収用委員会の裁量権はない。[3]

（1）形成訴訟説にたつ判例

高松高判昭和五九・一二・二四行集三五巻一二号二三三三頁は、収用委員会のした収用裁決のうち損失補償の額に関する部分に不服のある者は、まず右部分の公定力を排除するために、土地収用法一三三条に基づく訴えにおいて裁決額の変更を求めなければならず、それを求めないで起業者に対して右の額を上回る損失補償金の給付を求めることは許されない、と判示した。

東京地判平二・三・七行集四一巻三号三七九頁は、行政処分たる収用委員会の裁決は、特定の土地等を収用することを決定すると同時に、その特定の土地等を収用することの補償として一定の金額を支払うことをも決定するものであるから、起業者が土地所有者等に支払うべき損失補償の額についても公定力を有するものというべきであり、損失補償の額に不服があるとしてこれを争う者は、公定力を排除するために、裁決のうち損失補償の額に関する部分の変更を求めなければならず、これを求めることなくし金銭の給付のみを求める訴えは、土地収用法一三三条一項の予定する訴訟形式によらない訴えとして不適法である。」と判示した。

給付訴訟説にたつ判例

東京地判昭四七・二・二九行集二三巻一＝二号九三頁は、土地収用法一三三条所定の訴えを提起する「当事者の目的が、補償額の観念的な変更自体よりも、その変更の結果の実現ともいうべき増額による差額の給付または減額による過払額の返還を求めることにあることは明白であり、また、右の給付を認めることが紛争の終局的解決にもっとも適切であることはいうまでもない」と判示した。

名古屋高判昭五二・八・一八判時八七三号二六頁は、「被控訴人の本件請求が訴提起の当初より、三重県収用委員会のなした権利取得裁決のうち損失補償に関する部分を争い、その増額変更を前提として起業者たる控訴人に対し差額の給付を求めるものであったことは本件訴状の記載に照らして明らかであるから本件訴訟の実質が当初から行政訴訟であったことは疑いがなく、受訴裁判所がこれに通常事件の記録符号を付したことによって通常民事訴訟となり、その後行政事件訴訟の記録符号が付されるに至ったとき初めて行政事件となる筋合いではない。従って訴提起当時土地収用法一三三条の出訴期間内にあった本訴が、その後昭和四八年一〇月に至って行政事件訴訟としての記録符号が付された時はすでに右出訴期間を経過していたことを理由として本訴が不適法であるという控訴人の本案前の主張一、は失当である。次に行政訴訟（形式的当事者訴訟と解される）において収用委員会の裁決の取消変更を求めることなく直接起業者に対し差額の給付を求めることができるものと解するのが相当であるから控訴人の本案前の主張二、も失当として採用できない。」と判示した。

名古屋高判昭五八・四・二七行集三四巻四号六六〇頁は、土地収用法一三三条の損失補償に関する訴えは、補償請求権の確認又は差額等の給付を求める当事者の訴訟であるとし、土地収用法一三三条に基づく訴えのうち収用委員会のした裁決の変更を求める部分は不適法であると判示した。

大阪地判平四・六・二四行集四三巻六＝七号八四七頁は、「土地収用法一三三条の訴えが形式的当事者訴訟とされた趣旨は、①損失補償金額の多寡の問題は、もっぱら、被収用者と起業者との財産的利害に関係があるだけで、公益に関係しないのみならず、そこでの不服の内容も、損失の金銭的評価に関する問題が中心となるため、この訴訟に、公益の代表者としての収用委員会を関与させる必要や実益はないこと、②損失補償の金額は、本来、客観的一義的に定まり得るものであって、そこに行政庁の裁量を容れる余地はないことから、補償金額の多寡に直接利害関係のある被収用者と起業者との間で争わせることが適当であるとの立法政策上の理由によるものというべきである。」

「土地収用法一三三条の訴えは、収用委員会のした裁決のうち損失の補償に関する部分についての不服を内容とするものであって、無名抗告訴訟の実質を有するものであるが、右訴訟については、行政庁である収用委員会を関与させることなく、被収用者と起業者との間で争わせれば足りるとした同条の趣旨に鑑みるならば、土地収用法一三三条は、損失補償に関する紛争は、右当事者間において、全面的かつ終局的に解決することを予定するものと解され、そうである以上、同条に基づく訴えにおいて、あえて裁決を変更する旨の請求をその請求の趣旨に掲げるまでもなく、裁決を変更した結果の確認ないし金員の給付を求めることを認めたものと解するのが相当である。」と判示した。

(2)　学説としては、例えば、損失補償請求訴訟は抗告訴訟的要素と当事者訴訟的要素が融合した独特の訴訟である（金子芳雄「判批」判時六三七号（昭四六）一一六頁、碓井光明「当事者訴訟」南　編『条解』一五七頁）、実体的な補償請求権を確定しつつ形成的な法効果（期間を過ぎれば相手方の同意なしに確定する）の排除を目的とする

「救済の訴え」である(鈴木庸夫「当事者訴訟」『現代行政法大系5』九八頁)、あるいは、補償裁決は当事者が争わない限りでの形成効果を認めたものであり、損失補償請求訴訟は出訴期間のある排他的な実質的当事者訴訟であり、給付訴訟と見るべきである(塩野　宏「行政法II」二三三頁)、などの見解がある。

(3)　最判平九・一・二八民集五一巻一号一四七頁(=行政判例百選II 210「損失の補償に関する訴え」)は、土地収用法一三二条所定の損失補償につき、「通常人の経験則及び社会通念に従って、客観的に認定され得るものであり、かつ、認定すべきものであって、保障の範囲及びその額……の決定につき収用委員会に裁量権が認められるものと解することはできない。」と判示した。

第二款　実質的当事者訴訟

(1)　意　義

実質的当事者訴訟とは、「公法上の法律関係に関する確認の訴えその他の公法上の法律関係に関する訴訟」をいう(行訴四条後段)。行政事件訴訟法は、実定法が公法と私法とに区別されることを前提として、公法に関する事件を行政事件とし、その中で、公権力の行使に関する不服の訴訟、すなわち行政処分を対象とするものを抗告訴訟とし、公法上の法律関係に関する一般的確認訴訟と公法上の一般的給付訴訟を当事者訴訟として法定した。これが実質的当事者訴訟である。

実質的当事者訴訟には、取消訴訟に関する行政事件訴訟法の規定のうち、行政庁の参加(二三条)、職権証拠調べ(二四条)、判決の拘束力(三三条一項)、訴訟費用(三五条)、関連請求の移送、請求の併合等(一三条・一六条〜一九条)に関する規定が準用される。しかし、これらの規定の準用は重要な意味をもつわけではない。実質的当事者訴訟は本質的には民事訴訟とほとんど変わりがない。実質的当事者訴訟と民事訴訟との区別は、訴訟物

たる法律関係の性質、すなわち訴訟物が公権か私権かによって決定されるということができる。(1)(2)

（2）　法律関係

法律関係とは、一般的には、①具体的事実から、②法規範に基づいて生じる、③ある人の別の人または物に対する法律上の関係をいう。この一般的定義は、一般的すぎて漠然としているが、問題になるのは、例えば、請求権、支配権または形成権のような権利の存在・不存在である。この法律関係に基づいて、関係人が何をしなければならないか、することができるか、してはならないかについての争いが生じる。要するに、法律関係とは当事者間でその存在が争われている個々の権利または義務であり、結局、具体的な法律問題であるということになる。具体的な法律問題は抽象的な法律問題から区別されなければならない。国民と行政庁との間で、法規範から生じる個々の権利または義務が争われている場合に、法律関係は十分に具体化されているということができる。(1)

右のように、実質的当事者訴訟の内容は多様であり、これをむしろ、それぞれ求められている判決の内容の種類または原告の目標に従って、以下のように、一般的取消訴訟、一般的給付訴訟および一般的確認訴訟に分類して、考察すべきである。

（1）　杉本良吉『解説』七頁、豊水道祐「当事者訴訟」『行政法講座三巻』一七八頁など。

（2）　実質的当事者訴訟については、実益がないというのが多数説である。これに対し、大阪国際空港訴訟に関する最高裁の判決を契機として、実質的当事者訴訟を活用すべきであるという見解が主張されている（園部逸夫「行政訴訟と民事訴訟の関係」「グレイ・ゾーンと行政訴訟」同『現代行政と行政訴訟』二四頁以下・四九頁以下・昭六二・弘文堂、鈴木庸夫「当事者訴訟」『現代行政法大系5』七七頁、高木　光「公法上の当事者訴訟」『行政法の争点』二二六頁）。

第二節　一般的取消訴訟

（1）　意　義

一般的取消訴訟とは、行政処分以外の高権的な行政作用を対象とし、その取消しを求める形成訴訟をいう。通説・判例はこのような取消訴訟を認めない。しかし権利保護についての概括主義は、法定の訴訟類型を超えた新たな訴訟類型を容認するものであるといえよう。行政が、いかなる行為形式で国民の権利利益を侵害するとしても、そのような侵害に対する権利保護の可能性がなければならない[(1)]。この場合、高権的な行政作用の「直接の法的効果」ではなく、原告の権利ないし法的に保護された利益に対する事実上の支配力・影響力が重要である。高権的な行政作用の取消訴訟には法律の根拠を必要としない。違法な侵害的な高権的行政作用の破毀は法律の留保に服しないからである。ここでの破毀の内容は行政作用の違法宣言ないし行政作用の撤廃を意味する。

（2）　適用の具体例

一般的取消訴訟の適用場面としては、さしあたり、次の場合が考えられる。一つは、行政指導の基準となる行政指導要綱、行政計画および環境基準などの一般的な高権的行政措置であって、行政処分性が否定されるが、それがもたらす事実状態の変動が個人の権利利益を侵害する可能性がある行政決定である。他の一つは、道路、空港、鉄道およびゴミ焼却場、し尿処理場などの公の施設の建設や運営・操業に関する行政措置など、個別的・具体的な高権力的行政決定である。

(3)　原告適格

一般的取消訴訟の原告適格を有する者は、高権的行政措置が違法であり、それによって自己の法律上の利益が侵害され、または必然的に侵害されるおそれがあるという主張をする者である。

一般的取消訴訟については、通常の行政処分の取消訴訟に関する出訴期間や執行停止などの規定は、適用されない。

(1)　包括的権利保護という視点からすれば、高権的行政決定が行政処分でないから攻撃できないというのは支持できない。現在の法状態では、行政処分であれば容易にこれを争うことができるのに反して、何ら法的保護を受けていない行政処分以外の高権的行政決定を行政訴訟によって攻撃することができるか、民事訴訟で十分かという問題点が、明確に解決されていないという結果になっている。なお、第二篇第二章を見よ。

第三節　一般的給付訴訟

(1)　意　義

一般的給付訴訟は行政事件訴訟法において明示的に規定されていないが、「公法上の法律関係に関する訴訟」(行訴四条後段)がこれに当る。一般的給付訴訟は実質的当事者訴訟であり、行政処分以外の給付、すなわち一切の作為および不作為を対象とすることができるが、実際は行政処分以外の高権的な事実上の行政作用の義務付けを目的とする。それは行政処分以外の行政作用の全領域をカバーし、金銭給付から結果除去、防禦、発言の撤回、さらには単純な情報にまで及ぶ。それは行政法上の対等関係における争訟に限定されない。したがって、行政処分を対象とする義務付け訴訟や差止訴訟を特別の給付訴訟として除外すれば、一般的給付訴訟は訴訟上の万能の武器であるということができる。

（2） 対 象

(1) 国および公共団体に対し金銭の支払を求める請求

公務員俸給など金銭支払請求[1]、懲戒免職処分の無効を前提とする退職手当支払請求[2]、失職通知の無効を前提とする給与等支払請求[3]、地方公共団体の交付する補助金請求、社会保険関係の公法上の給付請求、年金支払停止措置の無効を前提とした年金支払請求[4]、租税過誤納金返還の請求、行政主体間の費用負担請求、公法契約に基づく支払請求

(2) 行政処分以外の事実作用を求める請求

一定の公文書の開示を求める請求、行政庁の関係書類からの削除を求める請求、行政内部組織の措置を求める請求

(3) 公法上の意思表示または説明を求める請求

行政庁による公式の説明を求める請求、損害賠償の義務を負うべき公務員の氏名・住所に関する情報を求める請求

(4) 公法上の差止めを求める請求（消極的な一般的給付訴訟）

行政庁による名誉・信用毀損の発言の撤回を求める請求、公共事業の差止めや公共施設から発する過剰な騒音の差止めを求める請求[5]

（3）原告適格

原告適格を有する者は、行政処分でない高権的な行政作用の拒否または着手によって自己の法律上の利益が侵害されたとする、説得力のある主張をする者である。

（1）富山地判昭四七・七・二一行集二三巻六＝七号五五二頁は、地方公務員の勤勉手当の支給は、抗告訴訟としてその効力を争うことはできず、公法上の法律関係に関する訴訟として、争いある差額分の給付請求訴訟を提起すべきである、と判示した。

（2）最判平一一・七・一五判時一六九二号四〇頁。

（3）最判平一二・一二・一九民集五四巻九号二七四八頁。

（4）最判平七・一一・七民集四九巻九号二八二九頁。

（5）公の施設の建設・運営から生じる騒音、振動などは、それ自体としては無色であって、公権力性は認められない。したがって従来通説・判例は、公共工事の差止めについては民事訴訟で争うことができるものとした。しかし公共工事が完成した後の公共施設の運営から発する騒音等について、どのような訴訟形式によるべきか、学説・判例は一致していない（第二篇第二章参照）。道路、空港およびゴミ焼却場、し尿処理場などの公の施設の建設および その運営から生じる騒音、振動、大気汚染等の環境影響については、行政庁が責任を負うべきであるから、過剰な騒音等の差止めは公法上の一般的差止訴訟として構成した方が分かりやすいように思われる。

第四節　一般的確認訴訟

（1）意　義

一般的確認訴訟とは、公法上の権利義務ないし法律関係の存在・不存在の確認を求める訴訟をいう。行政事件訴訟は「公法上の法律関係に関する確認の訴え」という（行訴四条後段）。訴訟物は公法上の権利義務ないし法律関係そのものの存在・不存在である。一般的確認訴訟は殆どあらゆる公法上の争訟をカバーできる。

（2）対　象

一般的確認訴訟の対象は、公法上の具体的な法律関係の存在・不存在である。争われている法律関係は現在の時点で存在していることを必要としない。確認を求めるにつき正当な利益がある限り、過去の、あるいは将来の法律関係の確認を求めることもできる。また、原告が関与している法律関係に関するものであることを要しない。行政庁と第三者との間の法律関係も確認の対象とすることができる。

一般的確認訴訟は具体的な法律問題を対象とし、抽象的な法律問題を対象としない。確認訴訟は裁判官による鑑定手続ではない。抽象的な法律問題について疑義を明確化するための確認訴訟は認められない。

行政庁の処分権限は公法上の法律関係である。したがって、行政庁の処分権限の不存在の確認を求める訴えを考えることができる。しかしこのような確認訴訟が行政処分の阻止を目的とするものであれば、それは差止訴訟によるべきで確認訴訟は認められないし、取消訴訟の出訴期間を徒過した場合に、取消訴訟と同じ目的を追求するための確認訴訟も許されない。確認訴訟の場合、具体的な法律問題が問題である以上、条例や行政立法など法規範の有効・無効の確認を求める一般的確認訴訟も許されないことになろう。

（3）許容性

一般的確認訴訟の成立には、次の要件が必要である。すなわち、一般的確認訴訟は、形成訴訟および給付訴訟に対して補充的であり、特別の権利保護の必要、すなわち、即時の確認につき正当な利益がなければならない（1）。正当な利益は権利および法的利益より広い。経済的、文化的および理念的利益であっても、それが原告に帰属し、法秩序によって保護されている利益であれば良い。即時の確認とは確認が猶予を許さないものであることを意味する。また法規範の有効・無効の確認を求めることもできない。抽象的な有効・無効ではなく、具体的な法律関係を問題にしなければならない。

法律関係の具体性と確認における特別の権利保護の必要が肯定されるときは、通常、原告適格を問題にする必要がない。

（4）補充性

一般的確認訴訟は、取消訴訟、義務付け訴訟、無効確認訴訟などの抗告訴訟および一般的給付訴訟に対して補充的である。原告は、自己の権利を取消訴訟、義務付け訴訟などによって追求することができる場合は、確認訴訟を提起することができない。一般的確認訴訟は、ほとんどあらゆる公法上の争訟をカバーすることができるから、取消訴訟や義務付け訴訟などを排除することのできる可能性をもっている。補充性の原則がとられる意義は、取消訴訟や義務付け訴訟に適用される特別の規律の無効化を阻止する点にある。行政事件訴訟法には、一般的確認訴訟の補充性の原則に関する規定は置かれていないが、それを前提にしていると見るべきであろう。立法者による公法上の確認訴訟の活用の期待にかかわらず、取消訴訟や義務付け訴訟の優位は動かないのである。

（5）適用の具体例

一般的確認訴訟の具体例としては、例えば、公務員の懲戒免職処分・学生の退学処分の無効を前提とする公務員や学生の地位ないし身分の確認を求める請求、課税処分の無効を前提としない租税納付義務確認・租税債務不存在確認の請求、墓地埋葬禁止義務不存在確認、計算尺販売禁止義務不存在確認の請求のほか(2)、薬局開設または許可更新義務不存在確認の請求(3)、日本国籍を有することの確認請求(4)、首都圏高速道路の料金改定支払義務不存在確認の請求、利用者による「みなし道路」にあたるとの確認の請求[5]、廃棄物収集義務確認の請求[6]、子供を区域外の小学校に通学させる権利の確認の請求などがある。

（1）　福岡高判平六・三・七判タ八五九号一三六頁は、「保護者が学齢児童を住所地以外の市町村の設置する小学校に就学させることができるのは、現行法制度の下では、区域外就学の承諾を得た場合と教育事務の委託がなされた場合のいずれかしかないことになるところ、区域外就学については就学先の市町村の教育委員会の承諾が必要になるが、本件では、……控訴人らによる区域外就学申請に対する本件各不承諾処分が既になされており……、これを不服とする右不承諾処分の取消訴訟（抗告訴訟）も提起されて本件と併合審理されているから、右取消訴訟と併合提起された就学権確認の訴えの利益を肯定できるか否かが問題となる。思うに、行政処分の違法を争うには、まず直接の救済方法である当該行政処分……の取消訴訟によるべきところ、控訴人らが右取消訴訟において勝訴判決を得てこれが確定すれば、被控訴人小城町教委は右判決の拘束されて（行政事件訴訟法三三条一項）、控訴人らによる区域外就学申請を承諾せざるを得なくなるため、控訴人らが本件確認の訴えを提起することによって達成しようとした目的は遂げられることになり、その結果、本件確認の訴えは不要になることは明らかである。そうすると、本件においては、本件各不承諾処分の取消訴訟を提起することにより、直截にその目的を達成することができるのであるから、実質的当事者訴訟としての本件就学確認の訴えは訴えの利益を欠くものといわなければならず、右訴えは不適法である。」と判示した。

（2）　塩野　宏『行政法Ⅱ』二三八頁。

（3）　最判昭四一・七・二〇民集二〇巻六号一二一七頁。

（4）　最判平九・一〇・一七民集五一巻九号三九二五頁。

（5）　東京地判平四・八・二七行集四三巻八・九号一〇八七頁。

（6）　東京地判平六・九・九行集四五巻八・九号一七六〇頁。

第五章　特別の訴訟類型――客観訴訟

文献　山岸敬子『客観訴訟の法理』（平一六・勁草書房）

抗告訴訟および当事者訴訟のほかに、行政事件訴訟法は、行政事件訴訟として民衆訴訟と機関訴訟を認めた（二条）。抗告訴訟および当事者訴訟は個人の主観的な権利利益の保護を目的とするもので、いわゆる主観的訴訟であるのに対し、民衆訴訟と機関訴訟は行政の客観的な適法性の確保を目的とするもので、いわゆる客観的訴訟といわれる。

民衆訴訟と機関訴訟は、法律に定めがある場合において、法律に定める者に限り、提起することができる（行訴四二条）[(1)]。抗告訴訟または当事者訴訟に関する規定の準用がある（行訴四三条）。

（1）　最判昭三二・三・一九民集一一巻三号五二七頁（＝行政判例百選Ⅱ213「選挙告示の取消しを求める訴訟」）は、「本件訴訟は、選挙に関する法規の違法な適用があることを主張して、これを是正し法規を維持するため、上告人が大和村の住民にして選挙民たる資格において提起したいわゆる民衆訴訟であって、当事者間に具体的な権利義務その他の法律についての争いがあり個人の権利を保護するための訴訟ではないから、かかる訴訟は、法律の規定をまってはじめて提起しうるものであり、法律の規定のない限り訴訟を提起しうべきものではない。地方公共団体の長の選挙に関する選挙期日の告示については、独立してその取消を求める異議、訴願又は訴訟を許した法律上の規定はなく、ただ公職選挙法は選挙訴訟として異議、訴願又は訴訟のみを規定しており、同法二〇二条は、選挙の効力に関する異議申立期間を選挙の日から十四日と定め、それにつづく訴願、訴訟のほか他に争訟の規定をおいていない。それ故、選挙期日の告示を選挙の一連の手続から切り離して、これを独立した争訟の対象とすることは、法律の許容しない趣旨と解すべきである。……論旨は、選挙期日の告示を選挙執行の手続から切り離し、別異の性質を有するものとする上告人独自の見解を前提とするものであるが、所論のように解すべき理由はなく、実際上からいっても、所論告示の違法は、選挙争訟の原因となしうるので、これを独立した争訟の対象としないでも、なんらの不都合はないのである。」と判示した。

第一節　民衆訴訟

文献　雄川一郎「訴えの利益と民衆訴訟の問題」同『行政争訟の理論』（昭六一・有斐閣）、山岸敬子「民衆訴訟」南・高橋編『条解』成田頼明「住民訴訟（納税者訴訟）」『行政法講座三巻』、植村栄治「住民監査請求、住民訴訟」『現代行政法大系8』、金子芳雄『住民訴訟の諸問題』（昭和六〇・慶応通信）、佐藤英善『住民訴訟』（昭六一・学陽書房）、関　哲夫『住民訴訟論』（昭六一・勁草書房）、佐藤英善『住民訴訟』実務地方自治講座4（平二・ぎょうせい）

(1)　意義と具体例

民衆訴訟とは、「国又は公共団体の機関の法規に適合しない行為の是正を求める訴訟で、選挙人たる資格その他自己の法律上の利益にかかわらない資格で提起するもの」をいう（行訴五条）。公職選挙法で定められている選挙や当選の効力に関する訴訟（公選二〇三・二〇四・二〇七条）、地方自治法の定める住民訴訟（自治二四二条の二）が民衆訴訟の代表例である。

(2)　住民訴訟

住民訴訟は地方公共団体の執行機関の財務会計上の非違を是正し、地方公共団体の財務管理の腐敗を防止することを目的として設けられた訴訟である。住民訴訟を提起し得るのは、「監査請求を経た」住民であり（監査請求前置主義）、監査請求を行い得るのは当該地方公共団体の住民である(1)。住民訴訟は、地方自治の本旨に基づく住民参政の一環として認められた民衆訴訟であるということができる(2)。

(1)　対象＝財務会計事項　住民訴訟の対象は、住民監査請求の対象となった違法な「財務会計上の行為」である(3)。しかし、財務会計上の行為のうち、「公金の支出」はその原因となる行為またはそれに先行する行為の違法性が実質的な争点となるため、「公金の支出」を伴うあらゆる行為が住民訴訟の対象になり得る(4)。したがって住民訴訟の要件としての財務事項・非財務事項という区別は、住民訴訟の適否を分かつ機能を果たすことができず、四号請求としての住民訴訟は、財務会計上の行為の違法を是正する特殊な訴訟形態から、広く行政の在り方を間接的にコントロールすることのできる一般的な訴訟形態に変身を遂げているといえよう(5)。

(2)　住民訴訟における請求の類型　地方自治法二四二条の二第一項は、次のような請求の類型を定めている。

①　差止めの請求（一号請求）　これは当該執行機関または職員に対する当該行為の全部または一部の差止めの請求である(6)。

②　取消しまたは無効確認請求（二号請求）　これは行政処分たる当該行為の取消しまたは無効確認の請求である。当該行為が行政処分であり、かつ、財務会計行為でなければならないので、請求の対象は限定される(7)。

③　怠る事実の違法確認請求(三号請求)　これは当該行政機関または職員に対する当該怠る事実の違法確認の請求である。公金の賦課・徴収もしくは財産の管理を怠る場合がこれに当たる[8]。

④　代位請求(四号請求)　この代位請求は、当該地方公共団体が有する実体法上の請求権を住民がそれに代位して行使し、当該地方公共団体の被った損害の回復、被るおそれのある損害の予防を図ることを目的とする[9]。普通地方公共団体に代位して行う当該職員[10]に対する損害賠償の請求、不当利得返還請求があり、相手方[11]に対するものとして、法律関係不存在確認請求、損害賠償の請求、不当利得返還請求、原状回復の請求もしくは妨害排除の請求がある。

(1)　大阪高判昭五九・一・二五行集三五巻一号八頁は、「(判決要旨)普通公共団体の住民が、地方自治法二四二条の二に基づく訴えを提起した後、事実審の口頭弁論終結時までに当該普通公共団体から転出した場合には、右訴えは、当事者適格を欠く者の訴えとして不適法となる」と判示した。

(2)　最判昭三八・三・一二民集一七巻二号三一八頁(＝地方自治判例百選104「地方税の賦課徴収と住民訴訟」)は、「地方自治法二四二条の二第四項所定のいわゆる住民訴訟は、普通地方公共団体の住民の手によって地方自治運営の腐敗を防止矯正し、その公正を確保するために認められた住民の参政措置の一環をなすものではあるが、普通地方公共団体の事業の管理、出納その他の事務の一般的状況を明らかにすることを目的とする事務監査請求の制度(同法一二条二項、七五条参照)とは異なり、普通地方公共団体の公金、財産および営造物が、本来、住民の納付する租税その他の公課等の収入によって形成され、自治行政の経済的基礎をなすものであるところから、役職員によるこれが違法な支出、管理、処分行為を防止矯正し、もって公共の利益の擁護に違算なからしめるため、特に、法律によって認められた制度である。かかる納税者訴訟制度の目的に照らせば、その対象となるべき財産とは、住民の負担にかかる公租公課等によって形成された地方公共団体の公金および営造物以外の財産を意味し、地方税の賦課徴収権のごときは、これに含まれないものと解するのが相当である。」と判示した。

最判昭五三・三・三〇民集三二巻二号四八五頁（＝地方自治判例百選95「住民訴訟における住民の訴権と訴訟費用」）は、住民訴訟の「訴権は、地方公共団体の構成員である住民全体の利益を保障するために法律によって特別に認められた参政権の一種であり、その訴訟の原告は、自己の個人的利益のためや地方公共団体そのものの利益のためにではなく、専ら原告を含む住民全体の利益のために、いわば公益の代表者として地方財務行政の適正化を主張するものであるということができる」。代位賠償請求訴訟は「実質的にみれば、権利の帰属主体たる地方公共団体と同じ立場においてではなく、住民としての固有の立場において、財務会計上の違法な行為又は怠る事実に係る職員等に対し損害の補塡を要求することが訴訟の中心的目的となっているのであり、この目的を実現するための手段として、訴訟技術的配慮から代位請求の形式によることとしたものであると解される。この点において、右訴訟は民法四二三条に基づく訴訟とは異質のものであるといわなければならない。」

右のような代位賠償請求訴訟の「特殊な目的及び性質にかんがみれば、その訴訟の訴額算定の基礎となる『訴えを以て主張する利益』については、これを実質的に理解し、地方公共団体の損害が回復することによってその訴の原告を含む住民全体の受けるべき利益がこれにあたるとみるべきである。そして、このような住民全体の受けるべき利益は、その性質上、勝訴判決によって地方公共団体が直接受ける利益すなわち請求に係る賠償額と同一ではありえず、他にその価額を算定する客観的、合理的基準を見出すことも極めて困難であるから、結局、費用法四条二項に準じて、その価額は三五万円とすることが相当である。また、右訴訟は、前述のように、住民が法律の特別の規定に基づき地方公共団体の構成員としての資格において住民全体の利益のためにこれを追行するものであることからすれば、複数の住民が共同して出訴した場合でも、各自の『訴を以て主張する利益』は同一であると認められるので、その訴額は、民訴法二三条一項により合算すべきではなく、一括して三五万円とすべきものである」と判示した。

（3）　最判平元・九・五判時一三三七号四三頁は、一部事務組合の管理者が県当局者を接待するために行った宴会等の費用を公金により支出した事案について、「本件宴会が持たれた趣旨は、訴外組合が岐阜県当局者に対し前記事業計画に関する要望を伝え、両者の間の意思の疎通を図ることにあったというのであるが、前記の本件宴会による接待が行われるに至った経緯、本件宴会に要した費用の総額、また、これに相当高額な芸妓花代も含まれていること、更には、二次会で遊興した費用までも訴外組合において負担していることなどの諸点に照らすと、本件宴会による接待は、訴外組合がその事務を遂行する過程で、社交儀礼の範囲にとどまる程度の接待を行ったという態様・内容のものであるとはいい難く、これを客観的にみて、岐阜県当局者に対する宴会による接待それ自体をその主たる目的とするものとみられてもやむを得ない態様・内容のものであって、訴外組合が行う接待として社会観念上儀礼の範囲を逸脱したものといわざるをえない。そうすると、本件宴会に要した費用を訴外組合が負担し、これを訴外組合の公金より支出することが許されるものでないことは、前記説示に照らし、明らかというべきであるから、訴外組合の管理者である上告人が、本件宴会を主催し、これに要した費用を支払うための本件支出命令を発したことは、違法であるといわなければならない。」と判示した。

最判昭五一・三・三〇判時八一三号二四頁（＝地方自治判例百選105「換地処分による土地取得と住民訴訟」）は、「地方自治法二四二条の二所定のいわゆる住民訴訟の対象となるものは同法二四二条一項所定の地方公共団体の執行機関又は職員による同項所定の一定の財務会計上の違法な行為又は怠る事実に限られるものであり、これと同旨の見解のもとに、被上告人が広島平和記念都市建設事業東部復興土地区画整理事業の施行者としてした各行為の取消しを求める本件訴えが同法二四二条の二に定める住民訴訟の定型に該当せず、これを不適法であるとした原審の判断は、正当として是認することができる。」と判示した。

最判平二・四・一二民集四四巻三号四三一頁（判決要旨）は、「保安林内の市有地に市道を建設するに際し、市建設局長らが請負人をして道路建設工事をさせる旨の工事施行決定書に決裁をしてこれに関与した行為は、道路整備計画の円滑な遂行・実現を図るという道路建設行政の見地からする道路行政担当者としての行為（判断）であって、住民訴訟の対象となる財産管理行為には当たらない。」と判示した。

最判平四・一二・一五民集四六巻九号二七五三頁（＝一日校長事件）は、「［地方自治法］二四二条の二第一項四

号の規定に基づく代位請求に係る当該職員に対する損害賠償請求訴訟は、このような住民訴訟の一類型として、財務会計上の行為を行う権限を有する当該職員に対し、職務上の義務に違反する財務会計上の行為による当該職員の個人としての損害賠償義務の履行を求めるものにはかならない。したがって、当該職員の財務会計上の行為をとらえて右の規定に基づく損害賠償責任を問うことができるのは、たといこれに先行する原因行為に違法事由が存する場合であっても、右原因行為を前提としてなされた当該職員の行為自体が財務会計法上の義務に違反する違法なものであるときに限られると解するのが相当である。」と判示した。

（4）　最判昭五七・七・一三民集三六巻六号七九〇頁（＝地方自治判例百選106「河川・港湾管理と住民訴訟」＝田子の浦ヘドロ訴訟）は、地方公共団体が、河川・港湾のヘドロ堆積にかかる汚染排出者への請求権の行使を違法に怠った事実により被った損害の補填を、地方自治法二四二条一項四号の代位請求により汚染排出者に求めることはできるが、損害賠償の対象となるのは、ヘドロ浚渫費のうち終局的に同者に負担させるのを相当する部分に限定される、と判示した。この判決は、損害賠償請求として、非財務行為にかかる事項についても前提問題として判断することができる、ことを認めたものである。

最判昭六〇・九・一二判時一一七一号六二頁（＝川崎市退職金支払無効住民訴訟）は、「住民訴訟の対象が普通地方公共団体の執行機関又は職員の違法な財務会計上の行為又は怠る事実に限られることは、同条の規定に照らして明らかであるが、右の行為が違法となるのは、単にそれ自体が直接法令に違反する場合だけではなく、その原因となる行為が法令に反し許せない場合の財務会計上の行為もまた、違法となる」と判示した。

（5）　金子芳雄『住民訴訟の諸問題』五七頁以下および一〇二頁以下（昭六〇・慶応通信）を見よ。

（6）　最判昭六二・五・一九民集四一巻四号六八七頁（＝地方自治判例百選84「随意契約の制限に違反した契約の私法上の効力」）は、地方公共団体による山林の売却が、「随意契約の制限に関する法令に違反して締結された点において違法であるとしても、それが私法上当然無効といえない場合には、普通地方公共団体は契約の相手方に対して当該契約に基づく債務を履行すべき義務を負うのであるから、右債務の履行として行われる行為自体はこれを違法ということはできず、このような場合に住民が法二四二条の二第一項一号所定の住民訴訟の手段によって普通公共団体の執行機関又は職員に対し右債務の履行として行われる行為の差止めを請求することは、許されないものというべきである。」と判示した。

最判平五・九・七民集四七巻七号四七五五頁（＝織田が浜埋立工事費用支出差止訴訟）は、「（判決要旨）地方自治法二四二条の二第一項一号に基づく差止請求において、複数の行為を包括的にとらえて差止請求の対象とする場合、その一つ一つの行為を個別、具体的に摘示することまでが常に必要となれるものではなく、当該行為の適否の判断のほか、当該行為が行われることが相当の確実さをもって予測されるか否かの点及び当該行為により当該普通公共団体に回復の困難な損害を生ずるおそれがあるか否かの点について判断することが可能な程度に、対象行為の範囲が特定されていることが必要であり、かつ、これをもって足りる。」と判示した。

（7）東京高判昭四六・四・二七行集二二巻四号五八二頁は、「（判決要旨）事業者が換地処分により所有権を取得することを停止条件として保留地予定地を払い下げる行為の効力は、当該土地が換地処分により保留地となったとき生ずるものと解されるから、右払下げは保留地の払下げと異なるところがなく、また、保留地の払下げは土地区画整理事業施行の費用の捻出を目的とするものであって、その方法も通常の払下げとかわるところがないから、右保留地予定地の停止条件付払下げは地方自治法第二四二条の二第一項第二号にいう「行政処分」に当たらない。」と判示した。

（8）大阪高判平七・一二・二〇判タ九一四号一五一頁は、「地方自治法二四二条の二第一項三号の不作為違法確認訴訟にいう、違法とは、現在つまり弁論終結時点において、被告がその行為をすることができるのに、これをしないことが違法であることの確認の訴訟である。したがって、過去にすることができても、現在では消滅時効の完成、法規の改正などでその行為を行うことができなくなっているときは、その不作為は現在では違法でないものとする他はない。この場合は住民としては別の形態の住民訴訟によるほかはない。」と判示した。

最判平一三・一二・一三民集五五巻七号一五〇〇頁は「（判旨要旨）本条一項は、一号請求と四号請求との間に優先順位を定めておらず、四号請求との関係で三号請求を補充的なものと解する根拠はないので、地方公共団体の第三者に対する請求権の行使を怠る事実の違法確認を求める三号請求に係る訴えが併合提起されても、三号請求に係る訴えは不適法なものにはならない。」と判示した。

(9)　最判昭五三・六・二三判時八九七号五四頁（＝地方自治判例百選98「監査請求の経由、職員の範囲」）は、「地方自治法二四二条の二第一項四号によるいわゆる代位請求訴訟は、地方公共団体が、職員又は違法な行為若しくは怠る事実に係る相手方に対し、実体法上同号所定の請求権を有するにもかかわらず、これを積極的に行使しようとしない場合に、住民が地方公共団体に代位し右請求権に基づいて提起するものである。」、「右のような代位請求訴訟の構造にかんがみれば、右訴訟の被告適格を有する者は右訴訟の原告より訴訟の目的である地方公共団体が有する実体法上の請求権を履行する義務があると主張されている者であると解するのが、相当である。」と判示し、「当該職員」のなかに、地方公共団体に損害を与えた不法行為自体の責任者である職員のみならず、監査責任の地位にある者も被告適格を有するとした。

(10)　最判昭六二・四・一〇民集四一巻三号二三九頁（＝地方自治判例百選99「『当該職員』の意義・範囲」）は、都議会議長は都議会の交際費等の支出に対し権限を有しないので、「本件においては議長は、［地方自治］法二四二条の二第一項四号にいう『当該職員』に該当しないというべきであるから、本件訴えは、法により特に出訴が認められた住民訴訟の類型に該当しない訴えとして、不適法というほかない。」と判示した。

最判平三・一二・二〇民集四五巻九号一四五五頁（＝行政判例百選Ⅰ25「専決による支出と賠償責任」）は、「地方公営企業の管理者は、訓令等の事務処理上の明確な定めにより、その権限に属する一定範囲の財務会計上の行為をあらかじめ特定の補助職員に専決されることとしている場合であっても、地方公営企業法上、右財務会計上の行為を行う権限を法令上本来的に有するものとされている以上、右財務会計上の行為の適否が問題とされている当該代位請求住民訴訟において、法二四二条の二第一項四号にいう『当該職員』に該当するものと解すべきである。そして、右専決を任された補助職員が管理者の権限に属する当該財務会計上行為を専決により処理した場合は、管理者は、右補助職員が財務会計上の違法行為をすることを阻止すべき指揮監督上の義務に違反し、故意又は過失により右補助職員が財務会計上の違法行為をすることを阻止しなかったときに限り、普通地方公共団体に対し、右補助職員がした財務会計上の違法行為により当該普通地方公共団体が被った損害につき賠償責任を負うものと解するのが相当である。」と判示した。

最判平五・二・一六民集四七巻三号一六八七頁（＝箕面忠魂碑・慰霊祭訴訟）は、「（判決要旨）普通公共団体の長は、その権限に属する財務会計上の行為をあらかじめ特定の吏員に委任している場合であっても、右委任により処理された財務会計上の行為の適否が問題とされている代位請求住民訴訟において、地方自治法二四二条の二第一項四号にいう『当該職員』に該当する。」と判示した。

（11）　最判昭五〇・五・二七判時七八〇号三六頁（＝地方自治判例百選101「代位請求訴訟の被告適格」）は、「二四二条の二第一項四号にいう相手方を当該違法な行為又は怠る事実の直接の相手方に限ると解すべき合理的な理由は、ないといわなければならない。」、したがって、市から私有地の払下げを受けた者からこれを転得した者は被告適格を有する、と判示した。

第二節　機関訴訟

文献　東條武治「客観訴訟」『現代行政法大系5』、雄川一郎「機関訴訟の法理」同『行政争訟の理論』（昭六一・有斐閣）、山本隆司「機関訴訟」、南・高橋編『条解』

（1）　意義と具体例

機関訴訟とは、「国又は公共団体の機関相互間における権限の存否又はその行使に関する紛争についての訴訟」（行訴六条）をいう。現行法上認められている機関訴訟としては、普通地方公共団体に対する国または都道府県の関与に関する訴訟（自治二五一条の五、二五二条）および地方公共団体の議会の議決または選挙に関する議会と長の間の訴訟（自治一七六条七項）などがある。

機関訴訟は行政主体内部の訴訟であり、その当事者は行政主体の機関または機関の一部である。その対象は行政内部措置の適法性の審査または権限の存否であって、いわゆる法律上の争訟にあたらない。(1)

（2）　職務執行命令訴訟

従前の地方自治の機関委任事務制度において設けられていた職務執行命令訴訟は、機関訴訟の代表例であったが、平成一一年に廃止された。

職務執行命令訴訟においては、裁判所は、主務大臣の指揮命令の実質的適法性審査権を有した。(2)

（3）　地方議会と地方公共団体の長との紛争

これに対し、機関委任事務制度に代えて新たに設けられた法定受託事務制度において定められている代執行訴訟（自治二四五条の八第三項以下）は、機関訴訟ではない。

普通地方公共団体の議会における条例の制定・改廃、予算に関する議決について、長に異議があるとき、議会の議決または選挙がその権限を超えたり、または法令・会議規則に違反すると長が認めた場合に、地方公共団体の長に、再議・再選挙の要求権が認められ、これに議会が応じないときは、総務大臣（市町村長に対しては知事）への審査を申し立てることができ、この審査の裁定に不服のある場合には、議会または長は、裁判所に出訴できる（自治一七六条）。これが機関訴訟であり、この場合の被告は裁定者である総務大臣（知事）である。

（1）　最判昭二八・六・一二民集七巻六号六六三頁（＝行政判例百選Ⅱ212「市議会議員としての資格において提起する訴訟」（＝布施市公会堂事件））は、「市議会の議決は法人格を有する市の内部的意思決定に過ぎないのであって、市の行為としての効力を有するものではなく、従って市を被告として不存在又は無効確認を求めることは全く無意味である。Xは布施市市議会議員なるが故にこのような確認を求める利益を有すると主張するのであるが、なるほど市長は市議会の議決に拘束されるけれども、このような執行機関と議決機関との関係は市の内部の機関相互間の関係であって若しその間に紛争があるならば市が内部的に解決すべく、訴訟をもって争うべき問題ではない。機関相互間の権限の争は法人格間の権利義務に関する争とは異なり、法律上の争いとして当然に訴訟の対象となるものではなく、法律が内部的解決に委せることを不適当として、例えば地方自治法一七六条五項のように特に訴の提起を許している場合にのみ、訴訟の対象となるものと解すべきである。そして市議会の議員が、市又は市長を被告として議決の無効又は不存在の確認を求める訴は、地方自治法その他の法律中に、これを許した規定がないのであるから、原判決が本訴を不適法としたのは正当である。」と判示した。

最判昭四二・五・三〇民集二一巻四号一〇三〇頁（＝行政判例百選Ⅱ（第四版）239「土地改良区による土地改良区総代選挙無効裁決取消訴訟」）は、「Xの本件総代選挙を無効としたYの裁決は、右選挙の管理の任にあたった石下町選挙管理委員会を拘束し、ひいてX自身をも拘束するものと解すべきである。けだし、Yは、Xの機関としての立場に立つ石下町選挙管理委員会に対する上級審の立場に立って、右裁決をなしたものであって、その系列下にある右下町選挙管理委員会が本件裁決によって拘束されるのはもとより、X自身も前叙の立場上、その裁決の結果を受認すべきが当然であるからである。また、Xは、右裁決によって、直接、自己の権利ないし法律上の利益を侵害されたものとは認めがたく、Xの再選挙費用の負担その他所論の事由も、事実上被る不利益にすぎず、これをもって、Xが本件裁決の取消を訴求するにつき法律上の利益を有するものとはなしがたい。もっとも、本件のような場合に、土地改良区自身に原告適格を認める民衆訴訟制度を法定することも、立法政策としては考えられないわけではないが、そのような定めのない現行法のもとにおいては、Xに原告適格を認めることはできない。論旨は、本訴が組合員全員の総意によることを強調するが、そのような事由は、以上の判断に影響を及ぼすものとはいえない。」と判示した。

最判昭四九・五・三〇民集二八巻四号五九四頁は、「現行法上、国民健康保険事業は市町村又は国民健康保険組合を保険者とするいわゆる保険方式によって運営されているとはいえ、その事業主体としての保険者の地位を通常の私保険における保険者の地位と同視［すること］……は相当でなく、もっぱら、法の命ずるところにより、国の事務である国民保険事業の実施という行政作用を担当する行政主体としての地位に立つものと認めるのが、制度の趣旨に合致するというべきである。

また、審査会は、……形式上は保険者たる市町村とは別個の行政主体に属し、その構成も被保険者、保険者及び公益の三者の代表より成る合議制の機関である……」が、「審査会自体が保険者に対し一般的な指揮命令権を有しないからといって、その審査手続が通常の行政的監督作用たる行政不服審査としての性質を失い、あたかも本来の行政作用の系列を離れた独立の機関が保険者とその処分の相手方との間の法律関係に関する争いを裁断するいわゆる行政審判のごとき性質をもつものとはとうてい解されないのである。」

「以上のような国民健康保険事業の運営に関する法の建前と審査会による審査の性質から考えれば、保険者のした保険給付等に関する処分の審査に関するかぎり、審査会と保険者とは、一般的な上級行政庁とその指揮監督に服する下級行政庁の場合と同様の関係に立ち、右処分の適否については審査会の裁決に優越的効力が認められ、保険者はこれによって拘束されるべきことが制度上予定されているものとみるべきであって、その裁決により保険者の事業主体としての権利義務に影響を及ぶことを理由として保険者が右裁決を争うことは、法の認めていないところであるといわざるをえない。このように解しても、保険者の前記のような特別な地位にかんがみるならば、保険者の裁判を受ける権利を侵害したことにならないのはいうまでもなく、もしこれに反して、審査会の裁決に対する保険者からの出訴を認めるときは、審査会なる第三者機関を設けて処分の相手方の権利救済をより十分ならしめようとしたことが、かえって通常の行政不服審査の場合よりも権利救済を遅延させる結果をもたらし、制度の目的が没却されることになりかねないのである。」と判示した。

横浜地判平三・二・一五判時一三八一号一二三頁（＝池子『訴訟』）は「［河川法九五条の］趣旨は、河川管理権は本来国に帰属するものの、国はその管理権限の行使を河川管理者に専属的に付与したものである以上、河川管理以外の事務を執行する国の行政庁が河川管理者の意向を無視して同法上の承認を要する行為に係る事務を執行することはできないものであるが、河川管理の事務と河川管理以外の事務を執行する国の行政庁の事務は共に国家意思を淵源とするものであるから、申請に対して一方的に決定を下す承認という概念で律するのは適当ではないので、双方の意思を積極的に出し合って協議をし、その結果合意された結果に応じて国が同法二〇条所定の承認を要する行為を行うことのできる地位を取得することとしたのである。

これを本件についてみれば、池子川の河川管理者である原告［X］と本件工事を実施する横浜防衛施設局長も共に国の一機関としての立場にあって、その双方の事務は共に国家意思を淵源とするものであり、双方の意思を積極的に出し合って協議をすることが予定されているというべきである。

したがって、右趣旨に鑑みれば、右両者に見解の相違に基づく対立が生じた場合にも、一個の法主体内部の紛争として、その解決は、行政内部における調整により、最終的には国の行政権の属する内閣の責任と権限により図られるべきことが予定されているものと解すべきである。」

「以上のことから、本件訴訟にかかる紛争は、いずれも法律上固有の利益をもって対立する独立した当事者間の紛争ということはできず、本件訴えは、いずれも裁判所が審判すべき法律上の争訟にあたらないというべきである。」と判示した。

(2)　最判昭三五・六・一七民集一四巻八号一四二〇頁（＝行政判例百選Ⅰ（第四版）46「職務執行命令訴訟(1)」――砂川基地事件）は、「国の委任を受けてその事務を処理する関係における地方公共団体の長に対する指揮監督につき、いわゆる上命下服の関係にある、国の本来の行政機構の内部における指揮監督の方法と同様の方法を採用することは、その本来の地位の自主独立性を害し、ひいて地方自治の本旨に戻る結果となるおそれがある。そこで、地方公共団体の長本来の地位の自主独立性の尊重と、国の委任事務を処理する地位に対する国の指揮監督権の実効性の確保との間に調和を図る必要があり、地方自治法一四六条は、右の調和を図るためいわゆる職務執行命令等訴訟の制度を採用したものと解すべきである。そして同条が裁判所を関与せしめその裁判を必要としたのは、地方公共団体の長に対する国の当該指揮命令の適法性を是認する場合、はじめて代執行権及び罷免権を行使できるものとすることによって国の指揮監督権の実効性を確保することが、前示の調和を期し得る所以であるとした趣旨と解すべきである。この趣旨から考えると、職務執行命令訴訟において、裁判所が国の当該指揮命令の内容の適否を実質的に審査することは当然であって、したがってこの点、形式的審査で足りるとした原審の判断は正当でない。」と判示した。

最判平八・八・二八民集五〇巻七号一九五二頁（=行政判例百選Ⅰ（第四版）47「職務執行命令訴訟(2)—沖縄軍用地訴訟」）は、「職務執行命令訴訟においては、下命者である主務大臣の判断の優越性を前提に都道府県知事が職執行命令に拘束されるか否かを判断すべきものと解するのは相当でなく、主務大臣が発した職執行命令がその適法要件を充足しているか否かを客観的に審理判断すべきものと解するのが相当である。」と判示した。

第四篇　行政訴訟の審理

第一章　取消訴訟の審理

第一節　行政処分の違法性

第一款　違法性の審査基準

取消訴訟の本案判決要件がすべて存在するときは、裁判所は本案について審理をする。行政処分が違法で、それにより原告の法律上の利益が侵害されている場合に、行政処分は遡及効をもって取り消される。行政処分の違法性は次の基準に基づいて審査される(1)。

(1)　形式的適法性

行政処分は形式的に適法でなければならない。

①　権　限　行政処分を発布するための権限がなければならない。権限としては事項的権限、地域的権限および対人的権限がある。

②　形式・手続　行政処分は形式的および手続的規定を遵守しなければならない。行政処分の明確性、形式（行審五七条・行手三五条二項）、告知、聴聞および弁明の機会（行手一三条）、公聴会（行手一〇条）、理由の提示（行手八・一四条）などがある。

（2）　実質的適法性

行政処分は実質的に適法でなければならない。

①　法律の留保　侵害的行政処分を含め、本質的な（重要）行政決定については、法律の根拠がなければならない。

②　法律の優位　取消しを求められた行政処分は憲法および法律に違反してはならない。

第二款　審査権の範囲と密度

文献　阿部泰隆『行政裁量と行政救済』（昭六三・三省堂）、宮田三郎『行政裁量とその統制密度』（平六・信山社）、亘理格『公益と行政裁量』（平一四・弘文堂）、橋本博之『裁量処分の取消し』、南・高橋編『条解』

取消訴訟の審理においては、裁判所が、いかなる範囲と密度において、行政処分をコントロールできるかが問題である。とくに、行政庁の裁量処分に対する裁判所の審査権が重要である(2)。この点について、行政事件訴訟法三〇条は、「行政庁の裁量処分については、裁量権の範囲をこえ又はその濫用があった場合に限り、裁判所は、その処分を取り消すことができる。」と規定した。

（1）　裁量権の踰越と濫用

裁量権の踰越とは、裁量権がその外的または客観的限界を超え、裁量権を認めたことによっていかなる場合にも容認できない処分をした場合であり、裁量権の濫用とは、裁量権の外的または客観的限界は守られているが、裁量権の内的または主観的限界を意図的にまたは誤って逸脱し、裁量権を授権した法律の目的に一致しない方法で裁量権が行使された場合である。これが一応の理論的区別であるが、判例は両者を厳格に区別せず、裁量権の限界の問題として処理していることが多い。裁量権の踰越および裁量権の濫用の場合は、ともに、行政処分は違法となる。

（2）　行為裁量（効果裁量）のコントロール

「……することができる。」規定は、立法者が行為裁量を認める趣旨を示したものである。行為裁量は法律効果のObの決定を行政に委ねるか、法的効果のWieを行政に委ねるかに応じて、決定裁量または選択裁量ということもできる。行為裁量が認められているときは、裁判所は、一定の範囲で行政庁の裁量余地を尊重しなければならない。この場合、裁判所は行政作用の合目的性（当・不当）を審査することは禁じられ、裁量の瑕疵（踰越・濫用）の審査に限定される。

①　「することができる」規定の変換　　「することができる」規定には、裁量の授権（Ermessen-Kann）を意味する場合と権限行使の指示（Kompetenz-Kann）を意味する場合がある。「することができる」規定であっても、とくに授益的法規の場合には、法の趣旨・目的により「しなければならない」というように解釈しなければなら

ない場合がある。例えば通説によれば、警察許可の場合、法律要件に該当する事実が認定されれば、法規の法律効果面が「することができる」という規定になっていても、行政庁の自由裁量は否認される。(3)

② 裁量権の踰越・濫用　裁量権の踰越・濫用は裁量権の積極的限界である。次の場合には、裁量権の踰越・濫用に当たり、行為裁量による行政決定は違法となる。事実誤認や「社会通念」など一般的に妥当する判断基準に反している場合(4)、法律目的違反や恣意的・報復的目的といった動機の不正がある場合(5)、比例原則や平等原則など行政作用の一般原則に反している場合(6)、他事考慮に基づく場合(7)などである。

③ 裁量収縮　法律上、行為裁量が認められている場合に、特別の具体的事情によって、唯一の決定のみが瑕疵なきものとなり、他の決定がすべて瑕疵あるもの、すなわち違法となるように、裁量がゼロ（正確には一）に収縮することがある。これを裁量収縮という(8)。これは裁量権の消極的限界である。行政の自己拘束を根拠づける平等原則や比例原則は裁量収縮について特別の意味がある。

（3） 判断裁量（要件裁量）のコントロール

判断裁量の問題は不確定法概念の解釈・適用の問題である。一般に不確定法概念の解釈・適用についての最終的判断権は裁判所にあり、第一次的法の適用機関としての行政庁が行う不確定法概念の解釈・適用は、裁判所により全面的に審査されなければならない。しかし実際上、評価ないし価値判断を伴う不確定法概念の具体化には、複数の解決がともに成り立ち得る場合があり、そのような場合に裁判所が行政庁の判断を尊重し、行政庁に最終的な判断権を認めるのが判断裁量（要件裁量）であるということができる。

① 政治政策的裁量・専門技術的裁量　判例・学説は、不確定法概念の具体化について、政治政策的に重要な決定を必要とし、あるいは専門技術的な知識と経験を必要とする場合に、行政庁の判断を尊重し、行政庁に裁

量判断の余地を認めた。これが政治政策的裁量あるいは専門技術的裁量である(9)。

② 裁量権の踰越・濫用　不確定法概念についての判断裁量は、一切の裁判所のコントロールを免れさせるものではない。行為裁量の場合と同様、裁量権の踰越・濫用という点で、裁判所の審査を受けなければならない。次の場合には裁量権の踰越・濫用に当たり、判断裁量（要件裁量）による行政決定は違法となる。事実誤認や事実評価に合理性がないなど不適切な事実認定に基づいている場合(10)、明文の手続規定はもちろん、公正な行政手続に反している場合(11)、「社会通念」、比例原則など一般的判断基準に反している場合(12)、他事考慮に基づく場合(13)などである。

③ 組織法的および手続法的コントロール　行政が専門化し、行政過程が複雑化した現代的状況のもとでは、手続的コントロールが極めて重要である。手続的コントロール方式は、行政処分の実体的な内容の審査に立ち入らず、処分の手続ないし判断過程の合理性を審査するという方式である(14)。

（4） 審査（コントロール）方式

審査（コントロール）方式としては、実体的（結果的）審査方式、手続的（判断過程）審査方式および主観的（動機）審査方式がある。

実体的（結果的）審査方式は行政処分の実体的（結果的）内容の審査を行う方式である。行政裁量が、①事実誤認や事実評価に合理性がないなど不適切な事実認定に基づく場合(14)、②比例原則や平等原則など行政作用の一般法原則に反する場合(15)および③一般的判断基準（社会通念など）に反する場合(16)に、行われる。実体的審査方式は判断代置方式ともいわれる。

手続的（判断過程）審査方式は、実体的審査ではなく、行政処分の手続ないし判断過程の合理性を審査する方式である。行政が高度に専門化し、行政課程が複雑化した現代的状況のもとでは、不確定法概念の適用についての手続的コントロールは極めて重要な役割を果たすということができる。行政裁量が、①明文の手続規定および公正な行政手続に反していないかどうか、②他事考慮に基づくものではないかどうか、裁量判断の方法ないし過程に誤りがないかどうかが[17]、審査される。

主観的（動機）審査方式は、恣意的・報復的目的や不正の動機など主観的要素によって裁量瑕疵が生じていないかどうかを審査する方式である。このような裁量瑕疵は処分者の動機や意図に遡って初めて認識できる瑕疵であるから、立証が困難で、理由づけの追完が許されることによって、裁量を違法とすることができる場合は多くない[18]。

また、法律により、高度の専門技術的知識や多元的な社会の意見の反映を必要とする不確定法概念の具体化を任された行政庁（または専門委員会）の判断については、組織法的および手続法的コントロールが重要である[19]。専門技術的裁量を容認するためには、専門知識の中立性を保障し、業界との癒着を断ち切った組織と手続が必要である。行政庁の専門技術的な知識ないし判断に対する有効なコントロールは、専門知識による専門知識のコントロールによるほかないのであって、裁判所による法的コントロールは、行政庁（または専門委員会）の構成・権限から見て、専門技術的裁量決定を行うにふさわしい行政機関といえるかどうか、およびコンサーヴァティブな意見が反映できるような手続が形成・確立されているかどうかという組織法的かつ手続法的コントロールに限定されるべきであろう。

（5）　審査（コントロール）密度

判例は、一方において、多彩なコントロール基準を展開し裁量に対するコントロールの拡大の方向を示しているが、他方において、コントロール密度については明白性コントロールという極めて消極的立場に立っている。明白性コントロールなら、マスコミによる批判がはるかに有効であり、裁判所が、権利保護機能を十分に果たすためには、合理性コントロールへ前進しなければならない。とくに基本的人権に対立する行政決定については、全面的コントロールを及ぼすべきであって、それによって始めて、裁判所は、司法の権威を保つことができるといえよう。[20]

（1）宮田三郎『行政法総論』二三三頁以下（平九・信山社）。

（2）宮田三郎・注(1)一三三頁以下。

（3）田中二郎『新版行政法下Ⅱ』二八〇頁（昭四五・弘文堂）。

（4）学校教育法一一条は、「……懲戒を加えることができる。」と規定している。最判昭二九・七・三〇民集八巻七号一五〇一頁（＝行政判例百選Ⅰ（第四版）24「学生処分と裁量権」）は、懲戒権者が「懲戒処分を発動するかどうか、懲戒処分のうちのいずれかの処分を選ぶべきかを決定することは、その決定がまったく事実上の根拠に基づかないと認められる場合であるか、もしくは社会観念上著しく妥当を欠き懲戒権者に任された裁量権の範囲を超えるものと認められる場合を除き、懲戒権者の裁量に任されているものと解するのが相当である。」と判示した。

国家公務員法八二条は、「職員が、左の各号の一に該当する場合においては、これに対し懲戒処分として、免職、停職、減給又は戒告の処分をすることができる。」と規定している。最判昭五二・一二・二〇民集三一巻七号一一〇一頁（＝行政判例百選Ⅰ78「公務員懲戒処分と裁量審査」）は、「公務員につき、国公法に定められた懲戒事由がある場合に、懲戒処分を行うかどうか、懲戒処分を行うときにいかなる処分を選ぶかは、懲戒権者の裁量に任されているものと解すべきである。もとより、右の裁量は、恣意にわたることを得ないものであることは当然であるが、懲戒権者が右の裁量権の行使としてした懲戒処分は、それが社会観念上著しく妥当を欠いて裁量権を付与した目的を逸脱し、これを濫用したと認められる場合でない限り、その裁量権の範囲内にあるものとして、違法とならないものというべきである。」と判示した。

（5）　最判昭五三・五・二六民集三二巻三号六八九頁（＝行政判例百選Ⅰ31「行政権の濫用」）は、専らトルコ風呂の開業を阻止する目的でなされた県知事の児童遊園設置認可処分を「行政権の著しい濫用によるものとして違法であ（る）」と判示した。

（6）　裁量が抽象的には許容されているが、具体的場合に、不適当・不必要な処分をなし、また最小限度の処分を選ばなかったなどの場合に、裁量処分は比例原則違反となる。要するに過度の処分の禁止である。判例が「社会観念上著しく妥当を欠く」というのは比例原則違反を示している。

比例原則違反につき、注(4)の最判昭五二・一二・二〇民集三一巻七号一一〇一頁（＝行政判例百選Ⅰ78「公務員懲戒処分と裁量審査」）を見よ。

福岡地判平一〇・五・二六判時一六七八頁は、大牟田市福祉事務所長が行った生活保護廃止処分について、「これらの事情を総合して判断すると、……平成五年一〇月の時点で、直ちに最も重大な保護廃止処分を行ったことは重きに失し、処分の相当性において、保護実施機関に与えられた裁量の範囲を逸脱したものというべきであって、本件処分は違法な処分といわざると得ない。」と判示した。

平等原則は、単に形式的に、裁量の内容が常に他の場合と同一であることを要求するものでない。恣意による平等原則違反が問題である。恣意の禁止とは、裁量が法の趣旨・目的に従って行使されるべきことを意味するから、裁量における平等原則違反は法目的違反と競合することがある。

平等原則違反につき、最判昭三〇・六・二四民集九巻七号九三〇頁（＝行政判例百選Ⅰ（第四版）82「裁量と平等原則」）は、「行政庁は、何らいわれなく特定の個人を差別的に取り扱いこれに不利益を及ぼす自由を有するものではなく、この意味においては、行政庁の裁量権には一定の限界があるものと解するべきである。」と判示し、最判昭三九・五・二七民集一八巻四号六七八頁（＝行政法判例26事件）は、「事柄の性質に即応して合理的と認められる差別的取扱をすることは、……裁量権の範囲を逸脱したもの（でない）」と判示した。

（7）　東京地判昭三八・一二・二五行集一四巻一二号二二五五頁（＝群馬中央バス事件）は、国民の権利自由の規制にかかわる「処分が行政庁の裁量判断に基づいて行われる場合、処分の掌にあたる行政庁は、法の趣旨からして本来考慮に加うべからざる事項を考慮（以下本件において、これを「他事考慮」という。）して処分を行ってはならないことは当然であるから、行政庁は、できるかぎり他事考慮を疑われることのないような手続によって処分を実施する義務があり、この点においても、いかなる手続を採用するかについての行政庁の裁量権には制約があるのであって、国民は、他事考慮を疑われることのないような手続によって処分を受くべき手続上の保障を享有するものといわねばならない。……司法審査の対象は、処分庁が現実に行った手続過程が、裁判所の客観的判断に照らして、恣意、独断ないし他事考慮の介入を疑うことが客観的いわれがないと認められるようなものであるかどうかということにあるものと解さなければならない。」と判示した。

（8）　裁量収縮については、宮田三郎『行政裁量とその統制密度』二六七頁以下（平六・信山社）を見よ。

（9）　最判昭三三・七・一民集一二巻一一号一六一二頁（＝行政判例百選Ⅰ〔第二版〕69「自由裁量と専門技術性」）は、温泉法四条にいう「その他公益を害する虞れがあると認めるとき」の認定は、「主として、専門技術的な判断を基礎とする行政庁の裁量により決定されるべきことがらであって、裁判所が行政庁の判断を違法視し得るのは、その判断が行政庁に任された裁量権の限界を超える場合に限るものと解すべきである。」と判示した。

最判昭三六・四・二七民集一五巻四号九二八頁（＝行政判例百選Ⅰ（第四版）80「裁量と不確定概念」）は、「教育委員会法（昭二三法七〇）三四条四項但書にいう『急施を要する場合』とは……会議の招集権者である委員長……の裁量判断によってこれを決することもできると解する」と判示した。

最判昭四四・七・一一民集二三巻八号一四七〇頁（＝行政判例百選Ⅰ（第一版）77「自由裁量と政治的判断」）は、旅券法一三条一項五号にいう「著しく且つ直接に日本国の利益又は公安を害する行為を行う虞れがあると認めるに足りる相当の理由がある者」の認定について、「裁判所は、……外務大臣の右処分（旅券発給拒否処分――筆者注）が同号の規定により外務大臣に与えられた権限をその法規の目的に従って適法に行使したかどうかを判断するべきものであって、その判断は、単に右処分が外務大臣の恣意によるかどうか、その判断の前提とされた事実の認識について明白な誤りがあるかどうか、または、その結論にいたる推理に著しい不合理があるかどうかなどに限定されるものではないというべきである。」と判示した。

最判平五・三・一六民集四七巻五号三四八三頁（＝行政判例百選Ⅰ75「教科書検定と裁量審査」）は、教科書「検定における審査、判断は、……様々な観点から多角的に行われるもので、学術的、教育的な専門技術的判断であるから、事柄の性質上、文部大臣の合理的な裁量にゆだねられるものというべきである。」と判示した。

以上のほか、注⑽および注⒂の判例も見よ。

(10)　事実の認定は、もともと裁量の問題ではないが、事実認定にはしばしば当該事実に対する評価を伴うことが多く、その点で裁量権の踰越・濫用の問題としてとらえられる。

最判昭二九・七・三〇民集八巻七号一五〇一頁（＝行政判例百選Ⅰ24「学生処分と裁量権」）は、「学生の行為に対し、懲戒処分を発動するかどうか、懲戒処分のうちいずれの処分を選ぶかを決定することは、その決定が全く事実上の根拠に基づかないと認められる場合……を除き、懲戒権者の裁量に任されている」と判示した。

最判昭五三・一〇・四民集三二巻七号一二二三頁（＝行政判例百選Ⅰ（第四版）73「在留期間の更新と裁量審査」＝マクリーン事件）における出入国管理令二一条三項にいう「在留期間の更新を適当と認めるに足りる相当の理由があるときに限り」の認定については、「その判断が全く事実の基礎を欠き又は社会通念上妥当性を欠くことが明らかである場合に限り、裁量権の範囲をこえ又は濫用があったものとして違法となるというべきである。したがって、裁判所は、……右判断が法務大臣の裁量権の行使としてなされたものであることを前提として、その判断の基礎とされた重要な事実に誤認があること等により右判断が全く事実の基礎を欠くかどうか、又は事実に対する評価が明白に合理性を欠くこと等により右判断が社会通念に照らして著しく妥当性を欠くことが明らかであるかどうかについて審理（する）」と判示した。

(11)　最判昭四六・一〇・二八民集二五巻七号一〇三七頁（＝行政判例百選Ⅰ122「個人タクシー免許申請の審査手

続」）は、「道路運送法においては、個人タクシー事業の免許申請の拒否を決定する手続について、同法一二二条の二の聴聞の規定のほか、とくに、審査、判定の手続、方法等に関する明文の規定は存しない。しかし、同法による個人タクシー事業の免許の拒否は個人の職業選択の自由にかかわりを有するものであり、このことと同法六条および前記一二二条の二の規定等とを併せ考えれば、本件におけるように、多数の者のうちから少数特定の者を、具体的個別的事実関係に基づき選択して免許の拒否を決しようとする行政庁としては、事実の認定につき行政庁の独断を疑うことが客観的にもっともと認められるような不公正な手続をとってはならないものと解せられる。すなわち、右六条は抽象的な免許基準を定めているにすぎないのであるから、内部的にせよ、さらに、その趣旨を具体化した審査基準を設定し、これを公正かつ合理的に適用すべく、とくに、右基準の内容が微妙、高度の認定を要するようなものである等の場合には、右基準を適用するうえで必要とされる事項について、申請人に対し、その主張と証拠の提出の機会を与えなければならないというべきである。免許の申請人はこのような公正な手続によって免許の拒否につき判定を受くべき法的利益を有するものと解すべく、これに反する審査手続によって免許の申請の却下処分がなされたときは、右利益を侵害するものとして、右処分の違法事由となるものというべきである。」と判示した。

(12)　「社会通念」を一般的判断基準としているものとして、注(4)および注(10)の判例を見よ。

また比例原則を判断基準とするものとして、最判昭三九・六・四民集一八巻五号七四五頁（＝行政判例百選Ⅰ（第一版）81「自由裁量と比例原則」）は、「本件処分を比例原則に違反し著しく公正を欠く裁量を行った瑕疵ある行政処分」とすることはできないと判示した。

(13)　東京高判昭四八・七・一三行集二四巻六＝七号五三三頁（＝日光太郎杉事件）は、土地収用法二〇条三号所定の「事業計画が土地の適正且つ合理的な利用に寄与するものであること」という要件についての「判断が前認定のような諸要素、諸価値の比較考量に基づき行われるべきものである以上、同控訴人がこの点の判断をするにあたり、本来最も重要視すべき諸要素、諸価値を不当、安易に軽視し、その結果当然尽くすべき考慮を尽くさず、または本来考慮に容れるべきでない事項を考慮に容れもしくは本来過大に評価すべきでない事項を過重に評価し、これらのことにより同控訴人のこの点に関する判断が左右されたものと認められる場合には、同控訴人の右の判断は、とりもなおさず裁量判断の方法ないしその過程に誤りがあるものとして、違法となるものと解するのが相当である。」と判示した。

(14) 注⑽の判例を見よ。
(15) 注⑹の判例を見よ。
(16) 注⑷および⑽の判例を見よ。
(17) 注⑾および⒀の判例を見よ。
(18) 注⑸の判例を見よ。
(19) 最判平四・一〇・二九民集四六巻七号一一七四頁（＝行政判例百選Ⅰ74「専門技術的判断と裁判所の審査」）は、原子炉等規制法にいう「災害の防止上支障がないもの」の認定につき、原子炉施設の安全性に関する「審査においては、原子力工学はもとより、多方面にわたる極めて高度な最新の科学的、専門技術的知見に基づく総合的判断が必要とされるものであることは明らかである。そして、規制法二四条二項が、内閣総理大臣は、原子炉設置の許可をする場合においては、同条一項三号（技術的能力に係る部分に限る。）及び四号所定の基準の適用について、あらかじめ原子力委員会の意見を聴き、これを尊重してしなければならないと定めているのは、右のような原子炉施設の安全性に関する審査の特質を考慮し、右各号所定の基準の適合性については、各専門分野の学識経験者等を擁する原子力委員会の科学的、専門技術的知見に基づく意見を尊重して行う内閣総理大臣の合理的な判断にゆだねる趣旨と解するのが相当である。」

「原子炉施設の安全性に関する判断の適否が争われる原子炉設置許可処分の取消訴訟における裁判所の審理、判断は、原子力委員会若しくは原子炉安全専門審査会の専門技術的な調査審議及び判断を基にしてされた被告行政庁の判断に不合理な点があるか否かという観点から行われるべきであって、現在の科学技術水準に照らし、右調査審議において用いられた具体的審査基準に不合理な点があり、あるいは当該原子炉施設が右の具体的審査基準に適合するとした原子力委員会若しくは原子炉安全専門審査会の調査審議及び判断の過程に看過し難い過誤、欠落があり、被告行政庁の判断がこれに依拠してされたと認められる場合には、被告行政庁の右判断に不合理な点があるものとして、右判断に基づく原子炉設置許可処分は違法と解すべきである。」と判示した。

最判平八・三・八民集五〇巻三号四六九頁（＝エホバの証人事件）は、「上告人の措置は、考慮すべき事項をしておらず、又は考慮された事実に対する評価が明白に合理性を欠き、その結果、社会通念上著しく妥当性を欠く処分をしたものと評するほかなく、本件各所分は、裁量権の範囲を超える違法なものといわざるを得ない。」と判示した。

(20)「全く」、「明白に」、「著しく」、「明らか」など判例が好んで用いる常套句は、明白性コントロールを示しているといってよい。合理性コントロールについては、注(9)の最判昭三三・七・一民集一二巻一一号一六一二頁（＝行政判例百選Ⅰ（第二版）69「自由裁量と専門技術性」）の判例および注(19)の判例の後段を見よ。

第三款　釈明処分による資料等の提出

文献　菅野博之「釈明処分の特則」園部・芝池編『理論と実務』、石井忠雄「釈明処分の特則」南・高橋編『条解』

取消訴訟の審理の充実・促進を図るため、民事訴訟法の釈明処分（民訴一四九条一項）の特則が定められた。すなわち、裁判所は、訴訟関係を明瞭にするため、必要があると認めるときに、釈明処分により、被告である国または公共団体に所属する行政庁等に対し、行政処分の理由を明らかにする資料や不服申立てに関する事件の記録の提出を求めることができる（行訴二三条の二）。釈明処分は裁判所の釈明権行使の準備またはその補充のためのものであり、証拠資料収集のためのものではない。

この制度の趣旨は、行政には行政処分の適法性について説明責任があること、訴訟の争点の早期明確化が期待できることに求めることができよう。(1)

(1)　対象となる資料　釈明処分の対象文書は、「処分又は裁決の内容、処分又は裁決の根拠となる法令の条項、処分又は裁決の原因となる事実その他処分又は裁決の理由を明らかにする資料（審査請求にかかる事件の記録を除く。）であって、当該行政庁が保有するもの」（行訴二三条の二第一号）である。「保有するもの」とは、行政庁が現に保有する資料であって、行政庁が新たに資料等を作成して提出することではない。「被告である国若しくは公共団体に所属する行政庁又は被告である行政庁」以外の行政庁が資料を保有している場合は、当該行政庁に資料の送付を嘱託することができる（行訴二三条の二第一項二号、第二項二号）。

処分についての審査請求に対する裁決を経た後に取消訴訟の提起があったときは、対象となる資料は、「当該審査請求に係る事件の記録であって当該行政庁が保有するもの」（同三条の二第二項第一号）であり、当該行政庁が資料を保有するときは資料の送付を嘱託することができる（同第二号）。これらの場合も、訴訟関係を明瞭にするため、必要があるときに釈明処分がなされる。

(2)　釈明処分の効果

行政事件訴訟法には、釈明処分を受けた行政庁が当該資料等の提出を拒むことができるか、釈明処分に従わなかった場合の法的効果等についての規定がない。しかし民事訴訟法の釈明処分一般と同様に考えて、行政庁は釈明処分に応ずべき一般的な協力義務を負うものというべく、「正当な理由」がある場合には、行政庁は資料・記録の提出・送付を拒むことができると解すべきであろう。「正当な事由」としては、個人のプライバシーや企業

秘密など第三者の利益を害するおそれがある場合など、個別具体的に判断すべきであるということができる。(2)

(1) 塩野　宏『行政法Ⅱ』一三七頁、小林久起『行政事件訴訟法』二六〇頁以下。

(2) 宇賀克也『改正行訴』一〇二頁、橋本博之『要説行訴』一〇〇頁。

第四款　職権証拠調べ

文献　藤井俊彦「職権証拠調べ」南　編『注釈』、藤山雅行「職権証拠調べ」南・高橋編『条解』、井関正祐「職権証拠調べ」園部編『注釈』

弁論主義のもとでは、裁判所は、当事者が提出した証拠に基づいて事実認定を行うが、例外的に、裁判所が自ら証拠調べをすることが認められている。行政事件訴訟法は「裁判所は、必要があると認めるときは、職権で、証拠調べをすることができる」(二四条)と規定し、弁論主義を補充して、裁判所に職権調べの権限を与えた。これは、行政訴訟の目的の一つは行政の適法性を保障することにあり、その結果は当事者以外の者にも及び公益に影響を与えることが少なくないため、裁判所は自ら判決の適正を確保する必要があるからである。

① 職権探知か　職権証拠調べが、当事者の提出した証拠についての職権調べだけを意味するか、あるいは当事者の提出しない事実をも職権をもって調査し証拠となし得ること、すなわち職権探知をも意味するかについては、職権探知ではなく、心証が得られないときに補充的に行うものであると解されている。(1) 職権証拠調べを行うかどうかは裁判所の裁量にある。

② 職権証拠調べをした場合には、裁判所は、その結果について当事者の意見をきかなければならない(行訴

二四条ただし書)。裁判所は口頭弁論期日に当事者の意見を述べる機会を与えれば良い。職権証拠調べは争点訴訟を含めてすべて行政訴訟に適用される(行訴三八条一項・四一条一項・四三条・四五条四項)。

職権証拠調べは現在ほとんど利用されていない。民事訴訟法に基づく裁判所の釈明権(民訴一四九条)の行使で十分であるといわれている。

(1) 杉本良吉『解説』八三頁、田中二郎『行政法上』三四四頁。

最判昭二八・一二・二四民集七巻一三号一六〇四頁(=行政判例百選II 197「職権証拠調べ」)は、「論旨は……、行政[事件]訴訟特例法九条による職権調査をしなかったのは違法であるというが……、結局原審の裁量に属する証拠の取捨選択を非難するに帰し、また行政事件訴訟特例法九条は、証拠につき充分の心証を得られない場合、職権で、証拠を調べることのできる旨を規定したものであって、原審が証拠につき十分の心証を得られる以上、職権によって更に証拠を調べる必要はないのである。」と判示した。行政事件訴訟法二四条は行政事件訴訟特例法九条を承継したものである。

第五款　文書提出命令

文献　佐藤　彰「文書提出命令」『民訴講座五巻』(昭三一)、高林克巳「行政訴訟における文書提出命令」一橋論叢六五巻一号(昭六〇)、原田尚彦「行政訴訟における文書提出命令」同『環境権と裁判』(昭五二・弘文堂)、秋山寿延「行政訴訟における文書提出命令」『新・実務民訴講座9』

（1）意　義

取消訴訟において、行政庁は、当該訴訟に関連する文書のすべてを裁判所に提出するわけではない。原告としては、自己の主張・立証のために、行政側が保持している文書を法廷に提出させることが望ましい。しかし、「職権証拠調べ」の活用に期待できないために、裁判所が行政庁に対し文書の提出を命じる制度が重要となる。この点について行政事件訴訟法には明確な規定がない。したがって、民事訴訟法（二二九条以下）の文書提出命令制度が利用されている。

（2）制度の大要

民事訴訟法によると、書証の申出は、文書を提出し、または文書の所持者にその提出を命ずることを申し立てなければならず（二一九条）、文書の所持者は、①当事者が訴訟において引用した文書を自ら所持するとき（一号）、②挙証者が文書の所持者に対しその引渡しまたは閲覧を求めることができるとき（二号）、③文書が挙証者の利益のために作成され、または挙証者と文書の所持者との間の法律関係について作成されたとき（三号）、および④右三種以外の文書であって、五項目の例外文書のいずれにも該当しないとき（四号）、この四つの場合に、文書の提出を拒むことができないものとされている（二二〇条）。右の四種の文書のうち、とくに問題になるのは、③の法律関係文書、すなわち「挙証者と文書の所持者との間の法律関係について作成された文書」（二二〇条三号後段）および④のいわゆる公務文書（同四号ロ）の範囲である。

（3）法律関係文書

「法律関係文書」について、通説・判例は、法律関係それ自体を記載した文書だけでなく、その法律関係に関係のある事項または構成要件の一部を記載した文書や法律関係形成過程で作成された文書をいい、相手方が内部的に自己使用のために作成した文書はこれに当たらないとする(1)。

行政事件において法律関係文書と認められた例としては、①刑務所長保管の身分帳（東京地決昭四一・一一・九訟月一二巻一二号一六〇七頁）、②公社における職員の勤務割記録表（山形地決昭四八・三・三〇判時七〇二号一〇九頁）、③住民の提起した原発訴訟における原子力委員会、安全専門審査会の議事録や許可申請者が提出した資料（高松高決昭五〇・七・一七行集二六巻七＝八号八九三頁＝注(1)の判例）、④住民訴訟において市と漁業団体との間に作成された契約書類等（高松高決昭五五・三・一〇行集三一巻三号三八二頁）⑤警察官の勤務実績表・人事記録（大阪高決平六・七・四判タ八八〇号二九五頁）、捜査記録（東京高決平一六・八・一六判時一八八二号二五頁）、原子力発電所または原子炉に関する文書（仙台高決平五・五・一二判時一四六〇号三八頁＝女川原発差止訴訟文書提出命令事件）等がある。

法律関係文書に当たらないとされた例としては、自己使用のための内部文書を理由とするものが多い。税務調査中に係官の作成した所得調査書、反面調査における回答書（大阪地決昭四五・六・二訟月一七巻一号五八頁、名古屋地決昭四五・六・二二訟月一六巻一二号一四〇五頁）、学校長作成の内申書（東京高決昭五一・六・二九判時八二六号三八頁）、旧出入国管理令四九条一項に基づく異議申立ての審査に関するりん議書（東京高決昭五二・三・九行集二八巻三一号八九頁）、災害補償審査委員会作成の調書（東京高決昭五二・七・一下民集二八巻五～八号七七〇頁）、教科用図書検定調査審議会の判定書（最判平一二・三・一〇判時一七一一号五五頁）等がある。

公務文書の提出手続は次の通りである。

①「公務員の職務上の秘密に関する文書」（民訴二二〇条四号ロ）について文書提出命令の申立てがあったときは、裁判所は、監督官庁（秘密事項を所掌している行政庁）の意見を聞かなければならない。この場合に、監督官

庁が、当該文書が民訴二二〇条四号ロに該当する旨の意見を述べるときは、その理由を示さなければならない（民訴二二三条三項）。

②「公務員の職務上の秘密に関する文書」について監督官庁が、国の安全が害されるおそれや公共の安全と秩序の維持に支障を及ぼすおそれなどがあることを理由に、民訴二二〇条四号ロに該当する旨の意見を述べたときは、裁判所は、その意見について相当の理由があると認めるに足りない場合に限り、公務文書の所持者に対してその提出を命じることができる（民訴二二三条四項）。これは、防衛・外交・警察などに関する高度の秘密文書についての特則である。

③「公務員の職務上の秘密に関する文書」について監督官庁が意見を述べる場合で、文書が第三者の技術または職業の秘密に関する事項が記載されている場合には、あらかじめ当該第三者の意見を聞くものとする（民訴二二三条五項）。

④裁判所は、文書提出命令の申立の対象になった文書が右の除外事由に該当するかどうかの判断をするため必要があると認めるときは、文書の所持者にその提示をさせることができるものとし、この場合には、何人もその提示された文書の開示を求めることができず（二二三条六項）、裁判官だけが裁判官室で（in camera）問題の文書を閲覧し開示の要否を判断するイン・カメラ審理手続をとることとした。

（4）　いわゆる例外文書（平成一三年の改正）

旧民事訴訟法は文書提出義務の対象となる文書を右に挙げた①②③の三種に限定列挙していた（旧民訴三一二条）。このような制限は、争点整理についての当事者の準備を妨げ、相手方や第三者の所持する文書を証拠にしたいのに、その文書にアクセスできず、著しく事案の解明を阻む要因となる。そこで、新民事訴訟法は、右三種以外の文書についても、原則として提出義務を認めた（二二〇条四号）[2]。この一般義務化された提出義務の除外事由としては五項目あるが（四号イ〜ニ）、次のものが重要である。一つは、公務員の職務上の秘密に関する文書でその提出により公共の利益を害し、または公務の遂行に著しい支障を生ずるおそれがあるもの（公務文書）であり（二二〇条四号ロ）、他の一つは、もっぱら文書の所持者の利用に供するための文書（自己使用文書）である（二二〇条四号ニ）。自己利用文書については、「公務員が組織的に用いるもの」は免除対象から除外されている（四号ニ括弧書）。したがって組織的利用文書については提出義務があることになる[3]。

（1）　菊井維大・村松俊夫『民事訴訟法Ⅱ』三七九頁（昭三九・日本評論社）、斉藤秀夫編『注解民事訴訟法(5)』二〇一頁（昭五〇・第一法規）。

高松高決昭五〇・七・一七行集二六巻七＝八号八九三頁（＝伊方原発文書提出命令事件）は、「民訴法三一二条三号［旧三一二条三号］にいう文書には、挙証者と文書の所持者との間の法律関自体を記載した文書だけではなく、その法律関係に関係のある事項を記載した文書ないしその法律関係の形成過程において作成された文書が含まれ、取消訴訟においては行政処分がなされるまでの所定の手続の過程において作成された文書であって、行政処分をするための前提資料となった文書がこれに含まれる。」と判示した。

東京高決昭四三・一一・二九行集一九巻一一号一八五六頁（＝教科書訴訟・調査官意見書提出命令事件）は、教科用図書検定において調査官の作成した調査意見書等は、作成が義務的であるにしても、結局は申請に対する裁断の内部的資料にとどまり、行政庁の外部に対する行政処分としては抗告人の裁断のみであって内部的資料の公開は義務付けられておらず、当該行政処分の違法であるか否かは文書の記載内容とは別個に判断されるべきであるから、民訴法二〇三条三号［旧三一二条三号］において予期されている文書には当たらない、と判示した。

東京高決昭四七・五・二二高民集二五巻三号二〇九頁は、「（決定要旨）民訴法三一二条三号後段［新民訴二二〇条三号］にいう『挙証者ト文書ノ所持者トノ間ノ法律関係ニ付作成セラレ』とは、文書が挙証者と文書の所持者との間の法的地位を基礎づけるものとして、両者が関与して作成されたことをいう。」と判示した。
（2） ドイツ裁判所法九九条は、原則として、官庁は証書または記録を提出し、報告する義務を負うものとしている。
（3） 中野貞一郎『解説新民事訴訟法』五一頁以下（平九・有斐閣）。

第二節　証明責任

文献　瀧川叡一「行政訴訟の請求原因、立証責任及び判決の効力」『民訴講座五巻』（昭三一）、高林克己「行政訴訟における立証責任」『行政法講座三巻』、村上博己『証明責任の研究』（昭五〇・有斐閣）、宮田三郎「違法性の立証責任」『行政法の争点（旧版）』、宮崎良夫「行政訴訟における主張・立証責任」『新・実務民訴講座9』、山村恒年「主張責任・立証責任」『現代行政法大系5』、春日偉知郎「行政訴訟における証明責任」南・高橋編『条解』、椎名慎太郎「違法性の立証責任」『行政法の争点』、小早川光郎「調査・処分・証明」雄川献呈（中）

①　意　義　証明責任（立証責任、挙証責任ともいう）とは、訴訟上、ある事実の存否がいずれとも確定できないときに、この事実を法律要件とする法規が適用できないために、判決において、不利な法律効果を受けるように定められている当事者の一方のリスクまたは不利益をいう。行政訴訟においても、訴訟の審理の最終段階に至っても、行政処分を違法とし、あるいは適法とする事実の存否が不明の場合、このような真偽不明（non liquet）がいずれの当事者の有利となり不利となるかという問題について、あらかじめ定めておく必要がある。

証明責任に関する定めは、事実の不明を明確な法的効果に変換する機能を有するのである。

② 証明責任分配の基準　行政訴訟において、原告と被告のいずれの当事者が、どの範囲で、証明責任を負うべきかという証明責任分配の基準については、法律上の明文の規定がない。この点について学説は岐れている。

ⓐ 行政処分は公定力を有し、適法性の推定を受けるから、行政処分の取消しを求める原告が、当該行政処分の違法性についての証明責任を負わなくてはならない（適法性推定説）[(1)]。この見解は現行憲法の初期まで支配的見解であったが、今日では、公定力は証明責任分配の基準として使用できないという批判が定着した。

ⓑ 被告行政庁が行政処分の適法事由につき証明責任を負うべきで、法治行政の原則から、行政庁が行政処分の適法性を裏付ける個々の具体的事実について証明責任を負うのは当然のことであるという[(2)]。しかし法治行政の原則が直ちに証明責任分配の原則を具体化するものではない。

ⓒ 行政実体法の法律要件の規定の仕方により、行政庁の権限根拠規定（……なるときは、……の処分をする）の要件事実は被告行政庁の、行政庁の権限不行使規定（……なるときは、……の処分をしてはならない）の要件事実は原告の証明責任に属する[(3)]。この見解は民訴の法律要件分類説または規範説によるものである[(4)]。要件分類説は行政契約法または租税（債権・債務）法では妥当するが、許・認可要件や三面的な行政上の法律関係への転用には限界がある。行政実体法は民事法のように証明責任の分配を考慮しているものではないといえよう。

ⓓ 国民の権利・自由を制限し、義務を課する行政処分の取消訴訟においては、行政庁がその処分の適法であることについて証明責任を負い、国民が自己の権利・利益領域を拡張することを求める場合およびその請求の却下処分の取消しを求める場合は、原告が証明責任を負う（権利防禦・権利拡張説）[(5)]。また行政庁の裁量処分については、裁量権の範囲を超えまたは濫用があったという点について、原告が証明責任を負う。しかし生活保護申請

拒否処分を始めとする社会保障関係の申請拒否処分について、一律に原告に証明責任を負わせるのは妥当でないという批判がある。

ⓔ　当事者の衡平・事案の性質・事物に関する証明の難易・行政庁と国民との間の証明能力の違い等を考慮して、具体的事案ごとの判断により、妥当な証明責任の分配を定めるべきである（個別具体説）(6)。この見解では、あらかじめ証明責任の分配は定まらないし、一般的な分配基準を否定する趣旨であれば、証明責任分配のもつ訴訟上の意義は失われる。とくに証明責任分配の具体像が見えないし、法律および法律効果の評価が十分表現されていない。結局、証明責任の分配を裁判官の裁量に委ねるという点が決定的な難点であるといえよう。

③　証明責任分配の問題は、裁判による正義の実現を確保し、両当事者間の実質的衡平を図ることである。それは、手続法や単なる手続技術から生れるものではなく、実体法の個々の規定の解釈問題である。その場合、適用法規の目的、とくにその背後にある憲法の価値観が重要である(7)。すなわち、行政訴訟における証明責任の分配は、民事法の場合と違って、憲法を考慮することなしには正しい判断はできない。行政法は具体化された憲法であるという認識からすれば、正義と衡平の理念を国民の自由の尊重および実効的な権利保護の保障という憲法的価値に求める見解が基本的に妥当な考え方であるということができよう。

④　生存権のような憲法がすでに保障している国民の法的地位に関する処分については、その権利滅却的な要件について決定的な事実を証明できないときは、行政庁が証明責任を負う。しかし、資金交付や公物の特別使用を求める請求権を認めることによって、原告の権利領域を拡大しようとするときは、請求権を根拠づける事実については、原告が証明責任を負うことになろう(8)。

⑤　また裁量処分の取消訴訟においては、その違法性について原告が証明責任を負うというのが通説である。

最高裁は、専門技術的裁量について、裁量権行使の不合理性の立証責任は、本来原告が負うべきものとしたうえで、原告の立証の軽減をはかっている。(9) しかし裁量処分が侵害的行政処分である限り、被告行政庁が証明責任を負うものと解すべきであろう。

(1)　田中二郎『行政法総論』二七六頁（昭三二・有斐閣）、田上穣治「行政行為の公定力」『行政法講座二巻』八九頁。

(2)　関根栄郷「無効な行政行為における瑕疵の重大かつ明白性に関する二、三の問題」司法研修所創立一五周年記念論文集下（昭三八）四八頁。

(3)　瀧川叡一「行政訴訟の請求原因、立証責任及び判決の効力」『民訴講座五巻』一四四五頁、村上博己『証明責任の研究』三二二頁（昭五〇・有斐閣）。

(4)　法律要件分類説または規範説によれば、訴訟当事者は自己に有利な法規の構成要件について証明責任を負担する。したがって、権利を主張する者は権利を根拠づける（rechtsbegründende）事実について、権利を否認する者は権利障害的（rechtshindernde）、権利滅却的（rechtsvernichtende）および権利抑制的（rechtshemmende）事実について証明責任を負う（Vgl. L. Rosenberg/K.H. Schwab/P. Gottwald, ZPR, 15. Aufl., §117II）。

要件分類説は原則として適切な結論をもたらすといえる。しかし例えば、許可要件が「許可は、……なる場合に、付与することができる」と規定されるか、あるいは「許可は……なる場合に、拒否することができる」と規定されるかは、立証責任を意識した立法者意思に基づくというよりは、偶然によるといえよう。

(5)　高林克己「行政訴訟における立証責任」『行政法講座三巻』二九九頁、宮田三郎『行政法教科書』一八八頁。

権利防禦・権利拡張説は、法律要件分類説に必要な変更を加えた（mutatis mutandis）ものである。「権利防禦・権利拡張」は、権利を根拠づける要件メルクマール、権利を滅却する要件メルクマールまたは権利を抑制する要件メルクマールから生じる。したがって法律要件分類説と同様の弱点をもっている。すなわち、行政法の規範は多面的で複雑であるから、いかなる場合に権利防禦で、いかなる場合に権利拡張かは必ずしも明確ではないし、証明責任分配の基準としては画一的すぎるといえよう（H.H. Peschau, Die Beweislast im Verwaltungsrecht, Schriften zum Öffentliches Recht, Bd. 443., 1983, S. 69.）。

（6）雄川一郎『争訟法』二一四頁、田中二郎『行政法上』三四五頁、山村恒年「主張責任・立証責任」『現代行政法大系5』二一三頁。

（7）K. Stern, Verwaltungsprozessuale Probleme in der öffentliche-rechtlichen Arbeit, 8. Aufl. 2000, S. 255.

（8）K. Stern, Fn (7), S. 250.

（9）最判平四・一〇・二九民集四六巻七号一一七四頁（＝行政判例百選Ⅰ74「専門技術的判断と裁判所の審査」＝伊方原発訴訟）は、「(判決要旨) 原子炉施設の安全性に関する被告行政庁の判断の適否が争われる原子炉設置許可処分の取消訴訟においては、右判断に不合理な点があることの主張、立証責任は、本来、原告が負うべきものであるが、被告行政庁の側において、まず、原子力委員会若しくは原子炉安全専門審査会の調査審議において用いられた具体的審査基準並びに調査審議及び判断の過程等、被告行政庁の判断に不合理な点のないことを相当の根拠、資料に基づき主張、立証する必要があり、被告行政庁が右主張、立証を尽くさない場合には、被告行政庁がした右判断に不合理な点があることが事実上推認される。」と判示した。

原子力法においては、原子炉の安全性というような重要な事実問題は「災害の防止上支障がないもの」（規制法二四条）という不確定法概念と関連している。この法律の規定に基づき許可申請手続において、申請者たる事業者が、事実上残っている non liquet の状況について証明責任を負なければならない。原子力の領域では、原子炉施設の人および環境に対する潜在的脅威力にかんがみ、non liquet の状況にあるリスクを容認することはできない。これが第三者取消訴訟となった場合には、原則として、許可行政庁が原子炉施設の安全性について証明責任を負うべきものとする理由である。右の最高裁判決は、原子力法における原子炉施設の安全性に関する法律の規制の意義を正当に理解するものとはいえないだろう。

最判昭四二・四・七民集二一巻三号五七二頁（＝行政判例百選Ⅱ199「無効確認訴訟における主張・証明責任」）は、「行政庁の裁量に任された行政処分の無効確認を求める訴訟においては、その無効確認を求める者において、行政庁が右行政処分をするにあたってした裁量権の行使がその範囲をこえまたは濫用にわたり、したがって、右行政処分が違法であり、かつ、その違法が重大かつ明白であることを主張および立証することを要するものと解するのが相当である。」、「Xらは、政府のした右裁量権の行使がその範囲をこえもしくは濫用にわたり、したがって違法視されるべき旨の具体的事実の主張または右違法が重大かつ明白である旨の具体的事実の主張のいずれもしていない。したがって、本件牧野売渡処分が無効でないとした原判決には、所論の違法はなく、論旨は、採用できない。」と判示した。

第三節　違法判断基準時

文献　橋本公亘「行政処分の違法性判断の基準時」判例評論22号（昭三四）、宮田三郎「抗告訴訟における行政処分の違法判断の基準時」専大論集三〇号（昭三七）、高田　敏「違法判断の基準時」学説展望・ジュリスト三〇〇号（昭三九）、可部恒雄「違法判断の基準時」『実務民訴講座八巻』、鈴木庸夫「違法判断の基準時」『行政法の争点』、新山一雄「処分取消訴訟における判決時説の意義と行政事件の解決」成城法学一一号（昭五九）、宮田三郎「第三者取消訴訟における違法の判断基準時」朝日法学論集十四号（平八）

（1）　行政処分の違法性

行政処分が適法か違法かは、事実を法規範に包摂（あてはめ）することによって、判断できる。時の経過において事実状態は変化する。法規範も改廃されることがある。その場合、いかなる事実状態、いかなる法規範が包摂の基準となるかという問題が生じる。実体法上の問題としては、行政処分をある時点で適法とし、他の時点では違法とすることができるのに対し、訴訟上の判断にとっては、行政処分の違法性したがって訴えの理由の有無の判断基準時は、一定の時点で確定されなければならない。

行政処分の違法は、一面では法律に適合する行政処分をなすべき義務に違反することであり、他面では行政処分による権利侵害という結果をいう。前者が行為の違法であり、後者が結果の違法である。

（2）　事後的違法

行政処分は事後に違法または適法となることがあるか。通説によれば、行政処分は事後に違法または適法となることはない。行政処分の適法性はその発布の時点での事実および法状態を基準にして判断される。事実または法状態の事後の変動によって初めの適法な行政処分が違法になる（Rechtswidrigwerden）ことはないし、違法な行政処分が適法になる（Rechtsmäßigwerden）こともない。[1] しかし適法に発せられた行政処分でも、継続的行政処分と未だ執行されない行政処分については、事後の事実または法状態の変動の結果、その維持がもはや許されない、要するに行政処分の維持が結果として違法となる場合があることに注意しなければならない。[2] 継続的行政処分とは、その法的効果が一度の禁止または命令もしくは一度の法状態の形成に尽きるのではなく、継続を予定し公法に服する法律関係を成立せしめるような行政処分をいう。[3] 具体例としては、営業の禁止、公務員の任命、年金などの継続的な金銭給付の供与などを挙げることができる。

（3）学説・判例

①　多数説・判例によれば、取消訴訟の場合、原則として、最終の行政決定の時点が違法の判断基準時である（処分時説）。[4] したがって判断基準時は、通常、行政処分の処分時であり、不服申立てがなされた場合は裁決の時点である。取消訴訟の場合、基準時は取消訴訟の本質から生じる。取消訴訟は行政処分の事後審査であり、行政庁は、処分時において存在する事実および法律状態に基づいて処分をしなければならず、裁判所は、変動した事実や法規に基づいて、いかなる処分をすべきかを判断するのではない。事後的な事実または法律状態の変動は、行政庁に行政処分の取消しまたは撤回の機会を与えるにすぎず、裁判所が当然に行政処分を取消すことができるのではない。

②　取消訴訟における行政処分の違法判断は口頭弁論終結時の事実および法状態を基準にすべきである（判決時説）。[5] 取消訴訟の本質は、行政庁の第一次判断を媒介として生じた違法状態を排除することにあり、したがって、係争の行政処分がその処分時に違法であったことを確認し、行政庁の責任をただすことを目的とするものではなく、現在その処分が現行の法規に照らし、それが維持されるべきや否やを判断することを目的とする。したがって判決時における事実および法状態を基準とすべきであり、判決時に適法なものは、たとえ処分時に違法であったとしても、取り消されるべきではない。[6]

③　現在の有力説は、違法判断基準時について一般原則を否定し、むしろその時々の個々の法律の規律・趣旨が重要であるという。[7] この考え方では、裁判所の違法判断基準時の問題は、訴訟上の原則の問題ではなく、適用される行政実体法、行政手続法の問題に解消される。しかし行政に関する法律の立法者は、違法判断基準時を考慮して法律を制定していない。行政処分に係る個々の手続法および実体法の規定から、違法判断基準時に関する

規律を読み取ろうとしても、それは無理というものである。[8] この説は、実際には、事件ごとに、処分時説か判決時説に従うことになろう。

（4）　解決の視点

①　取消訴訟の本質または法的性質　　通説的な見解によれば、取消訴訟の本質は形成訴訟または破毀的性質にあり、したがって行政処分の違法の判断については最終の行政庁の決定が基準となり、事実または法状態の事後の変動は、遡及的法変動を例外として、考慮されない。[9] 取消訴訟では行政処分の取消しが求められており、ここでは判決の形成効果は当然に行政処分を発布した時点にまで遡及しなければならないことが前提となっている。しかし、取消判決が形成効果を有することは当然に形成効果の時点を示すものではないし、裁判所による取消しが当然 ex-tunc に行わなければならないことを意味するものでもない。取消訴訟の本質論は決定的であるということができない。

②　訴 訟 物　　違法判断の基準時の問題にとって訴訟物概念は重要であると考えられてきた。取消訴訟では原告は処分時の事実および法状態から訴訟物を特定せざるを得ないからである。基準時の問題解決については、実体法に特別の定めがない限り、訴訟物理論を出発点にしなければならない。しかし取消訴訟の訴訟物を行政処分の違法性とする場合でも、当然行政庁の最終決定の時点（処分時）が違法判断の基準時であるとする見解[10]と最終口頭弁論の時（判決時）における事実および法状態を基準時とする見解[11]が対立している。訴訟物理論と処分時説または判決時説との関係は明らかではない。何を訴訟物と解するかは判断基準時の問題にとって必ずしも決定的なものでないということができる。

③　法変動の場合　　法変動の場合は立法者意思が重要である。法律の効力の時間的範囲は、当該法律の規律、

改正の意義および目的から生じる。その際、立法者は新法の包括的な目的達成と旧法による受益者の信頼保護とを比較衡量し、通常、経過規定が置かれる。法律が遡及効を有する場合および事後の法律変動を考慮すべしという特別の規定がある場合は、これを考慮しなければならない[12]。しかし明確な経過規定がない場合には、訴訟類型にかかわりなく、最終行政決定の時点における法状態を基準にすべきである。

④　第三者取消訴訟の場合　第三者効を有する授益的行政処分に対する取消訴訟の場合にも、違法判断基準時は行政処分の処分時とするのが通説である。したがって受益者にとって不利となる変動は考慮すべきではない。例えば公務員の採用について、採用試験後に著しい学力の低下があっても、公務員の任命行為が後に違法となるわけではない。競願者による取消訴訟では事実状態の変動は考慮されない。ただし採用後に、官職に必要な適格性を欠くとして免職処分になることがあるかもしれない。

⑤　自然科学的または技術的水準　事実上または法状態が変動しないのに、新しい科学的知見ないし認識が生じることがある。例えば、新しい科学的認識によると、従来問題がないとされていた施設の構造では十分安全といえるかどうか疑問となるような場合である。その場合、取消訴訟においては、行政庁の決定の時における自然科学的または技術的水準を基準とすべきか、あるいは取消訴訟の最終口頭弁論の時点のそれを基準とすべきか、という問題が生じる。

この問題についても処分時説と判決時説が対立している。処分時説によれば、行政決定をコントロールする取消訴訟においては行政庁の許・認可の時点における自然科学的認識水準および発展水準が基準である。すなわち、新しい科学的および技術的認識が生じた場合、第三者効を有する行政処分を撤回するかどうかは、原則として行政庁の裁量であり、そのような新しい認識は取消訴訟では考慮されない。例外は行政庁の裁量余地がゼロに収縮する場合である。[13] これに対して判決時説は、例えば原発の安全措置の不十分などに関する新しい認識・知見は当然考慮すべきであり、施設の安全が疑問視されている場合は判決の時点での科学および技術の水準が基準でなければならないという。[14]

⑥　行政と裁判所の機能分担　　法律の第一次的執行、すなわち具体的場合についての法律の具体化は行政の責務であり、裁判所の責務は事後的な法的コントロール、すなわち行政の行為あるいは不行為を法律の基準に基づいて審査することである。したがって例えば許・認可についても、行政庁はその申請について行政決定の時点における事実および法状態を判断基準とし、裁判所は行政決定をその発布の時点における事実および法状態を基準にして審査する。事実状態および法状態の事後の変動を考慮することは行政の責務である。

しかし訴訟の単純化ないし訴訟経済という理由で、第三者取消訴訟においては、例えば建築主や事業者等に有利となる事実または法状態の変動は考慮すべきであるという主張がなされる。すなわち、処分時説に従って許可、認可が取消されても、直ちに再び許可、認可を要求できる場合は、許可、認可を取消す意味がない。このような場合は基準時を最終口頭弁論時とすべきである。[15] 訴訟経済という視点からも、事実状態が変動し行政処分をもはや維持できない場合には、行政庁に対して行政行為の撤回を求めるよりも、事実状態の変動後の審査を裁判所が自ら取消訴訟の中で行うべきである。[16] この場合、行政庁の第一次判断権は侵害されていない。なぜなら、行政庁は訴訟係属中に事実および法状態の変動を知ることができ、自己の法的立場を審査できる機会をもったからである。この場合、行政庁は係争の行政処分を ex-nunc に取消すことによって、訴訟から降りることができる。[17]

しかし、第三者訴訟の場合には衡平という視点が重要である。建築主または事業者に対し適法に発せられた許可、認可について、許・認可の施設の隣人または周辺住民が理由のない取消訴訟を提起し、たまたま事実または法状態が変動したことにより許認可が取消されたとすれば、これは衡平に反するといえよう。したがって隣人や周辺住民の保護に値する利益の追求は、まず行政庁に対し許認可の取消し撤回を求めることによって行うべきである。行政庁は常にあらゆる事実または法状態の変動並びに自然科学的または技術的進歩に注意を払い、それを確かめ、この変動を適法に許・認可をした施設についても考慮しなければならない。このような変動から、いかなる結果を引き出すかは、第一次的には行政庁の任務であって、裁判所の任務ではない(18)。

（5）　取消訴訟以外の場合

義務付け訴訟や確認訴訟の場合、違法判断基準時は、原則として、判決時（口頭弁論終結時）における事実状態および法律状態である。ただし確認訴訟の場合、原告が主張した時点で法律関係が存在するか否かが重要である。無効確認訴訟の場合は、取消訴訟の場合と同様に、判断基準時は処分時である。不作為の違法確認の訴えの違法判断基準時は判決時であるというのが通説であるが、裁判の長期化を考慮すると、不作為の違法確認の訴えにおける判決時説は基準時のもつ実際的意義を失わせる(19)。

（1）　O. Bachof/R. Stober, Verwaltungsrecht I, 10, Aufl., 1995, §49 Rdn. 57.

（2）　W.R. Schenke, Die verwaltungsbehördliche Aufhebung nachträglich rechtswidrig gewordener Verwaltungsakte, DVBl., 1989, S. 434.

（3）　O. Bachof, Der maßgebende Zeitpunkt für gerichtliche Beurteilung von Verwaltungsakten, JZ, 1954, S, 419.

（4）　橋本公亘「行政処分の違法性判断の基準時」判例評論22号（昭三四）六頁、近藤昭三「違法判断の基準時」行政判例百選Ⅱ（第一版）四〇八頁、宮田三郎「抗告訴訟における行政処分の違法判断基準時」専修大論集三〇号（昭三七）八四頁、可部恒雄「違法判断の基準時」『実務民訴法講座八巻』二三九頁、多賀谷一照「違法判断の基準時」行政判例百選Ⅱ200四一〇頁。

行政処分の瑕疵の治癒を認めることは処分時説を厳格に貫くことができないことを示すという指摘があるが（塩野　宏・『行政法II』一八二頁）、権限および手続規定についての瑕疵の治癒はともかく、違法な行政処分が事実または法状態の変動によって治癒されるという一般原則は存在しないといえよう。

最判昭二七・一・二五民集六巻一号二二頁（＝行政判例百選II200「違法判断の基準時」）は、「行政処分の取消又は変更を求める訴えにおいて裁判所の判断すべきことは係争の行政処分が違法に行われたかどうかの点である。行政処分の行われた後法律改正されたからと言って、行政庁は改正法律によって行政処分をしたのではないから裁判所が改正後の法律によって行政処分の当否を判断することはできない。……改正前の法律にてらして違法であった計画が法律の改正によって適法になる理由はない」と判示した。

最判昭二八・一〇・三〇行集七巻一〇号二三一六頁は、「裁判所が行政処分を取り消すのは、行政処分が違法であることを確認してその効力を失わせるのであって、弁論終結時において、裁判所が行政庁の立場にたって、いかなる処分が正当であるかを判断するのではない。」と判示した。

（5）田中二郎『行政訴訟の法理』一一七頁以下（昭二九・有斐閣）、雄川一郎『争訟』二二九頁以下。

（6）田中二郎『行政法上』三四九頁。これに対しドイツの判決時説は、処分時に適法な行政処分が判決時の事実および法状態を基準とすれば違法になる場合をもっぱら論議の対象とし、このような場合に裁判所は事後の事実および法状態の変動を考慮する権利義務を有するとして、原告の権利保護を目指すものである（O. Bachof, Der maßgebende Zeitpunkt für gerichtliche Beurteilung von Verwaltungsakten, JZ, 1954, S, 418.）。

（7）鈴木庸夫「違法判断の基準時」『行政法の争点』二二九頁、塩野宏『行政法II』一八二頁。

（8）宮田三郎『行政法教科書』一八九頁（平七・信山社）。

（9）C.H. Ule, Verwaltungsprozeßrecht, 9. Aufl., 1987, S. 301ff.

（10）W. Niese, Über den Streitgegenstand der Anfechtungs-und Vornahmeklage im Verwaltungsprozeß, JZ, 1952. S. 353ff.

(11)　雄川一郎『争訟法』二一九頁以下。

(12)　ドイツ環境保護法では、連邦環境保護法の経過規定に基づき、法変動はすべて最終口頭弁論の時点まで考慮されるという解釈がなされている（U. Mager, Der maßgebliche Zeitpunkt für die Beurteilung der Rechtswidrigkeit von Verwaltungsakten, Schriften zum Öffentlichen Recht, Bd. 669, 1994, S. 165f.）。

(13)　R, Breuer, Der maßgebende Zeitpunkt für die gerichtliche Kontrolle atom- und immissionsschutzrechtliche Genehmignungen, DVBl., 1981, S. 305.; W.R. Schenke, Die Bedeutung euner nach Abschluß des Verwaltungsverfahrens eintretenden Veränderung der Rchts- oder Sachlage für die Anfechtung eines Verwaltungsakts, NVwZ, 1986, S. 503.

(14)　B. Bender, Gefahrenabwehr und Risikovorsorge als Gegenstand nukleartechnischen Sicherhietsrecht, NJW, 1979, S. 1431.; H. Jarass, Der Rechtsschutz Dritter bei Genehmigung von Anlagen, JNW, 1983, S. 2849.

なお、原発の施設認可が継続的効果を有する行政行為に当たるかどうかについても判例の対立があるが、連邦行政裁判所は、原子力法七条ａによる予備決定は継続的効果を有する行政行為でないことを明らかにした（BVerwG, DVBl., 1982, 960.）。

高橋　滋「最近の原発安全論争と原発訴訟判決——福島第二原発訴訟控訴審判決をめぐって」判タ七二六号（平二）三四頁、交告尚史「大規模施設と司法審査——原発訴訟を念頭において」公法研究五十三号二〇二頁（平三）。

(15)　G. Buhren, Die Änderung der Sach- oder Rechtslage bei Klagen gegen Verwaltungsakte mit drittbelastender Doppelwirkung, DVBl., 1976, S. 69.

(16)　W.S. Glaeser, Verwaltungsprozeßrecht, 13. Aufl., 1994, §13, Rdn. 527.

(17)　F. Ossenbühl, Die maßgebende Sach- und Rechtslage für die gerichtliche Beurteilung von Ermessenentscheidungen, JZ, 1970, S. 349.

(18)　U. Berger, Grundfragen umweltrechtlicher Nachbarklagen, 1982, S. 208.

(19) 宮田三郎「不作為の違法確認訴訟」ジュリスト九二五号一三二頁(平九)、原野 翹「行政権限の不行使と行政救済」杉村編『救済法2』二二三頁。

第四節 理由の差替え

文献 鈴木康之「処分理由と訴訟上の主張との関係——処分理由の差替えを中心として」『新・実務民訴講座9』、海老沢俊郎『処分理由の差替えと理由付記』同『行政手続法の研究』(平四・成文堂)

(1) 意 義

理由の差替え(Nachshiben von Gründen)とは、理由づけが誤りであり、または不完全である場合に、理由づけを訂正しまたは補完するために、行政処分を発布する際に既に存在していたが、これまで行政庁により主張されなかった法律上または事実上の理由を、訴訟において初めて主張することである。理由の差替えは、原告側が不意打ちを食うという意味で不利益であるが、他方、行政庁が処分前に事実を十分調査していない、あるいは重要な利害について十分考慮していないことを示すという意味で、行政庁の裁量の瑕疵の徴表でもある。(1)

理由の差替えは、行政処分の違法の判断基準時の問題および行政処分の理由づけの追完の問題とは異なる。判断基準時の問題では行政処分をした後の事実上または法律上の関係における変化が問題であるのに対し、理由の差替えでは行政処分をした際に既に存在していたが、これまで主張されなかった事実上または法律上の理由を活用することが問題である。[2] また、理由づけの追完（Nachholens einer Begründung）は、理由づけが提示されずまたは不備である場合に、理由づけの不備を訂正する行政手続法の問題であるのに対し、理由の差替えは、理由が存在しているが内容的に瑕疵ある場合で、行政処分の実体的適法性に関する訴訟法の問題である。[3]

（2）原　則

理由差替えの許容性については、基本的に、二つの考え方がある。

一つは、理由の差替えは訴えの提起後でも原則として許されるというものである。裁判所は、あらゆる事実上および法律上の視点のもとに、行政処分の適法性を審査しなければならないから、行政庁が訴訟において初めて提示した理由も認めるべきである。[4] したがって、行政庁が行政処分をなした際に提示した理由では行政処分を支持できないが、他の事実上または法律上の理由でなら行政処分を適法と見ることができる場合には、裁判所は、訴えを棄却すべきである。[5]

もう一つは、理由の差替えは原則として許容できないというものである。すなわち、行政訴訟では理由の追加だけでなく理由の差し替えも一般的に許されない。行政庁が訴訟の段階において他の理由を持ち出すことができるとすれば、行政手続の段階で理由提示を強制することは無意味になる。無制限に理由の差替えを認めれば、法治国的手続保障の意義は挫折する虞れがあるといえよう。[6]

（3）例　外

理由の差替えについての原則論はそのままでは妥当しない。新しい理由が考慮されないことになると、行政庁は同一の行政行為を別の理由で行ない、相手方は新たに訴えを提起しなければならないから、それは訴訟経済に反する。したがって、実際上の理由からも、理由の差替えを原則として許容せざるをえないが、それは無制限で

はない。次のような場合は例外として理由の差替えは許されないといえよう。(7)

①　理由の差替えは、行政庁が訴訟にいたるまで何らの理由づけも提示していないときは、許されない。理由提示が強制されている場合に（行手八条・一四条）、何らの理由提示もないときは、行政処分は既に違法である。

②　理由の差替えが行政行為の本質的変更になってはならない。(8)行政処分の本質は、それが具体的場合の規律であるという点にある。したがって行政処分が同一の具体的場合についての別の規律、別の具体的場合についての同一の規律となっている場合は、行政処分はその本質において変更したことになる。

③　理由の差替えが、関係人の法的聴聞権または訴訟におけるチャンス平等の原則あるいは行政手続法の原則を侵害する場合は、許されない。(9)

④　裁量決定の場合の理由の差替えは、行政処分の発布の際に存在していた事情の差替えではなくて、新しい行政処分の発布となる。差替えた裁量の理由は、もとの行政処分に瑕疵があったことの徴表である。

（1）　W.-R. Schenke, Verwaltungsprozerßrecht, 2. Aufl., 1994, S. 207; F. Hufen, Verwaltungsprozeßrecht, 5 Aufl.2003. S. 31ff.

（2）　C.H. Ule, Verwaltungsprozeßrecht, 6. Aufl., 1975, S. 239.

（3）　S. Glaeser, Verwaltungsprozeßrecht, 13. Aufl., 1994, S, 299.; W.-R. Schenke, Fn. (1), S. 207.

（4）　最判昭五三・九・一九判時九一一号九九頁は、「一般に、取消訴訟においては別異に解すべき特別の理由のない限り、行政庁は当該処分の効力を維持するため一切の法律上及び事実上の根拠を主張することが許されるものと解すべきである」と判示した。

（5）　S. Glaeser, Fn. (3), S. 300,; H. Maurer, Allgemeunes Verwaltungsrecht, 14. Aufl., 2002, S. 269.

（6）　W.-R. Schenke, Fn. (1), S. 813ff.; H. Meyer/H. Borgs, Verwaltungsverfahrengesetz 3. Aull., 1992, §39, Rn. 34, §45,

Rn. 30.

（7）　F. Hufen, Fn. (1), S. 443f.

（8）　最判昭五六・七・一四民集三五巻五号九〇一頁（＝行政判例百選Ⅱ193「処分理由の差替え(1)—過税処分」）は、「原審が適法に確定したところによれば、……Ｙは、本訴における本件更正処分の適否に関する新たな攻撃防禦方法として、仮に本件不動産の取得価額が七六〇〇万九六〇〇円であるとしても、その販売価額は九四五〇万円であるから、いずれにしても本件更正処分は適法であるとの趣旨の本件追加主張をした、というのであって、このような場合にＹに本件追加主張の提出を許しても、右更正処分を争うにつき被処分者たるＸに格別の不利益を与えるものでないから、一般的に青色申告書による申告についてした更正処分の取消訴訟において更正の理由とは異なるいかなる事実をも主張することができると解すべきかどうかはともかく、Ｙが本件追加主張を提出することは妨げないとした原審の判断は、結論において正当として是認することができる。」と判示した。

東京高判昭五九・一・三一行集三五巻一号三二頁は「公務員に対する懲戒処分の取消訴訟においては、処分権者は、処分理由説明書に記載されていない事由は、処分の理由として主張することが許されないとの考え方に立つときは、被控訴人は、本訴において控訴人の右収賄行為自体を本件処分の理由として主張することはできないとする余地が生ずる。しかしながら、仮に右のような考え方を前提としても、少くとも、社会通念からして処分理由説明書に記載された事実と基本的に同一の事実であると認められる事実であつて、処分の当時に処分権者がその存在を認識し、処分の理由とする意志を有していた事実については、それが処分理由説明書に記載されているとはいえない場合であつても、処分権者が、処分の取消訴訟の段階で、これを処分の理由として主張することは当然許されるものというべきである。」と判示した。

最判平一一・一一・一九民集五三巻八号一八六二頁（＝行政判例百選Ⅱ194「処分理由の差替え(2)——情報公開」）は、「(判例要旨) 情報公開条例において非公開決定の通知に併せてその理由を通知すべきものとしている目的は、非公開の理由を具体的に記載して通知させること自体をもって実現されるので、一たび通知書に理由を記載した以上、実施機関が当該理由以外の理由を非公開決定処分の取消訴訟において主張することを許さないとする趣旨を含むものではない。」と判示した。

(9)　塩野　宏『行政法Ⅱ』一五九頁。

第二章　確認訴訟の審理

第一節　無効等確認の訴え

（1）　行政処分の無効

無効確認訴訟は行政処分が無効の場合に訴えの理由がある。行政処分が無効かどうかは本案の問題である。無効確認判決は宣言的な効果があるにすぎない。行政処分の無効とは、一般的には、行政処分に重大かつ明白な違法がある場合である(1)(2)。

（2）　権利（＝法律上の利益）の侵害

無効の行政処分には何らの効果もないから、理論上は、法律上の利益を侵害される名宛人も存在しない。しかし無効の行政処分から、行政処分の名宛人または第三者の法律上の利益に事実上または外見上の効果が生じ、それによって原告の法律上の利益が侵害されていることが必要である。無効確認訴訟は、準取消訴訟であって、民衆訴訟ではないからである(3)。

（3）　取消訴訟に関する規定の準用

無効等確認訴訟には、取消訴訟の審理に関する規定のうち、行訴法三八条一項により、関連請求に係る訴訟の移送（一三条）、請求の客観的併合（一六条）、共同訴訟（一七条）、第三者による請求の追加的併合（一八条）、原告による請求の追加的併合（一九条）、訴えの変更（二一条）、第三者の訴訟参加（二二条）、行政庁の訴訟参加（二三条）、職権証拠取調べ（二四条）が、行訴三八条三項により、釈明処分の特則（二三条の二）が、それぞれ準用される。

無効等確認訴訟の仮の救済については、行訴法三八条三項により、執行停止に関する規定（二五条〜二九条）、執行停止決定等に関する第三者効の規定（三二条二項）が準用される。

無効等確認訴訟の判決については、行訴法三八条一項により、判決の拘束力（三三条）、訴訟費用の裁判の効力（三五条）の規定が準用されているが、取消訴訟の第三者効の規定および事情判決に関する規定は準用されていない。しかし、無効等確認判決についても、第三者効を認める必要があるとする学説があり、また無効等確認訴訟について事情判決が必要であるとするものもある。(4)

（1）　行政処分の無効については、宮田三郎『行政法総論』二五三頁以下（平九・信山社）を見よ。

（2）　最判昭三四・九・二二民集一三巻一一号一四二六頁（＝行政判例百選Ⅰ80「重大明白な瑕疵」）は、「自作農創設特別措置法五条五号により買収除外の指定をすべきものをこの指定をしないで買収することは違法であり、従って取消事由となるが、それだけでは、当然に、重大・明白な瑕疵として無効原因となるわけではない。すなわち無効原因となる重大・明白な違法とは、処分要件の存在を肯定する処分庁の認定に重大・明白な誤認があると認められる場合を指すものと解すべきである。たとえば、農地でないものを農地として買収することは違法であり、取消事由となるが、それだけで、当然に、無効原因があるといい得るものではなく、無効原因があるというためには、農地と認定したことに重大・明白な誤認がある場合（たとえば、すでにその地上に堅固な建物の建っているような純然たる宅地を農地と誤認して買収し、その誤認が何人の目にも明白であるというような場合）でなければならない。従って、無効原因の主張としては、誤認が重大・明白であることを具体的事実（右の例でいえば地上に堅固な建物が建っているような純然たる宅地を農地と誤認して買収したということ）に基づいて主張すべきであり、単に抽象的に処分に重大・明白な瑕疵があると主張したり、若しくは、処分の取消原因が当然に無効原因を構成するものと主張することだけでは足りないと解すべきである。」と判示した。

（3） F. Hufen, Verwaltungsprozeßrecht, 5. Aufl., 2003, S. 348ff.

（4） 本書三三六頁参照。

第二節　不作為の違法確認の訴え

不作為の違法確認の訴えは、行政庁の違法な不作為によって、自己の法律上の利益（＝申請権）が侵害された場合に、理由がある。

（1） 申請権（法令に基づく申請）の侵害

「法令に基づく申請」とは、法令によって特定の者に申請権が認められ、行政庁に右申請に対し応答義務がある場合をいう。法令上、申請権について明文の規定がある場合に限らず、法令の解釈上申請権のある場合をも含むとするのが通説・判例である。[1]

法令とは、法律に限定されず、条例、委任立法による規則および法規的性質を有する行政規則（例えば、国立大学の学部規則）まで含まれる。「要綱」に基づく（給付）申請については判例・学説とも結論が別れている。[2]

（2） 不作為の違法（相当期間の経過）

行政庁の不作為が違法となるのは、行政庁の応答義務を前提にし、不作為が「相当の期間」を経過した場合である。これは本案の問題である。「相当の期間」は、行政手続法による標準処理期間が設定されている場合には（行手六条）、それが重要な判断基準になるが、結局、行為の種類、性質等によって画一的に決することはできず、具体的事案ごとに判断せざるを得ない。(3)

相当期間の経過、すなわち不作為の違法を判断する基準時については、学説・判例とも一致して、判決時（口頭弁論終結時）であるとする。しかし、裁判の長期化を前提にすれば、通常の場合、相当期間経過についての判決時説は実際的意義がない。訴えの申立ての内容により、基準時を決すべきであろう。

（3）　取消訴訟に関する規定の準用

不作為の違法確認訴訟については、行訴法三八条一項により、関連請求に係る訴訟の移送（一三条）、請求の客観的併合（一六条）、共同訴訟（一七条）、第三者による請求の追加的併合（一八条）、原告による請求の追加的併合（一九条）、訴えの変更（二一条）、第三者の訴訟参加（二二条）、行政庁の訴訟参加（二三条）、職権証拠調べ（二四条）の規定が準用される。

取消訴訟の執行停止に関する規定の準用はない。不作為の違法確認訴訟の判決について、行訴法三八条一項は、拘束力（三三条）の規定を準用している。

（1）　杉本良吉『解説』一八頁、市原昌三郎「抗告訴訟の類型」『行政法講座三巻』一一五頁、加藤泰守「行政庁の不作為に対する救済」『行政法講座三巻』一三一頁。

京都地判昭五〇・三・一四判時七八五号五五頁は、「不作為の違法確認の訴えの原告適格者は、処分又は裁決について申請権を有するかどうかにかかわりなく、現実に申請した者であることを要し、かつこれをもって足りると解すべき（である）。」、「地方税法によって市町村に備えなければならないものと義務づけられた固定資産課税台帳の課税標準価格について、国民は市町村長に対し、評価証明書に記載された事項が右課税台帳に登録されている事項と同一であることを認証した評価証明書の交付を申請し得ることが地方税法上の制度として認められているものというべく、この制度を利用した評価証明書交付申請は法令に基づくもので、原告には申請権があると認めるのが相当である。」と判示した。

（2）　大阪高判昭五四・七・三〇行集三〇巻七号一三五二頁は、地方公共団体の妊産婦対策費支給要綱に基づく申請について、「行訴法三条五項にいわゆる『法令に基づく申請』とされるためには、その申請権が法律の明文によって規定されている場合だけでなく、法令の解釈上、該申請につき、申請をした者が行政庁から何らかの応答を受け得る利益を、法律上保障されている場合をも含むと解すべきであり、本件のように、その支給・不支給の決定権限を自らが有するとなす被控訴人が、その給付手続について定めた本件要綱に申請制度を採用している場合においては、右申請制度を含めた本件給付制度の総体について、その制度の趣旨、目的を探り、そこから該申請に対し、被控訴人が行政庁として応答をなすべきことが一般法理上義務付けられると認められる場合においては、本件申請（制度）は、行訴法三条五項にいう『法令に基づく申請（制度）』となり、これに対する被控訴人の応答（支給・不支給の決定）は自ずと処分性を具備するものと解するのが相当である。」と判示した。

　その他、法令に当たるとした判例として、進学奨励金および入学支度金等支給要綱に基づき市教育長に対してした給付申請につき福岡地判昭五三・七・一四判時九〇九号三八頁があり、法令に当たらないとする判例としては、特別就学奨励費執行要項に基づく入学支度金の支給申請につき大阪地判昭五三・五・二六判時九〇九号二七頁や購入費助成金支給要綱に基づく保育所児童服装品および保育用品の交付申請につき大阪地判昭五三・五・二六行集二九巻五号一〇五三頁などがある。

（3）　東京地判昭三九・一一・四行集一五巻一一号二一六八頁（＝バス運賃値上げ事件）は、「法令に基づく申請に対し行政庁がなんらかの処分をなすべき相当の期間の経過の有無は、その処分をなすに通常必要とする期間を基準として判断し、通常の所要期間を経過した場合には原則として行政庁の不作為は違法となり、ただ右期間を経過したことを正当とするような特段の事情がある場合には違法たることを免れるものと解するのが相当である。」と判示した。

熊本地判昭五一・一二・一五判時八三五号三頁（＝公害・環境判例（第二版）14「熊本水俣病認定不作為事件」）は、「およそ不作為の違法確認の訴えは、申請者らの地位の不安定を早急に解消することを目的とするものであり、右訴えにおける相当の期間とは、行政庁が当該処分をなすにつき通常必要とする期間を基準として、既に右期間を徒過した場合には特別の事情のない限り行政庁の不作為を違法とするものであることはいうまでもない。しかしながら、未だ必ずしも相当期間を経過していない場合といえども、次の如き場合、即ち、①申請後ある程度の期間を経過したにもかかわらず、行政庁が将来いかなる期間に処分をなすかが全く不確定・不明であり、②かつ右処分に至るまでの期間が相当期間を経過することが確実であり、③しかも以上の状態が解消される見込みがない場合においても、申請者らの地位の不安定は、既に相当の期間を経過した場合と異なることなく、このような場合には行政庁の措置（不作為）を違法と解するのが相当である。」と判示した。

熊本地判昭五八・七・二〇判時一〇八六号三三頁は、「不作為が違法とされるのは、申請から相当の期間を経過したのに処分をしない場合であるから、右その余の原告らにつき、申請後直ちに知事の不作為の違法状態が生じたとするわけにはいかないが、前記争いのない事実から窺い得るとおり不作為判決の口頭弁論終結時において、右判決の原告らのうち最も遅く申請した原告につき申請時からほぼ二年を経過していたことに照らし、右その余の原告らについても、それぞれ申請時から遅くともほぼ二年を経過した時点において、知事の不作為の違法状態が生じ、その後処分がなされた原告らについては処分時まで、その余の原告らについては本件口頭弁論終結時まで、右違法状態が継続したものと認めるのが相当である。」と判示した。

第三章　義務付け訴訟の審理

第一節　義務付け訴訟

義務付け訴訟は、一定の行政処分をなすべきことを求める請求権ないし法律上の利益が侵害されたとするときに、訴えの理由がある。

（1）　訴えの理由

直接型義務付け訴訟は、原告が特定の行政処分をなすべきことを求める請求権、または一定の行政処分のなすべきことについての適切な裁量決定を求める請求権を有する場合に、訴えの理由がある。また申請型義務付け訴訟は、原告が特定の行政処分の拒否または放置によって自己の権利ないし法律上の利益が侵害され、かつ事案が判決に熟している場合に、訴えの理由がある。

訴えに理由がある場合、裁判所は、判決によって自ら行政処分を行うのではなく、行政庁に対し一定の行政処分をなすべき旨を命ずる義務付け判決を下す。行政処分をなすことが行政庁の裁量にあり、これが具体的場合にゼロに収縮せず、判決に熟していない場合には、裁判所の法的見解を尊重して、実体的決定をなすべき旨を義務付ける再決定指令判決（Bescheidungsurteil）を下す。義務付け訴訟の対象は、行政処分をなすべきことを求める請求権であるとともに、当該処分の拒否または不作為の違法性の確定である。

（2）　判決に熟していること

判決に熟しているというのは、請求についての終局的な裁判をするための事実上および法律上の要件がすべて存在していることを意味する。判決に熟していない場合は、訴えは理由なしとして棄却される。裁判所は、事案について判決が可能になるよう釈明権を行使し、事案の解明に尽くすべきである。しかし、求められている行政処分が行政庁の裁量にある場合には、裁判所は行政庁に代わって裁量を行使することができないから、結局、事案は判決に熟しないということができる。この場合は、裁判所は、行政庁が裁判所の法的見解を尊重して実体的決定をなすべき旨の宣言（再決定指令判決）をしなければならない。

要するに、羈束された行政処分の場合には、通常、判決に熟しており、したがって義務付け判決がなされるが、行政裁量が認められている場合には、通常、判決に熟せず、したがって再決定指令判決がなされることになる。

（3）　取消訴訟に関する規定の準用

直接型義務付け訴訟の審理手続について、取消訴訟の規定が準用されるのは、関連請求に係る訴訟の移送（一三条）、請求の客観的併合（一六条）、共同訴訟（一七条）、第三者による請求の追加的併合（一八条）、原告による請求の追加的併合（一九条）、訴えの変更（二一条）、第三者の訴訟参加（二二条）、行政庁の訴訟参加（二三条）、執権証拠調べ（二四条）である（三八条一項）。

申請型義務付け訴訟の審理については、直接型義務付け訴訟の場合と同様である。

第二節　差止訴訟

行政処分に対する差止訴訟は、差し迫っている行政処分が違法であり、それによって原告の法律上の利益が侵害される場合、すなわち、実体法上の差止請求権が原告に帰属する場合に、訴えは理由がある。

（1）　差し迫っている行政処分の違法性

差し迫っている行政処分が違法でなければならない。違法性は判決の時点で明らかでなければならない。

（2）　法律上の利益（権利）の侵害

法律上の利益の侵害は現実に差し迫っていなければならないが、実際に生じている必要はない。差止請求権は、法律に根拠規定がない場合には、法律の趣旨あるいは基本的人権などから推論しなければならない。

（3）　判決に熟していること

予防訴訟は将来の処分に対する防禦訴訟であって、行政庁を一定の行為に義務づけるものではないから、違法性および権利侵害が認定できれば、判決に熟しているということができる。

（4）　取消訴訟に関する規定の準用

差止訴訟の審理手続について、取消訴訟の規定が準用されるのは、義務付け訴訟の場合と同様である。

第四章　その他の訴訟の審理

（1）一般的取消訴訟

一般的取消訴訟は、行政処分以外の高権的な行政作用の作為または不作為が違法であり、それによって原告が主張した法律上の利益が実際に侵害されたときに、訴えの理由がある。

（2）一般的給付訴訟

一般的給付訴訟は、原告が被告に対し行為を求める請求権を有する場合に、訴えの理由がある。この場合、訴えの理由の有無の審査は単純である。公法上の給付請求権は法律、行政行為または公法契約から生じるが、多くの場合、法律を具体化する授益的行政処分によって承認される。給付請求権の法的根拠が存在し、原告がその要件を満たした場合に給付の拒絶は権利侵害である。その場合、事実関係が十分明らかでない場合、行政庁に裁量の余地がある場合などは、事案は判決に熟していないといえよう。

一般的差止訴訟または一般的防禦訴訟は消極的な給付訴訟である。その訴えの理由の有無については、法律の規定がない。一般的差止訴訟は繰り返し行われる事実上の侵害および障害に対する予防的防禦である。これは現代型訴訟であって、その意義は増大しているが、一般的差止請求権の根拠となる実体法の規定は満足すべき状態にない。したがって、憲法の基本的人権から直接構成するか、民事上の妨害排除請求権に類似した公法上の妨害排除請求権を構成する必要がある。(1)

（3）　一般的確認訴訟

一般的確認訴訟の理由の有無は複雑である。確認訴訟に共通なのは、それが宣言的判決であることである。裁判所は、形成も義務付けもせず、ただ法状態を確認するにすぎない。予防的確認訴訟は将来の行為に対する防禦訴訟である。法律関係の意図的な変更または差し迫った行為が違法で、それによって原告の法律上の利益が侵害されるであろう場合に、訴えの理由がある。違法性と法律上の利益の侵害を確認したとき、訴えは判決に熟している。違法性は判決時に存在しなければならない。

（1）　公法上の妨害排除請求訴訟は、内容的には、権力的妨害排除訴訟（塩野　宏『行政法II』一九三頁以下）に近似している。ただ、権力的妨害排除訴訟は、法定外抗告訴訟として位置づけられているのに対し、公法上の妨害排除請求訴訟は、行政処分を媒介しない高権的な権利侵害に対する防禦訴訟として位置づけられる。

第五章　仮の権利保護

文献

今村成和「執行停止と仮処分」『行政法講座三巻』、植村栄治「行政訴訟における仮の救済（一）～（四）」法協九三巻七・九・一一号・九四巻二号（昭五一～五二）、広岡　隆『行政強制と仮の救済』（昭五二・有斐閣）、園部逸夫「公権力の行使と仮処分」『行政法の争点（旧版）』、利光大一「仮の救済」『現代行政法大系5』、仲江利政「公権力の行使と仮の救済」『新・実務民訴講座⑽』、藤田・井関・砂糖『行政事件訴訟法に基づく執行停止をめぐる実務上の諸問題』（昭五八・法曹界）、阿部泰隆「抗告訴訟における仮救済制度の問題点」同『行政救済の実効性』（昭六〇・弘文堂）、藤田耕三「執行停止および仮処分」渡部・園部編『体系』（昭六〇・西神田編集室）、岡村周一「仮の救済」ジュリスト九二五号（平元）、山田二郎「執行停止」園部編『注解』、村上武則「仮の権利保護」杉村編『救済法1』、山下義昭「実務的な権利保護と仮救済」福岡法学論叢四〇巻三・四号（平八）、野呂　充「仮の救済」、金子正史「執行停止」南・高橋編『条解』、園部・芝池編『理論と実務』（平一八・ぎょうせい）

田中二郎「行政処分の執行停止と内閣総理大臣の異義」同『行政争訟の法理』（昭二九・有斐閣）、杉本良吉「内閣総理大臣の異義」別冊ジュリスト・続判例展望（昭四八）、植村栄治・武田真一郎「執行停止と内閣総理大臣の異議」『行政法の争点』、佐藤英善「内閣総理大臣の異議」ジュリスト九二五号（平元）、村山裕章「執行停止と内閣総理大臣の異議」『行政法の争点（第三版）』

第一節　序説

仮の権利保護とは、本案訴訟が確定するまでの間、原告の権利利益を暫定的に保護するための制度をいう。憲法は包括的かつ実効的な権利保護を保障していると考えられるが、実効的権利保護は当然に仮の権利保護の可能性を含むものでなければならない。権利保護の実効性は時間的ファクターに依存し、遅すぎる権利保護は役に立たない。とくに侵害行政においては、本案訴訟が確定するまでの間に、原状回復の困難な既成事実が創られることを阻止できるかどうか、また給付行政の領域において、仮の給付が受けられる地位を認められるかどうかの問題が重要であり、これが暫定的な仮の権利保護のシステムである。本案訴訟が行政作用の客観的法コントロールを目的とすべき場合、仮の権利保護は論理的に不可欠のシステムではない。仮の権利保護は本案訴訟が個人の権利保護を目的とする場合に不可欠のシステムである[1]。さらに、行政実体法においては、違法な行政処分についても有効性の原則が妥当する。違法な行政処分の有効性を除去するためには取消訴訟を提起しなければならないが、取消訴訟についての最終的判断が出るまで、国民の原状が保護されなければならない。仮の権利保護の制度は違法な行政処分の暫定的有効性を承認するための法的相関概念である[2]。

仮の権利保護には、本案訴訟において取消訴訟が提起されているか、その他の訴訟が提起されているかに応じて、基本的に二種類のシステムがある。執行停止手続と仮命令手続である。取消訴訟の場合には、侵害的行政処分が執行されることを阻止することが重要であり、それが執行停止手続である。確認訴訟、義務づけ訴訟、一般的給付訴訟などの場合には、裁判所は、行政庁に対し、それぞれの請求に応じて係争の権利または法律関係についての仮の地位を定める仮命令を発することができなければならない。これが仮命令手続である。(3)

行政事件訴訟法は、例外的に執行停止手続を認め、さらにその例外として内閣総理大臣の異議の制度を認めている。また、平成一六年の改正によって、義務付け訴訟と差止訴訟における仮の権利保護として、仮の義務付け・仮の差止めの制度が新設された。

第二節　執行停止手続

(1)　執行不停止の原則

行政事件訴訟法二五条一項は、「処分の取消しの訴えの提起は、処分の効力、処分の執行又は手続の続行を妨げない。」と規定し、執行不停止の原則をとっている。(4)

執行不停止の原則をとる理由として、執行停止の原則をとった場合は行政の円滑な運営が阻害され、濫訴の弊害が生じるおそれがあることが挙げられ、通説は、執行停止の原則と執行不停止の原則のいずれをとるかは立法政策の問題であるとしている。(5)しかしそれは、立憲的な行政権重視の立法政策であるとしても、実効的な権利保護を目指す実質的法治国家の立法政策ではない。(6)

（２）例外――執行停止

執行停止は執行不停止の原則に対する例外として認められる。行政事件訴訟法二五条二項は、「処分の訴えの提起があった場合において、処分、処分の執行又は手続の続行により生ずる重大な損害を避けるため緊急の必要があるときは、裁判所は、申立てにより、決定をもって、処分の効力、処分の執行又は手続の続行の全部又は一部の停止（以下「執行停止」という。）をすることができる。ただし、処分の効力の停止は、処分の執行又は手続の続行の停止によって目的を達することができる場合には、することができない。」と規定する。

⑴　要　件

①　手続的要件として、執行停止が認められるためには、本案訴訟である取消訴訟等が適法に係属していることが必要である。本案訴訟としては、取消訴訟のほか、無効等確認訴訟（行訴三八条三項）、民衆訴訟や機関訴訟で処分または裁決の取消しや無効の確認を求めるもの（行訴四三条一項・二項）でもよい。

また、執行停止には常に申立人（原告）による申立てが必要である。執行停止の申立人適格は、本案訴訟の原告適格と同様、「法律上の利益を有する者」（行訴九条）である。

②　実体的要件として、積極要件と消極要件がある。積極要件は、「重大な損害を避けるため緊急の必要がある」ことであり（行訴二五条二項）、「重大な損害を生ずるか否かを判断するに当っては、損害の回復の困難の程度を考慮するものとし、損害の性質及び程度並びに処分の内容及び性質をも勘案するものとする。」と規定されている（行訴二五条三項）。「重大な損害」は、従前の「回復困難な損害」を改訂したものである。「回復の困難な損害」は、原状回復不能または金銭賠償不能の損害はもちろんのこと、たとえ金銭賠償が可能であっても、社会通念上、金銭賠償だけで損害が填補され得ないと考えられるような著しい損害も含まれると解されていた。「重

大な損害」は、損害の回復の困難性だけでなく、損害の程度に重点を置いたものということができる。何が「重大な損害」であるかは、具体的ケースごとに判断されなければならない。(7)重大な損害が存在または発生する場合には、執行停止の「緊急の必要」が認められると解されており、「重大な損害」と「緊急の必要」とは、それぞれ別個に判断されるのではなく、両者は一体として判断されよう。(8)

消極要件は、「執行停止は、公共の福祉に重大な影響を及ぼすおそれがあるとき、又は本案について理由がないとみえるときは、することができない。」と規定されている（行訴二五条三項）。「公共の福祉に重大な影響を及ぼすおそれがある」場合および「本案について理由がないとみえる」場合には、執行停止はできない。違法な行政処分の執行には、原則として、公益は存在しないが、執行すべき行政処分が適法か否か疑わしい場合にはこの実体的要件の認定は具体的なケースごとに比較衡量に基づいて判断される。執行停止手続における「公共の福祉」は、申立人の行政処分の阻止利益と行政庁側の行政処分の貫徹利益という視点に基づくのではなく、申立人の執行延期利益と行政庁側の即時執行利益という視点に基づいて判断されるべきである。行政処分の阻止利益と貫徹利益は本案訴訟たる取消訴訟に関連する。公益に重大な意義を有する行政処分が、常に、即時執行を必要とするとは限らないのである。(9)

また、「本案について理由がない」場合、すなわち申立人の本案敗訴が確実である場合には、執行停止を認める必要がない。(10)しかし本案について理由のあることを申立人が積極的に疎明する必要はなく、行政庁側に疎明責任があるとされている。(11)ただ、執行停止決定によって紛争が事実上決着する、いわゆる「満足的執行停止」の場合は問題の処理が難しい。(12)

(2) 内容と効果

①　内　容　行政事件訴訟法は、執行停止につき、処分の効力の停止、処分の執行の停止および手続の続行の停止の三種類を定めている（二五条二項）。処分の執行の停止とは処分の実現を強制する執行力の停止をいう。例えば、退去強制の執行の停止、代執行の停止等である。手続の続行の停止とは、本案の取消訴訟で取消しを求められている行政処分の後続処分の差止め、あるいはその後続処分の執行の停止をいう。例えば、課税処分の取消訴訟を本案とする滞納処分の差止め、農地買収処分の取消訴訟を本案とする農地売渡の中止等である。処分の効力の停止は、最も広い観念であり、「処分の執行又は手続の続行の停止によって目的を達することができる場合には、することができない。」（行訴二五条二項ただし書）。処分の効力の停止は、強制執行を要しない処分の場合に認められ、例えば、公務員の免職処分や営業許可の取消処分等の効力停止がこれに当たり、既に行われた行為の仮の取消しである。

執行停止の対象となるのは、既に行われた侵害的な行政処分の効力・執行またはそれを前提とする手続の続行だけである。したがって、例えば旅券発給拒否処分、生活保護開始申請却下処分および各種営業の不許可処分等のように、申請に対する不許可処分ないし拒否処分は執行停止の対象とならず、執行停止の申立ての利益がなく、申立てを却下するのが確立した判例である。(13)　執行停止の決定には行訴法三三条二項・三項の準用がないので（同四項）、行政庁に申請に係る審査義務が生じない。したがって執行停止決定の利益がないことになる。このような場合に、積極的に係争の権利または法律関係について仮の地位を定める保全措置を行うためには仮命令手続、すなわち「仮の義務付け」によることになろう。

②　効　果　執行停止の効果は将来に向かってのみ生ずるというのが通説・判例であるが、(14)　必ずしも将来に向かってのみと限定すべきではなく、個人の権利利益の保護という目的に合致するように、処分のときに遡って

効力を停止させる場合があって良いという見解もある[15]。

また、執行停止の決定は第三者に対しても効力を有し（行訴三二条二項）、その事件について当事者たる行政庁その他の関係行政庁を拘束する（同三三条四項）。

なお、執行停止の決定が確定した後、その理由が消滅し、その他事情が変更したときは、裁判所は、相手方の申立てにより、決定をもって、執行停止の決定を取り消すことができる（行訴二六条）。事情変更による執行停止の取消しの効果は、つねに将来に向かってのみ生じる。

③　手　続　執行停止は、「申立て」を必要とし、裁判所の「決定」によって行われる（行訴二五条二項）。被申立人は本案訴訟の被告であり、管轄裁判所は本案の係属する裁判所である（同二八条）。執行停止の決定は疎明に基づいて行われ（同二五条五項）、申立ても疎明を必要とする。また、執行停止の決定は、口頭弁論を経ないですることができるが、その場合あらかじめ当事者の意見をきかなければならない（同二五条六項）。

執行停止の申立てに対する決定に対しては、それに不服がある者は、原裁判所を管轄区域とする高等裁判所に即時抗告をすることができる（同二五条七項）。即時抗告は、執行停止の決定の執行を停止する効力を有しない（同二五条八項）。

（３）　例外の例外——内閣総理大臣の異議

内閣総理大臣の異議の制度は、内閣総理大臣に執行停止の申立ておよび執行停止の決定に対する異議を述べることを認め、内閣総理大臣が異議を述べたときは、裁判所は、執行停止をすることができず、また、すでに執行停止の決定をしているときは、これを取り消すべきものとする制度である（行訴二七条）。この制度は、行政事件訴訟特例法が創設し、現行の行政事件訴訟がその基本原則を承継したものであるが、執行停止をするか否かが、最終的には、内閣総理大臣に委ねられているという点で問題の制度である。

(1)　異議の要件および手続

①　内閣総理大臣が異議を述べる時期は、執行停止決定の前後を問わない（同二七条一項）。

②　異議には理由を付さなければならない（同条二項）。異議の理由においては、内閣総理大臣は、「処分の効力を存続し、処分を執行し、又は手続を続行しなければ、公共の福祉に重大な影響を及ぼすおそれのある事情」を具体的に示さなければならない（同条三項）。この点について、裁判所は審査権を有しないと解されている。[16]

③　内閣総理大臣は、「やむをえない場合でなければ」異議を述べてはならず、また、異議を述べたときは、「次の常会において国会にこれを報告しなければならない」（同条六項）。しかし、議院内閣制のもとでは、国会の監督機能は期待できないであろう。

(2)　異議の効果

内閣総理大臣が異議を述べた場合、執行停止決定前であれば、裁判所は、執行停止の申立てを却下するを要し、執行停止決定後であれば、これを取り消さなければならず（同条四項）、取消しによって遡及的に停止決定が無効となる。

(3)　内閣総理大臣の異議制度の合憲性

合憲説は、行政処分を執行するか否かは、本来、行政権の作用に属し、司法権の作用に含まれないので、裁判所の執行停止権限に制限を加えても司法権の侵害にならないとする。[17] これに対し違憲説は、執行停止決定は裁判所の行う司法的措置であり、本来、司法権に属し、有効な仮の権利保護の実現は裁判を受ける権利（憲三二条）に不可欠であり、司法権に対する行政権の不合理な介入を認めるものであるとする。[18] しかし問題は、行政権による司法権の侵害か否かという立憲的な視点でとらえるべきではなく、実効的な権利保護を無効にする行政措置が許容されるか否かという権利保護の視点でとらえるべきである。違憲説が正当であり、この制度は廃止されるべきであろう[19]。

（1）　C.H. Ule, Verwaltungsprozeßrecht, 6. Aufl., 1975, S. 283; K. Stern, Verwaltungsprozessuale Probleme in der öffentlich-rechtlichen Arbeit, 8. Aufl., 2000, S. 135ff.; F. Schoch, §80 [aufschiebende Wirkung] Rdn. 10ff. in: Schoch/Schmidt-Aßmann/Pietzner, VwGO, Kommentar, stand, 2004.

（2）　宮田三郎『行政法総論』二四一頁（平九・信山社）。

（3）　R. Pietzner/M. Ronellenfitsch, Das Assessorexamen im Öffentlichen Recht, 11. Aufl., 2005, S. 659ff.

（4）　わが国においては、戦前の行政裁判法二三条が、「行政訴訟ハ法律勅令ニ特別ノ規程アルモノヲ除ク外行政廳ノ處分又ハ裁決ノ執行ヲ停止セス但行政廳及行政裁判所ハ其職権ニ依リ又ハ原告ノ願ニ依リ必要ト認ムルトキハ其處分又ハ裁決ノ執行ヲ停止スルコトヲ得」と規定し、以来一貫して、行政訴訟法は執行不停止の原則をとってきた。

（5）　田中二郎『行政法上』三三六頁、雄川一郎『争訟法』一九八頁、今村成和「執行停止と仮処分」『行政法講座三巻』三〇九頁、広岡　隆『行政強制と仮の救済』三一〇頁（昭五二・有斐閣）など。

　通説に対して、執行停止についていずれの原則を採用するかは、単純な立法政策の問題ではなく、立法者が基本的人権の実効性の担保と機能を顧慮して決すべき問題であるという批判がある（東條武治「行政事件訴訟と仮の権利保護」南・原田・田村編『新版行政法(2)』二二七頁・昭六一・有斐閣）。

（6）　アメリカ（一九六七年の合衆国連邦行政手続法七〇五条）やフランス（コンセイユ・デタに関する一九六三年七月三〇日のデクレ五四条）は執行不停止の原則をとっており、ドイツ（一九六〇年の西ドイツ行政裁判所法八〇条）は取消訴訟の提起とともに自動的に停止の効力が生じる執行停止の原則をとり、例外として停止の効力が生じない場合を法律に列記している。

さらにドイツでは、仮命令（einstweilige Anordnung）の制度があり（行政裁判所法一二三条）、現状の変更により、申立人の権利の実現が不可能になるか、あるいは著しく困難となるおそれがあるときは、本案裁判所は申立てにより係争物に関する仮命令を発することができ、また、とくに継続的法律関係において重大な不利益を避け、若しくは急迫な強暴を防ぐため、又はその他の理由に基づき必要と認められるときは、仮の地位を定める仮命令を発することができる。かくして、例えば社会扶助を受ける地位や教育関係上の仮の地位を定めるなど、求められている行政処分がなされたと同様な法状態を仮に形成することができるという点が、ドイツ法の大きな特徴といえよう。

(7)　杉本良吉『解説』八八頁。

回復困難な損害―平成一六年の改正前の行訴法二五条二項の要件

最決平一五・三・一一判時一八二二号五五頁は、「弁護士に対する戒告処分は、それが当該弁護士に告知されたときにその効力が生じ、告知によって完結する。日本弁護士連合会会則に基づいて行われる公告は同処分の続行手続等ではなく、これにより弁護士としての社会的信用等が低下することは『回復の困難な損害』に当たらない。」と判示した。

東京高決平一五・一二・二五判時一八四二号一九頁（＝圏央道あきる野ＩＣ代執行手続執行停止事件）は、「（決定要旨）明渡裁決の執行（代執行手続の続行）により、新たな場所への転居を余儀なくされても、現住所と経済的、社会的、文化的に同一な地域社会に移転することは十分可能であり、転居による精神的、肉体的負担も土地建物に対する金銭賠償により十分填補（てんぽ）することができるから、『回復困難な損害』を被るとは認められない。」と判示した。

東京高決昭四一・五・六行集一七巻五号四六三頁（＝都留文科大学懲戒免職事件）は、「回復困難な損害」とは、原状回復又は金銭賠償が不能な場合ばかりでなく、例え終局的には金銭賠償が可能でも社会通念上そのことだけでは填補されないと認められるような著しい損害を被ることが予想される場合も含む、と判示した。

最決平一六・五・三一判時一八六六号二四頁は、「退去強制令書の収容部分の執行により被告収容者が受ける損害は、当然には、『回復の困難な損害』に当たらない。」と判示した。

東京高決平一四・六・一〇判時一八〇三号一五頁は、「(決定要旨) 法の規定に基づき退去強制を受ける相手方が収容場等に収容されることにより、一定の限度で自由が制限されることやその収容自体がもたらす精神的苦痛等の不利益を被ったとしても、そのような自由の制限や精神的苦痛等の不利益が収容の結果通常発生する範囲にとどまる限りにおいては、『回復の困難な損害』には該当しない。」と判示した。

東京高決平一六・三・三〇判時一八六二号一五一頁は、「市立保育所の民営化の方針に伴い、条例改正により市立保育所が廃止されても、新たに設置運営される保育所において、おおむね同水準の保育を受けることが可能であるから、『回復の困難な損害』が生ずるとは言えない。」と判示した。

札幌高決昭四二・九・二五行集一八巻八＝九号一二一一頁は、出入国管理令第二四条第四号ルに基づく退去強制処分の執行停止申立てにつき、「(決定要旨) 収容の限度での執行によっても事業経営の破綻を招来するおそれがあるほか、その財産整理に関しても著しく不利な立場に立たされるとして、回復の困難な損害な生ずるおそれがあり、かつこれを避けるため緊急の必要がある」と判示した。

最決昭五二・三・一〇判時八五二号五三頁（＝行政判例百選Ⅱ201「退去強制令書執行と裁判を受ける権利」＝インド人強制送還執行停止事件）は、「仮に抗告人［X］が本案について一審において敗訴した結果本件令書が執行され、その本国に強制送還されたとしても、抗告人［X］は、それによって直ちにわが国において本案について上訴して裁判を受ける権利を失うわけではない。もっとも、抗告人［X］が本国に強制送還され、わが国に在留しなくなれば、みずから訴訟を追行することは困難となるを免れないことになるが、訴訟代理人によって訴訟を追行することは可能であり、また、訴訟の進行上当事者尋問などのため抗告人［X］が直接法廷に出頭することが必要となった場合には、その時点において、所定の手続により、改めてわが国への上陸が認められないわけではないのである。それゆえ、本件令書が執行され、抗告人［X］がその本国に強制送還されたとしても、それによって被告人［X］の裁判を受ける権利が否定されることにはならないものというべきである。」と判示した。

判例では、公有水面埋立による漁場喪失を避けるため、医業停止処分による診療所閉鎖を避けるため、懲戒処分を受けた公務員の生計維持のため、停学処分を受けた公立大学生の進級試験受験のため等について、執行停止が認められている（植村栄治・武田真一郎「執行停止と内閣総理大臣の異議」『行政法の争点』一二四頁）。

（8）　広島地決昭四四・九・二判時五七五号二八頁（＝『行政法判例』一八九事件）は、「行政事件訴訟法第二五条にいう回復困難な損害を避けるため緊急の必要があるかどうかを検討する。Xらが同公会堂を使用して、前示討論集会開催の趣旨および集会、表現の自由の本質にかんがみ、右使用許可の取消処分により、同公会堂が使用できなくなることは、他の代替場を求める時間的余裕もなく、結局右集会を昭和四四年九月三日の所定時刻に開くことができなくなり『回復困難な損害を避けるため緊急の必要がある』と認める」と判示した。

（9）　福岡高決昭四一・一〇・一四行集一七巻一〇号一一六八頁は、松原、下筌のダム建設に関する収用裁決の執行停止申立について、「本件ダムは公益性が認められないとする抗告人らの所論はこれを認めることができる証拠はなく、かえって、……本件ダム建設の事業計画から判断すると、本件山林は本件ダム建設の遂行上必要欠くことのでないものであって、本件裁決の執行を停止することは公共の福祉に重大な影響を及ぼすおそれがあると認めるので抗告人らの所論は採用できない」と判示した。

東京地決昭五六・一〇・一九判時一〇二二号三二頁は、「既に巨額の費用が投入され、施設建築物の基礎工事等が完了している場合には、土地引渡しの代執行の執行停止は、再開発事業そのものの意義に甚大な影響をもたらすおそれがあり、『公共の福祉に重大な影響を及ぼすおそれ』がある。」と判示した。

（10）　仙台高決昭五一・五・二九行集二七巻五号八一二頁は、「処分の違法性の疑いが多少とも存するとき、若しくは本案の理由の存否がいずれとも決しがたいときは、『本案について理由がないとき』には当たらない。」と判示した。

東京地決昭四三・五・二〇行集一九巻五号八四七頁（＝北区公会堂事件）は、「公会堂の使用承認の取消処分が憲法一四条・二一条に反する等の主張がされており、その判断が本案訴訟において慎重審理を要するから、現時点では、『本案について理由がないとみえるとき』に当たらない。」と判示した。

(11)　福岡高決昭四四・六・三行集二〇巻一〇号一一七七頁は、「行政事件訴訟法第二五条第三項によれば、行政処分の執行停止は『本案について理由がないとみえるときは、することができない』旨規定されているが、同法条の規定の仕方より考えるとき、右は、執行停止の消極的要件であって、本案について理由のあることを申請人において積極的に疎明することを要求しているものではない。したがって、申請人の主張自体からみて、明らかに理由がないとみえるとき、または被申請人において係争処分が適法要件を具備し、何らの瑕疵もないことを疎明しない限り、申請人の主張自体から判断して理由があるとみえるときは、右消極的要件には該当しないと認めるのが相当であるところ、本件において申請人が本案において主張するところが、その主張自体からして明らかに理由がないといえないし、また、その係争処分が適法であって全く瑕疵のないことにつき、被申請人の疎明あったとも認められないので、本件においては『本案について理由がないとみえる』と断定することはできず、この点についての抗告人の主張は理由がない」と判示した。

(12)　阿部泰隆「抗告訴訟における仮救済制度の問題点」同『行政救済の実効性』一八五頁（昭六〇・弘文堂）。

東京地決昭四六・六・二九判時六三三号四三頁は、「およそ、学生に対する懲戒処分の効力が一旦停止されると、当該学生の残存在籍年限と本案判決の確定に要する年月との関係で、申立人に対し終局的満足を与えたに等しい結果を招来する自体の発生するおそれがあることは、疑いを容れないところである。しかして、執行停止は、抗告訴訟の提起があった場合において、当該訴訟の勝訴判決の効力実現の可能性を確保するために認められる暫定的な救済措置であることは言うまでもなく、しかも、民事訴訟における仮処分とは異なり、行政の円滑な運営を疎外するものである。このことに思いを致せば、処分若しくは処分の執行又は手続の続行によって生ずる重大な損害を避けるため緊急の必要がある場合であっても、執行停止をすることによって申立人に対し終局的満足を与えたに等しい結果を招来するおそれのある処分について、執行停止が許されるためには、申立人が本案訴訟において勝訴の合理的確実性を有していると認められることを必要とするものといわなければならない。」と判示した。

(13)　名古屋地決昭四三・五・二五行集一九巻五号九三五頁は、「通学校の指定処分の効力の停止は、申請人の希望する学校へ児童を通学させるべき旨の通学校指定処分を命じあるいは右処分があったのと同様の状態を作り出すことにはならず、損害を避けるための有効な手段とはならないから、申立ての利益を欠く。」と判示した。

東京地決四五・九・一四行集二一巻九号一一一三頁は、「在留期間更新不許可処分の効力が停止されても、許可なしに本邦に在留する権利を取得するに至るものではないが、最新許可の申請をした者は、特段の事情のない限り、拒否いずれかの処分がなされるまでは、在留期間の徒過後であっても不法残留者としての責任を問われないと解され、不許可処分の効力の停止は、申請人に対してそのような法的状態を回復させるものである。」と判示している。

大阪高決平三・一一・一五行集四二巻一一＝一二号一七八八頁（＝筋ジストロフィー症患者高校入学不許可事件）は、公立学校の入学不許可の執行停止につき、「行政処分の効力の停止は、行政処分の暫定的取消を意味するものではなく、ただその効力の発生を阻止するに過ぎないから、処分を遡及的に消滅させる行政処分取消の判決とは異なり、行政処分の効力が停止されても、右行政処分の効力が現実に発生したとして、これを前提にした行為を行うことができなくなるだけで、当該行政処分自体は存在するのであるし、また、行政庁は、行政処分の効力が停止された場合に、改めて、右行政処分を取り消して、執行停止の判断内容に従った新たな行政処分をしなければならない拘束を受けるものでもない。したがって、例えば、大学院在学期間延長不許可処分、旅券発行不許可処分、生活保護開始申請却下処分のようないわゆる申請に対する行政庁の拒否処分については、その効力を停止してみても、申請者（処分の相手方）を、その処分のない状態に置くだけで、原則として、申請者（処分の相手方）に何らの法的利益をもたらすものではないから、右拒否処分に対する執行停止の申立ては、申立ての利益を欠き不適法というべきである。本件において、相手方［Y］のした抗告人［X］に対する尼崎市立A高等学校への本件入学不許可処分（本件不許可処分）についても、その効力の停止により、本件不許可処分の効力の発生していない状態にあるだけであり、相手方が右本件不許可処分を取り消して、入学の許可をしない限り、抗告人［X］が現実に尼崎市立A高等学校に入学して、授業をうけ得る状態になるものではないのであって、抗告人［X］に何ら法的利益をもたらすものではないから、抗告人［X］には、本件不許可処分の効力の停止を求める法的利益はないというべきである。」

「もっとも、抗告人［X］は、本件不許可処分が取り消されれば、相手方［Y］は、抗告人［X］に対し、本案判決がなされるまでの間、暫定的に入学許可処分を行う義務を負うので、抗告人［X］に右入学許可処分をうけ得る地位を回復すると主張するが、前述のように本件不許可処分の効力を停止してみても、本件不許可処分の取消しの判決と異なり、相手方［Y］において、暫定的にしろ、本件判決がなされるまでの間、抗告人［X］において、右入学処分を受け得る地位を回復するものではないから、抗告人［X］の右主張は採用できない。

また、抗告人［X］は、本件不許可処分の効力が停止されたまま、申請に対応する新たな応答をしないで、本件判決がなされるのを待つことは許されないとも主張するが、本件不許可処分の効力が停止されても、相手方［Y］において、抗告人［X］の申請に対応する新たな応答をすべき義務のないことは、前記説示したとおりであるから、抗告人［X］の右主張は採用できない。」と判示した。

(14)　杉本良吉・注(7)九一頁、今村成和・注(5)三〇五頁、塩野宏・注(8)一八八頁。

最判昭二九・六・二二民集八巻六号一一六二頁（＝行政判例百選Ⅱ202「執行停止の効力」）は、「後の元所有者が、その買収計画に対する行政処分取消の訴訟を提起し、その行政処分の執行停止決定を得たとしても債権者が、右買収計画手続によって農地の所有権を取得したとし、その保全のために元所有者を相手方としてした仮処分決定はその理由を失ったもの解すべきでない。何故ならば右執行停止決定は単に農地買収計画に基く買収手続の進行を停止する効力を有するだけであって、すでに執行されたその手続の効果を覆滅して元所有者の所有権を確定する効力を有するものと解すべきではなく、従って仮処分債権者の被保全権利は右の執行停止決定により直ちに失われたものとすることはできないからである。」と判示した。

(15)　広岡　隆・東條武治「行政処分の執行停止」『実務民訴講座8』三〇三頁、塩野　宏『行政法Ⅱ』一九〇頁。

(16)　田中二郎・注(5)三四〇頁、杉本良吉・注(7)九七頁。

東京地判昭四四・九・二六行集二〇巻八＝九号一一四一頁（＝行政法判例一九三事件）は、「裁判所は、異議の理由として示された事情の存否、およびそれが公共の福祉に重大な影響を及ぼすものといえるか否かについての判断権、すなわち異議の理由の当否についての判断権を有しないと解するのが相当であり、同条第六項前段についても同様である。すなわち、行訴法第二七条第三項、および第六項前段はいずれも、こと裁判所に対する関係においては、いわゆる訓示規定であり、これに対する適合性の有無は、政治責任の問題として、国会において検討さるべきことがらであり、適法、違法の問題として、裁判所で審判の対象となる問題ではない。」と判示した。

(17)　兼子　一「司法権の本質と限界」同『民事法研究二巻』（昭二九・酒井書店）、田中二郎「行政処分の執行と内閣総理大臣の異議」同『行政争訟の法理』二〇〇頁（昭二九・有斐閣）、雄川一郎・注(5)二〇〇頁・二〇五頁。

最決昭二八・一・一六民集七巻一号一二頁（＝行政判例百選Ⅱ203「内閣総理大臣の異議」）は、「行政事件訴訟特例法一〇条二項但書の内閣総理大臣の異議は、同項本文の裁判所の執行停止決定のなされる以前であることを要するものと解するを相当とする。けだし右一〇条二項は『……裁判所が申立に因り又は職権で、決定を以て、処分の執行を停止すべきことを命ずることができる。但し……内閣総理大臣が異議を述べたときはこの限りでない。』と規定するところであって、右は内閣総理大臣の異議が述べられたときは、裁判所は執行停止の決定をすべきでないという趣旨の規定であって、停止決定後に異議が述べられた場合をも含んだ規定とは解せられないからである。」本件での異議は、執行停止後に述べられたものであり、不適法である。また「本件抗告の対象である原審決定のうち、執行停止の決定は何ら違法のかど（はない。）」と判示した。

（真野裁判官の補足意見）　執行停止は憲法上司法権に属する司法的措置であり、内閣総理大臣が異議を述べた場合に裁判所が執行停止を命ずることができないと規定することは、行政機関による司法機関への干渉となり、憲法上の三権分立原則に違反し無効である。

東京地判昭四四・九・二六行集二〇巻八＝九号一一四一頁は、「民事事件についての保全処分を行う権限は憲法第七六条第一項によって直接に裁判所の権限とされる司法権に含まれると解すべきであるけれども、行政処分の効力または執行を停止する権限についても同様に解すべきであるとは断定できない。つまり、行政処分の効力又は執行を停止する権限は、本来固有の意味における司法権の範囲には属せず、いわば行政作用であるが、国会は、立法政策上、司法機関たる裁判所に行わせるのが適当であると思考した結果、行訴法第二五条においてこれを裁判所の権限とするに至ったものである。いわば、それは、本来的な行政作用の司法権への移譲にほかならない。したがって、その権限移譲にあたり、どのような態様で移譲し、どのような司法機関に行わしめるかも、一つに立法政策の問題であって、合憲違憲の問題は起こらない。

したがって、行訴法第二七条において、国政全般に通暁し、行政権の最終最高の責任者たる内閣総理大臣に、公共の福祉の必要上、止むを得ないと判断した場合にかぎり、行政処分の効力または執行停止の申立がなされた場合に、裁判所のなすべき停止決定の権限を抑制し、また、右申立に基き裁判所のなした停止決定の効力を事実上奪う権限を与えたことは、立法政策として、当、不当を論ずる余地は十分あるけれども、これをもって違憲視することはできないのである。したがって、行訴法第二七条第一項、第四項の規定が憲法第七六条第一項に違反するものであるとはいえない」と判示した。

(18)　今村成和・注(5)三一八頁、藤田宙靖『行政法I第四版』四三九頁、植村栄治・武田真一郎・注(7)二一五頁。

(19)　行政事件訴訟法のもとでは、昭和四〇年代に集団示威行進不許可処分に対する執行停止決定に際して、内閣総理大臣の異議が述べられた例が数件あったが、それ以後、異議制度の適用例はない。

第三節　仮処分の排除

文献　濱　秀和「行政訴訟に対する仮処分の排除」『実務民訴講座8』、広岡　隆「仮処分の排除」南　編『注釈』、岩峯明彦「仮処分の排除」南・高橋編『条解』、仲江利政「公権力の行使と仮の救済」『新・実務民訴講座10』、東條武治「仮処分の排除」園部編『注解』、白井皓喜「公害訴訟における執行停止と仮処分」同『行政訴訟と国家賠償』（昭六四・法律文化社）、岡村周一「行政上の法律関係と仮処分」『行政法の争点』

（1）　仮処分の排除

行政事件訴訟法四四条は、「行政庁の処分その他公権力の行使に当たる行為については民事保全法（平成元年法律第九十一号）に規定する仮処分をすることができない。」と規定する。この規定は、本案訴訟が民事事件たると行政事件たるとまたその態様のいかんを問わず、行政庁の公権力の行使を阻害するような措置は、仮処分手続をもってすることができないという趣旨である。[(1)] したがって、行政庁の行政作用についての仮の権利保護は、それが「行政庁の処分その他公権力の行使に当たる行為」といえるかどうかによって、執行停止の方法によるべきか仮処分の方法によるべきかが決定されるということになる。

（2）　当事者訴訟・争点訴訟における仮処分

当事者訴訟・争点訴訟には執行停止制度の準用がない。その場合、行政事件訴訟四四条により仮処分も排除されると、仮の権利保護に欠けるのではないかという問題が生じる。そこで仮の権利保護を実現するために、いろいろの解釈論が展開されている。

①　通説は、当事者訴訟・争点訴訟にも行訴法四四条の適用があるとする。[(2)]

②　当事者訴訟・争点訴訟においては執行停止も仮処分も許されておらず、したがって、仮の救済の必要があ

る場合には、「現在の法律関係に関する訴えによって目的を達することができないもの」（行訴三六条）として、無効確認訴訟を提起し、執行停止によって仮の救済を得ることができる。(3)

③　行政処分が当然無効の場合には、行訴法四四条による仮処分の制限は妥当せず、仮処分が適用される。(4)

④　行政事件訴訟法四四条は、行政庁の第一次判断権を先取りしたり、行政処分を全面的に覆す内容をもつ仮処分の方法を禁じているにすぎず、それ以外の態様の仮処分は許される。(5)

⑤　争点訴訟等の被告が、行政処分の処分庁の帰属する権利帰属主体（国・公共団体）以外の私人等である場合には、仮処分が認められる。(6)

（3）　公共工事と仮処分

公共工事、例えば、ゴミ焼却場、し尿処理場、火葬場などの建設工事自体は、公権力の行使たる性格をもたない事実行為であるから、(7)これについては、当然に、民事保全法に規定する仮処分が許される（行訴四四条）。

これに対して道路の建設工事や公有水面埋立工事について、判例は、仮処分の申請を適法とするものと不適法とするものとに別れている。(8)道路の建設工事や公有水面埋立工事そのものが非権力的な事実行為であることに疑問の余地はない。(9)問題は、公共工事に先行して許・認可のような行政処分が存在する場合や実定法が道路・河川等の公共工事を行政処分に準ずるものとして取り扱っている場合である。これらの場合には、仮処分は不適法であるといえよう。(10)

（1）　杉本良吉『解説』一三八頁。

高松高判昭三六・一・一七行集一二巻一号一六九頁は、「免職された公務員が、給与の仮支払いを求める仮処分は不適法である。」と判示した。

東京地八王子支決昭五〇・一二・八判時八〇三号一八頁（＝武蔵野市マンション事件）は、「（決定要旨）公益水道事業による水の供給を求める仮処分は、行訴法四四条に抵触しないが、公共下水道使用妨害排除の仮処分は本条に抵触する。」と判示した。

（2）広岡　隆「仮処分の排除」南　編『注釈』三八一頁、横山匡輝「仮処分の排除」南　編『条解』八八四頁など。

（3）越山安久「行政事件と仮処分」判タ一九七号（昭四一）一〇九頁。

（4）碓井光明「当事者訴訟」南　編『条解』一六四頁、芝池義一『救済法講義』一六一頁。

（5）塩野　宏『行政法Ⅱ』一七八頁、満田明彦「争点訴訟の諸問題」『新実務民訴講座10』一八六頁。

（6）藤田耕三「執行停止および仮処分」渡部・園部編『体系』四五九頁。

（7）最判昭三九・一〇・二九民集一八巻八号一八〇九頁（＝行政判例百選Ⅱ156「ごみ焼却場設置」）は、都が行うごみ焼却場設置行為は公権力の行使たる行政処分に当たらないとする。

（8）道路の建設工事について、道路建設工事禁止の仮処分を適法とする判例として、神戸地尼崎支決昭五三・一〇・二七判タ三七四号一三九頁などがあり、仮処分は道路の区域決定等の行政処分の効力を停止することになるから不適法とする判例として、大津地判昭四〇・九・二二行集一六巻九号一五五七頁、広島地決昭五三・一二・五判タ三七三号一一五頁などがある。

なお、短期間に限って工事を停止するような仮処分なら許されるものとして、次の判例がある。

神戸地尼崎支決昭四八・五・一一判時七〇二号一八頁は、「申請人ら［X］主張の工事全面禁止請求権が仮に認められるとすれば、申請人ら［X］は民事本案訴訟により、その保護（実現）を求め得ることはいうまでもない。しかし、公権力の行使に当たる行為については、行政事件訴訟法四四条の規定によって民事訴訟法により仮処分が禁止されたところ、本件道路建設工事は、建設大臣が計画決定をなした都市計画にもとづく事業である点および道路法等の規定から考え、いわゆる公権力の行使に当たる行為に該当するものと認められるから、同道路建設（公権力の行使）を不可能にするような仮処分、たとえば同工事を全面的かつ長期間に亙って停止する仮処分はこれを許さないものと解するのが相当である。

けれども本案［民事］訴訟が適法である以上、それに付随する仮処分を許すべきことは当然の法理であるともいえるから、右四四条の規定は、正当な公権力の行使を妨げることのない仮処分、たとえばその行使方法の是正を求め、あるいはそれが正当に行使さるべきことの保障を求め、もしくはごく短期間に限ってその行使を停止する等の仮処分をも禁止する趣旨ではない、と解される。」と判示した。

また、公有水面埋立工事についても、不適法とする判例として津地判昭四四・九・一八判時六〇一号八一頁があり、適法とする判例として次の判例がある。

熊本地判昭五五・四・一六判時九六五号二八頁（＝水俣湾水銀ヘドロ事件）は、「行訴法四四条の趣旨が、行政処分の効力を否定することになるような民事訴訟法上の仮処分を許さないということにあることは明らかであり、しからば公有水面埋立法所定の埋立工事差止仮処分が許されるか否かは、同法に定められた埋立免許処分の効力如何にかかっていると考えられる。すなわち、同法の解釈上、埋立免許処分に、例えば、埋立付近住民の人格的利益等に基づく埋立工事の差止請求権を剥奪してまで埋立工事の施工を許すという効力が付与されていると解されれば、右のごとき差止請求権を根拠にして埋立工事差止の仮処分を命ずることは埋立免許処分の効力を否定することになるから許されないことになり、これに反して、埋立免許は免許取得者に公有水面の埋立権限を付与する効力を有するに止まり、付近住民の右差止請求権を剥奪したものではないと解されれば、右差止請求権を根拠として埋立工事禁止の仮処分を許しても、同仮処分は埋立免許処分の効力を否定することにはならないと考えられるからである。

そこで右のごとき見地から同法の各条項をみるに、同法四条一項二号によれば、埋立免許基準として『其ノ埋立ガ環境保全及災害防止ニ付十分配慮セラレタルモノナルコト』が挙げられていることから、免許の拒否を決するに当たっては、一応当該埋立が付近環境に及ぼす影響等も審査事項とされているものと思われる。しかしながら、同法の解釈上、右『当該埋立が付近環境に及ぼす影響』についての審査及び認定業務は、埋立の付近環境に及ぼす影響を一種の公益保持という見地から一般的、抽象的に審査、認定するに止まり、環境被害を受ける個々の住民の差止請求権の存否といった点にまで立入って個別的、具体的に審査、認定することまで要求されていると解することはできず、他に同法には付近住民の右差止請求権を剥奪したことを窺わせるに足る条項は設けられていない。しからば、同法所定の埋立免許は、免許取得者に公有水面の埋立権限を付与する効力を有するに止まり、付近住民の右差止請求権を剥奪する効力を有するものではないと解され、かつ、本件債権者ら［Xら］の主張する各差止請求権が、いづれも公有水面埋立法に基く免許によって剥奪される権利に含まれるものでないことは、その主張自体から明らかである。したがって、仮に、本件債権者ら［Xら］の主張する各差止請求権に基づく埋立工事禁止の仮処分を命じても、埋立免許の効力を否定することにはならないといわなければならない。」と判示した。

（9）田中二郎『行政法上』三三〇頁注(1)。
（10）岡村周一「行政上の法律関係と仮処分」『行政法の争点』二二五頁。

第四節　仮命令手続

第一款　仮の義務付け

（1）意　義

仮命令手続は、取消しを求められている行政処分の執行が問題とならない場合に考慮される。すなわち、仮命令手続は、本案訴訟が義務付け訴訟、一般的確認訴訟、一般的給付訴訟など取消訴訟以外のあらゆる訴訟の場合における仮の権利保護手続である。

行政事件訴訟法は、仮命令手続として、仮の義務付けおよび仮の差止めだけを法定している（行訴三七条の五）。

平成一六年の改正法は、義務付け訴訟および差止訴訟の法定に伴い、仮の義務付けおよび仮の差止めの制度を設けたが、それ以外の場合については仮の権利保護はないものとした。

仮の義務付けの要件として、次のことが定められた。

①手続的要件として、仮の義務付けが認められるためには、本案訴訟である義務付けの訴えが適法に係属していることが必要である（行訴三七条の五第一項）。また、仮の義務付けには、常に、申立人による申立てが必要であり（同第一項）、申立人適格は、本案訴訟の原告適格と同様、行政庁が一定の処分をなすべき旨を命ずることを求めるにつき法律上の利益を有する者である（行訴三七条の二第三項）。申立ては一般的権利保護の必要があることを前提とする。申立人が、事前にまず、権限ある行政庁に対し折衝ないし申請をし、それが成果のないものとなった場合に、権利保護の必要があることになろう。

②実体的要件としては、積極要件と消極要件とがある。積極要件は、「義務付けの訴えに係る処分又は裁決がされないことにより生ずる償うことのできない損害を避けるため緊急の必要がある」こと、かつ、「本案について理由があるとみえるとき」である（行訴三七条の五第一項）。注意すべき点は、執行停止の場合の「重大な損害」に替えて「償うことのできない損害」という概念を用い、執行停止の場合に消極要件であった「本案について理由がないとみえるとき」が仮の義務付けでは積極要件として「本案に理由があるとみえるとき」となっていることである。さらに、「重大な損害」の有無を判断するに当たっては、「損害の性質および程度」をも考慮すべきものとされたが、「償うことのできない損害」についてはこのような規定はない。しかし「償うことのできない損害」の場合も、そのような損害の性質および程度をも考慮・勘案すべきものといえよう(1)。したがって、金銭賠償が可能な場合はすべて除外し、金銭賠償が不可能な場合に限定すべきではなく、金銭賠償のみによる救済で

は社会通念に照らして著しく不相当と認められる場合も「償うことのできない損害」に含まれるというように解釈されるべきであろう。(2)

また、本案訴訟について明らかに理由がない場合は仮命令の発布は拒否され、それについて明らかに理由がある場合は申立てが許容されるが、本案が一義的に確定できない場合は直接の公的利害と私的利害とが比較衡量されることになろう。

消極要件は、「公共の福祉に重大な影響を及ぼすおそれがあるときは、することができない。」と規定されている（同三項）。

（3）　手　続

仮の義務付けの手続については、執行停止に関する規定が準用され（行訴三七条の五第四項）、基本的に執行停止の申立てと同様な手続になっている。

また、仮の義務付けについては、判決の拘束力の規定（行訴三三条一項）が準用されるし、仮の義務付けの決定が取り消されたときは、仮の義務付けを命じられた行政庁は、当該仮の義務付けの決定に基づいてした処分または裁決を取り消さなければならない（行訴三七条の五第五項）。(3)

第二款　仮の差止め

（1）　要　件

①手続的要件として、仮の差止めが認められるためには、本案訴訟である差止訴訟が適法に係属していることが必要である（行訴三七条の五第一項）。また、仮の差止めには、仮の義務付けと同様、常に、申立人による申立

てが必要であり（同第二項）、申立人適格は、本案訴訟の原告適格と同様、行政庁が一定の処分または裁決をしてはならない旨を命ずることを求めるにつき法律上の利益を有する者である（行訴三七条の四第三項）。権限ある行政庁に対し、申立人による事前の折衝ないし申請を必要とすることは、仮の義務付けの場合と同様である。

②実体的要件には積極要件と消極要件とがある。積極要件は、「差止めの訴えに係る処分又は裁決がされることにより生ずる償うことのできない損害を避けるため緊急の必要があること」かつ、「本案について理由があるとみえるとき」である（同二項）。この点も仮の義務付けの場合と同様である。

立法論としては、仮の差止め・仮の義務付けは仮の権利保護手続であるから、当然ながら、「申立人の権利実現が不能となり、または著しく困難となるおそれがある」ことを積極要件とすべきであるといえよう。

積極要件は、「公共の福祉に重大な影響を及ぼすおそれがあるときは、することができない。」と規定されている（同三項）。

（2）手　続

仮の差止めについての手続は、仮の義務付けの場合の手続と同様である。

（1）芝池義一『行政救済法講義第三版』一四九頁。

（2）宇賀克也『改正行政事件訴訟法』一六一頁（平一六・青林書院）、橋本博之『要説行政訴訟』一五〇頁。

（3）仮の義務付けに関する判例。

徳島地決一七・六・七判例自治二七〇号四八頁は、申立てが、町立幼稚園への就園を希望する二分脊椎当の障害を有する幼児について、町教育委員会が不許可にした決定に対し、幼児の就園を許可すべき旨を命じることを求める義務付けの訴えを提起した上、就園を仮に許可すべき旨を命じることを求めた仮の義務付けを申し立てた事件について、「町教育委員会が就園不許可処分をしたことがその裁量権を逸脱し又は濫用したものとして違法であり、就園が許可されないことにより生ずる償うことのできない損害を避けるため緊急の必要がある。」として、仮の義務付けの申立てを認容した。

第五篇　行政訴訟の終了

第一章　当事者の行為による終了

処分権主義のもとでは当事者の行為により訴訟を終了させることができる。当事者の行為による訴訟の終了としては、訴訟の取下げ、訴訟上の和解、請求の放棄・認諾などがあるが、実務上、認諾がなされることはないといわれている。訴訟上の和解は当事者の合意を必要とするが、その他の場合は一方の当事者の意思によって訴訟が終了する。

第一節　訴えの取下げ

訴えの取下げとは、原告が自己の提起した訴え、すなわち裁判所に対する審判の申立てを撤回することをいう。原告は、判決の確定に至るまでに、訴えの全部または一部を取下げることができる（民訴二六一条一項）。訴えの取下げは、訴訟を直接に終了せしめ、訴訟は初めから係属しなかったものと見做される（民訴二六二条一項）。口頭弁論において申立てをした後は、被告の同意を必要とする（民訴二六二条二項）。訴えの取下げは、訴権の放棄ではない。したがって、出訴期間が経過しない限り、訴えの取下げにかかわらず、新たな訴えを提起することができる。しかし、本案の終局判決があった後に訴えを取り下げたときは、同一の訴えを再び提起できない（民訴二六二条二項）。

平成一七年、行政事件訴訟事件の第一審既済件数の総数二、四五四件（一〇〇％）のうち、訴えの取下げは五六一件（二二、九％）であった。

第二節　訴訟上の和解

文献　南　博方「行政訴訟法上の和解の法理」同『行政訴訟の制度と理論』（昭四三・有斐閣）、富澤　達「行政事件における和解」『実務民訴講座８』、斉藤繁道「この法律に定めがない事項」、南・高橋編『条解』、栗本雅和「行政訴訟における和解」南山二三巻一・二号（平一一）、交告尚史「行政訴訟における和解」『行政法の争点（第三版）』

訴訟上の和解とは、訴訟の係属中に当事者がその主張を互いに譲歩して訴訟を終了させることを約束する合意をいう。一般に訴訟は和解によって終了し、和解調書は確定判決と同一の効力を生じる（民訴二六七条）。和解には当事者がその主張を互いに譲歩することが必要であるから、譲歩が一方的である場合は、請求の放棄・認諾となりえても、訴訟上の和解とはならない。通常、訴訟上の和解には、訴訟費用についての合意も含まれる。

行政訴訟においては、民事訴訟の例により（行訴七条）、訴訟上の和解が許されるかどうかが問題となる。訴訟上の和解は、訴訟の終了を目的とする訴訟行為であるとともに、訴訟の対象について当事者の処分権を前提とし、相互の譲歩による公法契約であるという二重の法的性質を有するからである。

通説は、実体法上は、行政庁が私人との互譲によって行政処分を取消したり変更する処分権は認められないから、訴訟上の和解の余地はないという[1]。しかし、取消訴訟においても、当事者が訴えの対象を処分することができ、強行法規に反することなく、裁量により行政処分に代わって公法契約の締結が許容される場合およびその範囲で、訴訟上の和解が許されるというべきであろう[2]。

ただし裁判外の和解は訴訟を終了させる直接の効果を生じない。訴訟を終了させるためには、訴えの取下げが必要である。実務では、訴訟上の和解も裁判外の和解も行われ[3]、平成一七年度、行政事件訴訟事件の第一審既済件数の総数二、四五二件（一〇〇％）のうち、訴訟上の「和解」によって三二件（一・三％）の行政訴訟事件が終了している。

（1）雄川一郎『争訟法』二一六頁、原田尚彦『行政法要論（全訂第六版）』四一一頁（平一七・学陽書房）、時岡泰「審理手続」『現代行政法大系5』一五六頁、宮澤 達「行政事件における和解」『実務民訴講座8』二九〇頁。

（2）南 博方『行政訴訟の制度と理論』一九一頁（昭四三・有斐閣）、高林克巳「この法律に定めのない事項」南編『注釈』八〇頁、兼子 仁『行政法総論』三〇四頁（昭五八・筑摩書房）。

（3）横浜地判昭三五・一一・一九行集一一巻一一号三二一九頁は、「行政行為の取消はその成立に瑕疵がある場合に許されるが、その場合に限らず、本件の場合の如く瑕疵の存否について当事者間に争いがあるため、その争いを止めるため互に譲歩して和解が締結され、譲歩の方法として行政行為の取消がなされることもまた許されるものと解すべきである。」と判示した。

例えば、再入国不許可処分取消請求及び損害賠償請求事件に関する訴訟上の和解は、次のような形式と内容に基づいてなされた（東京地方裁判所・裁判長・湧井紀夫・昭六一・七・二〇）。

和　解　調　書

当事者間に次のとおり和解成立

当事者の表示

請求の表示

和解条項

第一　原告と被告との間で、次の事項を確認する。

被告○○大臣は、原告の昭和○○年○月○○日付けの○○許可申請に対して被告○○大臣が同月○○日にした不許可処分を取り消した。

これを受けて、被告○○大臣は、原告の右○○許可申請に対し、改めてこれを許可する処分をし、本日、右処分結果を原告に対して通知した。

第二　本件に関し、原告は被告国に対する損害賠償の請求をしない。

第三　原告と被告は、本件訴訟を終了させることを合意する。

第四　訴訟費用は各自の負担とする。

第二章　判決による終了

訴えについては、通常、判決で裁判をする。判決は行政訴訟の通常の裁判形式である。例外的に、裁判は、決定・命令でなされることもある。行政訴訟は、通常、判決によって終了する。

第一節　判決の種類

判決にはいろいろの種類がある。

（1）　中間判決と終局判決

判決には、まず中間判決と終局判決とがある。中間判決は終局判決の準備として審理中に生じた争点をあらかじめ解決する判決であり、終局判決は訴訟自体を終了させる判決である。通常の場合、判決は終局判決である。終局判決のうち、争点の全部を終了せしめるものを全部判決といい、一部を終了させるものを一部判決という。

（2）　訴訟判決と本案判決

判決は、訴訟判決（手続判決）と本案判決に区別することができる。訴訟判決は訴えが適法か不適法かという手続上の問題についての判決をいい、本案判決は事件の本来の案件についてなされる判決をいう。訴訟判決は中間判決であることがあり、終局判決となることもある。例えば、訴訟を不適法とする抗弁を排斥する判決は中間判決であり、これを認容して訴えを却下する判決は終局判決である。

（3）　請求却下の判決・請求棄却の判決・請求認容の判決・事情判決

終局判決は、その内容により、請求却下の判決・請求棄却の判決・請求認容の判決・事情判決の四種に分けられる。

①　請求却下の判決　　請求却下の判決は、訴えが本案判決要件を欠き不適法であるとして、訴えの内容の審理を拒絶する判決で、いわゆる門前払いの判決である。ただし、本案判決要件を具備しない訴訟のうち、被告を誤った訴訟については、故意または過失に基づく場合を除き、原告は裁判所に申立てにより、決定による許可を得て、これを変更することができる（行訴一五条）。

②　請求棄却の判決　　請求棄却の判決は、訴えの内容について審理をした後、原告の請求を理由なしとして、その主張をしりぞける判決で、いわゆる原告敗訴の判決である。

③　請求認容の判決　　請求認容の判決は、訴えの内容について審理した後、原告の請求を理由ありとして、これを認容する判決で、いわゆる原告勝訴の判決である。請求の内容に応じて、形成判決、給付判決および確認判決があるが、取消訴訟の認容判決は処分または裁決の全部または一部を取消すという破毀判決となる。

④　事情判決　　棄却判決の特殊なものとして、事情判決の制度がある。処分または裁決の違法を認めるにかかわらず、特別の事情により、原告の請求をしりぞける判決である（後述）。

第二節　判決の形式と内容

判決は書面（判決書という。）に作成しなければならず（民訴二五二条）、判決書には法律によって記載が要求されている事項（必要的記載事項）として、主文、事実、理由、口頭弁論終結の日、当事者および法定代理人、裁判所を記載しなければならない（民訴二五三条一項）。(1)

① 主　文　判決の結論を示す部分で、判決書のなかで最も重要な部分である。終局判決では、訴え（または上訴）の適否、ないし請求（または上訴）の理由の有無に対する判断が簡潔に示される。例えば、「本件訴えを却下する」、「原告の請求を棄却する」、「原告の平成〇年〇月〇〇日付けの営業許可申請に対し〇〇知事が同月〇〇日付けでした不許可処分を取り消す」などと表示する。

② 事　実　事実とは当事者間で争いのない事実をいう。

③ 理　由　理由は事実の部分で明らかにされた資料に基づき主文に示された結論を導くに至った判断過程を示す部分である。

④ 裁判所　ここに裁判所とは、判決をした裁判官の所属している裁判所をいう。裁判所に部が設けられているときは、「〇〇地方裁判所民事第〇部（または第〇民事部）」と記すのが通例である。

(1) 判決書の冒頭には、どの事件についての判決であるかを明らかにするために、「昭和六〇年（行ツ）第一三三号　伊方発電所原子炉設置許可処分取消請求事件」のように事件番号および事件名が記載される。

第三節　判決の効力

判決は言渡しによって効力が生じ（民訴二五〇条）、判決の言渡しは口頭弁論の終結の日から二月以内にしなければならない（民訴二五一条一項）。

（1）　判決の自己拘束力と羈束力

判決が言い渡されて成立すると、確定を待たず、判決をした裁判所は判決を撤回したり変更したりすることは許されないのが原則である。これを判決の自己拘束力という。自己拘束力は判決をした裁判所に対する拘束力であって、同じ手続内で他の裁判所を拘束することが認められる場合は、これを羈束力という。

（2）　確定判決の本来的効力

確定判決は、その内容に応じて、判決本来の法的効力を生じる。既判力、執行力および形成力が確定判決の本来的効力である。既判力は判決の最も典型的な効力であり、すべての確定判決につき生じる。

（3）　既　判　力

①　意　義　　既判力とは確定判決の拘束力をいう。すなわち、確定判決の内容をなす裁判所の法的判断が、当事者間の事後の法律関係を規律する基準となる効力をいう。終局判決が確定すると、訴訟物につき裁判所の行った判断内容が確定し、後訴において当事者および裁判所は、当該事項について確定判決の内容と矛盾する主張、判断をすることができない効力である。既判力は実質的確定力とも呼ばれ、紛争の蒸し返しや矛盾した裁判の防止のために一般的に認められている。

②　本　質　　既判力の本質については、いろいろの議論がある[(1)]。

実体法説によれば、判決の既判力は直接当事者間の実体法上の法状態を変革する力である。要するに、実体法上の法状態は、正しい判決によって新たに形成され、正しい判決によって確認されることになる。これに対して、訴訟法説によれば、既判力は実体法上の法状態には影響を及ぼさず、単に後訴において展開する拘束力であり、後訴における異なる本案判決あるいは判決の判断内容と矛盾する主張を禁止する力である。さらに、権利実在説によれば、判決は観念的に存在するにすぎない権利に実在性を与えるもので、既判力は実在性を取得した権利が裁判所や当事者を律する基準となる力である。訴訟法説が通説といえよう。(1) 特に行政訴訟の場合は、裁判判決の基準性についての理論的解明は訴訟法的に説明されるべきである。

③　既判力の範囲　既判力の主観的範囲は、当事者およびそれと同一視しうる者（承継人）にしか及ばないのが原則である（民訴一一五条一項）。行政庁が当事者となることがあるが、実質的当事者は国または公共団体であるから、既判力は国、公共団体に及ぶ。(2) これに対し、第三者に対する判決の効力は形成力の問題と考えられる。既判力の客観的範囲は、判決主文に包含するものに限るが（民訴一一四条一項）、それは既判力の及ぶ範囲が同一の訴訟物に限られることを意味する。主文の意義を確定する限度で判決理由も参照される。

既判力の時間的範囲（基準時）は口頭弁論終結時までである。

（1）中野・松浦・鈴木編『民事訴訟法講義〔第三版〕』四七九頁以下（平九・有斐閣）。

（2）阿部泰隆「取消判決等の効力」南　編『注釈』二八八頁。

福島地判昭二九・五・一〇行集五巻六号一二一四頁は、「行政事件訴訟特例法第三条は、取消訴訟において処分行政庁が国または公共団体のために被告となることを定めたものであるから、処分庁を被告とする訴訟の判決の既判力は、国または公共団体におよぶものと解すべきである。また、取消判決は、取り消された行政処分が違法であることの確認をも含むと解するのが相当であるから、既判力は、この点についても生ずるものと解すべきである。」と判示した。

第四節　各判決の特殊性

第一款　取消判決

文献　兼子一「行政処分の取消判決の効力」同『民事法研究二巻』(昭二九・酒井書店)、市原昌三郎「行政事件訴訟における判決の効力」『一橋大学創立八〇周年記念論集下巻』(昭三〇・一橋大学一橋学会)、吉川正昭「判決の効力」『実務民訴講座8』、木村弘之亮「行政事件上の取消判決の効力(一)〜(四・完)」民商法雑誌七二巻二〜五号(昭五〇)、近藤昭三「判決の効力」『行政法講座三巻』、白井皓喜「取消訴訟の訴訟物と既判力」民商法雑誌八二巻六号(昭五五)、石川正「判決の効力」『裁判実務大系一巻』(昭五九・青林書院新社)、木村弘之亮「判決——第三者効を中心として」『現代行政法大系5』、兼子仁「取消判決の第三者効」ジュリスト九二五号(平元)、原田尚彦「取消判決の拘束力」ジュリスト九二五号、久保茂樹「取消訴訟の判決」杉村編『救済法1』、興津征雄「行政処分反復禁止効の法的構成Ⅰ取消訴訟の既判力と拘束力」法協一二一巻二号(平一六)、阿部泰隆「取消し判決の拘束力による不整合処分の取消義務に関する一事例」原田古稀、東亜由美「取消判決等の効力」南・高橋編『条解』

（1）破毀判決

取消訴訟に基づき行政処分を取消す判決は形成判決である。裁判所により行政処分が取消されると既判力が生じた時点で直接行政処分の効力が除去される。行政庁が裁判所により行政処分の取消しを命ぜられるのではない。それはまさに破毀判決であり、破毀判決には形成効果がある。

破毀判決は既判力があるにかかわらず、事実または法状態が変動した場合には、行政庁が、同一の行政処分をなすことを妨げられない。相手方は新たに取消訴訟を提起しなければならず、前訴の判決の既判力を援用できない。事実または法状態が変動していない場合には、行政庁は、既判力により新たに同一の行政処分をなすことができない。反復禁止効に反し同一の行政処分をなした場合には、相手方は前訴の判決の既判力を援用することができ、裁判所は訴えを認容し、行政処分が違法か否かの審理をする必要がない。手続または形式の瑕疵だけで行政処分を取消したときは、既判力は、行政庁が手続または形式の瑕疵を避けて同一の規律を新たになすことを妨げない。同様のことは裁量瑕疵についても妥当する。棄却判決の場合、判決の既判力は、原告が提起した第二の訴えまたは国家賠償訴訟における請求認容の判決に対立する。棄却判決の既判力は、行政庁の実体法上の行政処分の取消（撤回）権を排除するものではない。しかし、同一の内容の行政処分をなし、裁判所の繰返しの審理を可能にするために、取消（撤回）権を行使してはならない。事実および法状態の変動から原告の行政処分の取消しを求める権利が生じる場合は、棄却判決の既判力は、第二の訴えの認容判決に対立しない。

（2）既判力——国家賠償訴訟との関係

通説によれば、行政処分の違法を理由とする国家賠償訴訟において、行政処分を違法として取消した確定判決は既判力を有し、被告たる国または公共団体は行政処分が適法であるとの主張をすることができない(1)。これに対し、取消訴訟と国家賠償訴訟とでは違法の意義・内容が異なるから、既判力は両訴訟での違法判断がその内容を同じくする場合に限って例外的に及ぶにすぎない、[2]あるいは、取消訴訟と国家賠償訴訟とでは違法性該当事由の証明責任の分配が異なっているから、取消訴訟でなされた違法性判断は、認容判決、棄却判決を問わず後訴の損害賠償訴訟における違法性判断を遮断しないという反対説がある。[3]しかし、取消訴訟の訴訟物と国家賠償訴訟の訴訟物の間には直接的な先例性の関係（Präjudizialität）はないが、間接的な先例性の関係がある。通常、公務員の違法な行為は国家賠償法上も違法な行為であり、例外に当たる場合は特別の理由づけがなければならない。後訴たる国家賠償訴訟では前訴の取消訴訟における行政処分の違法の既判力のある確定を先例として受けとり、それに拘束されるというべきであろう。

（3）形　成　力

処分または裁決の取消判決が確定すると、当該処分または裁決は、行政庁が改めて取消すまでもなく、遡及的に処分の効力が消滅し、初めから処分がなかったと同じ状態がもたらされる。これを取消判決の形成力という。取消判決には既判力とともに形成力が認められる。[4]

形成力の本質は、行政処分の効力が除去され、その結果原告に対し一切の効果を失うという一種の消極的形成がなされるという点にある。[5]すなわち、取消判決は、新たな法状態を創るというよりは、違法な行政処分がない場合の元の法状態に戻すのである。行政処分はもはや存在せず、誰のためにも誰に対しても（inter omnes）法的効果を発揮することができない。取消判決の形成力について、行政事件訴訟法三二条一項は、「処分又は裁決を取り消す判決は、第三者に対しても効力を有する。」と規定し、対世的効果を認めた。行政処分の取消しを誰でも援用できるという点が既判力に対する本質的な違いである。この効果は取消判決の既判力を前提とし、したがって形成力は、既判力ある判決の内容ではなく、その結果である。[6]

取消判決の第三者効については学説上かつて対立があった。消極説は、判決の形成力は既判力の結果であるから、判決の形成力は既判力の及ぶ者以外の者には及ばないとし[7]、積極説は、行政上の法律関係の統一的規律の要請に基づき取消判決に対世効を認めた。[8] これに対し、行政事件訴訟法三二条の規定は取消判決の形成的効果は第三者にも及ぶことを明らかにし、この点に関する疑義を立法的に解決したものであるとされている。[9] 事実上の効果が法的効力まで高められたのである。

対世的効果の結果、訴訟に参加しなかった第三者で、判決によって不測の不利益を受ける者を救済するため、第三者の訴訟参加（行訴二二条一項）および第三者の再審の訴え（行訴三四条一項）が認められた。

また、取消訴訟の第三者効の規定は、執行停止の決定またはこれを取消す決定に準用される（行訴三二条二項）。[10]

（4）　一般処分に対する取消訴訟の対世効

形成力の対世的効果については、多数の人に対して効果がある行政行為（＝一般処分）が一人の原告の勝訴判決で取消された場合、この取消訴訟の効力が、原告として出訴しなかった第三者まで及び、第三者は当該判決を自己に有利に援用できるかどうかが問題となる。

問題の解決策としては、①一般処分の規律が相手方との関係で不可分である場合には対世効果を認め、一般処分の規律が可分の場合には勝訴原告との関係で生じた既判力は第三者に対する行政行為の執行に対立しない（相対的効力説）[11]、②一般処分の規律はこのような相対的有効性という考え方を認めるものではないが、違法とされた一般処分は事実上執行できなくなるから、出訴しなかった第三者は勝訴判決の事実上の受益者となる、③判決の効力を及ぼすことが第三者の利益になる場合に限って、対世効を認めてよい、さらに④この種の取消訴訟は市民の代表訴訟的性格をもつこと、同一の行政処分が原告に対しては違法と判断されて取消されるのに、他の者にはなお執行され得るのは不合理であるから、対世効を認めるべきである（絶対的効力説）[12]、などの考え方がある。

相対的効力説は主観的訴訟としての取消訴訟の性質から当然の理であり、取消訴訟の主観的な権利保護機能に対応し、絶対的効力説は取消訴訟の客観的訴訟の側面を強調し、取消訴訟の客観的法秩序維持機能に対応するものであるとされる[13]。相対的効力説が基本的に正しいといえよう。

（5）拘束力

取消判決は処分または裁決をした行政庁その他の関係行政庁を拘束する（行訴三三条一項）。処分または裁決をした行政庁はもちろん、関係行政庁も判決に服従しなければならないのは当然のことである[14]。

拘束力の性質については、既判力説と特殊効力説が対立している。既判力説によれば、行政庁が判決に拘束されて、以後同一当事者間の同一事項の処理に同一内容の過誤を繰り返すことができないのは、判決の既判力の結果であって、拘束力の規定は処分または裁決をした行政庁以外の関係行政庁にも既判力が及ぶことを明らかにしたものである[15]。特殊効力説によれば、既判力は判決の主文にのみ及び、形式上別個の処分には既判力が及ばず、後訴裁判所を拘束する既判力によって、行政庁が同一事情の下で同一の理由により同一内容の処分をすることを禁止することはできず、拘束力は既判力よりも広く、直接に行政庁を拘束すべく実定法が賦与した特殊な効力であるとする[16]。特殊効力説が通説である。

①　拘束力の内容　　拘束力には消極的効果と積極的効果がある。

ⓐ　消極的効果（反復禁止効）　　行政庁は、取消判決により、同一過誤の繰り返しを禁止され、同一事情の下で、同一理由に基づいて、同一人に対して同一内容の処分をすることができないという不作為義務（消極的義

務）を負う。これを反復禁止効という。[17] しかし、拘束力は具体的違法事由について生じるから、事情、理由、処分の内容のいずれかを異にする場合には拘束力は及ばないと解されている。[18] また同一事情の下での同一処分の内容の反復禁止効は、拘束力の効果でなく、既判力によって生じるという考え方もある。[19]

ⓑ　積極的効果（再度考慮機能）　申請を却下し若しくは棄却した処分または不服申立を却下し若しくは棄却した裁決が、判決により取り消されたとき、および申請に基づいた処分または不服申立を認容した裁決が判決により手続に違法があることを理由に取り消されたときは、行政庁は、判決の趣旨に従い、改めて申請に対する処分または不服申立に対する裁決をしなければならない（行訴三三条二項、三項）。[20] この効果は取消訴訟の再度考慮機能ないし申請拒否処分の取消判決の後始末に関する定めであると見ることもできる。[21]

ⓒ　不整合処分の取消義務　処分の取消により行政庁は違法状態を除去すべき原状回復義務を負う。例えば当該処分（事実行為）に関連して他の法的行為（処分、登記など）や事実行為（処分の執行行為など）が行われ、その結果が残存している場合である。この残存する違法状態の除去義務は不整合処分の取消義務であるということもできるが、[22] これについては、判決の拘束力の効果であるとする考え方と実定法上当然の効果であるとする考え方が対立している。通説・判例は取消判決の拘束力の効果であると見ている。[23]

ⓓ　原状回復義務（違法状態の是正）　行政庁がこの義務を履行しない場合には、通常の民事訴訟の手続により妨害排除または原状回復を求めることができるとされている。[24] しかし原状回復義務の範囲は不明確であるから、執行不停止の原則をとり（行訴二五条一項）、行政処分が既に執行されている場合には、原告の申立てにより、行政庁が執行を元の状態に戻すべきことを、判決主文において明らかにすることが望ましい。[25]

（1）　滝川叡一「行政訴訟の請求原因、立証責任及び判決の効力」『民訴講座五巻』一四五五頁、近藤昭三「判決の効力」『行政法講座三巻』三三四頁、原田尚彦『行政法要論（全訂第三版）』三六〇頁（平六・学陽書房）、阿部泰隆「抗告訴訟判決の国家賠償訴訟に対する既判力」判タ五二五号（昭五八）一六頁など。

札幌地判昭四五・四・一七判時六一二号四八頁は、「原処分の違法を理由とする裁決取消訴訟の判決は、裁決のみならず、原処分の違法性の存否についての判断をもその主文中に包含しているものというべく、したがって、原処分の違法性の存否についても既判力を生ずるとするのが相当である。

原告Xは、北海道労働災害補償保険審査会のした訴願裁決に対し、原処分の違法を理由に同審査会を被告として裁決の取消を求めたのであって、その訴訟において原処分の違法が訴訟の対象とされ、請求棄却の判決が確定した以上、その既判力は原処分の違法性についてもおよぶから、後訴においてこれに反する主張をすることは許されないものというべきである。

そうすると、原告Xが、本訴において、被告に対し、A労働基準監督署長のした遺族補償費等申請棄却処分について、その違法を主張することは許されないものといわなければならず、これが違法であることを理由として国家賠償を求める原告Xの本訴請求は、その余の点について判断するまでもなく、すでにこの点において理由がないので失当として棄却すべきである。」と判示した。

現在では、行訴法一〇条二項により原処分主義をとることになっているから、右判例のような問題が生じる余地はない。

熊本地判昭五八・七・二〇判時一〇八六号三三頁（＝水俣病認定遅延訴訟）は、「被告らは、国賠法一条一項の違法は行訴法三条五項の違法よりも幅が狭いとして、不作為判決の既判力は本訴に及ばないと主張するが、国賠法一条一項の違法と行訴法三条五項の違法とを別異に解すべき理由を見い出し得ず、まして本件国家賠償請求における違法は、原告らの主張からも明かのように不作為判決の違法と全く重なり合っているということができるから、被告らの右主張は到底採用することはできない。

そうすれば、不作為判決原告らの本件国家賠償請求は、その違法性の判断に関する限り不作為判決の既判力に拘束され、これと異なる判断はできず、被告らもこれと異なる主張はできないということになる」と判示した。
（2）遠藤博也『国家補償法上巻』一六六頁以下（昭五六・青林書院新社）。
（3）春日偉知郎「この法律に定めがない事項」園部編『注解』八六頁以下。
（4）かってドイツ民事訴訟法では形成判決に既判力を認めない考え方があったが、現在の通説は、形成判決に既判力も形成力も認めている（Vgl. Rosenberg/Schwab/Gottwald, ZPR, 15. Aufl., {94III2.)。わが国では現在も、取消訴訟の判決について既判力を否認する学説がある（岡光民雄「第三二条（取消判決等の効力）」南　編『条解』七四八頁以下、春日偉知郎・注(3)八九頁)。
（5）O. Bachof, Die verwaltungsgerichtliche Klage Vornahme einer Amtshandlung, 1951, S. 56; G.H. Ule, Verwaltungsprozeßrecht, 6. Aufl., 1975, S. 227.
（6）S. Detterbeck, Streitgegenstand und Entscheidungswirkungen im Öffentlichen Recht, 1995, S. 148ff.
（7）兼子　一「行政処分の取消判決の効力」同『民事法研究二巻』一〇一頁以下（昭二九・酒井書店）、市原昌三郎「行政事件訴訟における判決の効力」『一橋大学創立八〇周年記念論集下巻』（昭二五）。
（8）雄川一郎『争訟法』二二二頁。
（9）杉本良吉『解説』四二頁、塩野　宏『行政法Ⅱ』一六三頁。
（10）最決平一一・一・一一判時一六七五号六一頁は、「町議会議員の除名処分の効力停止決定がなされたことによって、同処分の効力は将来に向かって存在しない状態におかれ、相手方の議会議員としての地位が回復されることになるから、関係行政庁である町選挙管理委員会は、右効力停止決定に拘束され、繰上補充による当選人の決定を撤回すべき義務を負う。」と判示した。
（11）真田秀夫「医療費告示に対する取消訴訟の問題点」法律のひろば一八巻七号（昭四〇）二四頁、山内一夫「医療費値上げの告示と東京地裁の執行停止決定」同『行政法論考』七八頁（昭四〇・一粒社）、遠藤博也『実定行政法』三八五頁（平元・有斐閣）など東京地決昭四〇・四・二二行集一六巻四号七〇八頁（＝行政法判例180事件「医療費値上げ告示の執行停止申立事件」）は、「立法行為の性質を有する行政庁の行為が取消訴訟の対象になるとはいっても、それは、その行為が個人の具体的な権利義務ないし法律上の利益に直接法律的変動を与える場合に、その限りにおいて取消訴訟の対象となるにすぎないのであるから、取消訴訟において取り消されるのは、その立法行為たる性質を有する行政庁の行為のうち、当該行為の取消しを求めている原告に対する関係における部分のみであって、行為一般が取り消されるのではないと解すべきである。……法三二条一項……の趣旨は、原告に対する関係で行政庁の行為が取り消されたという効果を第三者も争い得なくなること、換言すれば、原告は何人に対する関係においても以後当該行政庁の行為の適用ないし拘束を受けないことを意味するにとどまり（行為の性質上不可分の場合および実際上の効果は別として）、それ以上に取消判決の効果を第三者も享受し、当該行政庁の行為がすべての人に対する関係で取り消されたこととなること、すなわち、何人も以後当該行政庁の行為の適用ないし拘束を受けなくなることを意味するものではない。」と判示した。

(12)　原田尚彦「取消訴訟の第三者効について」時の法令五四二号（昭三九）三七頁、町田　顕「行政処分の執行停止（取消判決）の対世的効力」判タ一七八号（昭四〇）六九頁、阿部泰隆「取消判決等の効力」南　編『注釈』二八三頁、塩野　宏・注(9)一四〇頁など。

(13)　村上敬一「取消判決等の効力」園部編『注解』四〇一頁、芝池義一『救済法講義』八六頁。

(14)　最判昭三〇・九・一三民集九巻一〇号一二六二頁（＝行政判例百選Ⅱ［第三版］210「判決の拘束力」）は、農地買収計画の目的地が自己の所有に属しないことを主張して農業委員会に対し右計画の取消を求めるXは、この訴訟においてX勝訴の判決があっただけでは同委員会において再び右土地をXの所有地として買収計画を定めることを防止し得ないという理由に基いて、同委員会に対し、かさねて、目的地が第三者の所有に属する旨の積極的確認を求める法律上の利益を有するものではない。」と判示した。

なお、本判決の理由は、「積極的確認を求める法律上の利益を有しない」という点について、次のように述べている。「本件買収計画取消の訴において、本件農地がXの所有に属しないとの理由で右買収計画を取り消す旨の判決が確定したとすれば、農業委員会は再び右土地がXの所有に属するとの認定の下に買収計画を定めてはならない拘束を受けること、行政事件訴訟特例法一二条の規定により明らかであるから、論旨の主張する法的地位の不安を除くためには、右計画の取消を求める訴を提起すれば足り、そのほかに、Xにおいて本件目的地の所有権が第三者たるDに帰属することについて確認を求める法律上の利益は全く存しない。」

(15)　兼子一「上級審の裁判の拘束力」同『民事法研究二巻』九三頁（昭二九・酒井書店）、滝川叡一・注(1)一四五九頁。

(16)　市原昌三郎「抗告訴訟の本質と判決の効力」一橋論叢三七巻三号（昭三二）四八頁、雄川一郎・注(8)二二二頁、近藤昭三・注(1)三三六頁以下、小早川光郎『行政訴訟の構造分析』二一二頁（昭五八・東京大学出版会）など。

(17)　最判平四・四・二八民集四六巻四号二四五頁は、「取消判決の拘束力は、判決主文が導き出されるのに必要な事実認定及び法律判断にわたるものであるから、特許無効審判についての審決取消しの判決が確定した後の再度の審判手続において、審判官は取消判決の拘束力の及ぶ判決理由中の認定判断につきこれを誤りであるとして従前の主張を繰り返すこと、あるいは右主張を裏付けるための新たな立証をすることを許すべきではなく、関係当事者が再度の審決取消訴訟においてこれを違法であるとして非難することはできない。」と判示した。

(18)　大阪高判昭五〇・一一・一〇行集二六巻一〇＝一一号一二六八頁（＝堀木訴訟）は、「行政事件訴訟法第三三条……の拘束力は裁判所が違法としたと同一の理由に基づいて同一人に対し同一内容の処分をすることを禁ずる趣旨にすぎないものであって、行政庁が別の理由に基づいて同一内容の処分をすること迄も妨げるものではないと解される。」と判示した。

大阪高判平一〇・六・三〇判時一六七二号五一頁は、滋賀県公文書の公開等に関する条例六条七号に該当することを理由とする公文書非公開決定の取消判決確定後に同公文書が同条一号ないし三号に該当するとしてなされた再度の非公開決定が、前記取消判決の拘束に反しないと判示した。
(19) 小山　昇「行政処分取消判決の効力について」田中古稀『公法の理論中』一二〇三頁以下（昭五一・有斐閣）。
(20) 最判昭四三・一二・二四民集二二巻一三号三二五四頁（=行政判例百選Ⅱ178「放送局免許拒否処分と訴えの利益」）は、甲と乙とが同一周波をめぐって競願の関係にある場合、甲に対する拒否処分と乙に対する免許付与とは表裏の関係にあるから、拒否処分に対する異議申立てを棄却した決定が取り消された場合には、郵政大臣は改めて決定をなすべきであり、その結果によっては、乙に対する免許を取り消し甲に対し免許を付与することもあり得る、と判示した。
　最判平五・一二・一七民集四七巻一〇号五五三〇頁は、「都市再開発法に基づく第一種市街地再開発事業おける……借地権者に対してされる権利変換に関する処分については、借地権者に対してなされた処分が当該借地権が存在しないものとして取り消された場合には、施行者は、宅地の所有者に対する処分についても、これを取り消した上、改めてその上に借地権が存在しないことを前提とする処分をすべき関係にある（行政事件訴訟法三三条一項）。」と判示した。
(21) 塩野宏・注(9)一四三頁。
(22) 吉川正昭「判決の拘束力」『実務民訴講座8』二六八頁以下。それに対する批判として、高林克己「取消判決の効力」『行政法の争点（旧版）』二一九頁。
(23) 原田尚彦「取消判決の効力」ジュリスト九二五号二一三頁。
(24) 田中二郎『行政法上』三〇九頁注(1)。しかし例えば、換地処分に基づき家屋移転の代執行がなされた後、換地処分の取消判決があった場合、家屋の移転は違法な状態として残るが、家屋の原状回復を取消判決の拘束力で義務づけることは難しいと解されている（阿部泰隆・注(11)三〇七頁）。したがって代執行の戒告や違反建築物除却命令の取消訴訟は、代執行完了後は訴えの利益を欠く。
　最判昭四八・三・六最判集民事一〇八号三八七頁は、「建築基準法九条一項の規定により、除去命令を受けた違反建築物について代執行による除去工事が完了した以上、右除去命令及び代執行令書発布処分の取消しを求める訴えは、その利益を有しないものと解すべきである。」と判示した。

名古屋高判平八・七・一八判時一五九五号五八頁は、都市公園法一一条一項に基づく除去命令の代執行がなされた後に同命令の取消しを求める訴えの利益について、「本件代執行の終了後においても、控訴人らの船舶を本件係留場所に係留すること（本件代執行前の現状に回復すること）は、本件柵及び本件水門を開けさえすれば事実上可能であるのみならず、もし本件除去命令が控訴人らの有する正当な係留場所の使用権限を侵害した違法な処分であるとして取り消された場合には、その確定判決は、当事者たる行政庁及びその他の関係行政庁を拘束するのである（行政事件訴訟法第三三条一項）から、以後、行政庁は、当該法律関係の処理に当たっては右確定判決の趣旨を尊重しなければならず、取り消された本件除去命令に直接関連して生じた一切の異邦状態を排除する義務が課せられるとともに、原状回復が可能な場合には、違法な事実状態を排除して本件代執行前の現状に回復しなければならないことになる。

もとより、右のような取消判決が確定したとしても、控訴人らが本件係留場所を使用するために、九華公園の管理者から与えられたという使用許可の内容（使用範囲及び期間などの許可条件）が細部まで確定されるとは限らないし、また、本件除去命令が手続上の瑕疵を理由に取り消された場合には、行政庁は右瑕疵を補正して改めて同一内容の処分をすることができるのであるから、本件除去命令の取消訴訟によって、本件係留場所の管理者と控訴人との間の法律関係を巡る係争が常に全面的に解決されるとは限らないけれども、少なくとも、本件において控訴人らが主張している種類及び内容の使用権限の存否に関する争が取消訴訟によって解決される可能性があり、控訴人らの船舶を本件係留場所に係留することも事実上可能である以上、本件除去命令の取消しを求める訴えの利益は、なお存在するものと解すべきである。」と判示した。

(25)　ドイツ行政裁判所法一一三条一項は、「……裁判所は、行政行為および異議審査決定を取り消す。行政行為が既に執行されている場合には、裁判所は、申立てにより、行政官庁が執行を元の状態に戻すべきこと、およびその方法を、あわせて宣告することができる。……」と規定している。したがって判決主文では、例えば、「一　平成○年○月○○日付けの課税処分を取り消す。二　被告は一五○○万円の返還によって執行を元に戻す義務がある。」のように記載される。

第二款　事情判決

文献　福家俊朗「事情判決」『行政法の争点（旧版）』、佐藤英善「行政事件訴訟法第三一条論（一）」早稲田法学四七三号（昭四六）、阿部泰隆「事情判決」同『行政救済の実効性』（昭六○・弘文堂）、中村義幸「適用例からみた事情判決の諸問題」明治大学短期大学紀要三九号（昭六一）、乙部哲郎「事情判決制度の展開と問題点」神戸学院法学一八巻一・二号（昭六二）、秋山義昭「事情判決」ジュリスト九二五号（平元）、乙部哲郎「特別の事情による請求の棄却」園部編『注解』、間田　穆「事情判決」『行政法の争点』、西谷　剛「『公の利益』と『公共の福祉』——行政事件訴訟法三一条第一項を中心として」自治研究六九巻一号、石井　昇「特別の事情による請求の棄却」南・高橋編『条解』、

（1）意　義

違法な行政処分を取消すことが公共の福祉に適合しないと認めるときは、この行政処分を取り消さず、請求を棄却することができる（行訴三一条一項前段）。これを事情判決という[(1)]。

事情判決の制度は、原告の勝訴となる場合に、これを敗訴とする裁判をすることができる制度であり、訴訟のレベルにおいて、公益のために違法な公権力の行使を維持し個人の権利を犠牲にすることを認めるものであるから、その反法治国性は明らかである。(2)

(2)　適用要件

事情判決の適用要件は、①処分を取り消すことにより公の利益に著しい障害を生じる場合であること、②損害の程度等一切の事情を考慮すること、および③処分を取り消すことが公共の福祉に適合しないと認められることであり、以上の適用要件を充足していると認めるときに、事情判決をするかどうかは裁判所の裁量にある（行訴三一条一項）。

なお学説・判例には、事情判決が認められるのは、違法性が軽微である場合に限定され、したがって行政処分の違法性が重大であればあるほど、事情判決の余地は小さくなるという見解もある。(3)

事情判決の主たる適用例は、換地計画の認可、換地処分、土地収用裁決など大規模な公共事業を伴うケースや多数の当事者または利害関係人が存在するケースである。(4)

(3)　賠償請求の性質

行政事件訴訟法三一条一項は「損害の賠償」に言及している。この賠償の法的性質については学説が対立している。一つは損害賠償説で、違法な行政処分によって損害が生じたのであるから、国の不法行為に基づく通常の損害賠償が認められるという見解であり、(5)また、この場合の損害賠償は違法な行政処分の取消しが行われなかったことに対する代替的救済手段であるから、故意・過失を要件としないという。(6)もう一つは損失補償説で、事情判決を公用収用に準じたものとみなし、損害の賠償は事情判決という適法行為に基づく損失補償であるとみる見解である。[7] この説は司法判断たる事情判決と行政処分を同一のレベルで取り扱う点に問題があり、行政処分の違法性が前提になっている以上、賠償説が正当であろう。[8]

（4）判決の形式

事情判決の場合、行政処分は違法であるから、裁判所は、判決の主文においてその旨を宣言しなければならない（行訴三一条一項後段）。

また、裁判所は、終局判決前に、中間判決をもって処分が違法である旨の宣言をすることが認められている（行訴三一条二項）。この中間違法宣言判決は、それにより行政庁および利害関係人に対し取消しの警告を発し、それらの者が損害の賠償や防止措置につき考慮する機会を与える警告的和解勧告的機能を果たすといわれているが、[9] 現実には活用されていない。[10]

（1）事情判決の制度は、第二次世界大戦後、行政事件訴訟特例法に実定法化されたもので、その一一条は、「処分は違法ではあるが、一切の事情を考慮して、処分を取消し、又は変更することが公共の福祉に適合しないと認めるときは、裁判所は請求を棄却することができる。」と規定していた。この規定は、さらに、昭和七年の行政訴訟法案一七五条第一項「……行政訴訟ニ於テ原告ノ請求理由アル場合ト雖モ既ニ為シタル工事ノ状況ニ因リ工事ノ撤廃、変更又ハ原状回復ヲ不適当ト認ムルトキハ行政裁判所ハ之ニ代ヘ國又ハ公共團體ヲシテ除害施設又ハ損失補償ヲ為サシムルコトヲ判決スルコトヲ得……」に遡ることができる。昭和七年の行政訴訟法案一七五条が、誰の発想により、どのような経過をたどって法案化されたものか、その法案作成の過程は明らかになっていない。事情判決の制度は「日本独自の作品」であると見られている（阿部泰隆「事情判決」同『行政救済の実効性』二八九頁昭六〇・弘文堂）。

しかし、昭和七年の行政訴訟法案の立案者の念頭には、有名な一七九四年のプロイセン一般国法（Allgemeine

Landrecht für preußischen Staaten v. 5. Februar 1974.）序章七四条および七五条の規定があったのではないかという推測が成り立つように思われる。

七四条　国民ノ権利利益ト共同体ノ福祉増進ノタメノ権利義務トノ間ニ現実ノ矛盾（衝突）ガ生ジタトキハ、前者ハ後者ニ譲歩シナケレバナラナイ。

七五条　公共ノ福祉ノタメニ特別ノ権利及ビ利益ヲ犠牲ニ供サレタ者ニ対シテハ、国家ハ補償ノ義務ヲ有スル。

右の規定は、警察国家の典型的な法状態を示すものであり（W. Jellinek, Verwaltungsrecht, 3. Aufl., 1931, S, 87.）、これをDulde und liquidiere!（凡テニ耐エ而シテ清算セヨ！：美濃部達吉訳『オットー・マイヤー獨逸行政法第一巻』八六頁註二二・平五・信山社）という命題で示すことができる。

（2）　宮田三郎『行政計画法』二二三頁（昭五九・ぎょうせい）。

　事情判決の制度と結果的に類似の機能をもつ制度としてドイツの結果除去請求権（Folgebeseitungsanspruch）が紹介されているが、両者は基本的に異質の制度であることに注意したい。

結果除去請求権は、違法な行政作用の結果の除去により当初の状態への回復を求める権利である。結果除去請求権は、法律に規定されていない実体法上の権利であり、その法的根拠は、行政裁判所法一一三条一項二文ではなくて、法律による行政の原理または直接基本権の防禦機能に求められる（H. Maurer, Allgemeine Verwaltungs recht, 14. Aufl., 2002, S. 812ff.）。

　これに反して事情判決の制度は、取消訴訟のレベルで、違法な公権力の行使を維持し公益ないし既成事実を尊重して、法律による行政の原理を軽視し個人の権利を犠牲にすることを認めるものである。公益優先という法思想は古くから知られ、法治国家においても必要な場合には個別的に実定法化されてきた（例、土地収用）。しかし事情判決の制度は、公益ないし既成事実の尊重を訴訟法において一般化し、個人の権利保護を後退せしめる点に外国法制には見られない独自性があるといえよう。

　もちろん結果除去請求権には限界があり、原状回復が事実上可能でなく、法的に許容されず、行政にとって期待可能性を越える（unzumutbar）場合には、結果除去請求権は貫徹できない。しかしこのような限界を過度に強調し、そこに事情判決との類似性を求めるべきではない。法治国においては、そのような限界状況に至らないために、大規模公共事業のための行政手続法の整備・強化、取消訴訟の原則的な執行停止制度の採用、あるいは既成事実を阻止するための裁判の迅速化といった措置が不可欠であるといえよう。

(3)　平峯　隆「行政事件訴訟特例法第十一条第一項について（二）」税法学三号二六頁（昭二六）、芝池義一『救済法講義』一〇三頁。

広島高判平四・八・二六行集四三巻八＝九号一〇六五頁は、「(判決要旨) 土地区画整理事業の事業計画の変更に伴って発生した余剰地（未指定地）の処分のため、同事業の施行地区内の県有地を一坪ないし二坪ずつに分筆したものを従前地とし、前記余剰地を仮換地に指定した上で、前記従前地を売却し、その買主に対して、仮換地をそのまま交換地とした換地処分が、従前地と対比して三五・八倍の増歩となるのに対し、当該土地区画整理事業における全体の平均減歩率が二割二分五厘になることに照らして、照応の原則に反して違法である等としてされた同処分の取消請求が、同処分は土地区画整理法九一条に違反するが、その違法性の程度は軽微なものである等として、棄却された事例。」である。

(4)　次のような裁判例がある。

最判昭三三・七・二五民集一二巻一二号一八四七頁（＝行政判例百選Ⅱ204「事情判決」）は、「原判決は、Y_1の事業実施の経過に照らし、Y_2のなした認可を取り消すことにより、多数の農地、多数の人について生じた各種の法律関係及び事実状態を一挙に覆滅し去ることは、著しく公共の福祉に反するものといわなければならないと判断して、行政事件事件特例法十一条一項を適用したのであって、右判示はこれを首肯することができる。」と判示した。

長崎地判昭四三・四・三〇行集一九巻四号八二三頁は、「原告の従前の土地を初め、その周辺の土地一体は、本件土地区画整理事業により換地処分がなされて既に軒を連ねて建物が立ち並び一大商店街を形成していることが認められるから、原告に対する本件換地処分指定処分が違法であるとして取り消されると、その影響するところはひとり原告に対する換地のやり直しとなるに止まらず、換地計画全体の修正を余儀なくされ、その結果は右の如く換地処分が適法であるとして、その換地上に形成された多数の第三者間に生じた法律関係及び事実関係をも一挙に覆滅し去ることにもなり、公共の福祉に著しい障害をもたらすことは明らかである。」

「以上のような換地処分取消によって生ずる公共の損害ならびに換地処分により受ける損害の程度、その損害の賠償の程度、その他一切の事情を総合して考えるとき、本件換地指定処分は違法であるけれども、これを取り消すことは、公共の福祉に適合しないと認めるのが相当である。」と判示した。

大阪地判昭五七・二・一九行集三三巻一＝二号一一八頁では、地方鉄道法二一条一項、同法施行規則三九条二項、許可認可等臨時措置法（昭和一八年法律第七六号）一項六号、許可認可等臨時措置令（昭和一九年勅令第三五一号）四条一項一号（イ）に基づき陸運局長がした私鉄の特別急行料金改定の認可処分を違法として取り消すことが、公共の福祉に適合しないとして、行政事件訴訟法三一条一項に基づき右認可処分の取消しを求める訴えを棄却した。

大阪高判昭五八・九・三〇判タ五一五号一三三頁（＝街づくり・国づくり判例百選86「起業地外の土地収用の違法と事情判決」）は、変電所新設のための土地収用裁決について、「起業地の範囲外および使用部分の土地を収用した点において違法があるが」、「前示違法部分の土地は、変電所敷地の土手、擁壁の一部として利用されており、これを返還することになると大規模な改修工事が必要であるうえ、工事期間中の変電所の保守管理及び変電所を稼働させたまま工事を行うことに大なる困難が予想されるのに対し、原告らはすでに本件裁決に基づく補償金を取得しているだけでなく、右部分の土地の返還によってうける利益はわずかと推測されることを合わせ考えると、右土地部分につき本件裁決を取消すことは公共の福祉に適合しないと認めるのが相当であるから、行政事件訴訟法三一条を適用し右取消請求を棄却すべきであ（る）」と判示した。

高松地判平二・四・九行集四一巻四号八四九頁（＝坂出市土地区画整理事業取消請求事件）は、「本件事業は、……面積も大規模なもので、地権者等利害関係人も多数に及んでいること、本件事業はほぼ完成し、仮換地の利用は一〇〇パーセントに近いほど開始され、また、保留地予定地の処分も大部分行われ、これらの土地には、既に多くの建物が建築されていること、現段階で準工業地域の保留予定地の中に、本件従前地の仮換地として指定できるだけの保留地予定地は残っていないことが認められる。

以上の事実によれば、もし本件仮換地指定処分が取り消されることになると、本件事業計画は大幅な修正を余儀なくされ、他の地権者等に多大の影響を及ぼす事態になることが優に推認されるから、本件仮換地指定処分を取り消すことは、公の利益に著しい障害を生ずべきものというべきである。これに対し、本件仮換地指定処分が取り消されないことによって原告Xの受ける損害は、本件仮換地指定処分が取り消されることによって多数の者が被るであろう損害や社会経済的損失に比べれば僅少であり、すべて金銭賠償の方法で十分てんぽ可能であると考えられる。

そうすると、本件仮換地指定処分の取消請求は、これを取り消すことが公共の福祉に適合しないと認められるので、行政事件訴訟法三一条に則り、これを棄却することにする。」と判示した。

最判平四・一・二四民集四六巻一号四頁（＝行政判例百選Ⅱ182「土地改良事業と訴えの利益」・八鹿町土地改良事件）は、「本件認可処分は、本件事業の施行者である八鹿町に対し、本件事業施行地域内の土地につき土地改良事業を施行することを認可するもの、すなわち、土地改良事業施行権を付与するものであり、本件事業において、本件認可処分後に行われる換地処分等の一連の手続及び処分は、本件認可処分が有効に存在することを前提とするものであるから、本件認可処分が取り消されるとすれば、これにより右換地処分等の法的効力が影響を受けることは明らかである。そして、本件訴訟において、本件認可処分が取り消された場合に、本件事業施行地域を本件事業施行以前の現状に回復することが、本件訴訟係属中に本件事業計画に係る工事及び換地処分がすべて完了したため、社会的、経済的損失の観点からみて、社会通念上、不可能であるとしても、右のような事情は、行政事件訴訟法三一条の適用に関して考慮されるべき事柄であって、本件認可処分の取消しを求めるXの法律上の利益を消滅させるものではない。」と判示した。

公職選挙法上の選挙無効訴訟には事情判決の規定は準用されない（公選二一九条一項）。しかし最判昭五一・

四・一四民集三〇巻三号二二三頁は、議員定数不均衡訴訟につき、議員定数配分規定の違憲性を認めるにかかわらず、「一般的な法の基本原則」として事情判決の法理を適用した。この判例理論は、最判昭六〇・七・一七民集三九巻五号一一〇〇頁により支持され、定着するに至った。しかし学説では賛否両論が対立している（賛成論として阿部泰隆、注（1）二九八頁、反対論として和田英夫「衆議院議員定数違憲判決とその問題点」判時八一一号（昭五一）七頁を見よ。）。

（5）雄川一郎『争訟法』二一八頁。谷　五佐夫「特別の事情による請求の棄却」南　編『注釈』二七三頁。

（6）田中二郎発言、田中他『行政事件訴訟特例法逐条研究』四二〇頁（昭三二・有斐閣）、芝池義一・注（3）一〇四頁。

（7）阿部泰隆・注（1）三〇九頁、原田尚彦『行政法要論（全訂第六版）』四一二頁（平一七・学陽書房、小早川『行政法下II』三三〇頁）。なお、塩野　宏『行政法II』一七五頁も見よ。

（8）芝池義一・注（3）一〇四頁。

（9）南　博方『行政訴訟の制度と理論』二八頁（昭四三・有斐閣）。

第三款　その他の判決

（1）確認判決

① 行政行為の無効確認訴訟　棄却判決の場合、有効とされた行政処分に基づき、後に給付請求を求められた訴訟において、処分または裁決をした行政庁は、行政処分は無効であるとの主張をなし得ない。しかし行政処分の無効確認訴訟の棄却判決の結果、行政処分の適法性が既判力をもって確定されるのではない。行政処分が無効でなくても、行政処分はなお違法であり得る。

無効確認訴訟の認容判決は、その効力を第三者に対して及ぼさない。[1] 取消判決の第三者効に関する行政事件訴訟法の規定は無効確認判決には準用されていない（行訴三八条三項）。しかし多数説によれば、無効確認訴訟の認容判決は、行政処分の効力の無を確認するものではなく、無効の行政処分に付着する外見的効力を失わせる形成的効果をもち、取消訴訟と同様の機能を果たすと考えられるから、その点で無効確認判決に第三者効を認めるべきであるという。(2) しかし、第三者の権利保護、法的安定性などの見地から、訴訟に参加した第三者に対してのみ判決の効力が及ぶと解すべきであろう。(3)

無効確認訴訟には事情判決に関する行政事件訴訟法三一条の規定は準用されていない（行訴三八条）。それにもかかわらず、有力学説は、無効確認訴訟の準取消訴訟という性格から、無効確認訴訟においても事情判決を認めるべきであるという。(4) しかし、重大かつ明白な瑕疵が付着している行政処分のゴリ押し的な執行による既成事実を尊重することはできないし、違法性が重大であればあるほど事情判決の余地は小さいという考え方に従えば無効確認訴訟において事情判決を認める余地はないといえよう。(5)

② 不作為の違法確認訴訟　不作為の違法確認訴訟の判決には既判力が認められる。後訴たる国家賠償訴訟において、裁判所は、前訴の不作為の違法確認訴訟における不作為の違法に関する既判力ある判断に拘束される。(6) 拘束力に関する行政事件訴訟法三三条は、不作為の違法確認訴訟の判決にも準用される（行訴三八頁一項）。取消判決の第三者効に関する行政事件訴訟法三二条二項の規定は、不作為違法確認判決には準用されない（行訴三八条）。

（2）　義務付け判決（給付判決）

①　義務付け訴訟　義務付け訴訟の判決には既判力が認められる。認容判決（義務付け判決・再決定指令判決）の場合は行政庁に対する拘束力が認められ（行訴三三条）、取消判決の第三者効に関する行政事件訴訟法三二

条一項は義務付け判決に準用されていない（行訴三八条一項）。したがって、直接型義務付け訴訟により、第三者に対して規制権限を発動する処分をすることを命じる判決が出され、その結果としてなされた行政庁の処分について、当該処分の相手方など当該処分により不利益を受ける第三者が当該処分の取消訴訟を提起することがあり得る。この場合、当該処分の適法・違法が改めて判断されることになるが、立法論としては、取消訴訟の第三者効の規定を準用すべきであろう。

義務付け判決の執行力については、行訴法は、特段の規定を置いていない。行政庁は当然に、判決を履行すべきものであるという考え方に立っているといえよう。

棄却判決の場合は、事実および法状態が変動せず、行政庁が第二の決定をしなかった場合は、訴訟物の同一性があるので、新しい訴えは、既判力の故に、却下されなければならない。それに反して、事実または法状態が変動し、あるいは行政庁が第二の決定をなしたときは、前訴の棄却判決の既判力は、新たな訴えに対立しない。

② 差止判決　差止訴訟の判決には既判力が認められる。したがって認容判決の場合、行政庁は当該行政処分を行ってはならない。差止判決にも第三者効は与えられていない。

（1） 杉本良吉『解説』五九頁。

（2） 阿部泰隆「取消判決等の効力」南　編『注釈』二八六頁、町田　顯「取消判決等の対世効」山田・市原・阿部編『演習行政法下』一八八頁（昭五四・青林書院新社）、久保茂樹「取消訴訟の判決」『救済法1』二三三頁、芝池義一『救済法講義』一二五頁など。

最判昭四二・三・一四民集二一巻二号三一二頁（＝行政判例百選Ⅱ206「無効確認判決の第三者効」）は、「行政事件訴訟特例法（以下特例法という。）のもとにおいては、行政処分取消判決は、当該訴訟の当事者に対して効力を有するにとどまらず、すべての第三者に対しても効力を有するものと解するのを相当とする。けだし、特例法一二条は、『確定判決は、その事件について関係の行政庁を拘束する。』と規定するにとどまり、行政処分取消判決は第三者に対しても効力を有する旨の規定はないけれども、行政上の法律関係はその性質上画一的に規制されるべきものであることに徴すれば、行政処分取消判決の形成力は第三者に及ぶものと解すべきであるからである。ところで、行政処分無効確認訴訟については、特例法になんらの規定がないのであるが、無効な行政処分によって権利を侵害されたと主張する者は、現在の法律関係に関する訴の前提問題として行政処分の無効を主張しうるにとどまらず、直接、行政処分無効確認訴訟の訴訟を提起しうることが判例上肯認されてきたのである。その実質的理由は、期間の徒過等により行政上の不服申立ならびに行政処分取消の訴の提起が許されなくなったような場合であっても、当該行政処分に重大かつ明白な瑕疵があるときは、行政処分無効確認の訴を提起することによって、行政処分取消の訴を提起した場合と同様の救済を与えようとする趣旨であるから、右行政処分無効確認判決の効力は、行政処分取消判決の効力と同様に、訴訟の当事者のみならず、第三者に対する関係においても、画一的に生ずるものと解しなければならない。もし、行政処分無効確認判決の効力が第三者に及ばないと解すべきものとすれば、特例法のもとで行政処分取消の訴の一変形として肯認されてきた行政処分無効確認の訴は、著しくその機能を損ずることになるのであって、この意味においても、行政処分無効確認判決は、第三者に対しても、その効力を有するものと解するのが相当である。

本件についてこれをみるに、……前記買収処分無効確認判決の効力は、……Yらにも及ぶものと解すべきであるから、Xらは、Yらに対し、本件土地の所有権を主張することができるのであって、……Yらは、それぞれXに対し、主文掲記の各登記の抹消登記手続をすべき義務があるものといわなければならない。」と判示した。

（3）　木村弘之亮「判決——第三者効を中心として」『現代行政法大系5』二六六頁。

（4）　阿部泰隆「事情判決」同『行政救済の実効性』三〇八頁（昭六〇・弘文堂）、園部逸夫「取消訴訟に関する規定の準用」園部編『注解』四七頁、久保田茂樹・注(2)二二三頁。

大阪高判昭六一・二・二五判時一一九九号五九頁は、土地区画整理事業における仮換地指定取消処分及び換地処分の無効確認請求について、右各処分に重大かつ明白な瑕疵があることを認めながら、「行政事件訴訟三一条第一項の規定に含まれている一般的な法の基本原則に従って、事情判決ができると解するのが相当である。」と判示した。

（5）　杉本良吉『解説』一二五頁、雄川一郎『争訟法』二一九頁。

（6）　本節第一款「取消判決」の項の注（1）における水俣病認定遅延訴訟に関する判例を見よ。

しかし、最判平三・四・二六民集四五巻四号六五三頁（＝水俣病認定遅延慰謝料請求事件）は、不作為の違法確認訴訟上の不作為の違法の要件と国家賠償請求訴訟における結果回避義務違反の要件を区別している。

第三章　訴訟費用

（1）原　則

訴訟費用については、原則として民事訴訟の一般原則に従う。訴訟費用は、敗訴の当事者の負担とするが（民訴六一条）、訴訟費用の裁判が確定したときは、その確定裁判は、被告または参加人となった行政庁の所属する国または公共団体に対し、またはそれらの者のために、効力を有する。（行訴三五条）。

（2）例　外

訴え提起後に、訴えの目的を欠くに至った場合は原告敗訴となるが、訴えの目的の消滅の原因が被告の側にある場合（例えば、係争行政処分が行政庁の職権により取消された場合）には、被告に訴訟費用を負担させるべきであり、その他の事由（例えば議員の任期満了など）によって訴えの利益を欠くに至った場合は、事案の内容に応じ被告に負担させる場合がある。(1)

また、事情判決の場合は、請求棄却の判決であるが、訴訟費用については被告に負担させるべきである。(2)

（1）　雄川一郎『争訟法』二二三頁。

（2）　田中二郎「行政争訟の法理」同『行政争訟の法理』一二七頁（昭二九・有斐閣、雄川一郎・注（1）二二三頁、久保茂樹「取消訴訟の判決」杉村編『救済法1』二二四頁。

最判昭五一・四・一四民集三〇巻三号二二三頁は、選挙無効請求事件について、選挙を無効とする旨の判決を求める請求を棄却するとともに当該選挙が違法である旨を主文で宣言すべきであるとし、なお、「訴訟費用につき、民訴（＝旧民訴）法九六条前段、九二条但し書を適用して、原審及び当審の訴訟費用のすべてを被上告人（＝千葉県選挙管理委員会――筆者・注）に負担させることと（する）」と判示した。

参考資料

1　行政裁判法

（明治二三・六・三〇法四八）
施行　明治二三・一〇・一（附則）
廃止　昭和二二・五・三（昭和二二法五九）

第一章　行政裁判所組織

第一條　行政裁判所ハ之ヲ東京ニ置ク
第二條　行政裁判所ニ長官一人及評定官ヲ置ク評定官ノ員數ハ勅令ヲ以テ之ヲ定ム
行政裁判所ニ書記ヲ置ク其員數及職務ハ勅令ヲ以テ之ヲ定ム
第三條　長官ハ親任トス評定官ハ勅任又ハ奏任トス
長官及評定官ハ三十歳以上ニシテ五年以上高等行政官ノ職ヲ奉シタル者若クハ裁判官ノ職ヲ奉シタル者ヨリ任命セラル、モノトス
書記ハ長官之ヲ判任ス
第四條　長官及評定官ハ在職中左ノ諸件ヲ為スコトヲ得ス
一　公然政事ニ關係スルコト

二　政黨ノ黨員又ハ政社ノ社員トナリ又ハ衆議院議員府縣郡市町村會ノ議員若クハ参事會員タルコト
三　兼官ノ場合ヲ除ク外俸給アル又ハ金錢ノ利益ヲ目的トスル公務ニ就クコト
四　商業ヲ営ミ其他行政上ノ命令ヲ以テ禁シタル業務ヲ営ムコト

第五條　第六條ノ場合ヲ除ク外長官及評定官ハ刑法ノ宣告又ハ懲戒ノ處分ニ由ルニ非サレハ其意ニ反シテ退官轉官又ハ非職ヲ命セラル、コトナシ

行政裁判所ノ長官又ハ評定官ヲ兼任スル者ハ其本官在職中前項ヲ適用ス

懲戒處分ノ法ハ別ニ勅令ヲ以テ之ヲ定ム

第六條　長官及評定官身體若クハ精神ノ衰弱ニ因リ職務ヲ執ルコト能ハサルトキハ内閣総理大臣ハ行政裁判所ノ総會ノ決議ニ依リ其退職ヲ上奏スルコトヲ得

第七條　長官ハ行政裁判所ノ事務ヲ總理ス

長官故障アルトキハ評定官中官等最モ高キ者之ヲ代理ス官等同シキトキハ任官ノ順序ニ依リ其先ナル者之代理ス

第八條　長官ハ自ラ裁判長トナリ若クハ評定官ニ裁判長ヲ命ズルコトヲ得

部ヲ分ツノ必要アルトキハ其組織及事務分配ハ勅令ノ定ムル所ニ依ル

第九條　行政裁判所ノ裁判ハ裁判長及評定官ヲ併セ五人以上ノ列席合議ヲ要ス但列席ノ人員ハ奇數ニ限ル若シ欠席ノ為偶數トナリタルトキハ官等最モ低キ評定官ヲ議決ヨリ除ク官等同ジキトキハ任官ノ順序ニ依リ其後ナル者ヲ除ク

議決ハ過半數ニ依ル

第十条　長官又ハ評定官ハ左ノ場合ニ於テ評議及議決ニ加ワルコトヲ得ス
一　裁判スヘキ事件自己又ハ父母兄弟姉妹若クハ妻子ノ身上ニ關スルトキ
二　裁判スヘキ事件一私人ノ資格ヲ以テ意見ヲ述ヘタルモノ又ハ理事者代理者若クハ職務外ノ地位ニ於テ取扱イタルモノニ關スルトキ
三　裁判スヘキ事件行政官タルノ資格ヲ以テ其事件ノ處分又ハ裁決ニ參與シタルモノニ關スルトキ
第十一條　前條ノ場合ニ於テ原告又ハ被告ハ原因ヲ疎明シテ文書又ハ口頭ヲ以テ長官又ハ評定官ヲ忌避スルコトヲ得
前項ノ場合ニ於テ行政裁判所ハ本人ヲ回避セシメ之ヲ議決ス
第十二條　忌避若クハ除斥ノ原因タル事情ニ付キ長官又ハ評定官ヨリ申出アルトキ又ハ他ノ事由ヨリシテ長官又ハ評定官ガ法律ニ依リ評議及決議ニ加ワルヲ得サルノ疑アルトキハ行政裁判所ハ本人ヲ回避セシメ之ヲ議決ス
第十三條　行政裁判所ノ處務規程ハ勅令ヲ以テ之ヲ定ム
第十四條　行政訴訟ノ弁護人タルコトヲ得ルハ行政裁判所ノ認許シタル弁護士ニ限ル

第二章　行政裁判所權限

第十五條　行政裁判所ハ法律勅令ニ依リ行政裁判所ニ出訴ヲ許シタル事件ヲ審判ス
第十六條　行政裁判所ハ損害要償ノ訴訟ヲ受理セス
第十七條　行政訴訟ハ法律勅令ニ特別ノ規程アルモノヲ除ク外地方上級行政廳ニ訴願シ其裁決ヲ經タル後ニ非

サレハ之ヲ提起スルコトヲ得ス
各省大臣ノ處分又ハ内閣直轄官廳又ハ地方上級行政廳ノ處分ニ対シテハ直ニ行政訴訟ヲ提起スルコトヲ得
各省又ハ内閣ニ訴願ヲ為シタルトキハ行政訴訟ヲ提起スルコトヲ得ス
第十八條　行政裁判所ノ判決ハ其事件ニ付キ關係ノ行政廳ヲ羈束ス
第十九條　行政裁判所ノ裁判ニ對シテハ再審ヲ求メルコトヲ得ス
第二十條　行政裁判所ハ其権限ニ關シテハ自ラ之ヲ決定ス
行政裁判所ト通常裁判所又ハ特別裁判所トノ間ニ起ル権限ノ争議ハ権限裁判所ニ於テ之ヲ裁判ス
第二十一條　行政裁判所ノ判決ノ執行ハ通常裁判所ニ囑託スルコトヲ得

第三章　行政訴訟手續

第二十二條　行政訴訟ハ行政廳ニ於テ處分書若クハ裁決書ヲ交付シ又ハ告知シタル日ヨリ六十日以内ニ提起スヘシ六十日ヲ經過シタルトキハ行政訴訟ヲ為スコトヲ得ス但法律勅令ニ特別ノ規程アルモノハ此限ニ在ラス
訴訟提起ノ日限其他此法律ニ依リ行政裁判所ノ指定スル日限ノ計算竝ニ災害事變ノ為メ遷延シタル期限ニ關シテハ民事訴訟ノ規程ヲ適用ス
第二十三條　行政訴訟ハ法律勅令ニ特別ノ規程アルモノヲ除ク外行政廳ノ處分又ハ裁決ノ執行ヲ停止セズ但行政廳及行政裁判所ハ其職権ニ依リ又ハ原告ノ願ニ依リ必要ト認メルトキハ其處分又ハ裁決ノ執行ヲ停止スルコトヲ得
第二十四條　行政訴訟ハ文書ヲ以テ行政裁判所ニ提起スベシ

法律ニ依リ法人ト認メラレタル者ハ其名ヲ以テ行政訴訟ヲ提起スルコトヲ得
第二十五條　訴状ハ左ノ事項ヲ記載シ原告署名捺印スヘシ
一　原告ノ身分、職業、住所、年齢
二　被告ノ行政廳又ハ其他ノ被告
三　要求ノ事件及其理由
四　立證
五　年月日
訴状ニハ原告ノ經歴シタル訴願書裁決書竝ニ證拠書類ヲ添ウヘシ
第二十六條　訴状ニハ被告ニ送付スル為メニ必要文書ノ副本ヲ添ウヘシ
第二十七條　行政裁判所ハ原告ノ訴状ニ就テ審査シ若シ法律勅令ニ依リ行政訴訟ヲ提起スヘカラサルモノナルカ又ハ適法ノ手續ニ違背スルモノナルトキハ其理由ヲ付シタル裁決書ヲ以テ之ヲ却下スヘシ
其訴状ノ方式ヲ缺クニ止マルモノハ之ヲ改正セシムル為メ期限ヲ指定シテ還付スベシ
第二十八條　行政裁判所ニ於テ訴状ヲ受理シタルトキハ其副本ヲ被告ニ送付シ相当ノ期限ヲ指定シテ答辨書ヲ差出サシムヘシ
答辨書ニハ原告ニ送付スル為メ必要文書ノ副本ヲ添ウベシ
第二十九條　行政裁判所ハ必要ナリト認メルトキハ其期限ヲ指定シテ原告被告交互ニ辨駁書及再度ノ答辨書ヲ差出サシムヘシ
第三十條　行政裁判所ハ訴状及答辨書ノ附属文書ノ副本ヲ原告被告交互ニ送付スル代リニ所内ニ於テ之ヲ閲覧

セシムルコトヲ得

第三十一條　行政裁判所ハ訴訟審問中其事件ノ利害ニ關係アル第三者ヲ訴訟ニ加ワラシメ又ハ第三者ノ願ニ依リ訴訟ニ加ワルコトヲ許可スルヲ得

前項ノ場合ニ於テハ行政裁判所ノ判決ハ第三者ニ對シテモ亦其效力ヲ有ス

第三十二條　行政官廳ハ其官吏又ハ其申立ニ依リ主務大臣ヨリ命シタル委員ヲシテ訴訟代理ヲ為サシムルコトヲ得

代理者ハ委任狀ヲ以テ代人タルコトヲ證明スヘシ

第三十三條　行政裁判所ハ豫メ指定シタル期日ニ於テ原告被告及第三者ヲ召喚シテ審廷ヲ開キ口頭審問ヲ為スヘシ

原告被告及第三者ニ於テ口頭審問ヲ為スコトヲ望マサル旨ヲ申立タル場合ニ於テハ行政裁判所ハ文書ニ就キ直ニ判決ヲ為スコトヲ得

第三十四條　審廷ニ於テハ原告被告及第三者ノ辨明ヲ聴クヘシ

審廷ニ於テハ裁判長ノ許可ヲ得タル者ヨリ順次発言スヘシ

原告被告及第三者ハ事実上及法律上ノ點ニ就キ文書ニ尽サヽル所ヲ補足シ又ハ誤謬ヲ更正シ若クハ新ニ證憑ヲ提出シ及證書ヲ提示スルコトヲ得

第三十五條　主務大臣ハ必要ト認メル場合ニ於テハ公益ヲ辨護スル為メ委員ヲ命シ審廷ニ差出スコトヲ得

行政裁判所ハ判決ヲ為ス前ニ委員ヲシテ意見ヲ陳述セシムヘシ

第三十六條　行政裁判所ノ對審判決ハ之ヲ公開ス

安寧秩序又ハ風俗ヲ害スルノ虞アリ又ハ行政廳ノ要求アルトキハ行政裁判所ノ決議ヲ以テ對審ノ公開ヲ停ムルコトヲ得

第三十七條　公開ヲ停メルノ決議ヲ為シタルトキハ公衆ヲ退カシムルノ前之ヲ言渡ス

第三十八條　行政裁判所ハ原告被告及第三者ニ出廷ヲ命シ竝ニ必要ト認メル證憑ヲ徴シ證人及鑑定人ヲ召喚シ審問ニ應シ証明及鑑定ヲ為サシムルコトヲ得

證人又ハ鑑定人トシテ審問ニ應シ證明及鑑定ヲ為スヘキ義務ニ關シテハ民事訴訟ノ規程ヲ適用ス其義務ヲ盡サヽル場合ニ於テ處分スヘキ科罰ハ行政裁判所自ラ之ヲ判決ス

行政裁判所ハ口頭審問ニ於テ挙證ノ手續ヲ為シ又ハ評定官ニ委任シ若クハ通常裁判所又ハ行政庁ニ嘱託シテ之カ調査ヲ為サシムルコトヲ得

第三十九條　行政裁判所ニ於テ審問中ノ事件ニ關シ民事上ノ訴訟起ルコトアリテ通常裁判ノ確定ヲ待ツノ必要アルト認メルトキハ其審判ヲ中止スルコトヲ得

第四十條　審問手續ニ關スル故障ノ申立ハ行政裁判所自ラ之ヲ判決ス

第四十一條　召喚ノ期日ニ於テ原告若クハ被告若クハ第三者出廷セサルコトアルモ行政裁判所ハ其審判ヲ中止セス

原告被告及第三者共ニ出廷セサルトキハ行政裁判所ハ審問ヲ行ハス直ニ判決ヲ為スコトヲ得

第四十二條　裁判宣告書ハ理由ヲ付シ裁判長評定官及書記之ニ署名捺印シ其謄本ニ行政裁判所ノ印章ヲ捺シ之ヲ原告被告及第三者ニ交付スヘシ

行政訴訟ノ文書ニハ訴訟用印紙ヲ貼用スルヲ要セス

第四十三条　行政訴訟手續ニ關シ此法律ニ規程ナキモノハ行政裁判所ノ定メル所ニ依リ民事訴訟ニ関スル規程ヲ適用スルコトヲ得

第四章　附　則

第四十四条　此法律ハ明治二十三年十月一日ヨリ施行ス

第四十五条　第二十条第二項ノ権限争議ハ権限裁判所ヲ設ケル迄ノ間樞密院ニ於テ之ヲ裁定ス

裁定ノ手續ハ勅令ノ定メル所ニ依ル

第四十六条　従前ノ法令ニシテ此法律ト抵触スルモノハ此法律施行ノ日ヨリ廃止ス

第四十七条　此法律施行ノ前既ニ行政訴訟トシテ受理シ審理中ニ係ルモノハ仍従前ノ成規ニ依リ処分スベシ

2　行政廳ノ違法處分ニ關スル行政裁判ノ件

（明治二三・一〇・九法一〇六）
廃止　昭和二二・五・三

法律勅令ニ別段ノ規程アルモノヲ除ク外左ニ掲クル事件ニ付行政廳ノ違法處分ニ由リ權利ヲ毀損セラレタリトスル者ハ行政裁判所ニ出訴スルコトヲ得

一　海關税ヲ除ク外租税及手數料ノ賦課ニ關スル事件
二　租税滯納處分ニ關スル事件
三　營業免許ノ拒否又ハ取消ニ關スル事件
四　水利及土木ニ關スル事件
五　土地ノ官民有區分ノ查定ニ關スル事件

3　行政事件訴訟特例法

（昭和二三・七・一法八一）

施行　昭和二三・七・一五（附則）

廃止　昭和三七・一〇・一（昭和三七法一三九）

第一条　行政庁の違法な処分の取消又は変更に係る訴訟その他公法上の権利関係に関する訴訟については、この法律によるの外、民事訴訟法の定めるところによる。

第二条　行政庁の違法な処分の取消又は変更を求める訴は、その処分に対し法令の規定により訴願、審査の請求、異議の申立その他行政庁に対する不服の申立（以下単に訴願という。）のできる場合には、これに対する裁決、決定その他の処分（以下単に裁決という。）を経た後でなければ、これを提起することができない。但し、訴願の提起があつた日から三箇月を経過したとき又は訴願の裁決を経ることに因り著しい損害を生ずる虞のあるときその他正当な事由があるときは、訴願の裁決を経ないで、訴を提起することができる。

第三条　前条の訴は、他の法律に特別の定のある場合を除いて、処分をした行政庁を被告としてこれを提起しなければならない。

第四条　第二条の訴は被告である行政庁の所在地の裁判所の専属管轄とする。

第五条　第二条の訴は、処分のあつたことを知つた日から六箇月以内に、これを提起しなければならない。

2　前項の期間は、これを不変期間とする。
3　処分の日から一年を経過したときは、第二条の訴を提起することができない。但し、正当な事由に因りこの期間内に訴を提起することができなかったことを疎明したときは、この限りでない。
4　第一項及び前項の期間は、処分につき訴願の裁決を経た場合には、訴願の裁決のあったことを知った日又は訴願の裁決の日から、これを起算する。
5　第一項及び第三項の規定は、他の法律に特別の定のある場合には、これを適用しない。
第六条　第二条の訴には、その請求と関連する原状回復、損害賠償その他の請求（以下関連請求という。）に係る訴に限り、これを併合することができる。
2　第二条の訴の第一審裁判所が高等裁判所である場合において、前項の規定による訴の併合をするには、関連請求に係る訴の被告の同意を得なければならない。被告が異議を述べないで、本案について弁論をし、又は準備手続において申述をしたときは、訴の併合に同意したものとみなす。
第七条　第二条の訴において、原告は、被告とすべき行政庁を誤ったときは、訴訟の係属中被告を変更することができる。但し、原告に故意又は重大な過失があったときは、この限りでない。
2　前項の規定により被告を変更したときは、期間の遵守については、あらたな被告に対する訴は、最初に訴を提起した時にこれを提起したものとみなす。
3　第一項の規定により被告を変更したときは、従前の被告に対しては、訴の取下があったものとみなす。
第八条　裁判所は、必要と認めるときは、職権で決定を以て、訴訟の結果について利害関係のある行政庁その他の第三者を訴訟に参加させることができる。

2　裁判所は、前項の決定をするには、当事者及び第三者の意見を聴かなければならない。

第九条　裁判所は、公共の福祉を維持するため必要があると認めるときは、職権で証拠調をすることができる。但し、その証拠調の結果について、当事者の意見を聴かなければならない。

第一〇条　第二条の訴の提起は、処分の執行を停止しない。

2　第二条の訴の提起があった場合において、処分の執行に因り生ずべき償うことのできない損害を避けるため緊急の必要があると認めるときは、裁判所は、申立に因り又は職権で、決定を以て、処分の執行を停止すべきことを命ずることができる。但し、執行の停止が公共の福祉に重大な影響を及ぼす虞のあるとき及び内閣総理大臣が異議を述べたときは、この限りでない。

3　前項但書の異議は、その理由を明示してこれを述べなければならない。

4　第二項の決定は、口頭弁論を経ないでこれをすることができる。但し、予め当事者の意見を聴かなければならない。

5　第二項の決定に対しては、不服を申し立てることができない。

6　裁判所は、何時でも、第二項の決定を取り消すことができる。

7　行政庁の処分については、仮処分に関する民事訴訟法の規定は、これを適用しない。

第一一条　第二条の訴の提起があった場合において、処分は違法ではあるが、一切の事情を考慮して、処分を取り消し、又は変更することが公共の福祉に適合しないと認めるときは、裁判所は、請求を棄却することができる。

2　前項の規定による裁判には、処分が違法であること及び請求を棄却する理由を明示しなければならない。

3　第一項の規定は、損害賠償の請求を妨げない。

第一二条　確定判決は、その事件について関係の行政庁を拘束する。

附　則（抄）

2　この法律は、この法律施行前に生じた事項にもこれを適用する。但し、民事訴訟法及び昭和二十二年法律第七十五号（日本国憲法の施行に伴う民事訴訟法の応急的措置に関する法律）によって生じた効力を妨げない。

3　昭和二十二年三月一日前に制定された法律は、第五条第五項の規定の適用については、これを同条同項の他の法律でないものとみなす。

4　この法律施行前から進行を始めた昭和二十二年法律第七十五号第八条但書の期間については、なお、同法を適用する。

4　ドイツ行政裁判所法

一九九一・五・一九連邦公報Ⅰ六八六
改正　一九九二・六・二六連邦公報Ⅰ一一二六以降、二五回の改正を経て、最後の改正は、二〇〇四・八・二四連邦公報Ⅰ三一九八

第一編　裁判所の構成

第一章　裁　判　所

第一条［行政裁判所の独立］　行政裁判権は、行政官庁から分離された、独立の裁判所によって行使される。

第二条［行政裁判権の裁判所および審級］　一般的行政裁判権の裁判所は、ラントでは行政裁判所および上級行政裁判所、連邦ではライプチヒを所在地とする連邦行政裁判所である。

第三条［裁判所の組織］　①　次に掲げる事項は、法律で定める。

一　行政裁判所または上級行政裁判所の設置および廃止

二　裁判所の所在地の移転
三　裁判所の管轄区域の変更
四　二以上の行政裁判所の管轄区域について、個々の専門分野を、一の行政裁判所に指定すること
四の一　土地管轄が第五二条第二号第一文第二文および第四文により規定されている手続を、ラントの他の行政裁判所または二以上の行政裁判所に指定すること
五　行政裁判所の個々の部または上級行政裁判所の個々の部を他の場所に設置すること
六　従来効力を有していた規定によれば管轄が成立しない場合に、第一号、第三号、第四号および第四号の一による措置において、係属する手続を他の裁判所に委譲すること
② 二以上のラントは、共通の裁判所もしくは一の裁判所に属する共通の合議体の設置またはラントの境界を越える裁判管轄区域の拡張について、それが個々の専門分野に関するものであるときにおいても、協定することができる。
第四条［総務部および職務の割当］ [1]行政裁判権の裁判所について、裁判所構成法第二編の規定を準用する。[2]総務部は、四年の期限で、第九九条第二項による決定について権限を有する合議体の裁判官および三名の代理官を定める。裁判官および代理官は終身の裁判官でなければならない。

第五条［行政裁判所の構成および編成］ ① 行政裁判所は、所長および必要な員数の部長その他の裁判官から成る。
② 行政裁判所に部を置く。
③ [1]行政裁判所の部は、単独裁判官が裁判をしない場合、三名の裁判官および二名の名誉職の裁判官の構成

で、裁判をする。2口頭弁論を経ない決定および裁判所決定（第八四条）をするときは、名誉職の裁判官は関与しない。

第六条［単独裁判官への委譲、部への差戻し］①1次の場合に、部は、通常その構成員の一人に、単独裁判官として、争訟の裁判を委譲する。

一　事件が事実上および法律上特別に困難でない場合および

二　争訟が原則的な意味を有しない場合

2試験任用裁判官は、その任命後一年以内、単独裁判官になることができない。

② 争訟は、既に部において口頭弁論がなされたときは、単独裁判官に委譲することができない。ただし、その間に留保判決、一部判決または中間判決がなされたときを除く。

③ 1単独裁判官は、訴訟状態の本質的変更から法律事件が原則的な意義を有し、または事案が事実上もしくは法律上特別に困難であることが判明したときは、関係人の聴聞後に、法律事件を部に差戻すことができる。2単独裁判官へ新たに委譲することはできない。

④ 1第一項および第三項による決定については、不服の申立てをすることができない。2委譲がなされないことについて、法的救済は与えられない。

第七条および第八条（削除）

第九条［上級行政裁判所の構成および編成］① 上級行政裁判所は、長官および必要な員数の部長その他の裁判官から成る。

② 上級行政裁判所に部を置く。

③　[1]上級行政裁判所の部は、三名の裁判官の構成で裁判をする。ラントの立法で、部は五名の裁判官の構成で裁判をなし、このうち二名は名誉職の裁判官を置くことができる旨を規定することができる。[2]第四八条第一項の場合については、部は、五名の裁判官と二名の名誉職の裁判官の構成で裁判をする旨を規定することもできる。

④　(廃止)

第一〇条［連邦行政裁判所の構成および編成］　①　連邦行政裁判所は、長官および必要な員数の部長その他の裁判官から成る。

②　連邦行政裁判所に部を置く。

③　連邦行政裁判所の部は、五名の裁判官の構成で裁判をする。ただし、口頭弁論を経ない決定の場合には、三名の裁判官の構成でする。

第一一条［連邦行政裁判所の大部］　①　連邦行政裁判所に大部を置く。

②　法律問題において、連邦行政裁判所のある部が、他の部または大部の裁判と意見を異にするときは、大部が裁判をする。

③　[1]大部への提出は、その裁判と意見を異にする部が、判決部の照会に対し、自己の法的見解に固執する旨を陳述する場合にのみ、許容される。[2]その裁判と意見を異にする部が、職務割当計画の変更により、当該法律問題に取り組むとができないときは、職務割当計画により、異なる裁判をした事件について管轄を有することになる部が、それに代わる。[3]照会および回答については、各部が決定により判決に必要な構成で裁判をする。

④　判決部は、その見解により法の形成または統一的な判例の確保のために必要があると考えるときは、原則的な法律問題について、大部に、裁判を求めることができる。

⑤　1大部は、長官および長官が裁判長とならない上告部の裁判官から成る。2上告部以外の部があるとき、または上告部の裁判と意見を異にするときは、この部の裁判官も大部に派遣される。3長官に支障があるときは、聴聞を受けた部の裁判官がそれに代わる。

⑥　1裁判官および代理官は、総務部より一事務年の任期をもって任命される。2これは、第五項第二段による他の部の裁判官およびその代理官についても、適用される。3裁判官に支障があるときは、長官が大部の裁判長となる。4可否同数のときは、裁判長の意見によって決する。

⑦　1大部は、法律問題についてのみ、裁判をする。2口頭弁論を経ないで裁判をすることもできる。3その裁判は、係属する事件につき、判決部を拘束する。

第一二条［上級行政裁判所の大部］①　1第一一条の規定は、上級行政裁判所がラント法の問題につき終局的に裁判をする場合に限り、上級行政裁判所について準用する。2この法律により構成された控訴部が上告部に代わる。

②　上級行政裁判所が二部のみから成るときは、連合部が大部に代わる。

③　ラント法律により、大部の異なる構成を定めることができる。

第一三条［事務局］　1各裁判所に事務局を設置する。2事務局には、必要な員数の記録官を配置する。

第一四条［裁判所共助および職務援助］　すべての裁判所および行政官庁は、行政裁判権の裁判所に対し、裁判所共助および職務援助を行う。

第二章　裁判官

第一五条［本務裁判官］　①　裁判官は、第一六条および第一七条に別段の定めがない限り、終身任命される。
②　（削除）
③　連邦行政裁判所の裁判官は、三五歳に達した者でなければならない。
第一六条［兼務裁判官］　上級行政裁判所および行政裁判所においては、終身任命された他の裁判所の裁判官および法学の正教授を、少なくとも二年長くてもその本務の期間中、一定の期間、兼務として裁判官に任命することができる。
第一七条［試験任用裁判官、委託任用裁判官］　行政裁判所においては、試験任用裁判官または委託任用裁判官を任用することができる。
第一八条　（削除）

第三章　名誉職の裁判官

第一九条［責務］　名誉職の裁判官は、裁判官と同等の権利をもって、口頭弁論および判決の発見に関与する。
第二〇条［任用の要件］　1名誉職の裁判官はドイツ国民でなければならない。2名誉職の裁判官は、三〇歳に達し、かつ、その選定の前一年間その裁判所の管轄区域に住所を有していた者でなければならない。
第二一条［名誉職の欠格］　次の者は、名誉職の裁判官の職につくことができない。
一　判決の結果、公職につく資格を失った者、または故意により六箇月以上の自由刑を言い渡された者

二　公職につく資格の喪失を生ぜしめるおそれのある行為のために起訴された者
三　裁判所の命令によって自己の財産に対する処分を制限された者
四　ラント立法府の選挙権を有していない者
第二二条［素人陪席判事の不適格原因］　次の者は、名誉職の裁判官に任用することができない。
一　連邦議会、ヨーロッパ議会、ラント立法府、連邦政府またはラント政府の構成員
二　裁判官
三　官吏および公の勤務における被用者。ただし、名誉職として活動していない者に限る。
四　職業軍人および短期志願兵
四の一　（廃止）
五　弁護士、公証人および他人の法律事務を処理することを業とする者
第二三条［拒否権］　①　次の者は、名誉職の裁判官の職につくことを拒むことができる。
一　聖職者および聖堂雇人
二　参審裁判官およびその他の名誉職の裁判官
三　八年間以上一般的行政裁判権の裁判所で名誉職の裁判官として勤務した者
四　医師、看護人、助産婦
五　助手を有していない薬剤師
六　六五歳に達した者
②　前項に定めるほか、特別の事情がある場合には、申立てにより、職につくことを免ずることができる。

第二四条［名誉職の免除］①　名誉職の裁判官は、次の場合には、その職を免除される。
一　第二〇条から第二二条により、任用することができなかったとき、または任用することができないとき。
二　職務上の義務に著しく違反したとき。
三　第二三条第一項による拒否の理由を主張するとき。
四　職務の遂行に必要な精神的または肉体的能力を失ったとき。
五　裁判所の管轄区域内に住所を有しなくなったとき。
②　前項に定めるほか、特別の事情がある場合には、申立てにより、引き続き職務を行うことを免ずることができる。
③　[1]上級行政裁判所の部は、第一項第一号、第二号および第四号の場合には、行政裁判所所長の申立てにより、第一項第三号および第五号ならびに第二項の場合には、当該名誉職の裁判官の申立てにより、裁判をする。[2]裁判は、当該名誉職の裁判官の審尋した後、決定によって行う。[3]この裁判に対しては、不服を申し立てることができない。
④　第三項は、第二三条第二項の場合に準用する。
⑤　上級行政裁判所の部は、第二一条第二号により公訴が提起されたとき、および被告人が確定判決をもって免訴の宣告を受け、または無罪の言渡しを受けたときは、当該名誉職の裁判官の申立てにより、第三項による裁判を取り消さなければならない。
第二五条［任期］　名誉職の裁判官は、四年の任期をもって選定される。
第二六条［選定委員会］①　各裁判所に、名誉職の裁判官を選定するため、委員会を置く。

② 1委員会は、委員長としての行政裁判所所長、陪席委員としてラント政府から指定された一名の行政官および七名の受託委員から成る。2受託委員およびその代理人は、当該行政裁判所の管轄区域の住民の中から、ラント議会もしくはラント議会から指定されたラント議会委員会により、またはラント法律の定めるところにより、選定される。3受託委員およびその代理人は、名誉職の裁判官としての任用要件を充たす者でなければならない。4ラント政府は、行政官の指定について、法規命令によって第一段の規定と異なる定めをすることができる権限を有する。5ラント政府は、この権限をラント最高官庁に委ねることができる。6第三条第二項の場合には、行政官の任用ならびにラントの受託委員の選定の権限は裁判所の所在地に従って定まる。7ラントの立法は、この場合各関係ラント政府は一名の行政官を委員会に派遣し、各関係ラントは少くとも二名の受託委員を任用することを定めることができる。

③ 委員会は、少なくとも委員長、行政官および三名の受託委員の出席がなければ、議決することができない。

第二七条〔名誉職裁判官の員数〕 各行政裁判所に必要な名誉職の裁判官の員数は、所長が、あらかじめ各員の招集が最大年間一二通常開廷日以下になるように定める。

第二八条〔候補者名簿〕 1郡および郡に含まれない市は、四年ごとに名誉職の裁判官の候補者名簿を作成する。2委員会は、各郡および郡に含まれない各市のために、候補者名簿に登録されるべき候補者の数を定める。3この場合には、第二七条により必要とされる名誉職の裁判官の二倍の数を基礎としなければならない。4名簿への登載については、郡または郡に含まれない市の議会の議員の法定数の三分の二以上の同意を必要とする。5候補者名簿には、候補者の氏名のほか、出生地、出生日および職業を記載しなければならない。候補者名簿は、管轄行政裁判所の所長に対し送付しなければならない。

第二九条［選定手続］　①　委員会は、候補者名簿から、三分の二以上の多数決をもって、必要な員数の名誉職の裁判官を選定する。

②従前の裁判官は、改選の時まで、その職にあるものとする。

第三〇条［開廷への招集、代理人］　①　[1]行政裁判所の総務部は、事務年度の開始に先立ち、名誉職の裁判官を開廷に招集すべき順序を定める。[2]各部のために、一二名以上の氏名の記載のある名簿を作成しなければならない。

②　予測することができない支障がある場合に代理人を招集するために、裁判所所在地またはその近辺に居住する名誉職の裁判官を記載した補助名簿を作成することができる。

第三一条　（削除）

第三二条［補償］　名誉職の裁判官および受託委員（第二六条）は、司法報酬法および司法補償法により補償を受ける。

第三三条［秩序金］　①　[1]名誉職の裁判官が、十分な免責の理由なしに、定められた時刻に法廷に出頭せず、またはその他の方法でその義務を怠ったときは、秩序金を定めることができる。[2]右の場合に、同時に義務を怠ったことにより生じた費用を負担をせしめることができる。

②　[1]前項の決定は、裁判長がする。[2]後に免責がなされたときは、裁判長は、決定の全部または一部を取り消すことができる。

第三四条［上級行政裁判所の名誉職の裁判官］　ラント立法が、上級行政裁判所において名誉職の裁判官を関与させる旨を定めた場合には、上級行政裁判所の名誉職の裁判官について、第一九条から第三三条までを準用する。

第四章　公益代理人

第三五条［連邦行政裁判所における連邦利益の代理人］①　1連邦行政裁判所に連邦首席検察官を置く。2連邦主席検察官は、公益の維持のために、連邦行政裁判所に係属するすべての手続に参加することができる。ただし、懲戒部および軍勤部の手続については、この限りでない。3連邦首席検察官は、連邦政府の指示に拘束される。

②　連邦行政裁判所は、連邦首席検察官に意見を述べる機会を与える。

第三六条［公益代理人］①　1上級行政裁判所および行政裁判所に、ラント政府の法規命令の定めるところにより、公益代理人を置くことができる。2この場合に、公益代理人に、一般的または特定の場合につき、ラントまたはラント官庁の代理権を与えることができる。

②　第三五条第二項を準用する。

第三七条［裁判官職の資格］①　連邦首席検察官および連邦首席検察官への協力を本務とする上級官吏は、裁判官となる資格を有し、またはドイツ裁判官第一一〇条第一段の要件を充たすものでなければならない。

②　上級行政裁判所および行政裁判所における公益代理人は、ドイツ裁判官法により裁判官となる資格をもつものでなければならない。第一七四条は、影響を受けない。

第五章　裁判所行政

第三八条［職務上の監督］　①　裁判所の長は、裁判官、官吏、被用者および労務者に対して、職務上の監督を行う。

②　行政裁判所に対する上級監督庁は、上級行政裁判所長官とする。

第三九条［行政事務］　裁判所には、裁判所行政以外のいかなる行政事務も委ねてはならない。

第六章　行政訴訟および管轄

第四〇条［行政訴訟の許容性］　①　[1]行政訴訟は、争訟が連邦法律により他の裁判所に明示的に指定されていない限り、憲法上の争訟を除く、すべての公法上の争訟において与えられる。[2]ラント法の領域における公法上の争訟は、ラント法によっても、他の裁判所に指定することができる。

②　[1]公共の福祉のためにする公用徴収および公法上の保管に基づく財産権上の請求ならびに公法契約に基づかない公法上の義務違反による損害賠償請求については、通常訴訟が与えられる。[2]ただし、基本法第一四条第一項第二文にいう填補請求の成立と額に関する争訟については、官吏法ならびに違法な行政行為の取消しに基づく財産的損失の填補を求める訴えに関する特別の規定は、影響を受けない。

第四一条　（削除）

第四二条［取消訴訟および義務づけ訴訟］　①　訴えにより、行政行為の取消し（取消訴訟）ならびに拒否された行政行為または放置されている行政行為をなすべき旨の判決（義務付け訴訟）を求めることができる。

② 訴えは、法律の別段の定めがない限り、原告が、行政行為またはその拒否もしくは放置によりその権利を侵害されたと主張する場合にのみ、許容される。

第四三条［確認訴訟］ ① 訴えにより、原告が即時確認の正当な利益を有するときは、法律関係の存否または行政行為の無効の確認を求めることができる（確認訴訟）。

② [1]確認は、原告が形成の訴えまたは給付の訴えによりその権利を追求することができる場合またはこれを追求することができた場合には、求めることができない。[2]ただし、行政行為の無効の確認を求める場合は、この限りでない。

第四四条［訴えの客観的併合］ 原告は、二以上の請求が同一の被告に向けられ、互いに関連し、かつ、同一の裁判所の管轄に属するときは、一の訴えでこれを訴求することができる。

第四四条の一［官庁の手続行為に対する法的救済］ ① [1]官庁の手続行為に対する法的救済は、実体的決定に対して許される法的救済と同時にのみ、主張することができる。[2]ただし、官庁の手続行為が執行しうるものである場合または関係人以外の者に対してなされた場合は、この限りでない。

第四五条［行政裁判所の事物管轄］ 行政裁判所は、行政訴訟が許されるすべての争訟につき、第一審として裁判をする。

第四六条［上級行政裁判所の審級管轄］ 上級行政裁判所は、次の上訴について裁判をする。

一 行政裁判所の判決に対する控訴
二 行政裁判所のその他の裁判に対する抗告
三 （削除）

第四七条［規範統制における上級行政裁判所の事物管轄］　①　上級行政裁判所は、その裁判権の範囲内において、申立てにより、次の法規の有効性について裁判をする。
一　連邦建設法典の規定により発せられた条例ならびに連邦建設法典第二四六条第二項に基づく法規命令
二　ラント法が定める限りにおいて、ラント法律の下位に属するその他の法規
②　1法規もしくはその適用により損害を受け、または近い将来に損害を受けることが予想されるすべての自然人または法人ならびにすべての官庁は、法規の公告後二年以内に、この申立てをすることができる。2この申立ては、法規を発した団体、営造物または財団を相手方としてなされなければならない。3上級行政裁判所は、法規により権限に影響を受けるラントおよびその他の公法上の法人に対して、一定期間内に意見を述べる機会を与えることができる。4第六五条第一項および第四項ならびに第六六条が準用される。
③　法規が専らラントの憲法裁判所によって審理されることが法律によって定められている限りにおいて、上級行政裁判所は、法規とラント法との適合性について審理しない。
④　法規の有効性の審査手続が一つの憲法裁判所に係属している場合には、上級行政裁判所は、憲法裁判所における手続が終結するまで審理が中止されるべきことを命ずることができる。
⑤　1上級行政裁判所は、判決により、または口頭弁論を不要と判断した場合には決定により、裁判をする。2上級行政裁判所は、法規が有効でないとの確証を得た場合には、これが無効であることを宣言する。この場合には、裁判は一般的な拘束力を有し、かつ、裁判の主文は法規が公告された場合と同様な方法をもって、被申立人により公示されなければならない。3裁判の効力について第一八三条を準用する。
⑥　裁判所は、重大な損害を避けるため、またはその他の重要な理由により緊急の必要があるときは、申立て

により、仮命令を発することができる。

第四八条［上級行政裁判所のその他の事物管轄］ ① [1]上級行政裁判所は、次の事項に関する全争訟について、第一審として裁判をする。

一 原子力法第七条および第九条の一第三項にいう施設の設置、操業その他の占有、変更、休業、確実な封じ込み、解体

二 原子力法第七条に掲げる施設以外の核燃料の処理、加工およびその他の使用（原子力法第九条）および原子力法第九条第一項第二文にいう本質的逸脱または本質的な変更ならびに国家の保管以外の核燃料の保持（原子力法第六条）

三 三百メガワット以上の燃料焼熱供給を有する固体、液体およびガス燃料のための燃焼装置を有する発電所の設置、操業および変更

四 電圧十万ボルト以上の送電施設の設置およびその路線の変更

五 年間装入量（実効性）十万トン以上の廃棄物の燃焼または熱的分解のための固定的施設ならびに流通経済法第四一条第一項および廃棄物法にいう廃棄物の全部または一部を貯蔵し、または堆積する固定的施設の設置、操業および本質的変更のための手続

六 旅客空港および制限建築地域でのヘリコプター発着場の建設、拡張または変更および操業

七 市電、磁気浮上鉄道および公共鉄道の新路線の建設または変更ならびに操車場およびコンテナー操車場の建設または変更のための計画確定手続

八 連邦遠距離道路の建設または変更のための計画確定手続

九　連邦内陸水路の新建設または拡張のための計画確定手続
2第一段は、計画確定の代りに付与される許可に関する争訟、ならびに企画と場所的および経営的に関連する付帯施設に関する場合でも、企画にとって必要な全許可および認可に関する争訟について、適用される。3各ラントは、法律により第一段の場合における指定に関する争訟について、上級行政裁判所が第一審として裁判をすることを規定することができる。
② 上級行政裁判所は、さらに、ラント最高官庁が結社法第三条第二項第一号により命じた結社の禁止および結社法第八条第二項第一段によりなした処分に対する訴えについて、第一審として裁判をする。
③ (削除)
第四九条［連邦行政裁判所の審級管轄］ 連邦行政裁判所は、次の上訴について裁判をする。
一　第一三二条による上級行政裁判所の判決に対する上告
二　第一三四条および第一三五条による行政裁判所の判決に対する上告
三　この法律の第九九条第二項および第一三三条第一項ならびに裁判所構成法第一七条の一第四項第四段による抗告
第五〇条［連邦行政裁判所の事物管轄］ ① 連邦行政裁判所は、次の場合において、始審かつ終審として裁判をする。
一　連邦とラントとの間およびラント相互の間における憲法上の争訟を除く公法上の争訟
二　連邦内務大臣が結社法第三条第二項第二号により命じた結社の禁止および結社法第八条第二項第一段によりなした処分に対する訴え

三　滞在法第五八条の一による強制送還命令およびその執行に対する争訟
四　連邦情報局の事務の範囲内における事件を基礎とする訴え
②　（削除）
③　連邦行政裁判所は、第一項第一号により、争訟を憲法上のものと認めるときは、その裁判のため、連邦憲法裁判所に事件を送付する。

第五一条〔結社禁止に関する手続の中止〕①　結社法第五条第二項により下部結社の禁止に代わり上部結社の禁止が執行されるべき場合には、下部結社の結社の禁止に対する訴えについての手続は、上部結社の禁止に対する訴えについての裁判がなされるまで、中止されなければならない。
②　連邦行政裁判所の裁判は、第一項の場合において、上級行政裁判所を拘束する。
③　連邦行政裁判所は、第五〇条第一項第二号により結社がした訴えについて、上級行政裁判所に通告をする。

第五二条〔土地管轄〕　土地管轄は、次の通りとする。
一　不動産または場所に結びついた権利もしくは法律関係に関連する争訟については、その財産または場所の所在地の行政裁判所が、専属的に土地管轄を有する。
二　1連邦官庁または公法上の連邦直属の団体、営造物もしくは財団がした行政行為の取消訴訟については、第一号および第四号の場合を除くほか、その連邦官庁、団体、営造物または財団の所在地を管轄区域とする行政裁判所が土地管轄を有する。2第一段の場合には、義務づけ訴訟についても、同様とする。3ただし、亡命庇護手続法による争訟については、外国人が亡命庇護手続法によりその滞在地を管轄区域とする行政裁判所が、土地管轄を有する。これによって、土地管轄が与えられない場合には、第三号により土地管轄を定める。4ドイツ連邦共和国の在外大使館および領事館の管轄地域における連邦に対する訴えについては、連邦政府がその所在地を管轄区域とする行政裁判所が土地管轄を有する。

三　1他のすべての取消訴訟については、第一号および第四号の場合を除くほか、行政行為がなされた土地を管轄区域とする行政裁判所が土地管轄を有する。2二以上の行政裁判所の管轄区域にまたがって管轄権を有する官庁または二以上のラントもしくはすべてのラントに共通する官庁が行政行為をした場合には、不服のある者の所在地または住所地を管轄区域とする行政裁判所が、管轄権を有する。3官庁の管轄領域内に所在地または住所地がないときは、第五号により、管轄を定める。4ただし、諸ラントによって設置された学生在籍権を授与するための中央委員会がなした行政行為に対する取消訴訟の場合には、委員会の所在地を管轄区域とする行政裁判所が、管轄権を有する。5第一段、第二段および第四段の場合には、義務付け訴訟についても、同様とする。

四　1現在または過去の官吏関係、裁判官関係、兵役関係、軍人関係、非軍事的役務関係にすべての訴えおよび右の諸関係の成立に関連する争訟については、原告または被告の勤務地、勤務地がないときは原告の住所地を管轄区域とする行政裁判所が、土地管轄を有する。2原告または被告が、原行政行為をした官庁の管轄の区域内に勤務地または住所地を有しないときは、その官庁の所在地を管轄区域とする行政裁判所が、土地管轄を有する。3第一段および第二段は、基本法第一三一条に定める者の法律関係を規律する法律第七九条による訴えについて、準用する。

五　その他のすべての場合には、被告の所在地、住所地または所在地もしくは住所地がないときは現在地、現在地がないときは最後の住所地または現在地を管轄区域とする行政裁判所が、土地管轄を有する。

第五三条［管轄裁判所の指定］ ① 次の場合には、直近上級裁判所が、行政裁判権内での管轄裁判所を指定する。
一 本来の管轄裁判所が、個別的場合において、裁判権の行使を法律上または事実上妨げられるとき。
二 二以上の裁判管轄区域の境界に関して、その訴訟を管轄すべき裁判所が明らかでないとき。
三 裁判籍が第五二条によって定められ、二以上の裁判所が管轄権を有するとき。
四 二以上の裁判所が、確定裁判で管轄権を有することを宣言したとき。
五 二以上の裁判所が、確定裁判で管轄権を有しないことを宣言し、かつ、そのうちの一の裁判所が、その訴訟につき管轄権を有するとき。
② 第五二条によって土地管轄が与えられない場合には、連邦行政裁判所が管轄裁判所を指定する。
③ [1]訴訟の関係人および訴訟に関係する裁判所は、上級審の裁判所または連邦行政裁判所に、指定の申請をすることができる。[2]申請を受けた裁判所は、口頭弁論を経ないで裁判をすることができる。

第二編 手 続

第七章 一般的手続規定

第五四条［裁判所職員の除斥および忌避］ ① 裁判所職員の除斥および忌避については、民事訴訟法第四一条から第四九条までを準用する。

② 先行の行政手続に関与した者も、裁判官または名誉職の裁判官の職務の執行から除斥される。
③ 裁判官または名誉職の裁判官が、手続に利害関係を有する団体の代表者であるときは、常に民事訴訟法第四二条により偏見のおそれがあるものとする。

第五五条［裁判所構成法の秩序規定］　公開、法廷警察、裁判所用語、評議および議決に関する裁判所構成法第一六九条および第一七一条の一から第一九八条までを準用する。

第五六条［送達］　① 期間の進行を開始させる命令および裁判ならびに期日の指定および呼出しは、送達しなければならない。ただし、告知は、明文で定められた場合に限り、送達しなければならない。
② 送達は、職権により、民事訴訟法の規定に従って行う。
③ 国内に居住しない者は、要求により、送達代理人を指名しなければならない。

第五六条の一［大量手続における公告］　① [1]五十人以上の人に対する同一の公示が必要なときは、裁判所は、その後の手続について公告による公示を命じることができる。[2]公示がなされる日刊新聞は、決定で指定しなければならない。その場合、裁判があらかじめ影響を及ぼす地域に普及している日刊新聞が定められる。[3]決定は、関係人に送達しなければならない。[4]関係人に対し、公示の方法、書面送達の時期を示さなければならない。[5]決定に対し、不服申立てをすることができない。[6]裁判所は、決定をいつでも取り消すことができる。裁判所は、第一段の要件が存在せず、またはもはや存在しない場合には、決定を取り消さなければならない。
② [1]公告の場合は、公示すべき文書は裁判所掲示板に掲示し、かつ、連邦公報ならびに第一項第二段により決定で定められた日刊新聞に公表しなければならない。[2]裁判の公告の場合には、掲示および公表は、裁判

の主文および法的救済の教示を含むものでなければならない。3文書の代わりに、文書を閲覧できる場所を記した通知を掲示し、または公示することができる。4期日の指定または呼出しは、完全な内容で掲示され、かつ、公示されなければならない。

③ 1文書は、連邦公報に公表された日以後、二週間を経過した日に、送達されたものとみなす。その旨を、あらゆる公示で示さなければならない。2裁判の公示以後、関係人は、文書により、謄本を請求することができる。その旨を、同様に公示しなければならない。

第五七条〔期間〕 ① 期間の進行は、別段の定めがない限り、送達をもって開始し、送達が定められていないときは、通知または告知をもって開始する。

② 期間については、民事訴訟法第二二二条、第二二四条第二項および第三項、第二二五条ならびに第二二六条を適用する。

第五八条〔法的救済の教示〕 ① 不服手段またはその他の法的救済のための期間は、関係人が、法的救済、法的救済を申し立てるべき行政官庁または裁判所、その所在地および遵守されるべき期間につき、書面で教示を受けたときに限り、進行を開始する。

② 1教示がなされないとき、また誤ってなされたときは、法的救済は、送達、通知または告知の時から一年以内に限り、提起することが許される。ただし、不可抗力により一年の期間の経過前に提起することができなかったとき、または法的救済が与えられない旨の書面による教示がなされたときは、この限りでない。2不可抗力の場合には、第六〇条第二項を準用する。

第五九条〔教示義務、連邦官庁の行政行為〕 連邦官庁が、不服申立ての許される書面による行政行為をする場合には、その行政行為に対して与えられる法的救済、法的救済を申し立てるべき官公署および期間を、関係人に教示する表示を付加しなければならない。

第六〇条［原状回復］　①　過失なくして法定の期間の遵守が妨げられた者は、申立てにより、原状回復が与えられなければならない。

②　[1]申立ては、障害がやんだ日から二週間以内にしなければならない。控訴、控訴の許可を求める申立て、上告、不許可の抗告または抗告の理由とする期間の懈怠の場合は、期間は一箇月とする。[2]申立ての理由とする事実は、申立てをする際に、または申立てに関する手続において、疎明しなければならない。[3]懈怠した法的行為は、申立て期間内に追完しなければならない。[4]追完がなされたときは、回復は、申立てがなくとも与えることができる。

③　懈怠した期間の終期から一年を経過した後は、申立ては許されない。ただし、不可抗力により一年の経過前に申立てをすることができなかったときは、この限りでない。

④　回復の申立てについては、懈怠した法的行為につき判断すべき裁判所が裁判をする。

⑤　回復に対しては、不服を申し立てることができない。

第六一条［関与能力］　次に掲げる者は、手続に関与することができる。

一　自然人および法人

二　権利を帰属せしめるに足りる団体

三　官庁。ただし、ラント法がこれを規定する場合に限る。

第六二条［訴訟能力］　①　次に掲げる者は、手続行為をすることができる。

一　民法による行為能力者
二　民法により行為能力を制限された者。ただし、民法または公法の規定により手続の目的物につき行為能力がある者として承認される場合に限る。
②　民法第一九〇三条による承認留保が手続の対象に関するときは、職務担当者は、民法の規定により、相当者の承認なしに行為することができ、または公法の規定により行為能力があると承認されたときに限り、手続行為をする能力がある。
③　団体ならびに官庁のためには、その法定代理人、理事または特別受任者が行為をする。
④　民事訴訟法第五三条から第五八条までを準用する。
第六三条［関係人］　手続の関係人とは、次の者をいう。
一　原　告
二　被　告
三　参加人（第六五条）
四　連邦行政裁判所の場合は連邦利益の代理人または関与権を行使する場合は公益代理人。ただし、手続関与権を行使する場合に限る。
第六四条［共同訴訟］　共同訴訟に関する民事訴訟法第五九条から第六三条までを準用する。
第六五条［第三者の参加］　①　裁判所は、手続が、なお確定裁判をもって終結せず、または上級審に係属している限り、職権または申立てにより、裁判の結果に法律上の利害関係を有する第三者を参加させることができる。

② 第三者が争いのある法律関係に関与し、裁判がその第三者に対しても合一にのみなされうる場合においては、その第三者を参加させなければならない（必要的参加）。

③ [1]第二項により、五十人以上の参加が考えられるときは、裁判所は、決定により、一定期間内に参加を申し出た者のみが参加することを命じることができる。[2]決定に対しては、不服を申し立てることができない。[3]決定は、連邦公報に公示されなければならない。[4]そのほか、裁判が影響を及ぼす地域で普及している日刊新聞に公表されなければならない。[5]期間は、連邦公報に公表の後、少なくとも三箇月に達しなければならない。[6]日刊新聞の公表には、期間が経過する日を通知しなければならない。[7]期間の懈怠の場合の原状回復については、第六〇条を準用する。[8]裁判所は、裁判により明らかに特別の影響を受ける者を、申立てがなくても、参加させるものとする。

④ [1]参加決定は、すべての関係人に送達しなければならない。[2]その場合、参加決定には、事件の現状および参加の理由を示さなければならない。[3]参加に対しては、不服を申し立てることができない。

第六六条［参加人の訴訟上の権利］ [1]参加人は、関係人の申立ての範囲内において、独立して攻撃および防禦の方法を主張し、すべての手続行為を有効に行うことができる。[2]参加人は、必要的参加の場合に限り、被参加人と異なる実体上の申立てをすることができる。

第六七条［代理人および補佐人］ ① [1]連邦行政裁判所および上級行政裁判所においては、各関係人は、弁護士または裁判官職務の能力を有するドイツの単科大学の法学教授を代理人として代理させなければならない。[2]上告の提起ならびにその不許可に対する抗告およびこの法律の第九九条第二項ならびに裁判所構成法第一七条の一第四項第四文の場合における抗告および控訴の許可の申立てならびに本案において代理強制がある場合の抗告およびその他の附随手続についても、訴訟費用補助の手続の決定に対する抗告の場合を例外として、同様とする。3公法上の法人および官庁は、裁判官職務の能力を有する官吏または一般職員ならびに上級職の法学士により、地域団体は権限ある監督庁または構成員として所属するラントの自治連合の裁判官職務の能力を有する官吏または一般職員によっても、代理させることができる。4戦争犠牲者扶助および重度身体障害者法の事件ならびにそれと関連する社会扶助法の事件では、上級行政裁判所において、社会裁判所法第一四条第三項第二段において団体および労働組合の構成員または職員も、規約または訴訟代理の代理権により権限がある限り、訴訟代理人として認められる。5租税事件では、上級行政裁判所において、税理士および公認会計士も、訴訟代理人として認められる。6第五二条第四号にいう法関係に関する事件、公勤務代表事件および労働裁判所法第五条にいう使用者の現在または過去の労働関係と関連する事件では、試験事件を含め、上級行政裁判所において、労働組合の構成員または職員も、規約または代理権により権限がある限り、訴訟代理人として認められる。7第四段および第六段は、法人がその規約により、もっぱら第四段および第六段に掲げる組織の構成員の法律相談または訴訟代理を行う場合および組織がその活動について責任を負う場合には、組織の経済的財産に全部関与する法人の職員として行動する代理人について、準用する。

② 1行政裁判所においては、関係人は、手続のいかなる段階においても、代理人に代理させ、かつ、口頭弁論において補佐人に補佐させることができる。2決定により、代理人を選定し、または補佐人を付けなければならないことを命ずることができる。3行政裁判所においては、適切な弁論をする能力があるすべての者は、代理人および補佐人になることができる。

③ [1]代理権の授与は、書面でしなければならない。[2]代理権は、事後に追完することができる。[3]代理人が選任されたときは、裁判所の送達または通知は、代理人に対してしなければならない。

第六七条の一〔大量手続における共通の代理人〕 ① [1]二十人以上の者が、訴訟代理人によって代理をすることなく、同一の利害関係で争訟に参加するときは、裁判所は、争訟の秩序ある実施が害される場合には、決定により、適当な期間内に共通の代理人を任命するよう命ずることができる。[2]関係人が、定められた期間内に共通の代理人を任命しないときは、裁判所は、決定により、共通の代理人として弁護士を任命することができる。[3]関係人は、共通の全権代表者または代理人によってのみ、手続行為をなすことができる。[4]第一段および第二段による決定については、不服申立てができない。

② [1]代理権は、代理人または被代理人が裁判所に書面によりまたは職務機関の書記官に記録させるため陳述をしたときに、消滅する。代理人は、すべての被代理人についてのみ、この陳述をすることができる。[2]被代理人がこの陳述をしたときは、同時に他の代理権者の任命が届出られた場合にのみ、代理権が消滅する。

第八章　取消訴訟および義務付け訴訟についての特別規定

第六八条〔前置手続〕 ① [1]取消訴訟を提起するには、あらかじめ前置手続において、行政行為の適法性および合目的性が審査されなければならない。[2]ただし、法律がその旨を定めているとき、または次に掲げる場合には、この審査を必要としない。

一　法律が審査手続を定めている場合を除き、行政行為が連邦最高官庁またはラント最高官庁によってなされたとき。または

二　救済決定または異議審査決定が初めて不利益を含むとき。

②　行政行為をなすべき旨の申請が拒否された場合には、義務付け訴訟について、第一項を準用する。

第六九条〔異議審査請求〕　前置手続は、異議審査請求の提起によって開始される。

第七〇条〔異議審査請求の形式および期間〕　①　[1]異議審査請求は、行政行為が、不服を有する者に告知された後一箇月以内に、書面により、または調書に記載させる方法により、その行政行為をした官庁に提起しなければならない。[2]期間は、異議審査決定をすべき官庁に提起した場合にも遵守されるものとする。

②　第五八条および第六〇条第一項から第四項を準用する。

第七一条〔聴聞〕　異議審査決定における行政行為の取消しまたは変更が初めて不利益と結びつく場合には、救済決定または異議審査決定をする前に、相手方の意見を聞かなければならない。

第七二条〔救済決定〕　官庁は、異議審査請求を理由があると認めるときは、これに対し救済を与え、かつ、費用について決定をする。

第七三条〔異議審査決定〕　①　[1]官庁が、異議審査請求に対して救済を与えないときは、異議審査決定をする。[2]異議審査決定は、次の官庁がする。

一　法律により他の上級庁を定めてない限り、直近上級官庁

二　直近上級官庁が連邦またはラントの最高官庁である場合には、行政行為をした官庁

三　自治行政に関する事件においては、法律に別段の定めがない限り、自治行政庁

[3]第二文第一号にかかわらず、法律により行政行為をなす官庁が異議審査請求について決定をする権限があることを定めることができる。

② [1]第一項の前置手続において委員会または審議会を官庁に代える旨の規定は、影響を受けない。[2]委員会または審議会は、第一項第一号にかかわらず、行政行為をした官庁にも設置することができる。

③ [1]異議審査決定には、理由を付し、不服手段の教示を付加し、かつ、これを送達しなければならない。[2]送還は職権により行政送達法の規定によって行われる。[3]異議審査決定は、費用を負担する者をも定める。

第七四条［出訴期間］ ① [1]取消訴訟は、異議審査決定の送達後一箇月以内に提起しなければならない。[2]第六八条により異議審査決定を必要としないときは、訴えは、行政行為の告知後一箇月以内に提起しなければならない。

② 行政行為をなすべき旨の申請が拒否された場合には、義務付け訴訟について、第一項を準用する。

第七五条［行政の不行為の場合の訴え］ [1]異議審査請求または行政行為をなすべきことの申請に対し、十分な理由がなく、相当の期間内に、本案の決定がなされないときは、第六八条にかかわらず、訴えが許容される。[2]訴えは、異議審査請求の提起または行政行為をなすべきことの申請の時から三箇月を経過するまでは、提起することができない。ただし、特別の事情により短縮期間が必要な場合には、この限りでない。[3]異議審査決定または申請に係る行政行為がなされないことにつき十分な理由があるときは、裁判所は、その定める延長された期間が経過するまで、手続を中止する。[4]裁判所が定める期間内に異議審査請求が認容されたとき、または右期間内に行政行為がなされたときは、本案が解決された旨を宣告しなければならない。

第七六条　（削除）

第七七条［前置手続の規制の排他性］ ① 異議申立手続または訴願手続に関する他の連邦法律の規定は、すべて、この章の規定によって代用される。

② 行政裁判所に対する訴えの要件としての異議申立手続または訴願手続に関するラント法の規定についても、同様とする。

第七八条［被告］ ① 訴えは、次の者を被告としなければならない。

一 取消しの目的となる行政行為をなし、または申請に係る行政行為をなさなかった官庁の属する連邦、ラントまたは団体、ただし、被告を表示するには、官庁を示せば足りる。

二 取消しの目的となる行政行為をなし、または申請に係る行政行為をなさなかった官庁。ただし、ラント法がこの旨を規定する場合に限る。

② 初めて不利益を含む異議審査決定がなされたときは（第六八条第一項第二段第二号）、第一項にいう官庁は異議審査庁である。

第七九条［取消訴訟の対象］ ① 取消訴訟の対象は、次の行為である。

一 異議審査決定によって得られた形での原行政行為

二 初めて不利益を含む場合の、救済決定または異議審査決定

② 1異議審査決定が、原行政行為に対して追加的な独立の不服を含む場合にも、その限度において、その異議審査決定を取消訴訟の単独の対象とすることができる。2異議審査決定が本質的な手続規定の違反に基づく限り、この違反もまた追加的不服とみなされる。第七八条第二項を準用する。

第八〇条［停止的効力］ ① 1異議審査請求および取消訴訟は、停止的効力を有する。2権利形成的および確認的行政行為ならびに複効的行政行為（第八〇条の一）においても、同様とする。

② 1次の場合にのみ、停止の効力は生じない。

一　公租公課および費用の請求
二　警察執行官の猶予することのできない命令および措置
三　連邦法律またはラント法についてはラント法律で規定するその他の場合、とくに投資または職場の創設に関する行政行為に対する第三者の異議審査請求および訴えについて
四　即時執行が、公益または関係人の重要な利益のため、行政行為をした官庁または異議審査決定をなすべき官庁により、とくに命ぜられている場合

[2]ラントは、法的救済が連邦法に基づきラントにより行政執行においてなされた措置を対象とする限り、法的救済は停止的効力を有しない旨を規定することもできる。

③　[1]第二項第四号の場合において、行政行為の即時執行のための特別な利益については、書面により理由を付さなければならない。[2]官庁が、執行が遅延すれば危険がある場合、とくに生命、健康または財産に急迫の不利益を生ずる場合に、緊急措置と表示された措置を公益のため発するときは、特別の理由を付する必要がない。

④　[1]行政行為をなし、または異議審査決定をした官庁は、第二項の場合において、連邦法に別段の定めがない限り、執行を停止することができる。[2]公租公課および費用の請求においても、官庁は、担保と引き替えに、執行を停止することができる。[3]公租公課および費用において、争われている行政行為の適法性につき重大な疑いがある場合、または執行が、公租公課および費用の義務者にとり、不公平で、重要な公益のため必要としない苛酷な結果を生ぜしめる場合には、停止をしなければならない。

⑤　[1]本案裁判所は、申立てにより、第二項第一号から第三号までの場合において、停止の効力の全部または

一部を命ずることができ、第二項第四号の場合においては、その全部または一部を回復することができる。[2]申立ては、取消訴訟の提起前においても許容される。[3]行政行為が、裁判の時に既に執行されているときは、裁判所は、執行の取消しを命ずることができる。[4]停止の効力の回復は、担保の供与またはその他の負担を条件としてすることができる。[5]回復には、期限を付することもできる。

⑥ [1]第二項第一号の場合において、第五項による申立ては、官庁が執行の停止を求める申立ての全部または一部を拒否した場合にのみ、許容される。[2]これは次の場合には適用がない。

一　官庁が十分な理由の通知なしに相当の期間内に申立てについて決定をしなかった場合

二　執行が急迫している場合

⑦ [1]本案裁判所は、第五項による申立てに関する決定を、何時でも変更しまたは取り消すことができる。[2]各関係人は、変更した手続または当初の手続において、過失なしに主張しなかった事情を理由に、変更または取消しを求めることができる。

⑧ 緊急の場合には、裁判長が、裁判をすることができる。

第八〇条の一［複効的行政行為］ ① 第三者が他人に対する授益的行政行為について法的救済を申出たときは、官庁は、次のことを、することができる。

一　受益者の申立てに基づいて、第八〇条第二項第四号により即時執行を命ずる。

二　第三者の申立てに基づいて、第八〇条第四項により執行を中止し、かつ、第三者の権利の確保のために、仮の措置をなす。

② 相手方が自己に対する侵害的で、第三者に授益的な行政行為について法的救済を申し出たときは、官庁は、

第三者の申立てに基づいて、第八〇条第二項第四項により即時執行を命ずることができる。
③　[1]裁判所は、申立てにより第一項および第二項による措置を変更し、または取消し、もしくはその措置をなすことができる。[2]第八〇条第五項から第八項までを準用する。

第八〇条の二［停止的効力の終了］　①　[1]異議審査請求および取消訴訟の停止効力は、不可争力が生じ、または取消訴訟が第一審で棄却されたときは棄却裁判に対して与えられる上訴の法律上の理由期間の経過後三箇月で、終了する。[2]執行が官庁により中止され、または停止的効力が裁判所により回復され、もしくは命ぜられた場合にも、同様とする。ただし、官庁が不可争力が生じるまで執行を停止した場合を除く。
②　上級行政裁判所は、申立てにより、停止的効力を持続すべきことを命ずることができる。
③　第八〇条第五項から第八項及び第八〇条の一までを準用する。

第九章　第一審の手続

第八一条［訴えの提起］　①　[1]訴えは、書面により、裁判所に提起しなければならない。[2]行政裁判所の場合、訴えは、事務局の記録官の調書に記載させる方法によっても、提起することができる。
②　訴えおよびすべての書面には、他の関係人のための謄本を添付しなければならない。

第八二条［訴状の内容］　①　[1]訴えには、原告、被告および訴訟物を表示しなければならない。[2]訴えには一定の申立てを掲げるものとする。[3]理由づけに必要な事実および証拠方法を掲げ、取消しを求める処分および異議審査決定の原本または謄本を添付するものとする。
②　[1]訴えが、前項の要求を満たさない場合には、裁判長または裁判長が指定する裁判官（報道官）が、原告

に対して、一定の期間内に、必要な補正をなすべきことを命じなければならない。[2]裁判長は、第一項第一段に掲げる要件が欠けているときは、原告に対し、補正のための除斥的効果を有する期間を定めることができる。[3]原状回復については第六〇条を準用する。

第八三条［事物および土地管轄］　[1]事物および土地管轄については、裁判所構成法第一七条から第一七条の二までを準用する。[2]裁判所構成法第一七条の一第二項および第三項による決定に対しては、不服申立てをすることができない。

第八四条［裁判所決定］　①　[1]裁判所は、事実上または法律上の特別の困難がなく、かつ、事実関係が明らかである場合には、口頭弁論を経ずに、裁判所決定によって、裁判をすることができる。[2]あらかじめ関係人の意見を聞かなければならない。[3]判決に関する規定を準用する。

②　関係人は、裁判所決定の送達後一箇月以内に、次のことをすることができる。

一　許可された場合に（第一二四条の二）、控訴を提起する。

二　控訴または口頭弁論を申立てる。両方の法的救済を行使するときは、口頭弁論が行われる。

三　許可された場合に、上告を提起する。

四　上告が許可されなかった場合には、不許可抗告を提起し、または口頭弁論の申立てをする。両方の法的救済を行使するときは、口頭弁論が行われる。

五　上訴が与えられない場合には、口頭弁論の申立てをする。

③　裁判所決定は、判決としての効力を有する。適時に口頭弁論の申立てをしたときは、裁判所決定はなされなかったものとみなす。

④　口頭弁論の申立てがなされたときは、裁判所は、裁判所決定の理由を支持し、かつ、それを裁判で確認した場合に限り、判決において要件事実の説明および裁判理由を無視することができる。

第八五条［訴えの送達］　1裁判長は、被告に対し、訴えの送達をする。2送達と同時に、被告に、書面で意見を述べることを求めなければならない。第八一条第一項第二段を準用する。3陳述については、期間を定めることができる。

第八六条［職権探知主義、釈明義務、準備書面］　①　1裁判所は、職権により、事実関係を調査する。その際、関係人を立ち会わせなければならない。2裁判所は、関係人の主張および証拠の申出に拘束されない。

②　口頭弁論においてなされた証拠の申出は、理由を付した裁判所の決定によってのみ拒否することができる。

③　裁判長は、形式の不備を除去し、不明確な申立てを明確にし、適切な申立てをし、事実の不十分な開示を補充し、かつ、事実関係の確定および判断のために本質的なすべての陳述をするよう努めなければならない。

④　1関係人は、口頭弁論の準備のために書面を提出するものとする。2裁判長は、期限を定めて準備書面の提出を求めることができる。3準備書面は、職権で、関係人に送達しなければならない。

⑤　1準備書面には、引用した証書を原本または謄本の全部または抄本で添付しなければならない。2証書が相手方にすでに知られているとき、または大部であるときは、その証書を明細に表示し、裁判所で閲覧させる旨の申出を付記すれば足りる。

第八六条の一［電子記録］　①　1準儀書面およびその添付は、当事者の申立ておよび第三者の情報、意見および陳述について書式が定められている限り、この書式が裁判所による加工に適している場合には、電子記録として表示することで足りる。2責任あるものは署名法により適正な電子署名のある記録を備え付けるものとする。

② [1]連邦政府およびラント政府は、その記録について、法規命令により、電子記録で裁判所に提出することができる時点ならびに記録の加工に適した形式を定める。[2]ラント政府は、法規命令により、行政裁判権について権限を有するラントの最高官庁に権限を委譲することができる。[3]電子形式の許可は個々の裁判所または手続に限定することができる

③ 電子記録は、受領のための裁判所の設備がそれを記録したときに、直ちに、提出される。

第八七条〔準備手続〕 ① [1]裁判長または裁判長の指定する裁判官は、口頭弁論に先立ち、訴訟ができる限り一回の口頭弁論で完結するために必要な一切の命令をしなければならない。[2]裁判長または裁判長の指定する裁判官は、とくに次のことをすることができる。

一 関係人に対し、事実および争いの状況を明らかにし、かつ、訴訟の和解的調停のために呼び出し、または和解を受け入れる。

二 関係人に対し、準備的書面の補正または説明ならびに証書およびその他裁判所で記録すべき物の呈示を命じ、とくに一定の陳述を要する点についての陳述の期間を定める。

三 情報を収集する。

四 文書の提出を命令する。

五 関係人の出頭を命令する、第九五条を準用する。

六 口頭弁論への証人および鑑定人を呼び出す。

② 関係人に対し、一切の命令を報告しなければならない。

③　[1]裁判長または裁判長の指定する裁判官は、個々の証拠調べをすることができる。[2]証拠調べは、裁判所での弁論を単純化するために、適当かつ直ちに、裁判所が証拠の結果を直接の心証なしにも証拠調べの経過から適切に判断することができることが推定できる場合にのみ、行うことができる。

第八七条の一［準備手続における裁判］　①　裁判長は、裁判が準備手続で行われる場合に、次の事項について裁判をする。

一　手続の中止および休止
二　訴えの取下げ、主張した請求の放棄または請求の認諾、訴訟書用の援助申立て
三　本案の訴訟の解決の場合、訴訟費用の援助の申立て
四　訴訟物の価額
五　訴訟費用
六　参加

②　関係人が同意した場合には、裁判長は、部の代わりにも、裁判をすることができる。

③　指定裁判官が任命されたときは、指定裁判官が裁判長の代わりに裁判をする。

第八七条の二［期間の定め、期間の懈怠］　①　[1]裁判長または指定裁判官は、原告に対し、行政手続において考慮または考慮されないことによって不利益を受けたと感じる当該事実の供述のための期間を定めることができる。[2]第一文による期間の定めは、第八二条第二項第二文による期間の定めと結合することができる。

②　裁判長または指定裁判官は、関係人に対し、期間を定めて一定の事件について、次のことをさせることができる。

一　事実の供述または証明手段の呈示
二　関係人がその義務を負う場合には、文書またはその他の動産の呈示

③　[1]裁判所は、第一項および第二項により定められた期間の経過後に初めて主張された陳述または証明手段を却下し、かつ、次の場合には、それ以上の調査をせずに、裁判をすることができる。
一　その許可が裁判所の自由心証により訴訟の解決を遅らせ、かつ
二　関係人が遅延に十分な弁明をしない場合で、かつ
三　関係人が期間懈怠の効果について教示されている場合

[2]宥恕すべき理由は、裁判所の要求に基づいて疎明しなければならない。[3]事実関係を関係人の関与なしに調査することが、少額の費用で可能である場合には、第一段を適用しない。

第八八条［訴えの要求への拘束］　裁判所は、訴えの要求の範囲を超えることはできないが、申立ての表現には拘束されない。

第八九条［反訴］　①　[1]反対請求が本訴で主張した請求またはこれに対して提出された防御方法と関連するときは、本訴の裁判所に反訴を提起することができる。[2]これは、第五二条第一号の場合において反対請求のための訴えが他の裁判所の管轄に属するときは、適用しない。

②　取消訴訟および義務付け訴訟においては、反訴は許されない。

第九〇条［訴えの係属］　①　訴えの提起により、訴訟事件は裁判所に係属する。

（第二項および第三項は削除）

第九一条［訴えの変更］　①　訴え変更は、他の関係人が同意するとき、または裁判所が変更を適当と認める

ときに、許容される。

② 被告が訴えの変更に異議を述べることなく、書面または口頭弁論において、変更された訴えに応訴したときは、被告は、訴えの変更に同意したものとみなす。

③ 訴えの変更がない旨の裁判または訴えの変更を許すべき旨の裁判に対しては、独立して不服を申し立てることができない。

第九二条［訴えの取下げ］ ① [1]原告は、判決の確定に至るまで、訴えを取り下げることができる。[2]取下げは、口頭弁論において申立てをした後は被告の同意を必要とし、公益代理人が口頭弁論に関与したときにも、その同意を必要とする。[3]訴えの取下げが取下げの書状の送達後二週間以内に異議を申立てられないときは、同意されたものとみなす。裁判所はこの効果を示さなければならない。

② [1]原告が、裁判所の要請にかかわらず、手続を二箇月以上進めないときは、訴えは、取り下げたものとみなす。[2]第一項第二段を準用する。[3]原告に対し、要請において、第一段および第一五五条第二項から生じる法的効果を示さなければならない。[4]裁判所は、決定により、訴えが取り下げられたものとすることを確定する。

③ [1]訴えの取下げがあり、または取り下げたものとみなされたときは、裁判所は、決定で手続を中止し、かつ、この法律により生ずる取下げの法的効果を宣言する。[2]決定に対し、不服申立てをすることができない。

第九三条［手続の併合および分離］ [1]裁判所は、決定によって、二以上の同種の訴訟物に関する手続を併合して共通の弁論および裁判をなし、かつ、再び分離することができる。[2]裁判所は、一の手続で提起された二以上の請求を分離した手続で弁論および裁判をすることを命ずることができる。

第九三条の一［モデル手続］ ① [1]官庁の措置の適法性が二十以上の手続の対象であるときは、裁判所は、一または二以上の適当な手続をあらかじめ実施し（モデル手続）、その他の手続を中止することができる。[2]前もって関係人の意見を聞かなければならない。[3]決定に対して不服申立てをすることができない。

② [1]実施した手続について確定力をもって裁判をしたときは、裁判所は、全員一致で、事件が確定力のある裁判をしたモデル手続に対して、何ら事実上または法律上の本質的な特殊性を示さず、かつ、事実関係が明らかであるという見解である場合には、関係人の聴聞後、中止した手続について、決定により、裁判をすることができる。[2]裁判所は、モデル手続において提出された証拠を採用することができる。裁判所は、裁量により、証人の繰り返しの尋問または同一もしくは他の鑑定人による新たな鑑定を命ずることができる。[3]裁判所は、既にモデル手続において証拠を提出された事実についての証拠の申立てを、その許可が自己の自由な心証により裁判に重要な新たな事実の証明に寄与せず、かつ、訴訟の解決を遅らせる場合には、それを拒否することができる。[4]拒否は、第一段による裁判において、することができる。[5]関係人には、第一段による決定に対し、裁判所が判決により裁判をした場合に許される上訴が、認められる。[6]関係人は、この上訴について教示されなければならない。

第九四条［手続の中止］ [1]裁判所は、訴訟の裁判が、全部または一部、他の係属する訴訟の目的物をなす法律関係または行政官庁が確認すべき法律関係の存否に係るときは、他の訴訟が完結するまで、または行政官庁の裁決があるまで、弁論を中止すべきことを命ずることができる。[2]申立てにより、裁判所は、手続の集中という意味で適切である限り、手続および形式の瑕疵の治癒のため、弁論を中止することができる。

第九五条［本人出頭］ ① [1]裁判所は、関係人本人の出頭を命ずることができる。[2]不出頭の場合には、尋問期日に出頭しない証人に対すると同一の秩序金を科すべきことを警告することができる。[3]責めに帰すべき事由によって出頭しない場合には、裁判所は、決定により、警告した秩序金を確定する。[4]秩序金の警告および確定は、繰り返してすることができる。

② 関係人が、法人または団体である場合には、秩序金は、法律または定款により代表権を有する者に対して、警告し、かつ、確定しなければならない。

③ 裁判所は、関係人である公法上の団体または官庁に対し、代理権に関する証明書を携帯し、かつ、事実および法律状態に精通している官吏または被用者を、口頭弁論に派遣すべきことを命ずることができる。

第九六条〔証拠調べの直接性〕 ① [1]裁判所は、口頭弁論において証拠を取り調べる。[2]裁判所は、特に検証を実施し、証人、鑑定人および関係人を尋問し、かつ、証書を取り寄せることができる。

② 裁判所は、適当な場合には、口頭弁論の前においても、その構成員の一人に受命裁判官として証拠の取調べをさせ、または個々の立証事項を表示することによって、他の裁判所に証拠調べを嘱託することができる。

第九七条〔証拠調べ期日〕 [1]関係人は、すべての証拠調期日の通知を受け、証拠調べに立ち会うことができる。[2]関係人は、証人および鑑定人に対し、適当な質問を発することができる。[3]質問に異議があるときは、裁判所が裁判をする。

第九八条〔証拠調べ〕 この法律に別段の規定がない限り、証拠調べについては、民事訴訟法第三五八条から第四四四条までおよび第四五〇条から第四九四条までを準用する。

第九九条〔官庁の提出および情報義務〕 ① [1]官庁は、証書または記録の提出および情報の義務を負う。[2]これらの証書または記録および情報の内容を知らせることが、連邦またはドイツのあるラントの福祉に不利益となる場合、または、事実が法律もしくはその本質により秘密に付されなければならない場合には、権限を有する最高監督庁は、証書または記録の提出および情報の付与を拒否することができる。

② [1]上級行政裁判所は、関係人の申立てにより、口頭弁論を経ないで、決定により、証書または記録の提出もしくは情報の付与が適法であるかどうかを、確定する。[2]連邦最高官庁が、提出または情報の内容の告知が連邦の福祉に不利益となるという理由で拒否するときは、連邦行政裁判所が裁判をする。[3]連邦行政裁判所は、第五〇条により本案について管轄権がある場合も同様である。[4]申立ては本案について管轄権のある裁判所になされる。[5]裁判所は申立および本案行為を第一八九条により権限ある専門部に交付する。[6]最高監督庁は、第一項第二段により、拒否された証書または記録をこの専門部の要求に基づいて呈示し、または拒否された情報を付与しなければならない。[7]専門部はこの手続に参加しなければならない。[8]手続は実質的な秘密保持の規定に服する。[9]これが遵守されず、または権限ある監督庁が秘密保持または秘密保護の特別の理由が証書の譲渡または記録の裁判所への引渡しの妨げとなることを主張することができるときは、第五段による呈示は、証書または記録が裁判所に対し最高監督庁によって定められた部屋で使用させることによって、行われる。[10]第五段により呈示される記録および第八段により主張された特別の理由については、第一〇〇条は適用しない。[11]裁判所の構成員は秘密保持の義務を負う。判決理由から秘密を保持させるべき証書または記録および情報の種類と内容を知らされない。[12]非裁判官たる職員について個人の秘密保護の規制が適用される。[13]連邦行政裁判所が裁判をしない場合は、決定について単独で抗告により不服申立てをすることができる。[14]上級行政裁判所の決定に対する抗告については、連邦行政裁判所が裁判をする。[15]抗告手続については、第四段から第一一段までが準用される。

第一〇〇条［書類閲覧、謄本］① 関係人は、裁判記録および裁判所に提出された記録を閲覧することができる。
② [1]関係人は、自己の費用で、事務局に、正本、抄本および謄本の付与を求めることができる。[2]裁判記録が原本に代用するため写真または他の媒体に移された場合には、民事訴訟法第二九九条の一を準用する。[3]裁判長の裁量により、記録を、自宅または事務所に持ち帰るために代理権を有する弁護士に交付することができる。
③ 判決、決定および処分の草案、その準備のための書類ならびに議決に関する書類は、閲覧にも供せず、謄本をもっても通知しない。

第一〇一条［口頭弁論の原則］① 裁判所は、別段の定めがない限り、口頭弁論に基づいて裁判をする。
② 関係人の合意があるときは、裁判所は、口頭弁論を経ないで裁判をすることができる。
③ 判決以外の裁判所の裁判は、別段の定めがない限り、口頭弁論を経ないで裁判をすることができる。

第一〇二条［呼出、裁判所の所在地以外の法廷］① [1]口頭弁論の期日が指定されたときは、直ちに、少なくとも二週間、連邦行政裁判所にあっては少なくとも四週間の呼出期間をもって、関係人を呼び出さなければならない。[2]緊急の場合においては、裁判長は、この期間を短縮することができる。
② 呼出しには、関係人が出頭しない場合には不出頭のまま弁論が行われ、かつ、裁判がなされることがある旨を示さなければならない。
③ 行政裁判権の裁判所は、適当な解決のため必要があるときは、裁判所の所在地以外の地においても、法廷を開くことができる。

④　民事訴訟法第二二七条第三項第一段は適用されない。

第一〇三条［口頭弁論の進行］　①　裁判長は、口頭弁論を開始し、かつ、指揮する。

②　事件の呼上げ後、裁判長または指定裁判官は、記録の重要な内容を陳述する。

③　これに対し、関係人は、申立てをし、かつ、これを理由づけるために発言する。

第一〇四条［裁判官の発問および解明義務］　①　裁判長は、関係人とともに、係争事件を事実上および法律上解明しなければならない。

②　1裁判長は、裁判所の各構成員に対し、その求めにより、発問することを許さなければならない。2発問に異議があるときは、裁判長が裁判をする。

③　1係争事件が解明された後、裁判長は、口頭弁論の終結を宣言する。2裁判所は、その再開を決定することができる。

第一〇五条［口頭弁論に関する調書］　調書については、民事訴訟法第一五九条から第一六五条までを準用する。

第一〇六条［裁判所の和解］　1関係人は、和解の対象を処分することができる場合に限り、訴訟の全部または一部を解決するため、裁判所または受命もしくは受託裁判官の調書に記載させる方法により、和解をすることができる。2裁判上の和解は、関係人が、決定の形式においてなされた裁判所、裁判長または指定裁判官の提案を、書面により、裁判所に対し受け入れることによってもすることができる。

第一〇章　判決およびその他の裁判

第一〇七条〔判決による裁判〕　訴えについては、別段の定めがない限り、判決により、裁判をする。

第一〇八条〔判決の基礎、自由な心証、法的聴聞〕　①　1裁判所は、手続の全体の結果から得た自由な心証に従って裁判をする。2判決には、裁判官の心証の主要な理由を示さなければならない。

②　判決は、関係人が意見を述べることができた事実および証拠調べの結果のみを基礎とすることができる。

第一〇九条〔中間判決〕　訴えの許否については、まず、中間判決で、裁判をすることができる。

第一一〇条〔一部判決〕　訴訟物の一部のみが裁判をするに熟するときは、裁判所は、一部判決をすることができる。

第一一一条〔原因に関する中間判決〕　1給付の訴えにおいて、請求の原因および数額につき争いがあるときは、裁判所は、中間判決で、まず、その原因について裁判をすることができる。2裁判所は、請求を理由があると認めたときは、数額につき弁論をなすべき旨を命ずることができる。

第一一二条〔裁判所の構成〕　判決は、判決の基礎をなす弁論に関与した裁判官および名誉職の裁判官に限り、することができる。

第一一三条〔判決の主文〕　①　1行政行為が違法であり、かつ、これにより原告の権利が侵害される限り、裁判所は、行政行為および異議審査決定を取り消す。2行政行為が既に執行されている場合には、裁判所は、申立てにより、行政官庁が執行を元の状態に戻すべきこと、およびその方法を、あわせて宣言することができる。3この宣言は、官庁がこれをする状態にあり、かつ、この問題が裁判をするに熟しているときに限り、することができる。4行政行為が撤回またはその他の方法により既に解決されている場合に、原告がその違法の確認につき正当な利益を有するときは、裁判所は、申立てにより、判決によって、行政行為が違法であった旨を宣言する。

② 1原告が金額またはそれに関連する確認に関する行政行為の変更を求めているときは、異なる金額を確定し、または別の確認をもってこれに変えることができる。2確認しまたは確認すべき金額の調査が少なからざる費用を要するときは、裁判所は、不当に考慮しまたは考慮されない事実上および法律上の関係の申立てによって、官庁が当該金額を裁判に基づいて算出できるよう、行政行為の変更を定めることができる。3官庁は、関係人に対し、新算出の結果を直ちに非公式に通知する。裁判の確定力により、変更した内容の行政行為が新たに公示されなければならない。

③ 1裁判所が、更に事実解明を必要と認めるときは、方法または種類により、必要な調査が重要であり、かつ、関係人の利害を考慮しても取消しが適切である限り、本案について裁判をすることなく、行政行為および異議審査決定を取り消すことができる。2申立てに基づいて、裁判所は、新たな行政行為の発布まで仮の規制をなし、とくに保証を与えまたは全部もしくは一部存在を続け、かつ、給付が取り戻されない旨を定めることができる。3決定は、いつでも変更しまたは取り消すことができる。4第一段による裁判は、裁判所における官庁の行為の開始後六箇月以内に限り、なすことができる。

④ 行政行為の取消しのほかに、給付が求められているときは、同一の手続において、あわせて給付を命ずることができる。

⑤ 1行政行為の拒否またはその放置が違法であり、かつ、これにより原告の権利が侵害される限り、裁判所は、事件が裁判をするに熟しているときは、行政官庁が申請に係る職務行為をなすべき義務があることを宣言する。2その他の場合には、裁判所は、原告に対し、裁判所の法的見解を顧慮して決定をなすべき義務が

あることを宣言する。

第一一四条［裁量決定の審査］　[1]行政官庁がその裁量により行為をする権限を有する場合には、裁判所は、行政行為または行政行為の拒否もしくはその放置が、裁量の法律上の限界を超え、または授権の目的に適合しない方法で裁量を行使されたため、違法となるかどうかを審査する。[2]行政官庁は、行政裁判所の手続においても、行政行為に関して、裁量考慮を追完することができる。

第一一五条［異議審査決定に対する訴え］　第七九条第一項第二号および第二項により、異議審査決定が取消訴訟の対象となる場合には、第一一三条および第一一四条を準用する。

第一一六条［判決の言渡し、送達］　①　[1]判決は、口頭弁論が行われたときは、原則として口頭弁論の終結した期日に、特別の場合は直ちに指定する期日に言い渡す。この期日は、二週間を超えて定めてはならない。[2]判決は、関係人に送達しなければならない。

②　言渡しの代わりに、判決の送達が許される。この場合、判決は、口頭弁論後二週間以内に事務局に交付しなければならない。

③　裁判所が口頭弁論を経ないで裁判をする場合には、言渡しは、関係人に対する送達によって代えられる。

第一一七条［判決の形式および内容］　①　[1]判決は、「国民の名において」なされる。[2]判決は、書面に作成し、その裁判に関与した裁判官が署名しなければならない。[3]裁判官が署名するのに支障があるときは、裁判長が、裁判長に支障があるときは勤務年数の最も長い陪席裁判官が、支障の理由を付して、その旨を判決に記載する。[4]名誉職の裁判官の署名は必要としない。

②　判決には、次の事項を掲げる。

一　関係人、その法定代理人および訴訟代理人の氏名、職業、住所およびその手続における地位の表示
二　裁判所および裁判に関与した構成員の氏名の表示
三　判決の主文
四　事実
五　裁判の理由
六　上訴の教示

③　1事実においては、事実状態および訴訟状態を、提出された申立てを強調して、その本質的内容に従い、簡潔に示さなければならない。2詳細について、書面、調書およびその他の資料を、これから事実状態および訴訟状態が十分明らかとなる限りにおいて、示すものとする。

④　1言渡しの際、まだ完全に作成されていない判決は、言渡しの日から起算して二週間の経過前に完全に作成して、事務局に交付しなければならない。2例外としてこの措置をとることができないときは、事実、裁判の理由および上訴の教示を省略して、裁判官の署名した判決を、この二週間以内に、事務局に交付しなければならない。事実、裁判の理由および上訴の教示は、後に直ちに作成し、裁判官別に署名して、事務局に交付しなければならない。

⑤　裁判所は、行政行為または異議審査決定の理由づけに従い、かつ、これをその裁判で確認する限り、裁判理由の更なる説明を省略することができる。

⑥　事務局の記録官は、送達の日および第一一六条第一項第一段の場合には言渡しの日を判決に付記し、かつ、その付記に署名しなければならない。

第一一八条［判決の訂正］　①　裁判所は、判決の誤記、誤算およびこれに類する明白な誤りを、いつでも訂正しなければならない。
②　1訂正については、あらかじめ口頭弁論を経ないで、裁判をすることができる。2訂正決定は、判決および正本に付記する。
第一一九条［判決の事実の訂正］　①　判決の事実が、その他の誤りまたは不明を含むときは、判決の送達後二週間以内に訂正を申し立てることができる。
②　1裁判所は、証拠調べをしないで、決定により、裁判をする。2この決定に対しては、不服を申し立てることができない。3裁判には、判決に関与した裁判官に限り、関与する。4裁判官に支障がある場合において、可否同数のときは、裁判長の意見により決する。訂正判決は、判決および正本に付記する。
第一二〇条［判決の補充］　①　事実に対して関係人がした申立てまたは費用の負担につき、裁判の際その全部または一部を脱漏したときは、申立てにより、追加の裁判で、判決を補充しなければならない。
②　追加の裁判は、判決の送達後二週間以内に申し立てなければならない。
③　口頭弁論は、訴訟の完結しない部分のみを対象とする。
第一二一条［確定力］　確定判決は、訴訟物につき判断された部分に限り、次の者を拘束する。
一　関係人およびその承継人、かつ
二　第六五条第三項の場合に参加の申出をせず、または期日に申出をしなかった人
第一二二条［決定］　①　第八八条、第一〇八条第一項第一段、第一一八条、第一一九条および第一二〇条は、決定に準用する。

② [1]上訴により不服を申し立てることができる決定または上訴に対する決定には、理由を付さなければならない。[2]執行の停止（第八〇条、第八〇条の一）および仮命令（第一二三条）に関する決定ならびに本案における訴訟の解決のための決定（第一六一条第二項）には、常に理由を付さなければならない。[3]上訴について裁判をする決定は、裁判所が、不服の目的となる裁判の理由に基づき上訴を理由なしとして棄却した場合には、理由づけを必要としない。

第一一章 仮命令

第一二三条［仮命令］ ① [1]原状の変更により、申立人の権利の実現が不能となり、または著しく困難となるおそれがあるときは、裁判所は、申立てにより、訴えの提起前においても、訴訟物に関する仮命令を発することができる。[2]仮命令は、仮の地位を定めることが、とくに継続的法律関係の場合において、重大な不利益を避け、もしくは急迫な強暴を防ぐため、またはその他の理由に基づき必要と認められるときは、係争の法律関係に関し仮の地位を定めるためにも、許容される。

② [1]仮命令を発するには、本案の裁判所が権限を有する。[2]本案の裁判所は、第一審裁判所とし、本案が控訴審に係属するときは、控訴裁判所とする。[3]第八〇条第八項を準用する。

③ 仮命令の発布については、民事訴訟法第九二〇条、第九二一条、第九二三条、第九二六条、第二九八条から第九三二条まで、第九三八条、第九三九条、第九四一条および第九四五条を準用する。

④ 裁判所は、決定により、裁判をする。

⑤ 第一項から第三項までの規定は、第八〇条および第八〇条の一の場合に、適用しない。

第三編　上訴および再審

第一二章　控　訴

第一二四条［控訴の適法性］①　第一一〇条による一部判決を含む終局判決および第一〇九条および第一一一条による中間判決に対しては、関係人は、行政裁判所または上級行政裁判所が許可した場合に、控訴することができる。

②　控訴は、次の場合に限り、許可されなければならない。

一　判決の正当性に重大な疑いがある場合

二　訴訟事件が特別の事実上または法律上の困難を示す場合

三　訴訟事件が原則的な意味を有する場合

四　判決が、上級行政裁判所、連邦行政裁判所、連邦最高裁判所の合同部または連邦憲法裁判所の裁判に違反し、かつ、この違反に基づく場合

五　控訴裁判所の判断にある手続の瑕疵が主張され、かつ、それが存在し、裁判がその瑕疵に基づく場合

第一二四条の一［控訴の許可および理由］①　[1]行政裁判所は、第一二三条第二項第三号および四号の理由が存在する場合に、判決によって、控訴を許可する。[2]上級行政裁判所は許可に拘束される。[3]控訴の不許可については行政裁判所に権限がない。

② [1]控訴は、全部判決の送達後一箇月以内に、行政裁判所に申立てなければならない。[2]控訴は不服の目的となる判決を表示しなければならない。

③ [1]控訴は、第二項の場合、全部判決の送達後二箇月以内に、理由を述べなければならない。[2]理由は、控訴の申立てと同時になされない限り上級行政裁判所に申立てなければならない。[3]理由の期限はその経過の前になされた申立てに基づいて、部の裁判長により延期をすることができる。[4]理由は一定の申立てならびに個々に挙げられた不服の理由（控訴理由）を含むものでなければならない。[5]この要件を欠くときは、控訴は許容されない。

④ [1]控訴が行政裁判所の判決において許可されないときは、許可は全部判決の送達後一箇月以内に、申立てなければならない。[2]申立ては行政裁判所にしなければならない。[3]申立ては不服の目的となる判決を表示しなければならない。[4]全部判決の送達後二箇月以内に、控訴が許された理由を示さなければならない。[5]理由は行政裁判所にしなければならない。[6]申立ての提起は判決の確定力を阻止する。

⑥ [1]控訴は、第五項の場合には、控訴の許可に関する送達後一箇月以内に、理由を付さなければならない。[2]理由は上級行政裁判所に提出しなければならない。第三項第三段から第五段までを準用する。

第一二四条の二［上級行政裁判所の呈示義務］① [1]上級行政裁判所は、次の場合に、第一二四条第二項または第一二四条の一第四項第四段の解釈について裁判をするため、事件を自己の法的見解を理由として、連邦行政裁判所に呈示する。

一　法的問題がこれらの規定の解釈について基本的意義を有する場合

二　法の形成または統一的判例の確保がこれらの規定の解釈のため連邦行政裁判所の裁判を要求する場合

[2]決定には不服の申立てをすることができない。[3]決定は関係人に告示しなければならない。[4]連邦行政裁判所は法的問題についてのみ裁判をする。

第一二五条［控訴手続、不許容の場合の裁判］　①　[1]控訴審の手続については、この章に基づき別段の結果を生じない限り、第二編の規定を準用する。[2]第八四条は適用されない。

②　[1]控訴が不適法なときは、却下しなければならない。[2]この裁判は、決定によってすることができる。[3]あらかじめ関係人の意見を聞かなければならない。[4]裁判所が判決によって裁判をすることが許される場合には、関係人は、この決定に対し、上訴が許される。[5]関係人に対し、上訴について教示しなければならない。

第一二六条［控訴の取下げ］　①　[1]控訴は、判決の確定に至るまで、取り下げることができる。[2]口頭弁論において申立てがなされた後の取下げは、被告の同意、および公益代理人が口頭弁論に関与したときは、さらにその同意を必要とする。

②　[1]控訴は、控訴人が裁判所の要請にかかわらず、三箇月以上手続を進めないときは、取り下げたものとみなす。[2]第一項第二段を準用する。[3]控訴人に対し、要請において、第一段および第一五五条第二項より生じる法的効果を示さなければならない。[4]裁判所は、決定により控訴が取り下げられたことを確定する。

③　[1]取下げは、提起された上訴の喪失の結果を生じる。[2]裁判所は、決定により、費用負担につき裁判をする。

第一二七条［付帯控訴］　①　[1]被控訴人およびその他の関係人は、付帯控訴をすることができる。[2]付帯控訴は、上級裁判所にしなければならない。

② 付帯控訴は、関係人が控訴を放棄し、または控訴もしくは控訴の許可の申立期間を経過した場合にも、許容される。[2]付帯控訴は控訴理由書の送達後一箇月を経過するまで許容される。
③ [1]付帯控訴は付帯書に理由を示さなければならない。[2]第一二四条の一第三項第二段、第四段および第五段が準用される。
④ 付帯控訴は許可を必要としない。
⑤ 付帯控訴は、訴えが取り下げられ、または不適法として却下されたときは、その効力を失う。

第一二八条〔審査の範囲〕 ① [1]上級行政裁判所は、控訴の申立ての範囲内において、行政裁判所と同じ範囲にわたり、係争事件を審査する。[2]上級行政裁判所は、新たに提出された事実および証拠方法をも考慮する。

第一二八条の一〔新たな陳述および証拠方法、遅延、除斥〕 ① [1]第一審において定められた期間（第八七条の一第一項および第二項）に提出されなかった新たな陳述および証拠方法は、裁判所の自由な心証によりその許可が訴訟の解決を遅延させない場合、または関係人が遅延について十分弁明する場合に限り、許される。[2]弁明理由は、裁判所の要求に基づいて疎明しなければならない。[3]第一段は、関係人が第一審において期間懈怠の結果について第八七条の二第三項第三号により教示されなかった場合、または事実関係が関係人の関与なしに調査することが少額の費用で可能な場合には、適用しない。
② 行政裁判所が正当に却下した陳述および証拠方法は、控訴手続においても排除される。

第一二九条〔申立てへの拘束〕 行政裁判所の判決は、その変更が申し立てられた範囲に限り、変更することができる。

第一三〇条〔控訴裁判所の裁判〕　①上級行政裁判所は、必要な証拠調べをし本案自体について裁判をしなければならない。

②　上級行政裁判所は、さらに審理が必要な場合には、次の場合に限り、判決を取り消して、事件を行政裁判所に差し戻すことができる。

一　行政裁判所の手続に本質的な瑕疵があり、かつ、この瑕疵に基づいて広汎かつ費用のかかる証拠調べが必要であるとき、または

二　行政裁判所が本案自体について裁判をせず、かつ、関係人が差戻しを申立てたとき。

③　行政裁判所は、控訴の裁判の法律判断に拘束される。

第一三〇条の一〔決定による裁判〕　1上級行政裁判所は、全員一致で理由がある、または全員一致で理由がないと認め、かつ、口頭弁論が必要ないと認める場合には、控訴について決定により裁判をする。2第一二五条第二項第三段から第五段までを準用する。

第一三〇条の二〔控訴判決の簡潔な作成〕　上級行政裁判所は、行政裁判所の確認を十分な範囲で認める場合には、控訴に関する判決において、不服の目的である裁判の事実を参照することができる。不服の目的である裁判の理由に基づき、控訴を理由なしとして棄却する場合には、裁判理由をさらに説明しないことができる。

第一三一条（廃止）

第一三章　上　告

第一三二条〔上告の許可〕①　上級行政裁判所の判決（第四九条第一号）および第四七条第五項第一段による決定に対して、関係人は、連邦行政裁判所に、上告を提起することができる。上告は、その上級行政裁判所が許可したとき、または不許可に対する抗告について連邦行政裁判所が許可したときに限り、提起することができる。

②　上告は、次の場合に限り、許可しなければならない。

一　訴訟事件が原則的意味を有するとき。

二　判決が連邦行政裁判所、連邦最高裁判所の合同部、または連邦憲法裁判所の裁判に違反し、かつ、この違反に基づくとき、または

三　手続の瑕疵が主張され、かつ、存在し、裁判が手続の瑕疵に基づくものであるとき。

③　連邦行政裁判所は許可に拘束される。

第一三三条〔上告の不許可の場合の抗告〕①　上告の不許可に対しては、抗告により不服を申し立てることができる。

②　[1]抗告は、その判決に対して上告を提起すべき裁判所に、全部判決の送達後一箇月以内に、提起しなければならない。[2]抗告には、不服の目的となる判決を表示しなければならない。

③　[1]抗告には、全部判決の送達後二箇月以内に、理由を付さなければならない。[2]理由は、その判決に対して上告が提起される裁判所に、提出しなければならない。[3]理由においては、訴訟の原則的意味が説明され、

または判決が違反する裁判もしくは手続の瑕疵が表示されなければならない。
④ 抗告の提起は判決の確定力を阻止する。
⑤ [1]抗告が提起されたときは、連邦行政裁判所は、決定により裁判をする。[2]決定には、簡潔に理由を付さなければならない。上告理由は、上告が許可される要件の解明に寄与するに適していない場合には、考慮しないことができる。[3]連邦行政裁判所による抗告の拒否と同時に、判決は確定力を有する。
⑥ 第一三二条第二項第三号の要件が存在するときは、連邦行政裁判所は、決定において不服の目的となる判決を取り消し、かつ、訴訟をその他の方法による審理および裁判のために、差し戻すことができる。

第一三四条［飛躍上告］ ① [1]上告人および被上告人が書面により同意するとき、および行政裁判所が判決においてまたは申立てに基づいて決定により許すときは、関係人は、行政裁判所の判決に対して（第四九条第二号）、控訴審を看過して、上告をすることができる。[2]申立ては、全部判決の送達後一箇月以内に、しなければならない。[3]飛躍上告提起の同意書は、申立てに、または判決で上告が許されるときは、上訴状に添付しなければならない。
② [1]上告は、第一三二条第二項第一号または第二号の要件が存在するときに限り、許可しなければならない。[2]連邦行政裁判所は、許可に拘束される。[3]許可の拒否には不服を申し立てることができない。
③ [1]行政裁判所が上告の許可を求める申立てを決定により拒否したときは、申立てが法定の期間および形式でなされ、かつ、同意書が添付されている場合に限り、この裁判の送達と同時に、控訴の許可を求める申立てのための期間の経過が、始めから開始する。[2]行政裁判所が上告を決定により許すときは、上告期間の経過は、この裁判の送達と同時に、開始する。

④ 上告は、手続の瑕疵を理由とすることはできない。
⑤ 行政裁判所が上告を許した場合には、上告の提起および同意は、控訴を放棄したものとみなす。
第一三五条［控訴禁止の場合の上告］ ① [1]連邦法律により控訴が禁止されている場合に、関係人は、行政裁判所の判決に対して（第四九条第二号）、連邦行政裁判所に上告することができる。[2]上告は行政裁判所が許可するとき、または不許可に対する抗告に基づいて連邦行政裁判所が許可すときに限り、提起することができる。[3]許可については、第一三二条および第一三三条を準用する。
第一三六条（廃止）
第一三七条［適法な上告理由］ ① 上告は、不服の目的となる判決が次の法または法規の違反に基づくことを理由とするときに限り、提起することができる。
一 連邦法または
二 ラントの行政手続法の中で、文言上、連邦行政手続法の規定に適合している一の規定
② 連邦行政裁判所は、不服の目的となる判決においてなされた事実の認定に拘束される。ただし、その認定に関し、適法かつ理由のある上告理由が提出されたときは、この限りでない。
③ [1]上告が手続の瑕疵を理由とし、かつ、同時に第一三二条第二項第一号および第二号の要件の一が存在しない場合には、主張に係る手続の瑕疵についてのみ裁判をしなければならない。[2]その他の場合には、連邦行政裁判所は、主張された上告理由に拘束されない。
第一三八条［絶対的上告理由］ ① 判決は、次の場合には、常に連邦法に違反したものとみなされる。
一 判決裁判所が、規定に従って構成されていないとき。

二　裁判官の職務の行使が法律により禁止され、または偏見のおそれがあるため忌避の申立てが認められた裁判官が、裁判に関与したとき。
三　法律上の審問が、一の関係人に拒否されたとき。
四　一の関係人が手続において法律の規定に従って代理されていないとき。ただし、関係人が明示または黙示に訴訟の追行に同意した場合を除く。
五　判決が、手続の公開に関する規定に違反した口頭弁論に基づいてなされたとき。
六　裁判に理由を付していないとき。

第一三九条［期間、上告の提起、上告理由］①　[1]上告は、全部判決または第一三四条第三項第二段による上告の許可に関する決定の送達後一箇月以内に、書面により、不服の目的となる判決をした裁判所に提起しなければならない。[2]上訴期間は、上訴が期間内に連邦行政裁判所に提起された場合にも、守られている。[3]上訴には、不服の目的となる判決を表示しなければならない。

②　[1]上告の不許可に対する抗告が提起され、または連邦行政裁判所が上告を許可したときは、連邦行政裁判所が不服の目的となる判決を第一三三条第六項により取り消さない場合には、抗告手続は上告手続として持続する。抗告人による上訴の提起は必要がない。[2]その旨を決定で指示しなければならない。

③　[1]上告には、全部判決または第一三四条第三項第二段によると上告の許可に関する決定の送達後二箇月以内に、理由を付さなければならない。第二項の場合には、理由期間は、上告の許可に関する決定の送達後一箇月である。[2]理由は、連邦行政裁判所に提出しなければならない。[3]理由提出期間は、その経過前になされた申立てに基づいて、裁判長が、これを延期することができる。[4]上告理由は、違反した法規範、および

手続の瑕疵を攻撃する場合には、瑕疵を生じる事実を示す一定の申立てを含むものでなければならない。

第一四〇条［上告の取下げ］①　[1]上告は、判決の確定に至るまで、取り下げることができる。[2]口頭弁論において申立てをした後の取下げは、被上告人の同意、および連邦利益の代理人が連邦行政裁判所の口頭弁論に関与したときは、さらにその同意を必要とする。

②　[1]取下げは、提起された上訴の喪失の結果を生じる。[2]裁判所は、決定により、費用負担につき裁判をする。

第一四一条［上告の手続］　[1]上告については、この章の規定により別段の結果が生じない限り、控訴に関する規定を準用する。[2]第八七条の一、第一三〇条の一および第一三〇条の二は適用がない。

第一四二条［訴えの変更および参加の不許容］①　[1]訴えの変更および参加は、上告審の手続においては、許されない。[2]これは、第六五条第二項による参加については、適用がない。

②　[1]第六五条第二項により上訴手続に参加する者は、参加決定の送達後二箇月以内に限り、手続の瑕疵を主張することができる。[2]期間の経過前になされた申立てに基づいて、裁判長は、期間を延長することができる。

第一四三条［許容性の審査］　[1]連邦行政裁判所は、上告が許されるかどうか、および法定の形式により法定の期間内に提起され、かつ理由が付されているかどうかを、審査する。[2]これらの要件の一を欠くときは、上告は不適法となる。

第一四四条［上告の裁判］①　上告が不適法であるときは、連邦行政裁判所は、決定により、これを却下する。

②　上告に理由がないときは、連邦行政裁判所は、上告を棄却する。

③　[1]上告が理由があるときは、連邦行政裁判所は、次のことができる。

一　本案自体について裁判をする。

二　不服の目的となる判決を破棄し、かつ、さらに弁論および裁判をさせるために、事件を差し戻す。

[2]連邦行政裁判所は、第一四二条第一項第二段による上告手続における参加人が正当な利益を有するときは、訴訟を棄却する。

④　裁判の理由に現行法の違反があるが、他の理由により裁判自体が正当であると認められるときは、上告を棄却しなければならない。

⑤　[1]連邦行政裁判所は、第四九条第二号および第一三四条の規定による飛躍上告の場合において、さらに弁論および裁判をさせるために事件を差し戻すときは、その裁量により、控訴事件の管轄権を有する上級行政裁判所に事件を差し戻すこともできる。[2]この場合には、上級行政裁判所の手続については、普通に控訴が提起されて、訴訟が上級行政裁判所に係属した場合と同様の原則を適用する。

⑥　さらに弁論および裁判をさせるため事件を差し戻された裁判所は、その裁判につき、上告裁判所の法律判断を基礎としなければならない。

⑦　[1]連邦行政裁判所が、手続の瑕疵の攻撃を有効であると認めない場合には、上告についての裁判には理由を必要としない。[2]これは、第一三八条による攻撃、および上告で専ら手続の瑕疵が主張された場合には、上告の許可の基礎となった攻撃について、適用される。

第一四五条（廃止）

第一四章　抗　告

第一四六条〔抗告の適法性〕①　行政裁判所、行政裁判所の裁判長または指定裁判官の判決または裁判所決定以外の裁判に対しては、関係人およびその他その裁判により影響を受ける者は、この法律に別段に定めがない限り、上級行政裁判所に対する抗告が認められる。

②　訴訟指揮に関する処分、釈明命令、弁論の延期または期間の指定に関する決定、証拠決定、証拠申出の拒否、手続および請求の併合分離および裁判所職員の拒否に関する決定に対しては、抗告をもって、不服を申し立てることができない。

③　そのほか、法律に規定する上告の不許可に対する抗告を除くほか、費用、手数料および立替金に関する争訟において、抗告の目的物の価格が二〇〇ユーロ以下である場合は、抗告ができない。

④　[1]仮の権利保護の手続（第八〇条、第八〇条の一および第一二三条）における行政裁判所の決定に対する抗告は、裁判の告示後一箇月以内に理由を付さなければならない。[2]理由は、既に抗告と同時に呈示されてない限り、上級行政裁判所に提出しなければならない。[3]理由は、裁判を変更しまたは取り消すべき理由を説明し、かつ、取消しの目的となる裁判と対決する一定の申立てを含むものでなければならない。[4]この要件を欠くときは、抗告は、不適法として却下される。[5]行政裁判所は抗告を遅滞なく送付する。第一四八条第一項は適用されない。上級行政裁判所は説明された理由を審査する。

第一四七条〔形式、期間〕①　[1]抗告は、裁判の告知後二週間以内に、不服の目的となる裁判をした裁判所に、書面により、または事務局の記録官の調書に記載させる方法により、提起しなければならない。[2]第六七条第一項第二段は、影響を受けない。

② 抗告期間は、抗告が期間内に抗告裁判所に提起されたときにも、遵守されたものとする。

第一四八条〔上級行政裁判所による訂正および送付〕① 不服の目的となる裁判をした行政裁判所、裁判長または指定裁判官は、抗告を理由があると認めるときは、その裁判を訂正しなければならない。そうでない場合には、抗告を、遅滞なく上級行政裁判所に送付しなければならない。

② 行政裁判所は、関係人に対し、上級行政裁判所に抗告を送付したことを通知しなければならない。

第一四九条〔停止的効力〕① [1]抗告は、秩序手段および強制手段の確定を対象とするときに限り、停止の効力を有する。[2]不服の目的となる裁判をした裁判所、裁判長または指定裁判官は、その他の場合においても、不服の目的となる裁判の執行を一時中止すべきことを定めることができる。

② 裁判所構成法第一七八条および第一八一条第二項は、影響を受けない。

第一五〇条〔決定による裁判〕 上級行政裁判所は、抗告につき、決定で、裁判をする。

第一五一条〔異議〕 [1]受託または受命裁判官または記録官の裁判に対しては、告知後二週間以内に、裁判所の裁判を申し立てることができる。[2]申立ては、書面により、または裁判所事務局の記録官の調書に記載させる方法によって、しなければならない。[3]第一四七条から第一四九条までを準用する。

第一五二条〔連邦行政裁判所に対する抗告、異議〕① 上級行政裁判所の裁判に対しては、この法律の第九九条第二項および第一三三条第一項ならびに裁判所構成法第一七条の一第四項第四段の場合を除くほか、連邦行政裁判所に、抗告をもって、不服を申し立てることができない。

② 連邦行政裁判所における手続においては、受託もしくは受名裁判官または事務局の記録官の裁判について、第一五一条を準用する。

第一五章　手続の再審

第一五三条［手続の再審］①　確定判決により終結した手続は、民事訴訟法第四編の規定に従って、再審することができる。

② 公益代理人のほか、連邦行政裁判所における第一審、かつ、終審の手続においては連邦利益の代理人も、連邦行政裁判所に無効訴訟および回復訴訟を提起する権限を有する。

第四編　費用および執行

第一六章　費　用

第一五四条［費用負担義務］①　敗訴した側は、手続の費用を負担する。

② 不成功に終わった上訴の費用は、上訴を提起した者の負担となる。

③ 参加人が申立てをし、または上訴を提起した場合に限り、参加人に費用を負担させることができる。

④ 効果のあった再審手続の費用は、その費用が関係人の故意過失によって生じていない場合に限り、国庫に負担させることができる。

第一五五条［費用の分配］　①　[1]関係人が一部勝訴し、一部敗訴したときは、費用を相互に相殺するか、または案分しなければならない。[2]費用が相互に相殺されたときは、裁判費用は、各側が折半して負担する。[3]相手方の敗訴が小部分にすぎないときは、関係人の一方に費用の全部を負担させることがある。

②　申立て、訴え、上訴またはその他の法的救済を取り下げた者は、費用を負担しなければならない。

③　原状回復の申立てによって生じた費用は、申立人が負担する。

④　関係人の故意過失によって生じた費用は、その関係人に負担させることができる。

第一五六条［即時認諾の場合の費用］　被告が、その態度により訴えの提起を誘発したのではない場合において、被告が直ちに請求を認諾するときは、訴訟費用は、原告の負担となる。

第一五七条（削除）

第一五八条［費用の裁判に対する不服申立て］　①　費用についての裁判に対する不服申立ては、本案の裁判に対して上訴が提起されていない場合には、不適法である。

②　本案の裁判が下だされてないときは、費用についての裁判に対し、不服の申立てをすることができない。

第一五九条［数人の費用義務者］　[1]費用を負担する義務のある側が数人の者から成るときは、民事訴訟法第一〇〇条を準用する。[2]係争の法律関係が、費用を負担する義務のある側に対して合一にのみ裁判すべきときは、費用は、その数人に連帯して負担させることができる。

第一六〇条［和解の場合の費用義務］　[1]訴訟が和解によって解決し、かつ、関係人が費用について何らの定めもしていないときは、裁判費用は、各側の二分の一ずつの負担となる。[2]裁判外の費用は、関係人が各自負担する。

第一六一条［費用裁判、本案の解決］ ① 裁判所は、判決において、または手続がその他の方法で終了したときは、決定により費用につき、裁判をしなければならない。

② 1訴訟の本案が解決されたときは、裁判所は、第一一三条第一項第四段の場合を除くほか、決定により、手続の費用につき、公正な裁量により、裁判をする。従前の事実状態および訴訟状態を考慮しなければならない。2訴訟は、被告が原告の解決宣言に解決宣言を含む書状の送達後二週間以内に異議を述べず、かつ、裁判所によりこの結果を示されたときは、本案においても解決される。

③ 第七五条の場合において、原告が訴えの提起前に被告の決定を期待することができるときは、費用は常に被告の負担となる。

第一六二条［費用の概念、弁償能力］ ① 費用とは、裁判費用（手数料および立替金）および前置手続の費用を含め、目的適合的な権利の追求または防御に必要な関係人の支出をいう。

② 1弁護士または法律顧問、また租税事件における税務顧問または経済監査士の手数料および立替金については、常に弁償を受けることができる。2前置手続が係属した場合において、裁判所が前置手続に代理人の関与が必要であると宣言したときは、手数料および立替金の弁償を受けることができる。3公法上の法人および官庁は、郵便および電話サービスのために必要な支出の代りに、弁護士弁護法附則一条の七〇〇二号に定められている最高額を一括して要求することができる。

③ 参加人の裁判外の費用は、裁判所が衡平の見地から敗訴の当事者または国庫に負担させたときに限り、弁償を受けることができる。

第一六三条（削除）

第一六四条［費用の確定］　第一審裁判所の記録官は、申立てにより、支払うべき費用の額を確定する。

第一六五条［費用確定に対する催促］　1関係人は、支払うべき費用の額の確定に対し、不服を申し立てることができる。2第一五一条を準用する。

第一六五条の一［訴訟費用の確保］　民事訴訟法第一一〇条を準用する。

第一六六条［訴訟費用の救助］　訴訟費用の救助に関する民事訴訟法の規定ならびに民事訴訟法第五六九条第三項第二号を準用する。

第一七章　執　行

第一六七条［民事訴訟法の適用、仮執行］　①　1この法律から別段の結果が生じない限り、執行については、民事訴訟法第八編を準用する。2執行裁判所は、第一審の裁判所とする。
②　取消訴訟および義務づけ訴訟に対する判決は、費用に関してのみ、仮執行の宣言を付することができる。
第一六八条［執行名義］　①　執行は、次に掲げるものに基づいてする。
一　確定裁判および仮執行宣言付き裁判
二　仮命令
三　裁判上の和解
四　費用確定決定
五　執行の宣言を付した公法上の仲裁裁判所の仲裁判断。ただし、執行力に関する裁判が確定し、または仮執行の宣言を付されたときに限る。

② 執行のため、関係人に対して、その申立てにより、事実および裁判の理由を省略した判決の正本を付与することができる。この正本の送達は、全部判決の送達と同一の効力を有する。

第一六九条［公法上の主体のための執行］ ① [1]連邦、ラント、市町村組合、市町村または公法上の団体、営造物もしくは財団のために執行をすべきときは、執行は、行政執行法により行う。[2]行政執行法にいう執行官庁は、第一審裁判所の裁判長とする。裁判長は、執行を行うため、他の執行官庁または執行吏を要請することができる。

② 作為、受忍および不作為を強制すべき執行が、職務援助の方法で、ラントの機関によってなされるときは、ラント法の規定に従って行わなければならない。

第一七〇条［公法上の主体に対する執行］ ① [1]連邦、ラント、市町村組合、市町村または公法上の団体、営造物もしくは財団に対し、金銭債権について執行をすべき場合には、債権者の申立てにより、第一審の裁判所が執行を行う。[2]裁判所は、行うべき執行措置を定め、これを実施するため、管轄権を有する官公署に委嘱する。[3]嘱託を受けた官公署は、自己に適用される執行規定により、嘱託に従う義務を負う。

② [1]裁判所は、執行処分をする前に、官庁、または公法上の団体、営造物および財団に対して執行すべき場合には、法定代理人に対し、裁判所の定める期間内に執行を免れる措置をとるべき旨の催告とともに、行おうとする執行を通知しなければならない。[2]期間は一箇月を超えてはならない。

③ [1]執行は、公の任務の達成のために欠くことができない物件、またはその処分が公共の利益に反する物件に対しては、許されない。[2]異議については、裁判所は、権限のある監督官庁、連邦またはラントの最高官庁においては、権限を有する大臣の意見を聞いて決定する。

④　公法上の信用制度については、第一項から第三項までを適用しない。
⑤　仮命令の執行の場合には、執行の通知および猶予期間の遵守を必要としない。
第一七一条〔執行文〕　第一六九条、第一七〇条第一項から第三項までの場合には、執行文を必要としない。
第一七二条〔官庁に対する強制金〕　1第一一三条第一項第二段および第五項ならびに第一二三条の場合において、官庁が、判決または仮命令において課せられた義務を履行しないときは、第一審の裁判所は、申立てにより、決定で、期間を定めて、官庁に対して、二〇、〇〇〇ユーロ以下の強制金を科することを警告し、効果がなく期間を経過した後は、これを確定し、かつ、職権で執行することができる。2強制金は、繰り返して警告し、確定し、かつ、執行することができる。

第五編　結末および経過規定

第一七三条〔裁判所構成法および民事訴訟法の準用〕　1この法律が手続について何ら規定がないときは、裁判所構成法および民事訴訟法の両種の手続の性質の原則的差異により排除されない限り、裁判所構成法および民事訴訟法を準用する。2民事訴訟法第一〇六二条にいう裁判所が権限ある行政裁判所であり、民事訴訟法第一〇六五条にいう裁判所が権限ある上級行政裁判所である。

第一七四条〔裁判官職務の能力〕　①　上級行政裁判所および行政裁判所における公益代理人については、少なくとも三年の大学における法律学の研究および三年の公勤務における専門教育の後に法律が定める試験を受験することによって上級行政職の資格を取得した場合、それはドイツ裁判官法による裁判官職の資格と同等である。

② 戦争参加者については、そのための特別の規定を満たした場合、第一項の要件は満たされたものとする。

第一七五条から第一七七条まで（削除）

第一八三条および第一七九条（改正規定）

第一八〇条〔行政手続法または社会法典第一〇編による証人および鑑定人の尋問〕 1行政手続法または社会法典第一〇編による証人および鑑定人の尋問または宣誓が行政裁判所によってなされるときは、尋問または宣誓は、職務割当計画で定められた裁判官の前で行われる。2行政手続法または社会法典第一〇編による証言、鑑定または宣誓の拒否の適法性については、行政裁判所が、決定により、裁判をする。

＊ 以下、第一八一条から第一九五条までは、「見出し」のみを示す。

第一八一条および第一八二条（改正規定）、第一八三条〔ラント法の無効〕、第一八四条〔ラントの特別規定〕、第一八五条、第一八六条〔都市国家における名誉職の裁判官の特別規定〕、第一八七条〔懲戒裁判所、仲介裁判所および職業裁判所、職員代表事件〕、第一八八条〔社会部、無料の費用〕、第一八九条（第九八条第二項による裁判のための専門部）、第一九〇条〔一定の特別規定の規律〕、第一九一条、第一九二条（改正規定）、第一九三条〔憲法裁判所としての上級行政裁判所〕、第一九四条（対象なし）、第一九五条。

＊＊ 裁判所構成法

第一七条 ① 1提起された訴訟の許容性は、訴訟係属後に生じた事情の変更によって、影響を受けない。2訴訟係属中に、当該事件について、当事者は別の方法で訴訟を提起することはできない。

②　許容される訴訟の裁判所は、争訟を、あらゆる考えられる法的視点に基づいて、裁判をする。基本法第一四条第三項第四段および第三四条第三段は、影響を受けない。

第一七条の一　①　裁判所が、その裁判所に提起された訴訟を確定力をもって許容される旨の宣言をしたときは、他の裁判所はこの判決に拘束される。

②　[1]提起された訴訟が許容されないときは、裁判所は、当事者の聴聞の後、職権により、許容されない旨を宣言し、同時に争訟を許容される訴訟の裁判所に移送する。[2]二以上の裁判所が裁判権を有するときは、原告または申立人が選択した裁判所に移送し、または、選択がなされない場合は、裁判所が指定さた裁判所に移送する。[3]決定は、争訟を移送された裁判所について、訴えの方法に関し、拘束力を有する。

③　[1]提起された訴訟が許容されるときは、裁判所は、まず、許容される旨を宣言する。[2]裁判所は、当事者が訴訟の許容性について批難するときは、裁判をしなければならない。

④　[1]第二項および第三項による決定は、口頭弁論を経ないで、行うことができる。[2]決定には、理由を付さなければならない。[3]決定に対しては、適用される手続法の規定により、即時抗告が認められる。[4]関係人は、決定において許された場合に限り、連邦最高裁判所に、最高ラント裁判所の決定に対し、抗告が認められる。[5]抗告は、法律問題が原則的な意味を有する場合、または裁判所が連邦最高裁判所もしくは連邦最高裁判所の合同部の裁判と意見を異にする場合に、許される。[6]連邦最高裁判所は、抗告の許可に拘束される。

⑤　本案の裁判に対する上訴について裁判をした裁判所は、提起された訴訟が許容されるかどうかを、審理しない。

第一七条の二　①　移送決定の確定力が発生し後、争訟は、決定で指示された裁判所における審理の開始と同時に、係属する。訴訟係属の効果が生じる。

②　争訟が他の裁判所に移送されるときは、手続の費用は、争訟が移送された裁判所で生じた費用の一部として、係属した裁判所で処理される。原告が勝訴の場合にも、原告に対し、生じた超過出費が課せられる。

＊＊＊　ドイツ行政裁判所法の法文および見出しは、F. Schoch/E, Schmidt-Aßmann/R. Piezner, Verwaltungsgerichtsordnung, Kommentar, Stand: September, 2004. によった。

事項索引

事項索引

さ 行

た 行

な 行

は 行

ま行

や行

ら行

判例索引

▽最高裁判所

昭24・5・18民集3巻6号199頁 …152

昭27・1・25民集6巻1号22頁……251

昭27・10・8民集6巻9号783頁
(警察予備隊違憲訴訟)……… 29

昭27・11・20民集6巻10号1038頁
…………………………………153

昭28・1・16(決定)民集7巻1号12頁
…………………………………286

昭28・6・12民集7巻6号663頁 …213

昭28・10・30民集7巻10号2316頁…251

昭28・12・23民集7巻13号1561頁…146

昭28・12・24民集7巻13号1604頁…234

昭29・6・8民集8巻6号1037頁 …58

昭29・6・22民集8巻6号1162頁…285

昭29・7・30民集8巻7号1501頁
……………………… 94, 225, 228

昭30・1・28民集9巻1号60頁……150

昭30・6・24民集9巻7号930頁 …226

昭30・9・13民集9巻10号1262頁…314

昭30・10・28民集9巻11号1727頁…181

昭32・3・19民集11巻3号527頁 …203

昭33・2・25民集12巻2号348頁 …181

昭33・7・1民集12巻11号1612頁
…………………………………227

昭33・7・25民集12巻12号1847頁…322

昭34・1・29民集13巻1号32頁 …… 95

昭34・8・18民集13巻10号1286頁…136

昭34・9・22民集13巻11号1426頁…260

昭34・12・16刑集13巻13号3225頁 …31

昭35・6・8民集14巻7号1206頁
(苫米地事件)………………… 31

昭35・6・17民集14巻8号1420頁
(砂川事件職務執行命令訴訟)
…………………………………216

昭35・7・12民集14巻9号1744頁 …86

昭36・3・15民集15巻3号467頁 … 91

昭36・3・28民集15巻3号595頁 …103

昭36・4・21民集15巻4号850頁 …147

昭36・4・27民集15巻4号928頁 …227

昭36・7・21民集15巻7号1966頁…151

昭37・1・19民集16巻1号57頁
(公衆浴場距離制限事件)…126

昭37・12・26民集16巻12号2557頁…105

昭38・3・12民集17巻2号318頁 …206

昭38・6・4民集17巻5号670頁 … 91

昭39・5・27民集18巻4号678頁 …227

昭39・6・4民集18巻5号745頁……229

昭39・10・29民集18巻8号1809頁
(大田区ゴミ焼却場設置事件)
…………………………82, 86, 290

昭40・4・28民集19巻3号721頁 …143

昭40・6・24民集19巻4号1001頁 …50

昭40・8・2民集19巻6号1393頁 144

昭40・11・19判時430号245頁……… 99

昭41・2・8民集20巻2号196頁 … 29

昭41・2・23民集20 2号271頁
(高円寺青写真判決)………… 95

昭41・7・20民集20巻6号1217頁…201

昭41・11・15民集20巻9号1729頁…143

昭42・3・14民集21巻2号312頁 …327

昭42・4・7民集21巻3号572頁 …244

昭42・5・30民集21巻4号1030頁…215
昭43・12・24民集22巻13号3254頁
(東京12チャンネル事件)
……………………………132, 144
昭44・7・11民集23巻8号1470頁…227
昭45・7・15民集24巻7号771頁 … 87
昭45・10・16民集24巻11号1512頁…146
昭45・11・6民集24巻12号1721頁…162
昭46・1・20民集25巻1号1頁
(農地法施行令事件)………… 86
昭46・10・28民集25巻7号1037頁
(個人タクシー事件)…………228
昭47・3・31民集26巻2号319頁 …105
昭47・4・20民集26巻3号507頁 … 92
昭47・11・16民集26巻9号1573頁
(エビス食品事件)………103, 170
昭47・11・30民集26巻9号746頁
(長野勤評訴訟)………………187
昭48・1・19民集27巻1号1頁……137
昭48・3・6裁判集民事108号387頁
…………………………………316
昭49・2・28民集28巻1号66頁…… 87
昭49・5・30民集28巻4号594頁 …215
昭49・7・19民集28巻5号759頁 … 87
昭49・7・19民集28巻5号897頁 …106
昭50・5・27判時780号36頁 ………212
昭51・3・30判時813号24頁 ………208
昭51・4・14民集30巻3号223頁
……………………………324, 331
昭51・4・27民集30巻3号384頁 …162
昭51・5・6民集30巻4号541頁 …153
昭52・2・17民集31巻1号50頁……152
昭52・3・10(決定)判時852号53頁
(インド人強制送還執行停止事件) ……………………………281
昭52・3・15民集31巻2号234頁 … 32
昭52・12・20民集31巻7号1101頁
(神戸税関事件)…………225, 226
昭52・12・23判時874号34頁 ……… 93
昭53・3・14民集32巻2号211頁
(主婦連ジュース訴訟)………123
昭53・3・30民集32巻2号485頁 …207
昭53・5・26民集32巻3号689頁 …226
昭53・6・23判時897号54頁 ………211
昭53・9・19判時911号99頁 ………256
昭53・10・4民集32巻7号1223頁
(マクリーン事件)……………228
昭53・12・8民集32巻9号1617頁
(成田新幹線事件)…………… 95
昭54・12・25民集33巻7号753頁
(ポルノ税関検閲事件)……… 89
昭55・1・25判時1008号136頁 ……146
昭55・11・20判時1001号31頁………145
昭55・11・25民集34巻6号781頁 …145
昭56・2・24民集35巻1号98頁……153
昭56・4・7民集35巻3号443頁
(板まんだら事件)…………29, 30
昭56・7・14民集35巻5号901頁
…………………………………256
昭56・12・16民集35巻10号1369頁
(大阪国際空港訴訟)………… 27
昭57・4・8民集36巻4号594頁 …144
昭57・4・22民集36巻4号705頁
(盛岡用途地域指定事件)…… 98
昭57・5・27民集36巻5号777頁 … 92
昭57・7・13民集36巻6号790頁
(田子の浦ヘドロ訴訟)………209
昭57・7・15判時1053号93頁
(郵便貯金目減り訴訟)……… 30
昭57・7・15民集36巻6号1169頁
(交通反則金仮納付事件)…… 93
昭57・9・9民集36巻9号1679頁

(長沼ナイキ基地訴訟)　124, 146
昭59・6・28民集38巻8号1029頁…150
昭59・10・26民集38巻10号1169頁…147
昭59・12・12民集38巻12号1208頁…91
昭60・6・6判例自治16号60頁……144
昭60・7・17民集39巻5号1100頁…325
昭60・9・12判時1171号62頁
(川崎市退職金支払無効住民訴訟)…209
昭60・12・17民集39巻8号1821頁…100
昭60・12・17判時1179号56頁
(伊達火力訴訟)………………137
昭61・2・13民集40巻1号1頁……101
昭61・2・24民集40巻1号69頁……154
昭62・4・10民集41巻3号239頁…211
昭62・4・17民集41巻3号286頁…164
昭62・4・21民集41巻3号309頁…104
昭62・5・19民集41巻4号687頁
(町有地売却契約差止請求事件)…209
昭62・9・22判時1285号25頁……… 99
平元・2・17民集43巻2号56頁
(新潟空港訴訟)………………122
平元・4・13判時1313号121頁……138
平元・6・20判時1334号201頁
(伊場遺跡訴訟)………………127
平元・7・4判時1336号86頁………187
平元・9・5判時1337号43頁………208
平2・4・12民集44巻3号431頁…208
平3・3・19判時1401号40頁………104
平3・4・19民集45巻4号518頁… 29
平3・4・26民集45巻4号653頁
(水俣病認定遅延訴訟)………329
平3・12・20民集45巻9号1455頁…211
平4・1・24民集46巻1号4頁
(八鹿町土地改良事業)………324
平4・1・24民集46巻1号54頁……144
平4・4・28民集46巻4号245頁…315
平4・9・22民集46巻6号571・1090頁
(もんじゅ原発訴訟)
………………………132, 162, 165
平4・10・6判時1439号116頁…… 97
平4・10・29民集46巻7号1174頁
(伊方原発訴訟)……133, 230, 243
平4・11・26民集46巻8号2685頁
(大阪阿倍野市土地再開発事件)
……………………………………102
平4・12・15民集46巻9号2753頁
(一日校長事件)………………209
平5・2・16民集47巻3号1687頁
(箕面忠魂碑・慰霊祭訴訟)…212
平5・2・25民集47巻2号643頁
(厚木基地訴訟)……………… 28
平5・3・16民集47巻5号3483頁
(第一次家永教科書訴訟)……228
平5・9・7民集47巻7号4755頁
(織田が浜埋立工事費用支出差止訴訟)…210
平5・9・10民集47巻7号4955頁
……………………………146, 147
平5・12・17民集47巻10号5530頁
……………………………153, 316
平6・4・22判時1499号63頁……… 99
平6・9・13判時1513号94頁……… 87
平6・9・27判時1518号10頁………133
平7・3・23民集49巻3号1006頁…94
平7・7・6民集49巻7号1833頁…149
平7・10・17民集49巻9号2829頁…198
平7・11・9判時1551号61頁………146
平8・2・22判時1560号72頁……… 94
平8・3・8民集50巻3号469頁
(エホバの証人事件)…………231
平8・8・28判時1577号26頁
(沖縄県知事職務執行命令訴訟)……217
平9・1・28民集51巻1号147頁…193

平９・１・28民集51巻１号250頁
(川崎開発許可訴訟)…………133
平９・３・11判時1599号48頁 …… 90
平９・10・17民集51巻９号3925頁…201
平10・４・10民集52巻３号677頁 …147
平11・１・11(決定)判時1675号61頁
…………………………………313
平11・１・21判時1675号48頁……… 94
平11・７・15判時1692号40頁………198
平11・11・19民集53巻８号1862頁 257
平12・３・10判時1711号55頁………237
平12・３・17(決定)1706号62頁……138
平12・12・19民集54巻９号2748頁…198
平13・２・27民集55巻１号49頁…… 42
平13・３・13民集55巻２号283頁 …134
平13・７・13(決定)判例自治223号22頁
…………………………………138
平13・12・13民集55巻７号1500頁…211
平14・１・17民集56巻１号１頁……103
平14・１・22民集56巻１号46頁……135
平15・３・11(決定)判時1822号55頁
…………………………………280
平15・９・４判時1841号89頁 …89, 103
平16・４・26民集58巻４号989頁 … 89
平16・５・31(決定)判時1866号24頁
…………………………………281
平17・４・14民集56巻３号491頁 … 40
平17・10・25民集59巻６号1661頁 …90
平17・12・７判時1920号13頁
(小田急高架訴訟)……………136

▽高等裁判所

高　松　昭36・11・17行集12巻１号
169頁 ………………………289
東　京　昭40・５・31(決定)行集16巻
６号1099頁………………102
東　京　昭41・５・６(決定)行集17巻
５号463頁(都留文科大学懲戒免職事件) …………… 28
福　岡　昭41・10・14(決定)行集17巻
10号1168頁………………282
東　京　昭43・11・29(決定)行集19巻
11号1856頁(教科書訴訟・調査官意見書提出命令事件)
…………………………238
福　岡　昭44・６・３(決定)行集20巻
10号1177頁………………283
仙　台　昭46・3・2行集22巻3号297頁
…………………………131
東　京　昭46・4・27行集22巻4号582
頁…………………………210
名古屋(金沢支)昭46・９・29判時646号
12頁……………………… 42
東　京　昭47・５・22(決定)高民集25
巻３号209頁 ……………239
東　京　昭48・７・13行集24巻６＝７
号533頁(日光太郎杉事件)
…………………………229
大　阪　昭48・７・17(決定)行集24巻
６＝７号617頁 ………… 42
名古屋(金沢支)昭49・１・18(決定)行
集25巻１＝２号21頁…… 38
東　京　昭49. ４. 30高民集27巻２号
136頁（国立歩道権事件）89
高　松　昭50・７・17(決定)行集26巻
７＝８号893頁(伊方原発事件)
…………………………233
大　阪　昭50・11・10行集26巻10・11
号1268頁(堀木訴訟)
……………………181, 315
仙　台　昭51・５・29(決定)行集27巻

5号812頁 ………………236
東　京　昭51・6・29(決定)判時826号38頁………………236
東　京　昭52・3・9(決定)行集28巻31号89頁………………236
東　京　昭52・7・1(決定)下民集28巻5〜8号770頁 ………236
名古屋　昭52・8・18判時873号26頁………………191
大　阪　昭54・7・30行集30巻7号1352頁………………263
高　松　昭55・3・10(決定)行集31巻3号382頁 ………………236
東　京　昭55・6・26行集31巻6号1400頁………………185
東　京　昭55・11・20(決定)行集31巻11号2429頁……………… 37
東　京　昭56・11・30判時1030号25頁………………182
東　京　昭58・3・16(決定)判時1076号66頁……………… 36
名古屋　昭58・4・27行集34巻4号660頁 ………………192
大　阪　昭59・1・25行集35巻1号8頁………………206
東　京　昭59・1・31行集35巻1号32頁………………256
高　松　昭59・12・24行集35巻12号2333頁………………190
東　京　昭60・6・25判時1172号30頁……………… 58
大　阪　昭60・11・29行集36巻11＝12号1910頁(京都古都保存協力税事件) ………………100
大　阪　昭61・2・25判時1199号59頁………………328
大　阪　平3・11・15(決定)行集42巻11・12号1788頁(筋ジストロ症患者高校入学不許可事件)………………284
広　島　平4・8・26行集43巻8＝9号1065頁………………322
仙　台　平5・5・12(決定)判時1460号38頁………………236
福　岡　平6・3・7判タ859号136頁………………201
大　阪　平6・7・4(決定)判タ880号295頁 ………………236
大　阪　平7・12・20判タ914号151頁………………210
名古屋　平8・7・18判時1595号58頁………………317
大　阪　平10・6・30判時1672号51頁………………316
東　京　平14・6・7判時1815号75頁………………183
東　京　平14・6・10(決定)判時1803号75頁………………281
東　京　平15・12・25(決定)判時1842号19頁(圏央道あきる野IC代執行手続執行停止事件)………………280
東　京　平16・3・30(決定)判時1862号151頁 ………………281
東　京　平16・8・16(決定)判時1882号25頁………………236

▽地方裁判所

福　岡　昭25・8・29行集1巻9号1285頁……………… 42
東　京　昭29・4・27行集5巻4号922頁……………… 42

福　岡　昭29・5・10行集5巻6号1214頁……305
宇都宮　昭30・8・31行集6巻8号1987頁……42
横　浜　昭35・11・19行集11巻11号3219頁……299
東　京　昭38・7・29行集14巻7号1316頁……185
甲　府　昭38・11・28行集14巻11号2077頁……163
東　京　昭38・12・25行集14巻12号2255頁(群馬中央バス事件)……227
東　京　昭39・6・24行集15巻6号976頁……163
東　京　昭39・11・4行集15巻11号2168頁……203
東　京　昭40・4・22(決定)行集16巻4号頁(医療費値上げ告示の執行停止申立事件)……101, 314
大　津　昭40・9・22行集16巻9号1557頁……290
東　京　昭41・11・9(決定)訟月12巻12号1607頁……236
浦　和　昭43・2・28行集19巻1＝2号347頁……164
長　崎　昭43・4・30行集19巻4号823頁……332
東　京　昭43・5・20(決定)行集19巻5号847頁(北区公会堂事件)……282
名古屋　昭43・5・25(決定)行集19巻5号935頁……289
大　阪　昭44・6・26行集20巻5＝6号769頁……105
広　島　昭44・9・2(決定)判時575号28頁……282
津　昭44・9・18判時601号81頁……291
東　京　昭44・9・26行集20巻8＝9号1141頁……286
札　幌　昭45・4・17判時612号48頁……312
大　阪　昭45・6・2(決定)訟月17巻1号58頁……236
名古屋　昭45・6・22(決定)訟月16巻12号1405頁……236
東　京　昭45・9・14(決定)行集21巻9号1113頁……284
東　京　昭45・10・14(決定)行集21巻10号1187頁(国立歩道橋事件)……88
金　沢　昭46・3・10行集22巻3号204頁……169
東　京　昭46・6・29(決定)判時633号43頁……283
東　京　昭47・2・29行集23巻1＝2号93頁……191
富　山　昭47・7・21行集23巻6＝7号552頁……198
山　形　昭48・3・30(決定)判時702号109頁……236
神　戸(尼崎支)昭48・5・11(決定)判時702号18頁……290
東　京　昭48・5・31行集24巻4＝5号471頁(国立歩道橋事件)……88
東　京　昭48・9・10行集24巻8＝9号916頁……131, 170
東　京　昭48・11・6行集24巻11＝12号1191頁……131

佐　賀　昭50・4・25行集15巻7号1966頁……………………150
東京・八王子　昭50・12・8(決定)判時803号18頁(武蔵野市マンション事件)……………298
京　都　昭50・3・14判時785号55頁……………………………262
熊　本　昭51・12・15判時835号3頁(熊本水俣病認定不作為事件)………………………264
千　葉　昭52・5・24(決定)行集28巻5号541頁 ……………… 38
大　坂　昭53・5・26判時909号27頁………………………………263
大　阪　昭53・5・26行集29巻5号1053頁……………………263
福　岡　昭53・7・14判時909号38頁……………………………263
神　戸(尼崎支)昭53・10・27(決定)判タ374号139頁……………290
広　島　昭53・12・5(決定)判タ373号115頁 ……………………290
仙　台　昭54・12・14(決定)行集30巻12号2017頁………………… 88
熊　本　昭55・4・16判時965号28頁……………………………291
東　京　昭56・9・17行集32巻9号1581頁……………………100
東　京　昭56・10・19(決定)判時1022号32頁……………………282
東　京　昭56・11・27行集32巻11号2196頁……………………185
大　阪　昭57・2・19行集33巻1＝2号118頁 …………………323
熊　本　昭58・7・20判時1086号33頁(水俣病遅延訴訟)　264, 312
大　阪　昭58・9・30判タ515号132頁……………………………323
大　分　昭59・10・8(決定)行集36巻1号3頁………………… 38
神　戸　昭59・10・17(決定)行集35巻10号1649頁……………… 37
東　京　平2・3・7行集41巻3号379頁…………………………191
高　松　平2・4・9行集41巻4号849頁…………………………323
横　浜　平3・2・15判時1381号122頁…………………………216
大　阪　平4・6・24行集43巻6＝7号847頁 …………………192
東　京　平4・8・27行集43巻8・9号1087頁……………………201
青　森　平4・9・29判タ822号172頁……………………………105
東　京　平6・9・9行集45巻8・9号1760頁……………………201
福　岡　平10・5・26判時1678号72頁……………………………226
東　京　平13・12・4判時1791号3頁(国立市マンション除却命令義務付け訴訟)…………182
徳　島　平17・7・6(決定)判例自治270号48頁 ………………295

〔著者紹介〕

宮田三郎（みやた・さぶろう）

1930年　秋田県に生れる
1953年　東北大学法学部卒業
現在、千葉大学名誉教授

〈主要著書〉
行政裁量とその統制密度（信山社、1994年）
行政法教科書（信山社、1995年）
行政法総論（信山社、1997年）
行政訴訟法（信山社、1998年）
行政手続法（信山社、1999年）
国家責任法（信山社、2000年）
環境行政法（信山社、2001年）
警察法（信山社、2002年）
〔韓国語：韓 貴鉉訳『日本警察法』韓国法制研究院、2003年〕
現代行政法入門（信山社、2003年）
地方自治法入門（信山社、2003年）
行政法の基礎知識(1)（信山社、2004年）
行政法の基礎知識(2)（信山社、2004年）
行政法の基礎知識(3)（信山社、2005年）
行政法の基礎知識(4)（信山社、2005年）
行政法の基礎知識(5)（信山社、2006年）

行政訴訟法（第二版）

2007(平成19)年3月20日　第2版第1刷発行

著者　宮田三郎
発行者　今井貴
発行所　信山社出版株式会社
〒113-0033　東京都文京区本郷6-2-9-102
電話　03（3818）1019
FAX　03（3818）0344
発売所　信山社販売株式会社

Printed in Japan.

印刷・製本／東洋印刷・大三製本

ISBN978-4-7972-5537-9 C3332

5537-012-040-015
P5500 P456 b550

C･シュミット『憲法理論』､H･ケルゼン『法と国家の一般理論』の翻訳者である著者の主要論文選集

憲法の基礎理論と解釈

696P　2007.1
ISBN：978-4-7972-3231-8

尾吹善人

21,000円（税別）

全49論文・評釈を集成

法理論と実定憲法解釈の融合

目　次